KB090019

백워드로 시작하는

창의적인 **학교교육과정 설계**

Grant Wiggins · Jay McTighe 공저

강현석 · 허영식 · 유제순 · 온정덕 · 이지은 · 정수경 공역

학지사

Schooling by Design: Mission, Action, and Achievement
by Grant Wiggins and Jay McTighe

역자 서문

학교교육이 존재하는 이유는 무엇인가? 우리가 학교교육에서 교과를 가르치는 이유는 무엇일까? 교과를 가르침으로써 학생들을 올바르게 키우고 제대로 된 인간으로 성장시키기 위해서는 어떻게 해야 할까? 학교에서 교과를 제대로 가르쳐서 참된 이해를 개발시키기 위해서는 여러 방안이 있을 수 있지만, 최근에 각광을 받고 있는 것 중에 하나가 백워드 설계(backward design) 방식이라는 데 대해서는 모두가 잘 알고 있다. 이제 백워드 설계 방식은 교과를 교과답게 가르치는 가장 본질적이고도 핵심적인 방식으로 평가받고 있다. 백워드 설계 방식이 단원 수준의 설계 방식으로 출발하였지만, 이 설계 방식을 단위 학교교육의 차원에서 활용할 수는 없을까?

본 역서는 이러한 물음에 대한 방법을 제시하고 있는 책이다. 즉, 백워드 설계 방식을 단위 학교 차원에서 적용하고 운영해 볼 수 있는 방안을 제안하고 있다. 본 역서는 Wiggins와 McTighe(2007)의 *Schooling by Design: Mission, Action, and Achievement*를 우리말로 옮긴 것이다. 원서 제목을 직역해 보면 『설계에 의한 학교교육: 미션, 실행, 그리고 성취』쯤이 되겠다. 여기에서 설계는 백워드 설계를 의미한다. 설계를 올바르게 하면 학교를 학습과 관련된 미션(mission)을 성취하는 곳으로 변모시킬 수 있다는 의미다. 학교교육은 학생들의 이해 능력을 길러 주고 심화시켜야 할 임무를 지니고 있다.

이해를 통해 학교교육의 임무에 대한 개념을 구조화하는 데에는 두 가지 방식이 있을 수 있다. 첫 번째는 학교수업에서 학생들의 학습을 일관성 있게 연결하는 강력한 아이디어를 활용하도록 하는 것이고, 두 번째는 학습이 새로운 상황과 문제들에 효과적으로 전이될 수 있도록 하는 것이다. 따라서 학문의 중요한 아이디어와 과정에 대한 학생들의 이해를 개발하고 심화시키는 데 학교의 존재 이유가 있어야 한다. 또한 학습을 의미 있고 효과적인 방식으로 전이할 수 있도록 학생들을 준비시키고, 평생의 마음의 습관들(habits of mind)을 함양하도록 해야 한다. 이러한 미션과 교육과정(코스, 단원, 차시) 개발을 수행하기 위해서는 백워드 설계를 위한 시스템 구축이 필요하다. 만일 이 미션을 성공적으로 수행하지 못한다면, 우리 학교교육 종사자들은 사회와 학생들에게 죄를 짓는 것이며, 보다 고차원적인 임무를 상실하게 될지도 모른다.

본 역서는 크게는 총 12개장으로 구성되어 있다. 제1부 '학교교육의 비전'은 1장에서 7장까지로 이루어져 있으며, 제2부 '설계에 의한 학교교육의 계획'은 8장에서 12장으로 이루어져 있다.

1장(유제순 역)에서는 이해, 전이, 사고 습관에 초점을 맞추는 학교교육의 목적과 미션의 중요성을 인식하고 이를 실천하기 위한 과제 내지 아이디어를 제안하고 있다. 2장(유제순 역)에서는 교육과정을 구체화하기 위한 청사진의 필요성을 강조하면서 교육과정에서 성취해야 할 것을 논의하고 있다. 전통적인 학교교육과정 편성에서 큰 결함이었던 것 중 하나가 교육과정이 최종적인 성취와 별개로 설계된다는 점임을 지적하면서 교육과정을 백워드로 설계할 것을 강조하고 있다. 3장(강현석, 정수경 역)에서는 미션 기반의 교육과정 틀을 기초로 10가지 교육과정 구성 요소를 제시하고 있다. 이 10가지 요소들은 크게 네 가지 범주로 구분된다.

4장(온정덕 역)에서는 기존의 수업은 지나치게 교사의 개인적 차원, 선호도나 취향, 교수 스타일의 문제로 수업을 바라보지만, 이제는 수업에 대한 전문적 관점, 즉 목적(목표)과 결과 기반의 분명한 의식을 강조해야 하며, 효과적 수업을 결정하는 최선의 실천과 원리를 존중하는 객관적인 수업을 강조해야 한다고 설파하고 있다. 즉, 가르치는 일을 보다 적절하게 객관화하는 방법을 강조하고 있다. 5장(온정덕 역)에서는 가르칠 때의 교사의 임무에 대해서, 6장(허영식 역)에서는 교사의 세 가지 역할을 거론하면서 가르치지 않을 때 교사가 해야 할 일에 대해서 논의하고 있다. 7장(허영식 역)에서는 여섯 가지 직무 기능에 비추어 교육 지도자의 직무를 제시하고 있다.

제2부의 8장(유제순 역)에서는 학교 개혁을 위해 백워드 설계를 적용하는 방안을 논의하고 있다. 즉, 개혁을 위한 전술과 전략을 다루고, 비전과 현실 간의 간극을 해소하는 문제를 논의하고 있다. 9장(강현석, 정수경 역)에서는 학교 개혁에서 바라는 결과(비전, 목표, 이해, 본질적 질문, 지식과 기능)에 대해 기술하고 있다. 10장(온정덕 역)에서는 백워드 설계의 2단계인 바라는 결과와 관련한 증거 수집의 문제를 논의하고 있다. 여기에서는 미션과 관련된 증거, 개혁을 위해 맥락을 평가하는 문제가 제시되고 있다. 11장(이지은, 정수경 역)에서는 실행 계획을 수립하기 위한 지침, WHERETO 문제를 다루고 있다. 마지막 12장(이지은, 정수경 역)에서는 우리가 개선하고 극복해야 할 습관들을 논의하면서 교과서의 폐해를 지적하고, 전문성 개발을 위해서 무엇을 개혁할 것인지를 논의하고 있다.

이러한 구성을 감안한다면 본 역서는 가히 기존 학교교육과정 설계 방식을 넘어서는 창의적인 방식을 다룬 역작임에 분명하다. 따라서 본 역서의 제목도 『백워드로 시작하는 창의적인 학교교육과정 설계』로 정하였다. '창의적인'이라는 표현은 효과성과 매력성을 함축하고 있으며, 학교

교육과정 존립 기반 및 가르치는 자의 교육적 책무성과 미션을 강조하는 의미도 동시에 들어 있다. 최근 정상적인 학교교육을 위협하는 각종 평가 사업, 교육정책, 교육 관련 법령, 교육 지도자들의 시책들이 혼란스럽게 현장을 어지럽히고 있다. 학생들의 진정한 이해를 보장해 주지 못할 뿐 아니라 그들의 삶을 가치 있게 해 주지도 못하는 교육적 조치나 정책은 과감히 퇴출시켜야 한다. 이제 학교교육의 존립 기반을 새롭게 반성하고 새로운 틀에 의하여 새롭게 설계 · 운영해야 할 시점이다. 이런 점에서 본 역서의 출간은 매우 시의적절하다고 생각한다.

본 역서는 학교교육 지도자, 교사, 학교행정가, 교육과정-수업-평가 연구자, 대학원생, 학부생들에게 많은 도움이 되는 책이라고 생각한다. 보다 중요한 목표와 미션에 충실하게 학교교육과정을 개선하고 싶은 모든 사람에게 중요한 나침반이 될 것으로 예상한다. 백워드 설계 방식을 처음 접해 보는 역자들은 본 역서를 읽기 전에 백워드 설계 방식을 상세하게 소개하고 있는 다른 문헌들, 예를 들어 강현석 등이 함께 번역한 『거꾸로 생각하는 교육과정 개발』(학지사, 2008), 강현석 등의 공저서인 『백워드 단원 설계와 개발 I, II』(교육과학사, 2013, 2015)를 참고하기 바란다.

우리말로 옮기는 과정에서 역자들이 서로 의논하고 조정 작업을 거치기는 하였지만, 결코 완벽하지는 않을 것이라고 생각한다. 향후 독자 여러분의 지적을 겸허히 수용하여 보다 나은 모습으로 보완할 것을 약속하며, 역서를 만드는 과정에서 노력해 주신 학지사 사장님 이하 모든 분께 감사의 말씀을 드린다.

역자 일동

저자 서문

훌륭한 일을 수행해 내기 위해서 우리는 단지 행동하는 것뿐만 아니라 꿈과 비전을 지녀야 한다. 그리고 단지 계획하는 것뿐만 아니라 확실한 믿음을 가져야만 한다.

—Anatole France

지금까지 교육과 학교 개혁에 대한 여러 서적이 다양하게 집필되어 왔다. 이 와중에 우리의 관심은 '독자들에게 어떻게 하면 신선하고 유용한 정보들을 제공할 수 있을 것인가?' 하는 점이다. 간단히 말해서, 그것은 미션에 따라서 학교교육에 접근하고자 하는 분명하고 강력한 개념과 그 미션을 현실화하기 위한 실제적 전략이라고 볼 수 있다. 비록 많은 사람이 미션에 대해 저술했지만 미션을 학교와 그 교육의 전반적 체계에 영향을 미치도록 함으로써 어떻게 예우해야 하는지에 대해 설명한 것은 거의 없다. 학교와 그 교육의 전반적 체계에 영향을 미치도록 미션을 활용하는 것이 우리가 여기서 하려는 것이다.

학교의 미션에 대한 것으로 적절한 것은 무엇인가? 학교는 학습자들이 이해를 통해 학습한 것을 가치 있는 과제에 전이할 수 있는 능력을 기르고, 그들의 성숙한 정의적 성질을 통해 가치 있는 지적 성취를 달성할 수 있도록 해 주어야 한다. 그렇다면 진정한 개혁에 대한 것으로 적절한 것은 무엇인가? 우리가 그날그날의 교수에서 미션이 무시되고 간과되는 무수한 방식을 찾아내고 근절시키는 것과, 미션이 요구하는 것으로부터 백워드로 교육과정, 평가, 직무 분석 그리고 방침들을 추출하는 것이 그 방안이 될 수 있다. 결국 의미 구성과 전이가 되어야 하는 교수에 꾸준히 초점을 두지 않는다면 학교가 세월이 흘러도 변함없이 반성하지 않는 관행과 의례 그리고 일관성 없는 실행과 구조에 의해 제한되어 수렁에 빠진 채로 허우적거릴 것이다.

이 책의 곳곳에서 우리는 건축가의 비유를 사용한다. 만약 '학교교육'이 기존의 건물이라면 그것의 수리에 대해 우리는 어떤 생각을 해야 하는가? 우리는 여섯 기둥에 의지하는 (재)건축을 마음에 그려 볼 수 있다.

- 모든 학교교육의 장기적 미션에 대한 분명하고 지속적인 초점: 학습자들이 이해를 통해 학습한 것을 가치 있는 과제에 전이할 수 있는 그들의 능력과 성숙한 마음의 습관을 통해 가치 있는 지적 성취를 달성할 수 있도록 하는 것
- 진도 나가기 방식이 더 이상 차시 계획과 수업에 대한 실질적 접근이 되지 않도록, 학업 프로그램의 명쾌한 장기적 목표뿐만 아니라 전반적인 미션을 존중하는 교육과정과 평가 프레임워크
- 교수학과 계획에 대한 모든 결정에서 인용되는 전문가적 타당성과 연구에 근거한 일련의 분명한 학습 원리와 수업 설계
- 미션 및 학습 원리와 일치하는 구조, 정책, 직무 기술, 실행, 자원 활용
- 개혁에 대한 분명한 비전과 현재 학교교육의 현실 사이의 괴리를 계속 탐구하는 데 집중된 전반적인 개혁 전략. 다시 말해, 모든 교사와 학생이 바라는 결과를 성취하기 위해 필요에 따라 중간 과정의 코스

를 변화시킬 수 있도록 계속 진행되고 시기적절하며 탄탄한 피드백과 조정 체계

- 미션과 바라는 결과로부터 백워드로 학교교육과 학교 개혁의 주요 작업을 세심히 조직하기 위한, 전략과 연결된 일련의 전술과 간단한 계획 과정

이 책은 이들 요소에 대한 설명과 그것들에 대한 근거 그리고 그러한 개혁을 집중되고 실현 가능하게 만들기 위한 실제적 도구와 과정을 제공한다. 즉, 이 책은 단순한 의도, 끝없는 불평, 순진한 꿈을 넘어서는 것에 대한 것이다. 우리는 모호한 가치나 무작위 비판으로부터 나온 것이 아니라 모든 타당한 학교교육의 미션 진술이 실행과 학교의 구조에 대해 암시하는 것으로부터 나온 행동의 계획을 제공한다. 우리는 또한 고질적인 나쁜 습관들을 극복하기 위한 계획도 포함한다.

도전 과제는 현실의 속박을 푼(많은 개혁에서 시사했듯) 이상적인 학교를 발명하거나 현재 학교의 핵심 기능이 과제에 적합하다고(그렇지 않은데) 가정하는 것이 아니라 학생들이 사려 깊고 생산적이고 가치 있는 과제를 달성하도록 만들고자 하는 장기적 목표로부터 '백워드'로 모범적인 학교교육을 만드는 것이다. 그렇다. 우리는 새로운 아이디어를 제공한다. 그러나 보다 중요하게 이 책은 지역 목표와 그것이 우리에게 요구하는 것을 분명히 하는, 그리고 사각 지대와 그러한 목표를 거스르는 습관들을 근절시키는 상식적인 방법 위에 세워졌다.

논리는 단순하다. 만약 X가 우리의 미션이라면, 교육과정, 교수, 학교 조직 다음에 무엇이 따라와야 하는가? 우리는 미션에서 도출된 그러한 기술을 '설계에 의한 학교교육(schooling by design)'으로 나타낸다.

교육의 요점은 다음과 같은 하나의 구문으로 포착할 수 있다. 전이를 가능하게 하는 사려 깊고 효과적인 이해로부터 달성된 가치 있는 성취와

업적. 내용이나 철학에 상관없이 모든 교육은 애당초 학습자들이 두 가지 뜻에서 '이해에 도달하도록' 도와야만 한다. ① 그들이 지속적으로 그들의 학교 일과로부터 의미를 구성하도록 하는 것과 ② 그들이 학교에서뿐만 아니라 그것을 넘어서까지 그들의 학습을 새로운 상황에 적용하도록 준비시키는 것, 즉 전이다. 두 가지 목표는 모두 학생들이 모든 가능한 '알 만한 가치가 있는 것'을 처음 학습한 뒤 언젠가의 미래가 아닌 현재에, 바로 지금 작용한다. 그러한 이해를 목표로 할 때, 우리가 가장 가치를 두는 마음의 습관이 조성될 것이다. 그러므로 학교교육은 학생들이 '학교'에서 좋게 변화되었는지가 아니라 그들이 진정으로 성취한 것에 의해 판단되어야 한다. 학교의 요점은 학교 밖에서 더 나은 삶을 이끌기 위해 학습을 어떻게 의미 있게 만드는지 학교 안에서 배우는 것이다. 지금 배우고 나중의 도전에 배운 것을 효과적이고 사려 깊게 적용하는 것이다.

이 책의 중심은 (말 그대로는 물론 상징적으로도) 학교교육의 목표를 충족하고 '교수'를 '진도 나가기 방식'으로 생각하는 우리의 습관을 약화시키는 방식으로 학교교육과정의 주요한 특징을 재조명하는 계획이다. 솔직히 말하면, 전통적인 교육과정과 그에 따른 교수 관점은 제대로 기능하지 않고 몇 세기 동안 지속되어 왔다. 내용과 활동의 목록은 계획이 아니다. 자료를 늘어놓는 것은 절대로 마음의 습관과 진정한 능력을 강화할 수 없다. 내용 통달은 학교의 궁극적 목적이 아니다. 그것은 성공적인 교육의 부산물이다. 건축가 비유를 들자면, 주 기준을 통달하는 것은 교육적 혁신의 우선적인 결과가 아니다. 주 기준은 모든 개혁 청사진이 존중해야 하는 건축 조례와 같지만 그것은 청사진 자체가 아니다. 즉, 미션으로부터 추출되고 타당한 학습 원리에 근거한 교육과정, 평가, 수업 프레임워크 없이는 학교가 임의적이고 학교의 변화가 혼돈에 빠질 것이다.

학생들의 성공적인 학습 활용을 성취하는 미션으로부터 다른 모든 교육적 실행, 정책 그리고 구조가 따라와야 한다. 이것은 이 책 곳곳에서 사용된 백워드 설계라는 말의 실제적인 암시다. 개혁은 학교 미션의 의미와 그 미션을 일관성 있는 정책, 구조 그리고 실행으로 분석하는 것에 지속적인 초점을 두는 것으로부터 인솔되어야 한다.

이해와 유용한 학습에 초점을 두는 것의 중요성에 대한 그러한 선언은 몇몇 독자를 당혹스럽게 할지도 모른다. 물론 여러분은 이렇게 생각할 수도 있다. 모든 교육자는 학생들이 가르쳐지는 것을 이해하고 그들이 배웠던 것을 그들의 삶에 적용할 수 있게 되기를 원하지 않는가? 글쎄, 그럴 수도 있고 아닐 수도 있다. 그렇다. 우리는 우리의 다양한 프로그램과 미션 진술문에 진술된 이해와 구체적인 정의적 성질에 가치를 둔다고 말한다. 그러나 교육과정이 어떻게 작성되는지, 지역적으로 무엇이 평가되는지, 교실에서 날마다 무슨 일이 벌어지는지 살펴볼 때 우리는 '내용'의 기본이 교사에 의해 먼저 가르쳐질 수 있어서 쉽게 점수화되는 지필평가로 시험되어 사려, 의미, 그리고 전이에 둔 목적이 재빠르게 소실되고 영구적으로 연기되는 것을 본다. 그 결과로 진정한 학습의 적용(그리고 그와 관련된 성질)이 너무 자주 희생된다.

이해와 전이에 대한 지속적인 관심의 결여에 대한 몇몇 이유는 당연하다. 우리가 쓰는 교재는 내용을 피상적으로 다루고 맥락을 벗어나는 경향을 가중시킨다. 고부담 시험(선다형을 주로 사용하여 내용이 사용 맥락으로부터 다시금 고립되는)을 준비하는 데 대한 압박은 지역의 수업 초점을 별개의 지식과 기능에 두도록 한다. '성공'을 좁게 정의하는 주와 연방 책무성 시스템(광범위한 척도를 사용해 효율적으로 시험될 수 있는 자료의 시험 결과에 근거한)은 심오한 이해와 전이를 위한 교수에 대한 반란을 꾀하는 듯하다. 그렇게 범인이 명백함에도 불구하고 우리는 미묘하게 심리적·사회적으로 큰 영향력과 지속력이 우리가 공표된 미션에 초점을 기울이지 못하도록 방해한다고 생각한다.

이 책의 이면에 숨어 있는 중요하지만 드물게 제기되는 질문은 다음과 같다. 숙련되고 열심히 일하는 선의의 교육자들이 몇 년간 왜 그렇게 빈번히 이해를 불러일으키고자 하는 목표를 못 봤는가? 우리 학생 대부분은 왜 결국 이해로 나아가거나 우리가 희망한 대로 그리고 종종 그들이 바람직하게 될 방식대로 성취하게 되지 못하는가? 왜 교사들이 진도 나가기, 시험 준비 혹은 보다 가치 있는 지적 목적으로부터 떨어진 활동에 참여하기에 마음을 빼앗기기 쉬운가? 왜 그리도 많은 학생이 학교를 지루해하고 그들이 최선의 학습 노력을 기울일 가치가 없다고 여기는가? 그리고 왜 우리는 그들의 경험에 대해 사각지대를 가지는가? 우리의 대답은 간단하다. 우리는 성공적인 개혁이 각각의 교육자와 직원 개인이 몇 세기 동안 새로운 시대로 들어가는 것을 방해해 온 고질적인 많은 습관과 태도를 깨는 것에 달려 있다고 주장한다.

우리의 비판은 사적인 것이 아니라 구조적인 것이다. 성실하게 행동하는 많은 교사는 사실과 달리 그들이 하는 일이 내용을 거치고 낮은 수준의 지식과 별개의 기능을 테스트하는 것이라는 믿음을 이끌고 있다(그것이 심지어 대부분의 주 기준이 기대하는 것이 아니지만). 이 오해는 수백 년에 걸친 제도상 습관과 '교수'와 '시험'의 정신적 모형 때문일 뿐만 아니라 전형적인 교육과정과 교재에 의지하는 불가피한 효과 때문이기도 하다.

융통성 있고 현실적인 과정

학교 개혁을 이끄는 이해 중심 미션에 덧붙여, 우리는 피드백과 다른 결과물들에 근거하여 개별적 교수와 학교 모두를 지속적으로 조정할 필요와 겸손을 상정하는 현실적인 계획이 필요하다. 우리는 무엇이 효과적이고 무엇이 그렇지 않은지 끊임없이 탐구하여 시기적절하고 효과적인 실행 개선을 이끌어야 한다. 지금 현재 교육자들은 일단 학교교육이 진행되면 필요한 피드백을 얻고 체제적으로 조정할 메커니즘을 거의 갖고 있지 않다. 우리는 목표에 맞춰 현재 수행하는 것에 대한 문제해결 가이드와 요구되는 지속적인 검토 과정이 모두 결여되어 있다.

그러므로 개혁 과정은 다음과 같은 진행형의 3단계 주기를 포함해야 한다.

- 우리의 미션과 합의된 학습 원리에 근거하여 우리가 결국 도달하기를 원하는 비전을 점점 분명하고 강력하게 하기
- 미션에 비춰 우리의 현재 상황을 지속적이고 결단력 있게 평가하기
- 비전과 현실 사이, 목표와 결과 사이 격차의 정기적인 분석에 근거해 시기적절하게 조정하기

이들 조건이 충족될 때 무력과 변화를 위한 변화로 구색 맞추는 관행들이 극복된다. 구체적인 '바라는 결과'와 당면한 현실 사이의 격차는 우리의 연구가 그 격차를 줄이는 데 초점을 두도록 한다. 우리가 그 격차를 분석할수록 비전을 더 명확히 할 수 있다. 우리가 비전을 명확히 할수록 그것이 더 바람직하고 실현 가능해 보인다. 그것이 더 실현 가능해 보일수록 우리는 현재의 결과 등에 더욱 불만족스럽게 된다. 우리 관점에서 모든 위치의 교육자들은 이런 유형의 활동을 그들 직업의 진수에 있는 것으로 여겨야만 한다.

요컨대, 그야말로 수천 권의 책이 학교 리더십과 교육개혁이라는 주제를 다루고 있지만 우리는 보다 평범하면서도 고도로 집중적인 접근을 제안한다. 우리는 독자들이 이해를 위한 학습의 책임과 미션의 장기적 목표가 학교에 요구하는 바에 대해 우리와 함께 백워드 설계 방식으로 생각해 보기를 바란다. 만약 교실, 학교, 조직을 보다 이해에 집중되도록,

그리고 미션에 맞도록 하는 것이 목적이라면 어떤 행동과 계획이 가장 우리를 거기 도달하도록 해 주겠는가? 교사, 건축 지도자, 교육청 직원이 교실, 학교, 체계를 미션에 근거한 이해에 집중되도록 만들기 위해 성공해야 할 필수 과제는 무엇인가?

이 책의 개요

이 책은 두 부분으로 나뉜다. 1부(1~7장)에서는 학교교육의 비전과 그것이 교육과정과 직원 역할에 주는 영향을 제시한다. 2부(8~12장)에서는 설계에 따라 그러한 학교교육을 달성하기 위한 계획을 제안한다. 사실상 이 책은 백워드 설계의 논리에 따라 조직되었다. 즉, 명확하고 탄탄한 미션과 안내된 학습 원리가 주어지면, 교육과정, 평가, 수업, 직원 역할, 정

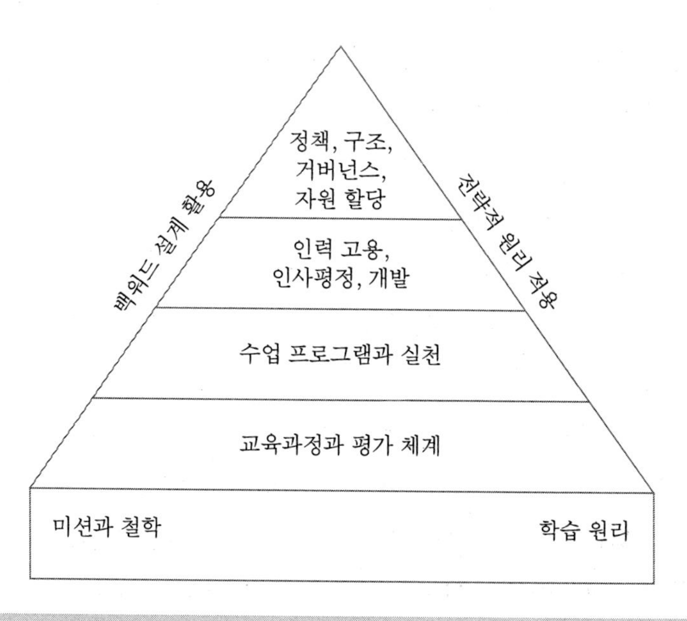

[그림 A] **설계에 의한 학교교육 – 핵심 요소**

책, 구조, 자원 활용과 같이 학교의 세부적인 것들이 바라는 결과로부터 추출될 수 있다. [그림 A]는 우리가 다루는 요소에 대한 도식적 표현을 제공한다.

1장에서 우리는 우선적인 교육적 미션과 그것이 학교교육의 모든 측면에 미치는 영향을 설명하며 시작한다. 우리는 모든 여러 미션이 공통의 목적을 반영한다고 말한다. 모든 과목에서 이해와 전이 능력을 개발하는 것과 성숙하고 효과적인 성인이 지녀야 할 핵심적인 마음의 습관을 개발하는 것이다. 2장은 설계에 따라 미션을 달성하기 위한 교육과정의 성질을 특징짓는다. 3장은 무엇이 요구되는지에 대한 많은 예시를 통해 이 새로운 교육과정 프레임워크의 구체적인 요소를 설명한다. 4장은 미션과 관련된 일련의 명쾌한 학습 원리를 채택하는 경우를 보여 준다. 5, 6, 7장은 그러한 미션에 전념하는 학교 혹은 교육청 교사와 학업 지도자의 일반적인 역할과 특정한 직무 기술을 명시한다.

2부의 8~11장에서 우리는 개혁 계획을 위한 실제적인 백워드 설계 과정 3단계를 각 단계의 전술과 함께 설명한다. 12장은 변화의 주요 목표로서 습관을 강조하며 학교 변화의 현실을 살펴본다.

덧붙여 말하자면, 여러 장에서는 교육자들이 그 장에서 제시된 아이디어에 따라 행동할 수 있도록 하는 구체적인 단계인 '실행을 위한 아이디어'를 포함한다.

우리의 또 다른 책인 『백워드 설계에 의한 이해(*Understanding by Design*)』[1]와 마찬가지로, 이 책에서도 만병통치약을 제공하지 않고 있으며 또 그렇게 할 수도 없다. 우리는 어떤 교사라도 사용할 수 있는 교육과정도, 결코 실패하지 않는 교육 리더십 접근도 더 이상 믿지 않는다.

---

1) 역자 주: *Understanding by Design*은 강현석 등에 의해 『거꾸로 생각하는 교육과정 개발』(학지사, 2008)이라는 제목의 역서 시리즈로 국내에서도 출간되었다. 그러나 이 책에서는 원제가 본문의 내용 전개와 관련이 있음을 고려하여 원제를 직역해서 표기하였음을 밝혀 둔다.

우리가 여기서 제공하고자 하는 것은 약속을 지키는 학교를 만들기 위해 힘들고 시간이 소모될 수밖에 없는 작업에서 보다 사려 깊고 한결같고 궁극적으로 효과적인 결과물을 얻기 위한 계획이다.

Grant Wiggins

Jay McTighe

차 례

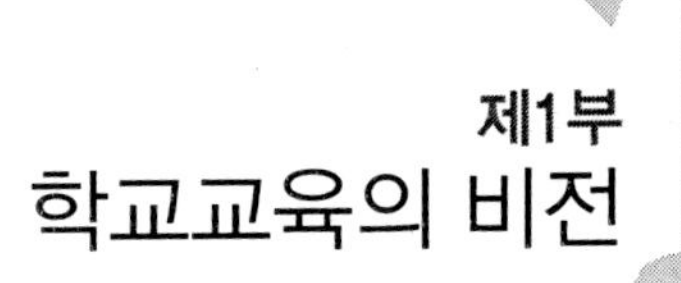

제1부 학교교육의 비전

제2장 교육과정은 무엇을 성취해야 하는가 • 69

제3장 교육과정은 어떻게 재구성되어야 하는가 • 103

제4장

제5장

제6장

제7장 교육 지도자의 직무는 무엇인가 • 273

제2부 설계에 의한 학교교육의 계획

제8장 학교 개혁을 위해 백워드 설계를 어떻게 적용해야 하는가 • 317

제9장 학교 개혁에서 바라는 결과는 무엇인가 • 335

제10장 어떠한 증거를 수집할 것인가 • 361

제11장 우리는 어떠한 실행 계획을 수립해야 하는가 • 385

제12장 우리가 직면해야 하는 습관에는 어떤 것들이 있는가 • 403

학교교육의 비전

제1장 학교교육의 미션은 무엇인가

제2장 교육과정은 무엇을 성취해야 하는가

제3장 교육과정은 어떻게 재구성되어야 하는가

제4장 어떻게 하면 가르치는 일을 적절하게 객관화할 수 있는가

제5장 가르칠 때 교사의 임무는 무엇인가

제6장 가르치지 않을 때 교사가 해야 할 일은 무엇인가

제7장 교육 지도자의 직무는 무엇인가

제 1 장
학교교육의 미션은 무엇인가

> 목표에 대한 분명한 인식은 없지만, 무엇이 좋은 교수(teaching)인가에 대한 직관을 가지고 있는 예술적인 교사들에 의해 훌륭한 교육이 이루어지고 있다는 것은 의심할 여지가 없다……. 그렇지만 교육 프로그램의 구성과 그것의 계속적인 개선을 위해서는 겨냥하고 있는 목표가 무엇인지 인식하는 것이 매우 필요하다. 이 교육 목표는 자료를 선정하고 내용을 선정하며 수업 절차를 개발하고, 평가(검사와 시험)를 준비하기 위한 준거가 된다.
>
> —Ralph Tyler,
>
> 『교육과정과 수업의 기본 원리(*Basic Principle of Curriculum and Instruction*)』

이 책의 원제는 『설계에 의한 학교교육(*Schooling by Design*)』이다. 설계에 의한 학교교육이라는 말은 설계를 올바르게 하면 학교를 학습과 관련된 미션을 성취하는 곳으로 변모시킬 수 있다는 의미다. 사전적으로 '설계한다' 또는 '설계안을 만든다'는 말은 다음과 같은 구체적이고 분명한 목표의 성취를 지향한다는 뜻이다.

- 계획을 수립하는 것, 강구하는 것
- 특정의 목표 또는 결과를 겨냥하여 창안하거나 고안하는 것

- 목적 또는 목표를 갖는 것, 의도하는 것
- 구성하거나 계획을 만들어 내는 것
- 마음에 목적 또는 목표를 새기는 것
- 부분 또는 세부 내용을 유목적적으로 또는 창의적으로 배열하는 것
- 계획, 프로젝트
- 합리적인 목표, 의도
- 심사숙고한 의도

따라서 학교의 미션(a school mission)은 학교교육을 설계할 때 염두에 두어야 하는, 장기간에 걸쳐 달성해야 할 목표다. 목표를 염두에 두고 설계를 한다는 말은 학습자들로 하여금 분명하고 명백한 목표의 달성을 도모하도록 한다는 의미다. 그리고 그들이 구체적인 결과의 성취를 위해 전념하도록 의도한다는 뜻이다. 학교교육의 참다운 모습은 우리가 추구하는 학습을 성취하기 위해 부분 또는 세부 내용을 유목적적으로 배열하는 데 있다. 학습자들의 성취를 위해 만반의 준비를 갖추는 것도 하나의 미션이라고 할 수 있다. 그러므로 학교교육은 그 미션을 달성하도록 조직되어야 함을 확실히 인식해야만 한다. 우리가 생각하기에 학교의 미션을 위해서는 백워드(backward) 설계 방식이 활용되어야 한다.

이것은 새롭거나 색다른 아이디어가 아니다. NEASC(New England Association of Schools and Colleges)는 고등학교 인증 여부를 결정하는 데 활용하는 기준에서 이 아이디어를 다음과 같이 강조하고 있다.

학생의 학습을 위한 미션과 기대

학교의 미션 진술문(mission statement)에는 학습자들의 공동체인 학교가 본질적으로 무엇을 성취하고자 하는지가 기술된다. 학생의 학습에 대한 기대는 학교의 미션 진술문을 기반으로 도출한다. 이 기

대는 기본적인 목표로서의 성격을 띠고, 학교는 이것을 통해 교수·학습 과정의 효과를 지속적으로 평가한다. 학교 공동체는 전체 학생들이 학교의 학습 기대를 성취하는 데 중점을 두어야 한다.

1. 학생의 학습에 대한 미션 진술문과 기대는 학교가 개발한다. 그리고 전문가, 교육위원회, 여타의 학교 전체를 관리하는 기구가 승인하고 지원한다.
2. 학교의 미션 진술문에는 학생의 학습에 대하여 학교가 추구하는 궁극적인 가치와 신념이 담기도록 한다.
3. 학교는 측정 가능하면서도 학교의 미션을 반영한 학문적·시민적·사회적 학습 기대를 정의하도록 한다.
4. 학교는 미션에 포함된 각각의 기대를 달성하기 위해 성취 수준을 루브릭에 구체화하여 제시한다.
5. 학교는 지표를 개발하여 학교가 시민적·사회적 기대를 성취하는 데 얼마만큼의 진보를 했는지 평가한다.
6. 학생의 학습을 위한 미션 진술문과 기대는 학교에서 이루어지는 여러 과정, 정책, 의사결정에 관한 내용을 안내하게 된다. 그리고 그것들은 학교 문화 속에서 분명히 드러나게 된다.
7. 학교는 다양한 데이터를 활용하여 학생의 학습을 위한 미션 진술문과 기대를 정기적으로 검토한다. 이것은 미션 진술문과 기대가 학생의 요구, 공동체의 기대, 지역의 과업, 그리고 국가, 주의 기준들을 담고 있는지를 확인하기 위한 조처다(Commission on Public Secondary Schools, 2005, p. 3).

그러므로 우리가 설계에 의한 학교교육을 논의할 때는 학교의 혁신과 모든 교육자의 행위에 대한 지침의 기능을 담당하는 목표와 관련된 다음의 간단한 일련의 질문을 참고할 필요가 있다.

- 학교의 미션은 무엇인가? 학교는 왜 존재하는가? 우리가 말하는 성공적인 졸업자들은 무엇을 잘 수행할 수 있는 사람들인가?
- 학교의 미션을 감안해 볼 때 어떠한 교육과정이 추구되어야 하고, 어떤 평가가 이루어져야 하는가?
- 그러한 교육과정과 평가(그리고 우리가 학습에 대하여 알고 있는 것)를 고려해 볼 때, 어떠한 수업이 전개되어야 하는가?
- 미션과 관련된 학습을 유발하기 위한 시스템을 생각해 볼 때 교사들과 행정가들은 무엇을 해야 하고 어떤 정책이 마련되어야 하며, 또 학교 구조는 어떠해야 하는가?

다시 말해, 미션이 함의하고 있는 바는 무엇이고 우리에게 무엇을 요구하는가? 어떤 학교교육을 요구하는가? 이것이 바로 이 책이 탐구하는 것(관습이나 충동에 의한 학교교육이 아닌, 설계에 의한 학교교육)이다.

학교교육의 핵심

학교에 주어진 특정한 미션은 무엇인가? 학교는 어떤 학습을 추구해야 하는가? 역사적으로 이에 대한 대답은 교육자들의 수만큼이나 많았다. 그러나 우리가 보다 분석적인 질문을 한다면 그 대답의 폭은 매우 좁아진다. 일반적으로, 학교가 역사적으로 성취해 왔다고 하는 장기적인 교육적 성취들을 어떻게 범주화할 수 있는가? 이 질문은 몇 가지로 범주화할 수 있으며 다음과 같이 그것들을 요약할 수 있다.

- 학문적 수월성과 고등교육을 위한 준비
- 성숙한 사고 습관과 태도의 발달
- 예술적 · 심미적 능력과 감수성
- 건강 및 신체 발달
- 인성–성숙한 사회적 · 시민적 · 윤리적 행동
- 개인 기능의 발달과 전문성 함양

좀 더 구체적으로 말해, 수백 개의 미션 진술문을 훑어보면 '평생학습' '비판적 사고 및 창조적 사고' '생산적인 사회 기여'의 세 가지 장기 목표로 압축된다. 다음은 전형적인 미션 진술문의 사례들이다.

라바스 스튜어트(LaVace Stewart) 초등학교의 미션은 학생들이 보살핌을 받고 안전한 환경에서 평생학습자로 성장할 수 있도록 학부모 및 지역사회와 파트너십을 형성하는 것이다. 이렇게 할 때 학생들은 변화하는 사회에서 책임감 있고 생산적인 시민이 될 것이다.

브레먼(Bremen) 고등학교는 학생들을 다음과 같이 발달시키고자 한다.

- 창의적이고 비판적인 사고를 할 수 있는 학생
- 자존감을 발달시키고 자신과 타인을 존중하는 학생
- 학문적으로 성취를 이루고 특별 활동에도 균형 있게 참여하는 학생
- 끊임없이 변하고 있는 기술 세계에 적응하는 학생
- 공동체의 능동적인 시민으로서 협력적으로 문제를 해결하고 민주적으로 합의를 도출할 수 있는 학생
- 학교에서의 유능한 학생, 사회에서의 생산적이고 책임감 있는 시민
- 교육의 가치와 평생학습의 필요를 이해하는 학생

웨스트 윈저-플레인스버러(West Windsor-Plainsboro) 지역 학교구의 임무는 수월성이라는 전통을 중시하면서 모든 학생을 열정적이면서도 자신감을 지닌 학생으로 발달시키는 것이다. 또한 그들의 포부를 실현하기 위한 역량과 강점을 갖춘 평생학습자로 양성하고 변화무쌍한 세계에서 나름대로 기여할 수 있는 사람을 육성하는 것이다.

멤피스 시티(Memphis City) 학교의 미션은 모든 학생을 21세기의 성공적인 시민이자 직업인이 되도록 준비시키는 것이다. 이것은 그들이 읽고 쓰고 계산할 수 있는 능력과 아울러 사고와 추론 능력, 문제해결을 위한 정보 활용 능력을 갖추도록 교육하는 것을 포함한다.

이러한 진술문들은 하나의 포괄적인 문장으로 압축할 수 있다. 즉, 학교는 지적으로 매우 중요한 학습을 시키고 미래에 자기 주도적으로 학습을 주재할 수 있는 학습을 시키며 의미 있고 생산적이면서 사회적으로 가치 있는 학습을 시키기 위해 존재한다.

어떤 독자들은 저항감을 드러낼지도 모른다. "그렇긴 해도, 각 학교가 통일되고 일관된 미션을 가지고 있는 것은 아니다. 학교는 그럴 수 없다. 교육을 영위하는 데는 너무 많은 다양한 세력이 관여하고 매우 많은 가치와 목표가 포함된다." 또 어떤 사람들은 다른 방향에서 반대할지도 모른다. "당신은 나의 전문적인 자유를 손상시키려 한다!" 우리는 이 두 입장이 교육은 분명한 목적을 가져야 한다는 아이디어를 특정 미션 진술문이나 학교 정책이 지니고 있는 결함과 혼동하고 있다고 생각한다. 우리는 모든 학교가 동일한 미션을 가져야 한다고 주장하는 것도 아니고, 일관성을 손쉽게 이룰 수 있다고 주장하지도 않는다. 어떤 학교라도 그 핵심은 내용과 교육학적 관점과 관계없이 분명하면서도 매우 중요한 장기 목표로부터 도출된 의미 있고 유용하며 일관성 있는 학습이라고 말하고 있는 것이다. 어떤 미션 진술문도 하나의 목표에 초점을 맞추거나 특정 한 교육학적 관점을 따라서는 안 된다는 것을 주장하는 것이다. 미션 진술문은 교육을 통해 학습자가 학교 안팎에서 장기간에 걸쳐 성취해야 하는 것이 무엇이고, 그것을 어떻게 도울 것인가를 요약해서 기술해야 그 타당성이 확보된다고 내세우는 것이다. 그것은 학생의 가치 있는 수행 또는 성취를 요약해야만 한다. 미션은 몇몇 우선순위가 있는 결과들에 전념하겠다는 약속과 같고 그것으로부터 공고한 교육학적 함의들이 논리적으로 따라 나온다.

우리는 매우 실제적인 이유로 그 문제를 장기적인 약속이라는 관점에서 보고 있다. 우리가 생각하기에, 모든 관습적인 학교가 가지고 있는 문제점은 공적이든 사적이든(또는 초등교육이든 중등교육이든 고등교육이든 간에) 학생들이 학교에서 실제로 무엇을 하며 시간을 보내는지를 자세히 들여다볼 때, 특정한 수업과 차시를 넘어선 어떤 장기적인 지적 결과에 대한 일관되면서도 지속적인 약속이 드물다는 것이다. 어떤 내용 또는 활동이든 간에 그것의 장기 목적과의 관계에서 가치 있는 학습 목표는 논리적이어야 하고 교육과정과 평가 속에 붙박혀 있어야 하며 학생, 교사 그리고 지역사회에 명료히 제시되어야 한다. 이것이 학교교육이 의도를 가져야 한다고 말할 때의 의미다.

이해, 전이, 사고 습관[1)]에 초점을 맞추기

우리는 『백워드 설계에 의한 이해(*Understanding by Design*)』(Wiggins & McTighe, 2005)에서, 이해가 학교교육의 미션에 대한 개념을 구조화하는

---

1) 역자 주: 'habits of mind'를 번역한 것으로서 마음의 습관을 의미하기도 한다.

두 가지 방식이 될 수 있다고 제안하였다. 그것은 (1) 학교 수업이 학생들로 하여금 유의미하고 일관성 있게 연결하는 강력한 아이디어를 활용하도록 하는 것에 중점을 둘 때, 그리고 (2) 학습이 새로운 상황과 문제들에 효과적으로 전이될 수 있을 때라고 생각한다.

따라서 우리는 학교의 존재 이유가 학문의 중요한 아이디어와 과정에 대한 학생들의 이해를 신장시키고 심화시키는 데 있다고 주장한다. 또한 학습을 의미 있고 효과적인 방식으로 전이할 수 있도록 학생들을 준비시키고 평생의 사고 습관을 함양하도록 하는 데 있다고 생각한다. 이러한 미션, 교육과정, 코스, 단원, 차시를 수행하기 위해서는 백워드 방식의 구축이 필요하다. 만일 그렇게 하지 못한다면 더 넓은 미션을 상실하게 될 것이다.

어떤 것을 학습한다는 것은 그것을 자신의 것으로 만드는 것이며 그것에 대한 새로운 능력과 관점을 갖는 것이다. 교사들은 늘 이러한 상식적인 관점을 견지해 왔다. 만일 참으로 '어떤 것을 획득한다'면 우리는 가지각색의 의미 있는 (여타의 학습과 자신의 삶에) 연결을 할 수 있고 학습을 적용할 수 있다. 우리가 어떤 교과를 '이해'한다는 것은, 공식적인 지식과 기능을 담는 복주머니 이상을 소유하는 것이라고 말할 수 있다. 즉, 다양한 상황에서 '학문적인' 사고와 행동을 할 수 있는 능력을 갖게 되는 것이다. 우리는 일관성이 없거나 재미없는 사건과 사실에 대해서도 의미를 구성할 수 있다. 박자를 맞출 수도 있고 이전에 수행한 학습을 통해 당면한 도전에 적응할 수도 있다(전문 외교관과 재즈 뮤지션, 정형외과 의사, 또는 가라테 선수를 생각해 보라). 요컨대, 이해는 결코 정보의 수동적인 소유 또는 기능의 단순한 자동성이 아니라 현명하고 과단성 있게 그리고 효과적으로 행동하는 능력이다. 그러므로 모든 학습은 맥락 속에서 현명하게 판단하고 행동하는 능력을 신장시킬 수 있도록 설계되어야 한다.

사실, 앞서 요약했던 다양한 성격의 목표들을 존중하는 것이 이해에 대한 초점 맞추기의 유일한 길이다. 학교의 핵심은 단지 기술적인 전문성의 획득에 있는 것이 아니다. 학교는 교과들 너머에 있는 어떤 가치 있는 습관, 태도, 행위를 증진시키는 곳이다. 그중에서도 특히 비판적 사고력, 시민으로서의 책임감, 평생학습 능력을 기르는 곳이다. 이해라는 말의 의미를 너무 확대하지 않아도 사고 습관 없이는 참으로 이해할 수 없다는 것을 말하고자 한다(Costa & Kallick, 2000; Perkins, 1992 참조). 사실 우리가 추구하는 사고 습관은 학업의 성공을 위해, 그리고 학업 성취에 있어서의 바라는 결과를 위해 교육과정과 평가 속에 그것들이 필수 조건으로 구성될 때 가장 잘 함양된다. 오로지 지식 획득만을 추구하는 교육은 단기적 성공을 위해 사고 습관을 불필요하게 만듦으로써 핵심적인 사고 습관을 무시한다.

요컨대, 미션 진술문, 그리고 프로그램 목표 진술문 속에서 발견하게 되는 사고 습관, 품성, 지적 능력을 증진하는 수업과 평가에 중점을 두어야 '피상적 수업'이라는 좁은 틈으로 떨어지지 않고, 그렇게 해야만 장기적인 교육 목표를 가장 잘 추구할 수 있게 된다. 의미 구성과 전이 능력 신장의 수단으로서 내용을 구성하여 제공하는 교육이라야만 학교가 달성하고자 하는 습관과 태도를 기를 수 있다.

이해에 초점을 맞춘 교육은 어떤 교육인가

전형적인 학습 단원과 이해에 초점을 맞춘 교육과정 간의 차이점이 무엇인지를 고려해 보자. 중등학교 수학 교과에서 공통의 주제인 '대푯값'(평균, 중앙치, 최빈치)을 다룬 예를 소개한다. 어떻게 두 번째가 내용을 희생시키지 않고서 의미 구성, 전이, 가치 있는 사고 습관에 초점을 맞추는지 주목하라.

여기에 제시된 것들은 주요 교과서에서 다루고 있는 주제와 관련된 것들이다(Burton et al., 1998).

1. 텍스트에서 평균, 중앙치, 최빈치가 각각의 예를 통해 정의된다. "여러분이 일련의 데이터를 하나의 값으로 요약하기를 원할 때는 세 가지의 대푯값 중 하나를 활용할 수 있다."(p. 248)
2. 동일한 데이터의 예가 각각의 측정 형태에 비추어 고려되며 도식화된다.
3. 텍스트에 연습할 수 있는 열다섯 가지 문제가 제시된다(예: 한 데이터를 해결하기 위해 평균, 중앙치, 최빈치 값을 계산하는 표를 완성한다).
4. 텍스트에 세 가지 측정과 관련된 응용문제들이 제시된다. "8명의 사람이 조깅을 했다. 각각 8, 5, 6, 4, 8, 8, 7, 10마일을 달렸다. 평균, 중앙치, 최빈치를 구하라."(pp. 247-249)

내용이 분절적으로 텍스트에 제시되고, 분명히 드러나는 큰 목표도 없이 가르쳐지고 검사된다. 대푯값이 잠재적으로 흥미롭고 중요하게 활용될 수 있다는 유일한 힌트는 'Business Link'라고 불리는 한 사이드바(sidebar)에 나타난다.

> TV 광고는 종종 특정한 쇼가 진행되는 동안 어떤 상품을 광고할지 결정하기 위한 기초로서 시청자의 수입에 대한 중앙치를 활용한다. 왜 그들의 중앙치를 아는 것이 동일한 집단의 수입에 대한 평균을 아는 것보다 더 나은가?(p. 248)

저자들은 다음과 같이 언급한다.

> 두 개의 높은 점수 30 때문에(문외한들은 남은 데이터를 비교한다), 평균은 최빈치 또는 중앙치보다 더 크다. 그래서 평균은 데이터를 측정하는 좋은 방법이 아니다. 중앙치 또는 최빈치 중 하나를 활용하는 것이 더 낫다(p. 248).

'데이터를 잘 나타낸다'는 것이 무엇을 의미하는지 데이터의 제시가 어떻게 항상 목표와 청중을 반영하고 있는지에 대하여 텍스트는 어떤 통찰도 제공하지 못한다. 요컨대, '왜 그렇지?' '그래서 그 의미는 뭐지?'라는 질문이 고려되거나 제기되지 않는다. 그 책에서의 검사 질문은 교사와 학생들을 위한 강화만 제공하였다. 실제 목표는 혼자서 각 측정과 관련된 답을 계산하는 것이다. 어디에서도 이러한 아이디어 전이에 대한 실세계의 문제들을 강조하지 않는다. 학생들은 언제 어떤 대푯값을 활용하거나 활용하지 말아야 하며, 왜 그러한가? 사람들은 언제 이 아이디어가 필요한가? 어떤 대푯값이 필요한 경우와 필요하지 않은 경우에 대한 적절한 판단을 어떻게 하는가?

어떻게 토픽이 이해를 위해 설계된 교육과정에서 상이하게 다뤄질 수 있고 전이가 일어나도록 백워드 방식으로 구축될 수 있는가? 다음은 그 방법이다.

1. (대푯값만이 아니라, 많은 토픽을 가로질러 고려되는) 다음과 같은 본질적 질문으로 시작하라. 균등이 성패를 가르는 상황에서 '타당하고' '정당한' 답은 무엇인가? 수학은 그것을 결정하는 데 어떤 도움을 주는가? 다음의 질문을 논의해 보라. '균등한' 해(解)와 '불균등한' 해의 의미는? 어떤 사례가 있는가? 왜 '균등' 또는 '불균등'이라고 부르는가?
2. 학생들로 하여금 균등과 관련된 다음과 같은 다양한 문제와 도전에

대해 브레인스토밍하게 하고 그것들을 조사하게 하라. 다수 투표 대(versus) 절대다수 투표, 다이빙의 점수(가장 높은 점수와 가장 낮은 점수를 버린 평균 점수 계산)와 더불어 크로스컨트리 러닝의 점수(먼저 결승점을 통과한 5명의 선수의 점수 합산)의 비교, 누진 소득세 대 역진 소득세, 정치학에서의 평균과 중앙치의 오용, 최고의 대학 풋볼 팀을 뽑기 위한 최상의 준거 등. 요컨대, 수학 내용과 관련된 학습을 요구하는 문제들을 제시하라.

3. 유용한 도구인 평균, 중앙치, 최빈치를 소개하라. 그것들과 관련된 몇 개의 교과서 문제를 풀도록 하라. 지식과 기능에 대한 퀴즈를 보라(그러나 이것은 게임이라기보다는 주변적인 연습이라는 것을 분명히 하라).
4. 이해를 위한 최종 평가를 세 부분으로 나누어 다음과 같이 시행하라.
   - 단원에서 수행되는 모든 작업에 기초하여 '학교에서 가장 균등할 수 있는 등급 산정 시스템'을 제안하고 방어하라.
   - 일반화하라. 대푯값의 세 가지 측정 각각은 언제 가장 유용한가? 각 측정이 최소로 유용한 경우는 언제인가? 가장 왜곡되는 때는 언제인가?
   - 반성적으로 성찰하라. 단원의 틀을 구성하는 데 있어서의 본질적 질문에 대해 여러분이 지금 할 수 있는 대답은 무엇인가?

여러분은 그 반대를 보는가? 후반부에서는, 학생들이 관련될 수 있는 본질적으로 문제가 많은 상황과 쟁점을 다루기 위한 수단으로 동일한 내용이 매우 상이하게 다루어진다. 게다가 평가는 의미 구성, 활용 그리고 내용이 목적이라는 것을 시사한다. 앞에서 논의되었던 사고 습관과 장기 목표가 이제는 작동하기 시작한다. 학생들은 비판적인 사고자가 되어야 하고 생산적이어야 한다. 과업을 성공시키기 위해 학생은 평생학습의 경험을 쌓게 된다. 이제 여타 단원이 동일한 메시지를 지속적으로 보내는지 상상해 보라. 그러면 특히 다음의 예가 일반화된다면 이해에 대한 부단한 집중이 어떠한 비전을 산출하게 되는지 보게 된다.

1. (많은 토픽을 가로질러 고려할 필요가 있는) 실세계의 이슈 또는 문제와 관련된 본질적 질문으로 시작하라.
2. 학생들에게 브레인스토밍을 하도록 요구하고 질문과 이슈와 관련하여 예비 조사를 하게 하라. 문제를 해결하기 위한 잠재적 유용성이 있는 자원으로서 내용을 소개하라. 그 도전을 다루기 위해 학생들을 준비시킬 필요가 있을 경우에 한해서 강의를 하고 연습을 시키라.
3. 전이를 요구하는 최종 평가 과제를 중심으로 단원의 틀을 짜라. 별개의 지식, 기능과 관련된 추가적인 증거를 제공하기 위한 경우에만 퀴즈를 활용하라. 그런 다음에 학생들이 과제를 잘 수행하는 데 필요한 것을 가지고 백워드 방식으로 차시를 설계하라.
4. 여타의 본질적 질문을 중심으로 또 다른 단원의 틀을 구성하라.

교육과정 설계와 계열화를 위해 따를 필요가 있는 것

단원에 초점을 맞춘, 그러한 이해로 구성된 일관성 있고 통합된 교육과정을 이루기 위해서는 더 큰 미션과 관련하여 교과 내용의 본질을 재고할 필요가 있다. 이러한 요점을 다루는 2개의 미션 진술문을 소개한다. 보다 넓은 지적 목표 아래에서 그것이 교과 영역의 전문성을 어떻게 포섭하고 있는지 주목하라.

살렘(Salem) 고등학교는 비판적이고 창의적인 사고를 기르기 위한 엄격한 교육과정으로 도전의식을 불어넣고 있는 학생 중심의 공동체다. 개별적이면서도 안정적인 학습 환경이 제공되기 때문에 학생들은 고차적 추론 기능, 학교와 공동체에 대한 봉사심, 모든 사람에 대한 관용을 드러낼 것이다. 학생들은 저마다 시민의식, 봉사심, 학습에 대하여 평생 헌신하는 데 필요한 도구들을 가지고 졸업을 할 것이다.

루미스 샤피(Loomis Chaffee) 학교의 미션은 다양한 사회·문화적 배경에서 자란 남녀 학생들의 신체와 정신을 발달시키는 것이다. 아울러 그들에게 최고의 자아와 공공선에 헌신하도록 영감을 불어넣는 것이다. 학업 프로그램은 고등교육과 평생학습을 준비시키기 위한 유능하고 분별력 있는 사고를 형성하는 데 목표를 두고 있다. 루미스 샤피는 또한 각 코스와 공동체 삶을 통해 학생들이 국가와 세계 문명에 대한 봉사심을 갖도록 교육한다. 무엇보다도, 설립자들은 학교가 남녀 학생들이 더욱더 좋고 광대한 삶을 위한 성지가 되기를 의도하고 있다.

위의 미션 진술문은 학습자들이 달성해야 하는 장기적인 지적 성취를 구체적으로 담고 있다. 그리고 내용 지식과 기능은 궁극적인 목표들이라기보다는 가능성 있는 도구들로 묘사되고 있다. 학생들은 단순히 학습한 것이 아니라 탐구적이며, 무엇인가에 정통한 것이 아니라 좋은 목적을 위해 그들이 받은 교육을 활용할 수 있으며, 기예적인 기능을 갖춘 것만이 아니라 그 기능이 현명하게 활용되는지 그렇지 않은지를 결정할 수 있는 적절한 사고 습관을 가진 사람으로서 육성되어 학교를 졸업할 것이다. 다시 말해, 내용 숙달은 미션이 학업 목표들을 언급할 때조차도 수업의 근본적인 초점이 아니다.

독자들을 놀라게 하는 것은 많은 주의 내용 기준 문서들이, 특히 목표에 대한 서문에서 동일하게 그 초점을 진술하고 있다는 것이다. 여기에 2개의 전형적인 사례를 들어 본다. 하나는 뉴저지 주의 사례이고, 다른 하나는 캘리포니아 주의 사례다. 뉴저지 주 핵심 교육과정 내용 기준에는 수학 기준의 비전이 하나의 목표를 성취하는 데 초점이 맞춰져 있다.

> 목표: 뉴저지의 모든 아이가 수학적 기능, 이해, 태도를 가지고 21세기로 들어가 일상적 삶과 직업에서 성공할 수 있게 한다 (Rosenstein, Caldwell, & Crown, 1996, p. 10).

학생들은 단지 수학적 절차를 기억하고 연습하기보다는 중요한 수학적 개념을 학습하고, 활동에 흥미를 느끼며 열정적으로 참여할 것이다 (New Jersey Mathematics Coalition, 1994에서 각색).

다음은 캘리포니아 주의 역사 및 사회과학 교육과정의 비전이다.

> 역사와 사회과학 분야의 교육자들로서, 우리는 우리 학생들이 사회, 경제 그리고 정치적 문제들이 복합성을 지니고 있다는 것을 인식하기를 바란다. 학생들이 중요한 것과 중요하지 않은 것을 구별하는 능력을 갖기를 원한다……. 우리는 학생들이 타인의 권리를 존중하기를 원한다. 그들이 시민으로서 역할을 다하고, 민주주의 사회에서 변화를 위해 어떤 일을 해야 하는지 알기를 원한다. 그들이 민주주의 제도의 가치와 중요성 그리고 허약성을 알기를 바란다……. 우리는 그들이 윤리와 시민의식에 민감한 감각을 발달시키기를 원한다. 그리고 그들이 공동체, 국가, 세계에서의 삶의 질에 대하여 깊게 생각하기를 원한다(History-Social Science Curriculum Framework and Criteria Committee, 2005, p. 2).

어떤 주라도 이것에 동의할 것이다. 학교 목표, 그리고 학업 프로그램의 기준은 단순히 '학교에서 좋은 것을 얻는 것'에 또는 각 교과를 통해 '만사를 잘 아는 것'에 두지는 않는다. 학교가 삶과 사회를 개선시킬 수 있다는 데 목표를 둔다. 그리고 이것은 효과적이고 사려 깊으며 무엇인가에 몰두하는 성인이 되도록 준비시키는 성취를 기반으로 해서 이루어진다. 기준에는 단기간의 내용 관련 목표뿐만 아니라 학교교육에 대한 장기적인 성공의 지표들이 요약되어 있다.

교과는 '학문'이고, 교과를 학습하는 동안 '행함(doing)'에 의해 숙달되는 가라테, 요가, 체스, 또는 수학과 같다. 이제는 매우 유명해진 SCANS(1991) 보고서의 저자들은 다음과 같이 진술하고 있다.

> SCANS는 교사들과 학교가 학생들이 공부하는 것과 실세계의 맥락에서의 적용 간의 관련성을 보도록 초창기부터 그들을 돕기 시작해야만 한다고 믿는다. 우리가 인생에서 알 필요가 있는 모든 것은 유치원에서 배웠다는 말은 사실이 아니다. 그러나 삶이 요구하는 것을 일찍부터 배우기 시작할 수 있다는 것은 사실이다.
>
> 인지과학의 발견들이 검증된 후, 우리는 기능 수업의 가장 효과적인 방법은 '맥락 속에서'라는 것을 믿는다. 실제 환경 내에 학습 목표를 정치시키는 것이 적용하기를 기대하는 것들을 추상적으로 우선 배워야 한다고 고집을 부리는 것보다 더 낫다. SCANS는 모든 학교에서의 실제 맥락적 학습을 안내하기 위해 인지과학으로부터 세 가지 원리를 도출하여 제안한다.
>
> - 학생들은 문제해결 기능들을 배우기 전에 기본적인 기능을 학습할 필요가 없다. 두 가지는 함께 가는 것이다. 그것들은 순서적으로 선후의 문제가 아니라 상보적인 관계다.

- 학습은 새로운 방향을 향해야 하는데, 단순한 정보의 숙달을 벗어나 학생들이 문제를 인식하고 해결하도록 격려하는 방향을 지향해야 한다.
- 실제적인 노하우의 토대와 역량은 별개로 배울 수 없다. 학생들은 이러한 기능들을 적용하면서 연습할 필요가 있다. 그 토대는 역량들의 맥락 속에서 가장 잘 학습된다.

독서 그리고 수학은 그것들이 하나 또는 그 이상의 역량 속에 체화될 때 덜 추상적이 되고 더욱 공고해진다. 다시 말하면, 학습이 시스템 또는 기술적인 문제라는 '상황에 놓이게 될 때'다. 기능이 역량의 맥락에서 가르쳐질 때 학생들은 기능을 더욱 빨리 배우고 그것을 실제 상황에서 잘 적용할 것이다. 자기평가, 책임감과 같은 개인 특성들은 협동적인 노력을 통해 가장 잘 신장된다. 어떤 토대를 가르치는 것과 역량 사이에서 어느 하나를 선택하는 것은 잘못된 것이다. 학생들은 둘을 동시에 배울 때 더욱더 능숙해진다. 요컨대, '앎을 위한' 학습은 '행함을 위한' 학습과 결코 분리될 수 없는 것이다. 지식과 그것의 활용은 동반 관계다.

이러한 접근은 많은 학습 상황에서는 규범적 성격을 지닌다. 법학과 학생들은 첫해에는 실제 사례를 분석한다. 스즈키 바이올린 연주자들은 처음 연주를 배우기 시작한 몇 주 동안 독주하는 것을 배우고, 외국어를 배우는 학생들은 곧장 말하고 듣는 것에 몰입하며, 목공 견습생들은 처음부터 실제 건물 위에서 작업한다. 그리고 스키를 처음 타는 사람들은 첫날부터 짧은(완만한) 슬로프에서 스키를 탄다. 우리는 오래된 편견과 습관이 역사 또는 생물학에서 같은 것을 다르게 보도록 한다고 생각한다.

그래서 처음부터 '어떤 것들'을 학습하는 데 있어 보다 유목적적이고 전이에 초점을 둔 접근 방법을 설계할 필요가 있다. 어쨌든 결국 의미 있고 유용하지 않으면 안 되는 지식과 기능의 긴 목록을 교수·학습하는 것으로서 교육을 바라보기보다는, 이해를 추구하는 교육은 학습자들로 하여금 내용이 왜 중요하고 그것이 무엇을 위해 활용될 수 있으며 학습한 것을 즉각적으로 전이시키는 방법은 무엇인지를 처음부터 보도록 도와야 한다. 이것은 운동과 예술 쪽의 코치들(그리고 훌륭한 독서 지도 교사들)이 '전체-부분-전체'라는 접근 방법을 참조하는 것과 유사하다. 우리는 더 큰 수행 도전('게임'과 그것에 대한 요구와 같은)을 고려하고 필요한 기능과 지식을 확인하고 그것을 실제 맥락에서 즉각적으로 활용하도록 놓아둔다. 수학의 사례는 두 가지 다른 실제적 측면들을 드러낸다. 즉, 중요한 내용 아이디어들을 '심층적으로 학습'하도록 돕는 본질적 질문의 활용, 그리고 학습자가 중요한 수행을 할 수 있도록 그들을 준비시키는 데 학습의 초점을 맞추는 것이다.

특히 미션 진술문과 학업 기준은 전형적으로 전이 목표를 부각하기 때문에 우리는 지역 수준의 계획, 수업, 평가는 백워드 방식으로 각 교과의 전이 과제들로부터 도출하여 구축되어야 함을 명심할 필요가 있다. 그리고 최상의 평가는 회상 여부를 검사하는 것이 아닌 '심층적인 연결'에 대한 판단이라는 것도 확신해야 한다. 교과의 그러한 '행함'은 새로운 도전이나 익숙하지 않은 문제에 선수학습을 적용할 때 학생들의 능력에 대한 '검사'도 포함한다. Gardner(1999)는 다음과 같이 말한다.

> 개인은 개념, 기능, 이론 또는 지식과 관련된 영역을 새로운 상황에 적절히 적용할 수 있을 정도로만 그것을 이해한다……. 이 공식은 이해에 대한 엄밀한 검사를 수반한다. 학생들이 이전에 접한 적이 없던 토픽, 주제를 그들에게 제기하거나 논증을 하게 하는 것, 그리고 그들로 하여금 현상을 구성할 수 있는 어떤 감각을 결정하게 하는 것

등이 그것이다(p. 119).

다시 말해, 전이는 학생들이 '이전에 접해 보지 못한' 상황 속에서, 수행의 성공을 위해 성숙한 사고 습관에 따라 신속하게 학습하고 종종 지식과 기능을 통합하는 방법을 학습할 것을 요구한다. 학교교육은 운동이나 의료 교육이 시종일관 교수이고 학습인 것처럼, 이와 같은 방식으로 전이에 근거하여 백워드 방식으로 설계되어야 한다.

이것은 상식이다. 우리는 Madeline Hunter(1971)가 30여 년 전에 한 다음과 같은 말에 동의한다. "전이는 새로운 상황에 대한 학습의 정확한 일반화이며 모든 공식적 수업과 학교교육의 최종 산물로서 추구된다."(p. 2) 문화문해력을 목록화한 E. D. Hirsch(Hirsch, Kett, & Trefil, 1988)도 우리에게 문화문해력의 핵심은 전이라는 것을 다음과 같은 말로 상기시켜 준다. "현대의 삶에서 우리는 일반적인 지식을 필요로 한다. 그러한 지식은 우리가 새로운 아이디어, 이벤트, 도전을 다룰 수 있게 해 준다."(p. 11)

필요한 것: 내용에 관한 관점

이전의 분석은 교육 목표가 오로지 내용 지식의 목표로부터 도출될 수 없다는 것을 상기시킨다. 모든 교수 · 학습을 '내용'에 초점을 두고 구성하고 평가하는 것은 백워드 문제를 일으킨다. 무엇을 가르치고, 어떻게 배워야 하고, 평가해야 하는지에 대한 결정은 미션과 관련된 장기 학습 목표부터 도출된다. 내용과 교수 · 학습은 목표를 달성하기 위한 수단이다. 일관성 있고 효과적인 학교교육을 위해서는 모든 교육에 대한 의사결정이 내용의 외적 관점에서 고려될 필요가 있다. 그렇게 할 때만 우리는 무엇을 유지하고 무엇을 잘라 낼지 그리고 학습을 어떻게 구조화해야 할지에 대하여 결론을 내릴 수 있다.

이것은 오래된 하나의 아이디어다. 사실 이것은 60년 전 Ralph Tyler (1950)가 말한 것의 핵심이다. 그러나 이것이 교육개혁 측면에서 일상적으로 간과되거나 무시되어 왔다.

> 목표를 진술하는 목적은 목표를 달성할 수 있는 방법으로, 다시 말해 학생의 변화를 이끌어 낼 수 있는 방법으로 수업 활동이 계획되고 전개되도록 학생의 변화를 나타내는 것이다. 그러므로 분명한 것은 내용의 표제로써 목표를 진술하는 것은 이후의 교육과정 전개를 안내하기 위한 만족할 만한 기초가 아니다(pp. 45-46).

핵심은 학습자의 마음과 행동을 변화시키는 것이지 그들을 지적으로 만드는 것이 아니다. Tyler가 말하듯이, 목표 진술에 대한 이러한 견해는 그것이 행동의 변화를 지적해야 하고, 내용의 표제로써 교육과정을 조직하고 정당화하는 것은 논리적이지 않다는 것을 의미한다. 그러므로 교과서가 사실상의 교육과정이 되고 그 범위가 사실상의 목표라면, 내용학습을 장기 교육 목표와 관련시킬 수 있는 방법이 없다는 것은 놀라운 일이 아니다. 핵심 성취와 관련된 분명한 수행 목표가 없을 경우에, 타당하고 가치 있는 수행을 위해 강조해야 할 것은 무엇이고 건너뛰어야 할 것은 무엇인지를 결정할 때 교과서 외에는 다른 방법이 없다. 지나치게 설교식으로, 단발적으로 수업하는 것을 비판할 어떤 근거도 없는 것이다.

그래서 우리가 잘 알고 있는 'Tyler의 논거'는 목표가 존중되고 있음을 보증하기 위해, 개발에 있어서뿐만 아니라 단위학교를 지속적으로 비평하는 데 있어서 하나의 절차로서 읽혀야 한다.

여기에 교육과정과 수업 계획을 개발하는 데 있어서 대답되어야만 하는 Tyler(1950)가 제시한 질문을 제시한다. 각 단계의 괄호 속에는 우리의 주장을 진술해 놓았다.

1. 학교는 어떤 교육 목표의 달성을 추구해야 하는가?(학교의 미션은 무엇인가?)
2. 이러한 목표를 달성하는 데 유용한 학습 경험은 어떻게 선정되어야 하는가?(학교의 미션을 달성하기 위해 가장 적합한 학습은 무엇인가?)
3. 어떻게 학습 경험을 효과적으로 조직할 수 있는가?(가장 효과적이고 효율적으로 미션을 달성하기 위해서는 어떤 교육과정, 평가 시스템이 구축되어야 하는가?)
4. 이러한 목표가 달성되었는지를 어떻게 평가하는가?(어떤 과정을 통해 피드백을 얻고 최상의 미션 달성을 하도록 시스템을 조정해야 하는가?) (p. 1)

미션이 왜 중요한가

그렇다면 무엇이 더 논리적인가? 가치 있는 교육 목표를 수립하고 그것에 전념해야 한다. (이해는 참된 성취와 사고 습관에 반영되어 있다.) 그런 다음에 이해에 이르기 위한 구조, 정책, 실행을 설계해야 한다.

그러나 독자들이 잘 알고 있는 것처럼, 학교는 좀처럼 학생의 이해와 평생학습을 위한 성향과 관련된 장기적인 결과를 성취하도록 설계하지 않는다. 일상에서 좀 물러나서 주의 깊게 살펴보라. 전통적인 학교교육은 단편적인 내용의 피상적 교수 · 학습에 고착되어 있다. 교사는 다른 교사와 고립된 채로 따로따로 가르친다. 그리고 학교 목표를 가지고 가르치는 것이 아니라, 단지 특정 내용과 관련된 교과서를 가지고 가르친다. 요컨대, 유목적적인 학교교육이 아닌 잘 의도되었으나 고립된 내용과 활동의 잡동사니를 보게 된다. 12년 넘게 학교를 다니는 학습자의 관점에서 보면 학교는 벽 위의 액자 또는 웹 사이트에 제시한 것과는 다르게 어떠한 미션도 가지고 있지 않다.

그러한 학교는 미션을 의식하는 것도 진지한 헌신도 부족하다. 학교 공동체의 어떤 구성원도 단기 수업들이 지향하는 장기 목표에 대해 예전부터 해 온 질문에 근사한 답을 내놓지 못한다. 그 질문은 바로 '우리는 왜 이것을 공부하고 있는가?'다.

독자들이 다음 4개의 질문을 개별 학습자 또는 학습자 집단에게 물어보면 우리가 기술하고 있는 것과 같은 근본적인 문제가 있다는 것을 알게 되고 우리의 주장을 확인할 수 있을 것이다.

- 지금 무엇을 하고 있는가?
- 왜 그것을 하고 있는가?
- 그것은 지난 며칠, 몇 주 동안 해 온 것과 어떻게 관련되는가?
- 그것을 하는 것이 학습의 장기 목표, 우선순위 측면에서 어떤 도움을 주는가?

학생이 어떤 수준의 학습을 하든, 이 질문에 만족스러운 답변을 하는 학생은 드물다. 실로, 모든 학생이 내용을 통해 알려지지 않은 목적지로 긴 여행을 한다면 그들은 무슨 답을 할 수 있겠는가? 만족할 만한 답을 하지 못한다는 것은 최소한 학습자들이 상위 성과와 장기 목표를 인식하지 못한다는 것을 말한다.

우리는 또한 교사들이 1년 동안의 목표에 비추어 가르치는 모든 단원에 대해 위와 동일한 질문에 대한 자신의 답변을 작성해 볼 것을 권한다. 그런 다음에 그들의 답변을 동일한 학년 또는 과목을 가르치는 동료와 비교해 볼 것을 권한다. 우리는 이러한 활동이 교사들이 전반적인 미션에 기여하기 위해 자신의 수업을 다른 사람들의 수업과 얼마나 연결하고 있는지에 대해 좀처럼 사고하지 않는다는 것을 보여 주리라고 예상한다.

단위학교의 실제적인 학습 우선순위가 어떠한가를 보려면 현재의 시간 활용을 보면 된다. 자신에게 다음의 질문을 해 보라. 더 좋은 것은 그 질문에 대한 공식적인 시간 활용 연구를 해 보는 것이다.

- 수업에서 가장 많은 시간을 들이는 목표, 활동을 고찰해 볼 때 학교는 사실상의 우선순위를 무엇에 두고 있는가?
- 시시각각으로 학교가 활용하는 시간은 임무와 일관성이 있는가? 심층적인 이해에 초점을 맞추고 있는가? 교사는 '자신이 가르치고 있는 것을 학습하는' 것을 넘어서는 목표도 없이 '가르치는' 데 많은 시간을 소비하는가?

그런 다음, 다시 한 번 비전을 질문해 보라.

- 미션이 줄곧 존중되었다면 우리는 수업의 내적, 외적 측면에서 어떤 시간 활용을 볼 수 있는가? 학습의 전이와 사고의 핵심 습관이 초점이었다면 수업 시간이 어떻게 활용될 것인가?

분명한 우선순위에 대한 성과, 장기 목표의 부재보다 더 심각한 문제는 많은 교사가 매우 큰 목표가 그들이 하는 일에 부적절하다고 믿는 데 있다. 친숙한 진술인 '나는 내용을 가르쳐야만 해!'를 어떻게 이해해야 하는가? 우리(저자들)는 이 책뿐만 아니라 이전에 『백워드 설계에 의한 이해』라는 저서를 집필했다. 이 저서들을 통해 우리는 이러한 모든 일반적인 진술이 왜 더 큰 교육 목표로의 헌신을 가로막는지, 따라서 이것이 왜 심각한 잘못인지 경고하는 시도를 하고 있다.

미션의 명료화와 존중을 향해서

문제를 더욱 어렵게 만드는 것은 우리가 숭고한 의도와 실제적 실행, 결과를 혼동하는 것이다(Argyris[1993]가 지지된 이론과 실행 속의 이론 간의 불가피한 간극이라고 일컬은 것). 그래서 개혁은 백워드 설계의 논리를 탐구할 때를 상상하는 것보다 훨씬 더 어렵다. 우리는 우리가 가지고 있는 맹점과 무의식적인 나쁜 습관을 알 필요가 있다. 또한 사용하는 말과 행위(필요한 변화를 방해하는) 간의 잠재적인 단절을 탐구하는 것에 대한 저항을 알 필요가 있다. 우리는 그것들을 뿌리 뽑는 일에 전념해야 한다.

설계에 의한 학교교육에서는 항상 다음과 같은 질문(if/then을 사용하여)을 한다. 만일 이것이 미션이라고 한다면 실행의 모습은 어떨까? 만일 전이 목표, 책임 있는 시민의식, 평생학습을 참으로 존중했다면 나날의 교수·학습의 모습은 어떨까? 만일 이러한 목표들이 우리 모두가 전념해야 하는 목표들이었다면 내용을 어떻게 가르치고 평가해야 하는가?

이렇게 던지는 질문의 논리는 어느 정도는 보다 분명하고 견실한 '비전'에 대한 요구다. 비전은 만일 목표가 성취되었다면 우리가 볼 수 있는 무엇이다. 이러한 의미에서 비전은 추상적인 미션 진술문을 공고한 정책과 실행으로 전환할 때 본질적인 요소가 된다. 다시 말해, 비전은 결코 가망 없는 이상적인 꿈이 아니라 우리가 구축하려고 하는 세계에 대한 그림, 즉 건축가의 청사진 또는 운동선수가 시합을 앞두고 하는 마음의 이미지와 같은 것이다. 펜실베이니아의 스테이트 컬리지 에어리어(State College Area) 학교구가 제시한 도해 자료([그림 1-1])를 보면 이것이 더욱 명확해진다.

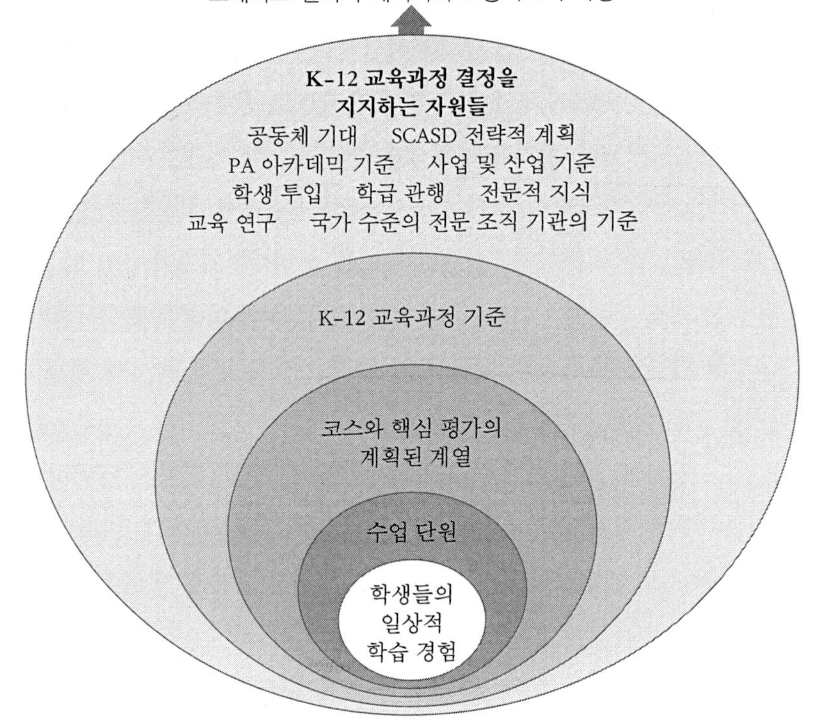

스테이트 컬리지 에어리어 고등학교의 특성

- 책임감 있고 열심히 참여하는 시민
- 명확하고 효과적으로 의사소통하는 사람
- 비판적 · 창조적으로 사고하는 역량 있는 문제해결자
- 독립적이면서도 협력적으로 일하는 생산적인 개인
- 다양성이 증가하는 사회에서 자신과 타인을 존중하는 사람
- 진화하는 기술공학의 활용자
- 건강한 행동에 대하여 식견이 있는 실행자
- 개인과 가족의 자원에 대한 효과적인 관리자, 정보 기반의 소비자
- 책임 있는 환경 보호가
- 예술 활동을 즐기는 사람

[그림 1-1] 스테이트 컬리지 에어리어 고등학교의 특성

출처: P. L. Francis의 개념에서 각색한 것이며, SCASD K-12 교육과정 위원회의 승인을 받아 사용함.

앞서 제시한 미션 진술문을 가지고 시도한다면 우리는 그러한 비전의 수립에 대한 잠재적 유용성을 볼 수 있다. 열정적이면서도 자신감 있는 독자가 되도록 학생들을 육성하기 위해서 언어 과목은 어떻게 가르치고 평가해야 하는가? 학생들이 비판적 역사 인식을 가지고 있는지 그렇지 않은지를 알아보기 위해서는 사회과에서 어떤 평가가 필요한가? 학생들이 시민이자 평생학습자로서 수학을 생산적으로 활용하는 데 성공적이었다면 우리는 수업과 평가에서 무엇을 알아보아야 하는가? 일반적으로 우리는 지속적인 자극과 격려가 없어도 학생들이 내용 이상을 학습할 수 있는 능력을 갖추고 또 그것을 평가하기를 바란다. 교육과정의 일부로서, 우리는 학습자들에게 그들이 학습한 것을 당장 적용할 것을 기대한다. 그리고 학생들이 현재의 학교 문제 그리고 사회 문제를 사려 깊게 해결하기를 기대한다. 그러므로 사례 기반, 문제 기반의 교육과정은 의학이나 법학, 공학에서 발견할 수 있는 것처럼 예외적이지 않은 규범이 될 것이다. 이것이 정치적으로 올바르다고 말하는 것은 아니다. 그러한 수업이 논리적으로 미션 진술문의 요소들 속에 함의되어 있기 때문에 이것을 말하는 것이다.

'만일 ……이라면, 무엇을 볼 것인가?'에 관한 질문에 대한 답과 함께, 다음과 같은 핵심적인 경험적 질문들을 해야 할 것이다. 무엇이 현재의 실제인가? 학생들은 지금 얼마나 열정적이고 생산적인가? 교육과정은 현재 비판적 사고에 어떠한 방식으로 초점이 맞춰져 있는가? 교과를 통해 평생학습자를 기르는 데 얼마만큼 성공하고 있는가? 결국 우리는 비전과 실제 간의 불가피한 간극을 다루어야 할 것이다. 미션에 대한 결과를 증진시키기 위한 교육과정, 수업, 평가를 개선시키기 위해 무엇을 할 수 있는가?

다시 말해, 논리적인 것이다. 목표를 설정해야 한다. 우리가 어디에 서 있고, 어떻게 개선할 수 있는지 피드백을 받아야 한다. 그런 다음 간극을 좁히기 위해 행동을 취해야 한다. 이러한 흐름은 어떤 영역이든 간에 모든 변화의 동력이다. 이것은 변화의 욕구가 외재적인 데 있지 않고 얼마만큼 내재적인가 하는 데 달려 있다. 이후의 장들에서 이 과정에 대하여 설명할 것이다.

기관의 목적을 향해서

미션에 전념하지 않는다면 학교는 단지 교과에 대한 프리랜스 튜터를 위한 집에 불과하다. 바라는 성취로서 구조화된 명확하고 가치 있는 미션에 대하여 전념을 하지 않고서는 공통의 목표뿐만 아니라 다음의 일련의 준거를 가질 수 없다. 그것은 (1) 목표들을 고려할 때, 어떻게 최상의 학습이 되어야 하는지를 평가하는 것, (2) 단지 분별없이 내용을 관통하여 진행하지 않고 내용의 우선순위를 정하는 것, (3) 교사 혼자 하는 실행과 팀으로서 하는 실행 중 어떤 것이 효과적인지 평가하는 것, 그리고 미션을 이행하기 위해 무엇이 변화되어야 하는지를 평가하는 것 등이다.

신념은 있으나 명확한 목표(우리가 주장하는 것 같은) 없이 어떻게 학교 공동체가 그 어려운 일을 할 수 있겠는가? Stephen Covey만큼 목표와 유목적적 행위에 대해 명확하게 기술한 사람은 없다. 『성공하는 사람들의 7가지 습관(*The Seven Habits of Highly Effective People*)』에서, Stephen Covey(1989)는 단지 바쁘기만 한 것과 성공하는 것 간의 차이는 목표가 있는가 없는가에 따른 차이라고 보면서, 다음과 같이 간결하게 기술하고 있다.

> 믿기지 않는 일이지만, 바쁜 생활 속에서 어떤 활동의 목표를 잊거나 잃고서 그 활동에 열중하는 것은 쉽다……. 우리가 진실로 우리

> 에게 중요한 것이 무엇인지 알고 그것을 마음에 새길 때 우리의 삶은 얼마나 다른가. 우리는 매일 가장 중요한 무엇인가를 하기 위해 자신을 관리한다. 사다리를 벽에 똑바로 세워 놓지 않으면 우리는 잘못된 곳으로 가게 된다. 우리는 바쁠 수도 있고 매우 효율적으로 생활할 수도 있다. 그렇지만 마음속에 목표를 새기고 시작할 때만 참으로 성공할 것이다(p. 98).

'마음속에 목표를 새기고 시작하는' 것은 우리가 말하는 '백워드 설계'를 일컫는 것이다. 간단한 드라이빙(자동차로 멀리 떨어진 목적지에 도달하고자 하는)의 예를 들어 보자. 여행을 성공적으로 하려면 (단지 여행할 장소의 목록을 가지고 출발하는 것도 아니고, 최종적으로 어느 목적지에 어떤 방법으로 도착할 것인가를 정하지 않고 출발하는 것도 아니라) 우리는 목적지에서부터 백워드 방식으로 여행 계획을 세워야 한다. 그러면 우리는 (단지 집에서부터 얼마나 멀리 가는지를 말하는 것이 아니라) 우리가 얼마나 멀리 여행을 떠나는지 말할 수 있게 된다. 목적지(의도한 결과)가 명료하지 않고서는 '설계에 의한' 계획을 할 수 없고 결과를 성취할 수도 없다. 우리가 어디에 있든, 결국 우리가 할 수 있는 것은 여행이 즐거울 것이라는 믿음이다.

그러므로 여행이 시간의 낭비 없이 원활하게 진행되면 어떠한 여행도 '효율적'일 수 있다. 많은 학교는 효율적이고 원활하게 운영되며 일을 하기에 멋진 곳이다. 그러나 학교의 미션, 목적과 관련한 효과성 측면에서는 부족함이 있다. 우리는 전형적인 교사, 교장의 기능을 살펴왔다. 그들은 장기 목표가 내용을 통하여 잘 진행되고 있다고 생각하는 여행의 결과로서 충족될 것이라고 희망하고 있는 성실한 여행 안내자와 같았다. 반면에, 건축가, 영화 제작자, 요리사, 법률가, 의사 그리고 소프트웨어 제작자는 전적으로 매우 구체적인 결과를 성취하는 데 초점을 맞춘다.

그리고 산출물, 수행, 또는 추구하는 결과를 확보하기 위해 그들의 계획과 행위를 계속 조정해 나간다.

장기적인 바라는 성취에 대하여 생각할 때 생기는 어려움은 (이른바) 몇몇 미션 진술문에 드러난다. 다음의 예를 읽고, 무엇이 부족한지 고찰해 보라.

> 이스트(East) 고등학교는 학생들에게 풍부하면서도 엄격한 대학 준비 프로그램에 대한 도전을 충족하도록 권고하고 있는 학교다. 수행, 적용, 봉사와 관련된 학습의 기회가 일상적인 구조 속으로 통합되고, 선택과 다양성이 보장된다. 게다가 그 프로그램은 모든 학년에서 의미 있는 봉사학습 경험과 기업가적 학습이 포함되어 있다. 국제 공통 자격 입학(International Baccalaureate) 교육과정 형태의, 교과 프로그램에서의 보다 큰 다양성과 엄격성은 재능 있는 학생들에게 포부를 키우고 미래의 성공을 확신하도록 도전을 줄 것이다.

> 웨스트(West) 중학교는 상호 신뢰, 존중, 이해에 기반을 둔 긍정적이면서도 안전한 학습 환경을 촉진하기 위해 가정과 지역사회와 파트너십을 맺을 것이다. 각 학생은 지적, 사회적, 감성적, 신체적 가능성을 개발할 수 있는 교육 기회들을 제공받을 것이다.

위 진술에는 최종적인 학습 결과 또는 바라는 결과가 기술되어 있지 않다. 학교가 무엇을 성취하고자 하는지를 진술하고 있는 것이 아니라, 대부분의 진술이 학교, 교직원이 무엇을 제공할 것인가를 말하고 있다. 이것은 수업에서 피상적 학습을 초래할 것이다. 분명한 목적지가 없고 바라는 성과에 대한 공약도 없이 투입에 대해서만 지나치게 강조하고 있다. 또한 투입을 통해 구체적으로 학습자에게 어떤 변화가 일어나게 할 것인지에 대한 감각도 분명하지 않다.

따라서 설계에 의한 학교교육은 쉬운 일이 아니며 미션 자체와 미션의 함의를 통한 사고를 포함한다. 더 나은 성취를 위해 교육 구조를 재구조화하려는 교직원, 비전과 실제 간의 간극을 확인하고 그것을 좁히는 데 헌신하는 교직원이 필요하다.

미션에 대한 집단적 헌신과 진정한 전문가 정신을 향해서

미션 주도의 학교교육을 실행하는 한 가지 방법은 백워드 설계를 반영하는 것이다. 즉, 바라는 결과를 가지고 내용의 주안점, 평가, 활용할 수업의 접근 방식을 결정하는 것이다.

그 도전은 단지 어떤 내용이 적합한지 그렇지 않은지를 분석적으로 도출하는 것이 아니라, 추구하고자 하는 성취의 우선순위를 고려하여 적절한 교수법과 평가를 이끌어 내는 것이다. 수업(과정과 내용)은 목표로부터 도출된다. 우리의 개인적인 습관, 편안함의 정도, 교수 · 학습에 대한 개인의 신념이 방법 선택의 근본적인 자원 또는 준거가 될 수는 없다. 교육과정과 평가도 마찬가지다. 장기 학습 목표로부터 논리적으로 도출되는 코스의 설계와 평가 없이는 미션과 그에 따라 도출되는 평가 대신에 내용을 중심으로 교육과정을 구조화하는 습관에 빠지게 된다.

현 시점에서 보면, 공통의 미션을 추구하기 위해 협력적으로 운영되는 학교는 거의 없다고 할 수 있다. 사실대로 말하자면, 많은 학교의 문화 그리고 운영은 한 고등학교의 베테랑 교장의 말에서도 드러난다. 우리는 학교, 부서의 목표에 대한 합의의 필요성을 그와 함께 논의하고 있었는데 그는 그것이 불가능하다고 했다. "당신은 교장입니다. 어떤 것을 추진하기 위해 교직원 회의를 활용할 수 있습니다."라고 우리가 말했다. "교장이라고요? 나는 교장이 아닙니다. 나는 자영업자한테 쇼핑몰의 공간을 임차했습니다." 그는 빈정거리며 대답했다.

열심히 일하고 질이 높은 교사라 하더라도 그가 원하는 바대로 자유롭게 가르치고 평가하려 한다면 학교는 어떤 의미도 갖지 못한다. 미션을 가진 기관의 핵심은 차이와 상관없이 모두가 일관성 있으면서도 협력적인 방식으로 합의한 결과를 산출하려는 의무를 져야 한다는 것이다. 학교 또는 대학의 교원으로서 우리는 몇몇 기본적인 목적과 수단에 대하여 동의한다. 그러한 공통 목표를 성취하려고 협력적으로(이타적으로) 일하는 것이 진정한 전문가 정신의 특성이다.

교육자들에 대한 우리의 생각은 그들이 훌륭한 의도를 가지고 있으나 때로는 고지식하다는 것이다. 그들은 가르치는 학생들에게 최선을 다하고 있다고(이 가정을 검증해 보지는 않았지만) 생각하는 경향이 있다. 반면에, 운동 코치들과 밴드 지도자들은 그렇게 생각하지 않는다. 그들은 공적이면서도 폭넓게 수용되는 목표와 모형의 피드백에 비추어 지속적으로 변화하려고 노력한다.

그러나 어떻게 장기 목표로부터 분리되어, 결과에 대한 냉정한 분석에서 멀어져, 자신의 습관과 신념에 의지하여 고립된 방에 있듯이 그럴 수 있을까? 우리는 성취할 능력을 넘어 보이거나 내용과 관련성이 적어 보이는 숭고한 목표들에 대하여 큰 걱정 없이도 교과를 가르치거나 좋아하는 즐거운 활동을 활용할 수 있다. 더 나쁜 것은, 어떤 교사들은 (중등학교와 대학 수준에서) 학문적 자유로 인해 가르칠 내용, 방법, 증거를 결정하는 완전한 자율성을 부여받았다고 믿는다는 것이다.

그러나 개인적인 목표를 성취하는 데 있어 성공적이라 할지라도 그 성취는 기관의 목표를 존중하고 충족하는 것과는 큰 차이가 있다. 많은 학교와 대학이 성공적이지 못한 주요한 이유는 교사의 나날의 계획과 수업이 장기적인 조직 목표를 자세히 파악하지 못한 채 수립되고 전개되기 때문이다. 거의 모든 학교에서는 효과적인 피드백 장치 또는 검증 과정이 없기 때문에 개인의 단기적인 행위와 장기 기관 목표를 비교하지 못하고 있다. 외적인 목표 준거의 부재 속에서는 무엇을 가르치고 어떻게 가르치며 무엇을 평가할지를 정당화할 필요가 거의 없다. 사실 많은 교사는 이것을 좋아한다. 미션과 장기 목표에 대한 의무는 학교와 대학이 현재의 이러한 기능장애의 태도에 대항할 필요가 없는 어떤 것(우리에게 요구하는 미션 관련 성취가 무엇인지를 결정하기 위한 준거와 관리 시스템)을 요구하는 것이다.

그러나 이후에 논의하겠지만, 이러한 관점은 교사들이 혁신의 자유를 누릴 만하다는 신념과 맞지 않는 것은 아니다. 사실 효과적인 혁신은 관습적이든 혁신적이든 간에 실행을 판단하기 위한 분명한 목표와 결과가 있을 때만 가능하다. 사실 설계에 의한 학교교육에서 제기하고 있는 본질적 질문들은 다음과 같다. 우리가 의견의 일치를 보아야 하는 지점은 어디인가? 기꺼이 서로의 의견 차이를 인정할 수 있는 지점은 어디인가? 공유된 의무를 고려할 때 더 나은 수행에 박차를 가하기 위한 혁신을 어떻게 탐구해야 하는가? 우리의 자유 영역을 고려할 때 미션이라는 이름으로 어떤 혁신을 시험하고 공유해야 하는가? 어떠한 교직원들도 이러한 질문을 심층적으로 고려해 본 적이 거의 없다(또는 행정가들에 의해 요구받지도 않았다). 그러나 이 질문들에 대한 답변은 학교의 목표를 결정하기 위한 핵심이며 교사의 직무 내용을 명확하게 하는 열쇠다. (이후의 장들에서 교사 및 지도자의 직무 내용의 쟁점에 대하여 논의할 것이다.)

미션과 주 기준

'그러나 주 기준이 미션은 아니지 않는가?' 꼭 그렇지도 않다. 각 주가 제시한 기준은 몇몇 목표를 반영하면서 특정한 의무들을 나타낸다. 그러나 구체적인 내용 영역에서의 기준은 좀처럼 명시적으로 학교교육의 장기 목표를 다루지 않을 뿐만 아니라 모든 중요한 교육 목적을 포함하고 있는 체도 하지 않는다. 종종 기준 속에 고상하게 진술된 서문을 넘어서면 여러 주의 기준들은 전형적으로 도움이 별로 안 되는 내용과 과정의 혼합 그리고 수행 지표를 포함하는 긴 목록의 형태를 취한다. 좋든 나쁘든 기준은 분절적인 각 교과의 핵심 내용을 분석적으로 편집해서 구성된다. 이것은 그러한 목록들이 정합성을 갖춘 목표 중심의 교육과정으로 어떻게 입안되어야 하는지에 대한 표상도 되지 못하고 어떻게 최상의 교수를 해야 하는지에 대한 이미지도 주지 못한다.

사실 많은 주의 기준 문서들은 친숙한 목록의 형식으로 기준에 과도하게 의존하는 것에 대하여 명확하게 경고를 하고 있다. 다음은 뉴저지 주의 문서에서 발견되는 경고다(New Jersey Department of Education, 2004a).

> 뉴저지의 핵심 교육과정 내용 기준과 누적적인 과정 지표들이 분절된 학문의 관점에서 개발되는 동안 이러한 친숙한 접근 방식은 기본적으로 조직의 편의성과 의사소통의 간편성을 추구하기 위해 선택되었다. 뉴저지의 학생들에게 기대하는 결과는 학생들이 미래에 학교에서 배운 것을 어떻게 적용할 것인지를 더욱더 정확히 반영할 수 있는 보다 통합적인 용어로 기술될 수도 있었을 것이다. 학생들은 다양한 방식으로 지식과 기술을 획득하기 때문에, 우리가 각양각색의 내용 영역을 가로질러 고차적 결과를 성취하기 위한 자원들을 어떻

게 최상으로 활용할 수 있는지에 대하여 집중하는 것이 가장 생산적 이다……. 비록 기준이 분절적인 학문들 속으로 조직되어 왔을지라도 이것이 각 기준이 특정 내용 코스를 통해서만 충족될 수 있다는 것을 의미하지는 않는다. 학습의 본질은 학교의 장벽들(지역사회 봉사, 멘터십, 구조화된 학습 경험)을 넘어서서 경험들을 통하여 통합된 접근으로 학습 자체를 이끄는 것이다.

이전에 언급한 것처럼, 기준은 새 건물을 지을 때 필요한 건축 법규로 생각해야 한다. 기준은 바라는 결과를 나타내는 청사진이나 모형이 아니다. 교육 또는 건축에 있어서의 기준은 성공을 위한 비전이 아닌 충족되어야 하는 규정이다. 기준의 충족은 필요조건이다. 기준은 '실계에 의해' 충족되어야 한다. 그렇다고 기준이 설계의 목적은 아니다. 건축가와 건축 도급업자는 건축 법규를 준수하는 데 모든 일의 초점을 두지 않는다. 교육자도 그렇다. 핵심은 끊임없이 최상의 교육 비전을 추구하는 동안 규정을 존중하는 것이다.

우리가 해야 할 일은 교사와 행정가가 기준(그리고 내재적인 한계)을 이해하고, 그들이 어떻게 기준을 교육과정, 특히 질 높은 평가로 변환시킬 것인지 이해하도록 돕는 데 있다고 생각한다. 그것은 지역 수준에서 새로운 미션에 초점을 맞춘 교육과정의 틀을 구성하기 위해서는 무엇을 해야 하는가를 말하는 것이며 우리가 이후의 두 장에서 다루고자 하는 점이다.

많은 교사는 우리가 딜레마(기준에 일치한 교수 또는 가치 있는 장기적인 지적 목표의 추구)에 직면해 있다고 생각한다. 이것은 잘못인데, 그 생각은 교과 내용은 물론 미션을 반영하는 교육과정을 편성하는 것의 실패에 따라 야기된다. 어떻게 미션 진술문을 존중하면서 기준을 가지고 일할 수 있는가를 보기 위해 앞서 제시한 미션 진술문의 사례(History-Social

Science Curriculum Framework and Criteria Committee, 2005)를 다시 살펴볼 필요가 있다.

> 역사와 사회과학 분야의 교육자들로서, 우리는 우리의 학생들이 사회, 경제 그리고 정치적 문제들이 복합성을 지니고 있다는 것을 인식하기를 바란다. 학생들이 중요한 것과 중요하지 않은 것을 구별하는 능력을 갖기를 원한다(p. 2).

만일 이 미션이 실현되었다면 우리는 무엇을 볼 수 있을 것인가? 이 성취를 반영할 수 있는 학생들의 어떤 수행을 상상할 수 있는가? 아래는 몇몇 사례다. 학생들로 하여금 스스로의 힘으로(최소한의 단서와 힌트를 가지고) 과업을 잘 수행하게 하기 위해 필요한 미국사 및 세계사의 평가에 대해 볼 수 있다.

- 역사 시기별로 일어난 사건에 대해 중요성 측면에서 상대적으로 정한 순위를 정당화한다.
- 단 하나의 이유 또는 가장 뻔한 원인에 집착하지 말고 핵심적인 사건의 복잡한 원인을 설명한다.
- 왜 특정한 역사의 해석이 극도로 단순화되는지 설명한다.
- 역사적 사건 또는 같은 시기의 사회, 경제, 정치의 관련성을 보여 주는 그래픽 조직자를 창안한다. 그리고 묘사된 관련성에 대해 구두로 설명한다.

우리는 학생들 스스로가 역사상의 기록에 대하여 중요한 결론, 논의, 인과관계를 확인하도록 하는 풍부한 기회를 제공하는 수업을 볼 수 있을 것이다. 교과서를 넘어선 자료들이 수업에서 활용될 것이다. 왜냐하면 전형적으로 텍스트는 학생들이 복합성과 연관성을 볼 수 있도록 돕기보다는 무엇이 중요한지를 그들에게 일러 주기 때문이다.

앞서 언급한 약점을 인식하면서 많은 주는 '소형의' ('수행 지표' 또는 '성공 지표'라고 부르는) 비전 진술문을 첨부하고 있다. 이것은 교사들이 내용에 덜 집착하기 위해 피상적 수업을 하지 않도록 그리고 내용의 활용에서 바라는 성취에 더욱더 초점을 맞추도록 돕기 위한 것이다(뉴욕 주와 조지아 주의 사례를 보라). 다음은 조지아 주의 언어과 기준(Georgia Department of Education, 2007b)이다. 우리는 이 기준에서 만일 8학년 기준을 충족했다면 무엇을 볼 수 있는지를 알게 될 것이다.

> 학생은 다양한 문학, 정보 텍스트에 대하여 타당하고 책임감 있는 설명을 함으로써 그가 이해한 것을 입증하고 그 증거를 보여 준다.

> 문학 텍스트의 경우, 학생은 다양한 장르의 특성을 확인하고 다음과 같은 독서의 증거를 산출한다.
> a. 문학작품의 주제에 대한 개념과 어떤 설명적 텍스트 속에 함의된 저자의 의도 간의 차이를 확인한다.
> b. 2~3개의 문학을 선택하여 장르적 특징을 비교, 대조한다.
> c. 인물의 특징, 감정, 또는 동기를 분석하고, 텍스트에서 그 지지 증거를 찾는다.
> d. 유사한 상황 또는 갈등과 직면한 상이한 역사적 시기에서의 문학성의 동기와 반응을 비교, 대조한다.
> e. 토픽과 주제를 구별하면서 다양한 선택을 가로질러 유사하거나 반복적인 주제를 평가한다.
> f. 플롯의 구조적 요소들(하위 플롯, 클라이맥스 등), 플롯의 발전 그리고 갈등이 다루어지고 해결되는(또는 그렇지 않은) 방식을 평가

한다.

g. 문학의 의미를 심층 학습하기 위하여 음조, 형식, 비유 언어, 그래픽 효과를 분석, 평가한다.

i. 음조(두운, 의성어, 중간 운, 압운 형식, 운율 등)

ii. 비유 언어(은유, 의인화, 과장법, 상징주의, 심상 등)

h. 저자가 단어를 사용하여 어떻게 어조와 분위기를 창조하고 텍스트의 세부 사항을 썼는지 분석, 평가한다. (Grade & ELA Standards)

이러한 지표들 외에 교사들이 내용 기준이 핵심이 아니라는 점을 인식할 수 있도록 설계된다. 「교육과정 FAQ(Curriculum Frequently Asked Questions)」라는 문서에서, 조지아 주 교육청(2007a)은 다음과 같이 목표가 바라는 수행을 명료히 하는 데 있음을 분명히 하고 있다.

4. 수행 기준은 무엇이고 왜 그것이 이전의 교육과정에서 사용된 낡은 내용 기준의 개선을 나타내는가?

수행 기준은 이전의 교육과정에서 활용된 내용 기준보다 더욱 깊이 들어간다. 수행 기준은 내용 기준을 포함한다. 그것은 학생이 알기를 기대하는 것이다(즉, 학생이 터득하기를 기대하는 어떤 개념). 그러나 그것은 세 가지 추가 항목, 즉 과제, 학생의 작품에 대한 샘플, 그 작품에 대한 교사의 코멘트가 제시됨으로써 확장된다.

수행 기준은 평가, 수업, 학생의 작품에 대한 명확한 기대들을 제시한다. 수행 기준은 기준의 성취를 입증할 작품의 수준을 분명히 밝힌다.

학과, 학년 수준의 팀 목표

백워드 설계의 논리를 통한 접근과 일반 목표의 구체화 · 의무화를 위한 비전의 강조는 학교의 모든 프로그램이 명확한 장기 목표와 지표를 가져야 함을 제안하는 것이다. 목표 설정, 목표 관련의 성취 증거의 확인은 학과와 팀 수준에서는 특히나 중요하다. 왜냐하면 실제적으로 이것이 바로 핵심이기 때문이다. 미션은 일과 계획, 수업, 교과 내에서의 평가가 진행되는 동안에 존중되기도 하고 간과되기도 한다.

밀워키에 있는 앨버노(Alverno) 대학은 각 교과 영역에서 다루는 지식의 구체적인 목표들을 통합하고 초월하는 장기적인 성취를 개발하는 데 초점을 둔 대학이다. 지난 30년 동안, 앨버노 대학의 구성원들은 '능력 기반의 학부 교육'이라는 틀을 가지고 일을 해 왔다. 이 대학의 각 학문 프로그램에서는 8개의 학습 목표라는 보다 큰 맥락 속에서 목표의 우선순위를 확인한다. 그것은 (1) 의사소통, (2) 분석, (3) 문제해결, (4) 의사결정의 중시, (5) 사회적 상호작용, (6) 글로벌 관점 함양, (7) 효과적인 시민의식, (8) 미학적 교류다. 각 학과의 교수들은 각 목표와 관련된 결과를 성취하기 위한 프로그램, 평가를 개발하려고 노력한다. 각 학과의 구성원으로서, 그리고 8개 능력 위원회의 한 멤버로서 교수들은 능력과 관련하여 탐구를 하고 평가를 개발한다. 이러한 구조는 늘 범교과적인 능력을 염두에 두어야 하고, 학과의 목표는 언제나 보다 큰 임무와 연결되어 있다는 것을 보증한다.

이제 앨버노 대학의 여러 학과의 임무를 고찰해 보자. 두 가지 사례(역사학, 생물학)를 제시한다.

> 역사학과: 우리는 졸업생이 역사에 관해 무엇을 알아야 하고, 그가

알고 있는 것을 잘 할 수 있게 하기 위해서는 무엇을 해야 할지 관심을 가지고 노력한다. 그렇게 하기 위해서 다음과 같은 질문을 한다. 역사에 관심을 가지고 사고하고 행동한다는 것의 의미는 무엇인가? …… 이러한 것에 대한 학과의 논의는 다음과 같은 진보된 성과들로 이끌었다.

학생은

- 과거에 사람들의 지각과 행동에 영향을 미친 문화적으로 근거가 있는 가정을 알아본다. 그리고 자신의 인식과 행동에 영향을 준 가정을 확인한다.
- 역사가들이 과거에 일관되게 해석해 온 가정, 이론, 개념을 확인하고 비평한다.
- 다양한 개인적, 전문적 맥락에서 자신의 해석에 대해 공적으로 설명, 방어함으로써 과거에 대한 자신의 해석에 대해 책임을 진다. (2001b, p. 2)

생물학 팀(과학과): 우리는 대학원 학생들이 그들의 특정한 전문적 목표와 상관없이 다음과 같은 생물학의 성과들을 입증해야 한다고 믿는다.

학생은

- 생물학적 정보를 정확히 해석하고, 과학적 분석이 가지는 한계에 대해 이해하고 있다는 것을 입증한다.
- 생물학적 데이터의 수집, 분석에서 언어, 수학, 컴퓨터 기능을 능숙히 활용할 수 있음을 입증한다.
- 실험을 설계하고, 전개하고, 효과적으로 정보를 전달한다.

- 생물학의 개념을 환경적 · 사회적으로 쟁점이 되는 것에 윤리적으로 응용한다. (2001a, p. 3)

이 사례는 영속적인 지적 성취와 관계가 있는 장기 목표와 내용 관련 목표를 어떻게 연결할 것인지를 보여 준다. 우리는 단지 학습될 내용을 진술하기보다는 내용에 관한 사고와 내용의 성공적인 장기적 활용을 구성하는 것이 무엇인지 진술해야만 한다. 다시 말해, 내용을 활용하는 데 있어서의 학습자의 사고 습관, 수행 측면에서 목표를 구조화해야 한다. 교사와 학생은 내용 학습을 그 자체로 목표로 삼는 것이 아니라 더 넓은 목표를 획득하는 수단으로 보아야 한다.

다음은 이 점을 명백히 하는 뉴욕 스카스데일(Scarsdale) 고등학교의 철학 및 목표 진술의 예다.

> 사회과학 프로그램의 근본적인 목표는 학생들을 사려 깊은 개인으로 성장하도록 준비시키고, 학문적 배경과 기능을 쌓게 하여 점점 복잡해지고, 다문화적이며, 빠르게 변화하는 세계 속에서 성공적으로 살아갈 수 있도록 하는 것이다. 사회과 프로그램은 학생들에게 지식의 지적 구조, 정보처리에 필요한 기능, 그리고 타 문화 속에 살고 있는 사람들을 이해하고 인정하는 역량을 제공해야 한다.
>
> 학생들은 역사를 '함'으로써만 역사를 배울 수 있다. 다시 말해, 학생들은 교육의 과정에서, 일차 자료와 이차 자료의 검토, 토론, 역할놀이, 비판적 질문의 확인과 숙고, 비판적 사고 과정을 통한 결론의 도출 등을 하는 능동적인 참여자가 되어야 한다. 바라는 결과는 학생들이 성공적으로 개인적 · 공적 삶을 영위하는 역량을 갖추어 세계 공동체로 나가도록 이끄는 것이다(Scarsdale High School, 연도 미상).

이 진술 다음에는 지식, 기능, 가치를 위한 구체적인 목표들의 목록이 놓인다.

별개로 보이는 다수의 과제, 활동, 목표를 미션 중심의 목표와 성취로 전환시키는 곳이 목적을 지닌 기관이다. 성공적인 학교는 그러한 목표를 성취시킬 가능성이 높은 계획, 방법을 개발하기 위해 미션 중심의 목표에 초점을 둔다. 다시 말해, 미션을 갖는 것과 그것을 준수하는 것은 교사로서 혹은 학생으로서 결코 우선순위의 시야를 잃지 않음을 의미한다. 바쁜 것과 중요한 것을 혼동하지 말아야 한다.

그러므로 성공적인 교육기관에서는 다음과 같은 대단히 중요한 요소들이 행위와 구조를 안내한다.

- 학습자의 성취를 위한 장기 목표(미션)
- 그러한 성취를 내용 영역 내에서, 내용 영역을 가로질러 구현할 수 있는 방법에 대한 구체적인 수행과 지표(비전), 그리고 비전의 전개 과정을 측정하는 평가 증거
- 바라는 결과를 성취하기 위해 수단(내용, 방법, 자원 등)을 활용하고 활동을 정교하게 만드는 방법에 대한 지침

『백워드 설계에 의한 이해』(Wiggins & McTighe, 2005)를 잘 아는 독자들은 이 세 가지 요소가 백워드 교육과정 설계의 핵심 단계를 반영하고 있다는 것을 알 것이다. 그 단계는 바라는 결과를 확인하기, 그 결과를 감안하여 필요한 증거를 구체화하기, 결과의 성취 증거 생성을 위한 교수·학습 계획하기 등이다.

미션이 진부적이지 않게 하려면, 미션은 교육과정 작성을 통해 어떻게 가동되어야 하는가? 사고의 핵심 습관들이 성공적인 수행의 필요조건임을 보증하기 위해서는 어떤 평가를 해야 하는가? 피상적 교수·학습을

야기하지 않고, 지적인 장기 목표들을 어떻게 더욱 실제적, 의무적으로 만들고, 내용 기준과 연결되도록 할 수 있는가? 2장에서 그러한 도전을 다룬다.

실행을 위한 아이디어

- 여러분의 학교나 지역의 미션 진술문을 파악하라. 교직원 회의에서 또는 교직원 전문성 개발의 날에 그것을 배포하여 교직원들과 논의하라. 다음의 질문들이 활용될 수 있다.
  - 이 미션 진술문에 어느 정도까지 동의하는가?
  - 학생들과 학부모들은 이것이 미션이라는 것을 아는가? 그들은 그것을 이해하고 그것에 동의하는가?
  - 중요한 교육 목표들을 놓치고 있는가? 무엇이 추가되거나 바뀌어야 하는가?
  - 이러한 미션은 일상적인 업무에 어느 정도까지 영향을 주는가?
  - 미션을 성취하기 위해 어떻게 행동하고 있는가? 이 질문에 답하려면 어떠한 증거가 필요한가?
  - 미션의 성취 가능성을 높이기 위해 무엇을 차별적으로 할 수 있는가?
- 교직원들은 학습자들에게 다음의 질문을 하는 것에 동의하는가? 왜 이것을 공부하는가? 지금 무엇을 하고 있는가? 왜 그것을 하고 있는가? 그것은 지난 며칠, 몇 주 동안 하고 있는 것과 어떤 관련이 있는가? 그것을 하는 것은 장기 목표, 학습의 우선순위 측면에서 어떤 도움이 되는가? 교직원들에게 다음 회의에서 공유하고 논의할 학생들의 반응을 수집할 것을 요청하라. 그 반응들이 알려 주는 것은 무

엇인가?

- '졸업생을 마음에 그리기'라고 불리는 활동을 하면서 교직원들을 이끌라. 그 방법을 소개한다. 개별적으로, 각 기관에서(예: K-12, 대학교) 학교교육을 X년 받은 이후의 이상적인 졸업생의 비전을 생각해 보도록 그들에게 요구하고 그들의 관점을 글로 쓰게 하거나 상징적으로 표현하게 하라. 다시 말해, 우리는 지식, 기능, 성격의 측면에서 졸업생들에게서 무엇을 보기를 원하는가? 그들은 어떤 행동을 해야 하고 어떻게 살아가야 하는가? 그런 다음에 4~5명의 교직원으로 집단을 만들어 각 개인의 비전을 공유, 논의하도록 하고 합의된 그림을 (가능한 한 많이) 구성하게 하라. 이것들을 용지에 기록하고 '갤러리 워크(gallery walk)'를 통해 공유하라. 그러면 모든 집단이 모든 아이디어를 볼 수 있다. 이 과정을 통해 더욱더 큰 집단의 비전으로 발전하고, 규모가 큰 집단에서 종합한 것은 공동 비전의 시초가 된다.
- 장기 목표와 사고 습관을 확인하기 위해서 국가, 주, 지역 수준의 기준을 (서문을 포함하여) 분석하라.

제2장
교육과정은 무엇을 성취해야 하는가

'형식은 그것의 기능으로부터 생겨난다.' 는 말은 잘못 이해되어 왔다. 형식과 기능은 하나가 되어야 하며, 정신적인 결합으로 연결되어야 한다.

—Frank Lloyd Wright

1장에서는 교육과정이 미션으로부터 도출된다고 말하였다. 교육과정은 말 그대로 바라는 결과를 위해 '달려야 할 코스'다. 다시 말해, 어떤 교육과정도 목적지에 대한 사전 결정을 함의하고 있고 그것으로부터 도출된다. 귀결되어야 하는 것이 분명할 때 우리는 거기에 도달하기 위한 최상의 코스를 설계한다. 교육과정은 목표를 성취하기 위한 수단이다. 따라서 목표가 함의하고 있는 것으로부터 백워드 방식으로 도출된다. NEASC 공인 기준은 기준 2에서 바로 이 지점을 다음과 같이 부각하고 있다.

> 코스워크, 교육과정의 활동, 그리고 학교의 승인된 교육 경험들을 포함하고 있는 교육과정은 학생의 학습에 대한 미션 진술문, 기대를 충족하기 위한 학교의 공식적 계획이다. 교육과정은 학교의 신념, 학생의 학습에 대한 기대, 수업의 실행과 연결된다. 그 연결의 힘은 전

> 문성을 갖춘 교직원의 헌신에 의존한다. 또한 교육과정에 대한 계속적인 검토에 의존한다(Commission on Public Secondary Schools, 2005, p. 4).

그것은 아주 간단하다. 교육과정의 내용과 교수(투입)는 수행 목표(산출)로부터 도출된다. 논리적으로 교육과정은 요구의 결과로서 나타난다. '만일 그것이 학습자들이 학교에서 달성해야 하는 것이고 미래에 성취하려고 준비하는 것이라면 학습 계획은 어떤 모습이어야 하며 어떤 교수·학습 방법이 목표의 성취를 가능하게 하는가?' 우리는 학교교육의 일차적인 목표는 학생들의 이해(의미 구성 및 학습의 전이 능력)를 발달시키는 것이고, 아울러 그러한 이해로부터 나오고 허용되는 사고 습관을 개발하는 것이라고 말하였다. 여기서 이해란 의미를 구성하고 학습을 전이하는 능력을 말한다. 그러므로 교육과정의 구성은 이해와 사고 습관을 강조해야 한다. 그것이 학교교육의 핵심적인 목적이다.

그러나 전형적으로 대학, 학교(K-12), 학교구의 교육과정은 여러분도 아는 것처럼 그렇게 개발되지 못하고 있다. 몇 년 동안 교육과정은 남북전쟁, 세포, 장제법(long division), 소설의 구성 요소와 같은, 계층적인 각 교과의 주요 토픽을 중심으로 구성되어 왔다. 우리는 그러한 '내용'에 대해 몇몇 동사를 덧붙여 그것을 교육과정이라고 불렀다. 즉, '남북전쟁의 인과관계를 안다.' '세포의 각 부분을 파악한다.' '12 이상의 수로 나누는 나눗셈을 할 수 있다.' '소설의 구성 요소를 기술하고 적용한다.' 등이다. 그러나 내용 목록이 동사를 통해 구성될지라도, 자료의 목록이지 교육과정은 아니다.

이 장과 다음 장에서는 이와 같은 너무나 친숙한 교육과정의 작성 방식이 근본적으로 결함이 있다는 것에 대해 논의할 것이다. 이러한 전형적인 교육과정 작성 방식 때문에 피상적 교수·학습이 판을 치고 사고 습관이 무시되며 이해 중심의 목표들이 실현되는 학교교육이 되지 못하고 있는 것이다. 이해와 관련된 수행 목표를 가지고 백워드 방식으로 교육과정을 편성하는 것이 아니라 분절적인 내용(또는 좋아하는 활동, 교과서, 여타의 유용한 자원)으로부터 수업을 도출하였다. 미션과 관련된 가치 있는 도전을 충족하기 위한 도구와 과정으로 구조화한 대신, 내용 숙달은 그 자체가 목적이 되어 왔다. 이해를 하는 데 필요한 바라는 수행이 아닌 내용 중심의 교육과정을 편성함으로써 무비판적인 사고, 무기력한 지식, 전이의 결핍이 예외가 아닌 규칙이 될 것이라고 생각한다.

교육과정은 방문할 장소의 목록이 아니라 매력적이면서도 효과적인 여행 계획이다. 그것은 가르치기 위한 '투입'의 목록이 아닌 성공적인 이해, 사고 습관을 반영하는 학생의 '산출'을 도출하기 위한 계획이다. 요컨대, 그러한 교육과정이 되려면 수행 목표의 성취를 위한 계획이 되어야 하고, 단지 내용을 가르치기 위한 계획이 아니라 학습자로 하여금 내용을 담은 과제와 관련된 중요한 이해를 어떻게 달성시킬 것인지를 구체화한 계획이 되어야 한다.

이 장에서는 전통적인 방식으로 교육과정을 편성하는 것이 성공적인 학교교육과 학교 개혁에 왜 장애가 되는지 자세히 설명하고, 실현 가능한 대안적 비전을 제시하고자 한다. 교육과정은 상이한 범주를 가지고 상이한 기반 위에서 구축되는 것이고 미션과 프로그램 목표를 중심에 두고 장기적인 성취에 대한 산출을 고려함으로써 도출되는 것이다. 간략히 말해, 전이 목표, 그리고 학생들이 내용을 지혜롭게 활용하는 데 필요한 가치 있는 과제를 가지고(또한 과제 성취를 위한 비판적 사고와 같은, 사고의 핵심적 습관을 가지고) 백워드 방식으로 교육과정을 작성하는 것이 개혁의 핵심이라고 생각한다. 학습의 개혁을 위해서는 교육과정이 학생들이 단지 교과의 발견을 학습하는 것이 아니라 '교과를 하도록' 돕기 위해 편성되어야 한다. 우리는 운동 또는 공연 예술 코치들이 이미 하고 있는 것으로부터 시사를 받아야 한다. 고립적인 훈련의 목록이 아닌 '경기'의 요구를 기반으로 하여 교과 교육과정을 작성해야 한다. 우리는 건축가가 건축업자에게 제공하는 것을 교사들에게 제공해야 한다. 그것은 부분들이 어떻게 전체와 관련을 맺고 어떻게 계획이 마음속에서 전망하고 있는 방식으로 건물을 완성하는지를 추론할 수 있도록 설계된 청사진을 말한다.

필요한 것: 교육과정을 구체화하기 위한 청사진

복잡한 빌딩과 같이, 복잡다단한 성격을 가진 교육은 청사진 없이는 잘 구축될 수 없다. 청사진은 두 가지의 필수적인 기능을 수행한다. 언어적 · 시각적 모형이 제공하는 것보다 더욱더 상세하게 바라는 결과가 상호 연결되면 어떻게 될지 그 전망을 구상할 수 있게 해 준다. 그리고 청사진으로부터 논리적이고 효과적인 작업 계획을 도출할 수 있게 해 준다. 건축가들은 도급업자, 하도급업자 그리고 작업자들이 빌딩을 성공적으로 건축하기 위한 계획을 수립하도록 청사진을 개발한다. 그 목표는 별개의 부분으로 된 모든 작업이 큰 그림(big picture)을 정합성 있게 실현하도록 하는 데 있다.

학교교육을 설계하고 구축하는 것도 다르지 않다. 미션에 근거하여 백워드 방식으로 하는 작업은 건축가의 청사진이 제공하는 것과 동등한 것을 요구한다. 우리는 계획을 통해 최종 결과를 전망할 수 있고 공통의 장기 목표로부터 도출한 논리적이고 통일된 작업 계획을 개발할 수 있는 것이다. 전형적인 교육과정은 우리가 현재 그것을 '작성하고' 이해하는 바와 같이, 그러한 청사진이 부족하다. 사실 거의 모든 교육과정은 미션 기반의 백워드 방식으로 도출한 공동의 목적을 위하여 모든 교육자를 결속시켜야 함에도 그것에 실패하고 있다. 현재 작성되는 것에서 알 수 있듯이, 대부분의 교육과정은 교사들로 하여금 최악의 일을 하게 만든다. 이 경우, 교사들은 단위학교의 장기적인 범교과적 목표에는 관심을 두지 않은 채 전적으로 혼자서 일을 해 나간다. 여타 다른 것에 근거하여 각각의 단기적인 내용 목표를 강조하고 서로 관련을 맺는 이해 대신에 내용 숙달에 초점을 두어서는 정합성 있고 영속적인 '건물'을 만들 수가 없다.

문제는 소위 교육과정 속에 들어 있어야 하는 내용과 활동을 개인이 선택할 수 없다는 점이다. 그러한 고립적인 선택이 교실 교사들에 의해 정당화될 수도 있다. 더 정확히 말해, 문제는 우리가 교육과정이라는 말(교육과정 구성을 결정하는 문서의 범주, 그리고 학교구 및 학교가 교육과정의 이름으로 생산하는 '교육과정 작성')에 부여하는 바로 그 의미다.

현재의 학교 구조에서 정해진 내용 기반의 교육과정이 왜 본질적으로 실패할 수밖에 없는지를 명확히 하기 위해서는 건축, 청사진, 건물이라는 은유를 확장할 필요가 있다. 많은 교사가 지금 그들의 '건설' 공사에 대해 설명해야 하는 것을 혁신가들(도급업자, 작업자들)이 마음대로 한다면 주택의 건축이 어떻게 될지 상상해 보라.

- 청사진이 없다. 단지 냅킨에 스케치한 조잡한 설계 이미지, 건축 재료와 작업 활동에 대한 긴 목록이 있을 뿐이다.
- 오고 가는 수많은 하도급업자가 있다. 새로운 하도급업자는 인계를 받지만 다른 사람의 일을 지속해 나갈 의무를 느끼지 못한다. 그들은 서로 다른 언어로 말을 하고 혼자 일한다. 각자는 냅킨에 스케치한 것에 대해 각각 독특한 해석을 하고, 몇몇 팀은 스케치가 의미 하는 것 또는 당위적인 작업 방법에 대하여 서로 간에 동의하지 않는다(의견 불일치를 해소하고자 시도하지도 않는다).
- 하도급업자들과 작업자들은 다른 건설업자들과 협력하지 않고 그들이 건물의 각 부분에 대한 계획을 수립한다. 그리고 그들은 도급 일

을 할 때 다소 전체에 맞추기를 희망하면서도 장소를 분리시켜 방을 만든다. 안타깝게도, 몇몇 하도급업자는 자신의 일이 만족스럽게 완성되는 한, 그 적합성에 대해서는 별 관심을 두지 않는다.

- 작업은 냅킨에 스케치한 것과 그 위에 적은 재료 목록을 기반으로 하여 진행된다. 건축업자는 이 집에 살 사람이 누구인지, 고객이 필요로 하거나 관심을 갖는 것이 무엇인지 거의 고려하지 않는다. 해야 할 과업 외에는 어느 누구도 고객과 대화하지 않는다. 누군가가 작업은 청사진, 고객과의 논의를 통해 더욱 효과적으로 진행될 수 있다고 제안하면 어떤 도급업자들과 작업자들은 모욕감을 느끼고 그들의 전문성과 창조성이 무시되었다고 불만을 터뜨린다.
- 고객과 파트너십을 형성하여 일하는 것이 아니라 고객의 필요와 흥미를 무시하고 고객에게 비용과 이익에 대하여 가르치면서, 하도급업자들은 건물이 어떻게 지어져야 하는지에 대한 자신의 전문가적 감각에 따라 행동한다. 어떤 하도급업자들은 어떤 작품이 좋은지에 대한 나름의 아이디어가 있고, 그것을 가지고 건축을 시작한다.
- 몇몇 하도급업자는 현장에 도구와 재료가 쌓여 있을 때 그들의 작업이 이루어진다고 믿는다.
- 작업자들은 좀처럼 진행 과정에 대해 평가하지 않으며 종종 자신의 일이 다른 사람의 일과 잘 맞지 않을 때 짜증을 낸다.
- 어느 누구도 건축 법규가 요구하는 것을 확실히 알지 못하고 어떤 베테랑 작업자들도 그것을 염두에 두지 않는다. 하도급업자들은 건물 준공 검사의 통과 여부를 예견하지 못한다. 준공 검사를 받지 못하면 검사관을 비난하고 건축 법규에 대해 악담을 퍼붓는다.
- 몇몇 하도급업자는 재료가 변변하지 않다는 것을 알면서도 그것을 사용한다. 왜냐하면 재료를 지역의 건축회사에서 구입해 현장에 배달시켰기 때문이다.

- 날씨 지연과 관계없이, 또는 공사가 앞당겨지고 있는지 혹은 고객의 필요를 충족하고 있는지와 무관하게 모든 재료를 임의의 일정에 따라 사용하기 위한 페이싱 지침(pacing guide)이 있다.
- 건축이 마무리될 즈음 고객이 자신의 필요와 관심을 충족하지 못했다고 불평할 때 하도급업자들은 자신들은 맡은 임무를 수행했고 그것을 넘어서는 어떤 것도 그들의 책임이 아니라고 반박한다.
- 3층 건물을 지을 경우, 층마다 별도의 건축가가 있고 그들은 서로 의논하지 않는다.

유감스럽게도, 이 은유들은 학교의 미션을 성취하기 위해 신중히 설계한 청사진과 그것에 수반되는 교육과정 '구성 계획'이 결여된, 교육이라는 '건물'을 정확히 기술하고 있다. '하도급업자들'인 교사는 내용의 긴 목록을 할당받고 전체 중에서 자신의 것을 홀로 건축하기 위해 서로 다른 방으로 들어간다. 한 교과의 작업자인 교사는 건물의 다른 층(학년)에서 일하고 있는 교사와 건축에 대하여 좀처럼 논의하지 않는다. 그리고 다른 건물(타 교과 영역)의 교사와는 그 정도가 한층 더 심하다. 주 기준은 누구도 잘 알지 못하는 건축 법규이며, 주에서 실시하는 검사는 총괄적인 건물 준공 검사다.

요점을 정리하면, 건축과 마찬가지로 철저하게 그리고 전문적으로 설계한 청사진과 그것의 성취를 위한 결과 기반의 작업 계획이 교육에서도 본질이라는 것이다. 막연한 소망, 높은 에너지, 좋은 의도, '재료들(내용과 활동)'의 긴 목록, 그리고 단편적인 실행을 위한 구성 절차에 대한 개인적인 레퍼토리(수업 전략)를 가지고서는 성공적인 결과를 산출할 수가 없다. 미션이 함의하고 있는 것을 존중하기 위한 다음과 같은 핵심적인 목표 관련의 질문에 답하기 위한 상세한 계획이 있어야만 한다. 미션의 성취는 어떤 종류, 어떤 품질의 수행과 산출을 의미하는가? 그러한 성취를 유발하기 위해 교실 수업의 무엇을 볼 필요가 있는가? 교육과정 작성을 위해서는 이 분석이 필수적인데도 오늘날 대부분의 접근은 그렇지 못한 편이다. 교사들은 '성취시키고자 하는 미션'에 근거하여 백워드 방식으로 설계된 모든 코스의 실러버스(syllabus)를 가지고 수업을 하지 못한다. 결과적으로, 많은 교사는 분절적이면서도 고립된 수업을 통해 학년별 내용을 '피상적'으로 가르치게 된다.

장학관(사)과 교사의 책장 속에 먼지가 쌓인 채 놓여 있는 것이 지역 수준의 교육과정 문서가 아닌가! 교육과정이 교사에게 미션 성취를 위한 정합적이고 효과적인 계획(자료로서의 교과서를 어떻게 활용할지와 분절적인 내용을 수행 목표를 위해 어떻게 유목적적으로 통합할지에 관한 지침과 더불어)을 제공하는 것이 아니라 단지 분절적이고 고립된 토픽과 활동의 개요를 약술하고 있다.

Robert Marzano(2003)는 수많은 논문을 메타 분석하여 "확실하면서도 실행 가능한 교육과정은 학생 성취에 효과적인, 학교 수준의 가장 중요한 인자(factor)"라고 결론을 내렸다(pp. 23-24). 기존 교육과정의 부적합성을 고려해 볼 때 학교와 학교 개혁이 실망스러운 결과를 낳고 있는 것이 당연하지 않을까?

미션에 초점을 둔 교육과정 청사진을 향해서

그렇다면 새로운 교육과정의 청사진은 무엇과 같은가? 고립된 것, 관련된 활동의 긴 목록을 피하려면 어떤 방식의 교육과정 구조화와 작성이 필요한가? 건축가의 청사진처럼, 교육의 청사진도 맨 먼저 비전(꿈에 대한 이상적이면서도 실제적인 모형을 그리는 것)에 기반을 두어야 한다. 다시 말해, 우리는 우선 실제로 '목표에 대한 성공이 어떤 모습일까'를 알 필요가 있다. 그것이 우리가 말하는 미션에 대한 비전이다. 많은 미션 진술문에서 언급되는 '비판적 사고'의 예를 볼 때, 우선 그것을 마음속에 그려야 한다. '학생들이 역사, 수학, 과학, 독서 등에서 비판적 사고자라고 한다면 그들은 그 교과와 관련된 도전을 다룰 수 있을 것이고 그들의 산출과 수행은 그러한 교과의 특징을 보여 줄 것이다.' 그 대답이 무엇이든 간에 교육과정은 이 비전을 존중하고 비전의 성취 가능성을 높이도록 설계되어야 할 것이다.

건축가의 모형 너머에 청사진이 있다. 그것은 어떻게 하부 구조가 통합된 전체를 형성하는지 세세히 묘사하고 있는 상호 관련된 도면의 성격을 띤 문서다. 다른 관점에서 보면, 청사진은 목표에 대한 다양한 그림을 우리에게 보여 줄 뿐만 아니라 어떻게 분절적인 작업들(배관 공사, 난방 공사, 목수일)이 최종 결과에서 하나로 되는지를 요약해 준다. 그러므로 학교교육의 성공을 겨냥한 어떤 설계도 건축 청사진과 같이 시작해야 한다. 그 청사진은 바로 바라는 결과를 근거로, 백워드 방식으로 설계된 교육과정 문서들을 말한다. 교육과정 문서는 학습자가 의미 있는 수행을 성취하기 위해 어떻게 내용을 활용해야 하는지를 보여 주어야 하며 어떻게 개별 교사의 작업이 하나로 합쳐져야 하는지를 보여 주어야 한다.

실제로 이러한 접근이 의미하는 것은 교육과정의 내용과 계열을 고려하기 전에 모든 교과에서 비판적 사고의 평가 틀을 설계해야 한다는 것이다. 평가 틀은 전이, 의미 구성, 또는 이해를 참작해야 한다. 왜 평가로 시작하는가? 우선 가르쳐야 하는 방법을 말하기 전에 학생 학습의 바라는 산출 측면에서 성취시키고자 하는 미션이 어떤 모습일지를 알 필요가 있기 때문이다. 그런 다음, 교육과정의 작업 계획을 설계한다. 이것이 최상의 수행을 야기하는 길이다. 육상을 비유로 들어 보면, 여러분은 10종 경기에 대해 불을 보듯 훤히 알 때만 올림픽 10종 경기에서 성공을 거두기 위한 훈련 프로그램을 설계할 수 있다. 요컨대, 내용에 대한 무목적 ·

무비판적인 피상적 수업을 하지 않고 유목적적인 수업을 하는 유일한 길은 바라는 최종 수행(이해를 위한 수업의 바라는 결과)이 무엇인지 분명히 하는 것이다.

이러한 아이디어는 전형적인 사고, 습관과는 매우 다르기 때문에 그것을 다음과 같은 방식으로 말해 보고자 한다.

- 애당초, 교육과정의 목적은 내용을 여행하려는 것이 아니라 내용을 탐구하고 활용하는 것이다. 따라서 교육과정은 타당하고 반복되는 수행 평가 과제의 설계와는 분리될 수 없다.
- 만일 자율적인 전이와 의미 구성이 목표라면 교육과정은 처음부터 학생들이 자율적인 전이와 의미 구성을 실천해 보도록 설계되어야 한다. 그리고 평가를 통해 이것이 목표라는 것을 분명히 해야 한다.
- 교과 교육과정은 오히려 법, 디자인, 의료, 음악, 스포츠 등의 교육과정과 같아야 한다. 이 교육과정들은 처음부터 그 목표를 능숙한 수행에 두고 있다.

그러한 수행 기반의 교육과정은 핵심적인 평가 그리고 그 전형에 관하여 미리 명확히 해야 할 필요가 있다. 또한 미션 관련의 장기 수행에 초점을 둔 코스, 단원, 수업을 가능하게 하는 새 틀을 필요로 한다. 요컨대, 교사들로 하여금 그들이 내용 전달자가 아닌 내용 전이의 코치로서 사고하도록 하기 위해 교육과정 문서에 맞는 새로운 템플릿이 필요하다.

성취 기반의 교육과정에 대한 아이디어는 분명히 새로운 것이 아니다. 사실은 수행 기반, 역량 기반의 프로그램들이 기술, 예술 교육에서 실행되어 왔다. 미국교원연맹(American Federation of Teachers)의 전 의장인 Albert Shanker는 20년 전에 보이스카우트 공로기장 제도가 학교 개혁의 모델이 될 수 있다고 제안하였다. 최근에 SCANS 보고서(1991)는 우리가

1장에서 언급한 것처럼 교육과정을 더욱더 전이에 초점을 맞추어 개혁해야 한다고 권고하고 있다. Sizer의 본질적 학교 연합(Coalition of Essential Schools, 1984, p. 222*ff*), 그리고 Schlechty의 '미션 위에서 일하기'(2001, p. 107) 등의 권고는 가치 있는 작업을 확인하기 위한 핵심 원리들을 제공한다. 그러나 아직 어느 누구도 실행 가능하면서도 포괄적인 방식인 이 아이디어를 중심으로 K-12 학교교육을 재구축하기 위한 접근 방법을 제시하지 않고 있다. 우리는 다음 절에서 그것에 대해 논의할 것이다.

이 장의 나머지 부분에서는 새로운 틀의 개요를 제시한다. 그리고 다음 장에서 새 교육과정의 구성 요소들을 아주 상세히 기술한다. 그 이후의 장들에서는 학생의 성공적인 성취를 위한 교육과정을 작동시키는 데 필요한 지원 역할과 직무에 대해 탐구한다.

바라는 수행으로부터 백워드 교육과정을 설계하기

앞서 말했듯이, 전통적인 학교의 교육과정 편성에 있어서의 가장 근본적인 결함은 그것이 바라는 최종 성취들과 분리되어 있다는 점이다. 따라서 우리는 교육자들에게 평가 시스템의 설계를 조언할 때 단순한 내용 숙달에 대한 전형적인 검사를 언급하지 않는다. 미션과 프로그램 목표를 구현할 수 있는, 가치 있는 참된 수행에 대해 이야기하고 있는 것이다. '근본적이면서도 중요한' 수행(공로기장 요건)으로서 그것을 생각해야 한다. 이 수행은 교과의 핵심적인 도전과 성취를 반영한다. 또한 핵심 내용을 가지고 교과를 '하는 것(doing)'을 본질로 한다. 여기에 여러 학문에서 할 수 있는 그와 같은 도전의 예들이 있다.

- 과학: 중요한 실험의 설계 및 오류 수정하기

- 역사: 증거와 논거에 대한 타당하고 통찰력 있는 내러티브 구성하기
- 수학: 복잡하거나 골치 아픈 실세계의 문제를 수량화하고 해결하기
- 세계어: 복잡한 관용 표현을 성공적으로 번역하기
- 커뮤니케이션: 특정한 청중과 목적을 위해 성공적으로 글쓰기
- 예술: 작품 제작하기, 공연하기, 비평하기

스포츠 경기나 드라마의 연기처럼, 이러한 근본적이면서도 중요한 수행은 선행 학습의 전이와 의미 구성이 필요하며 그것을 통해 핵심적인 학습 목표를 구현해야 한다. 더 나아가 그러한 도전들을 통해서만 학교 및 프로그램의 미션 진술문에서 강조하고 있는 필수적인 사고 습관을 성취할 수 있다.

교육과정에 대한 사고(thinking)의 가치를 전이와 의미 있는 이해로 보기 위해서 어떤 경영대학의 마케팅 코스에서 제시하고 있는 성취 중심 코스의 실러버스의 예를 살펴보자.

코스 학습 목표

우리는 암기보다는 수행을 강조할 것이다. 소비자 행위에 대한 핵심 개념을 학습하는 것 외에 소비자 행위를 구체적으로 분석하는 과제를 수행할 것이다. 핵심적인 이해와 수행 과제는 다음의 것들을 포함한다.

1. 어떤 마케터도 동일한 상품을 가지고는 모든 소비자(배경 특성, 소비 선호도를 고려해 볼 때)를 성공적으로 만족시킬 수 없다. 따라서 마케터는 어떤 소비자들을 만족시킬 것인지 선택해야 한다. 이것이 소비자 행위 분석에서 시장 세분화의 적용이고 마케팅의 핵심 개념이다.

- 소비자가 특정 상품을 구매하는 데 영향을 미치는 배경 특성(문화 및 가치, 인구 통계적 속성, 개성, 생활양식, 준거 집단 등)을 파악한다.
- 상품의 가장 중요한 배경 특성을 확인한다.
- 상품을 만족하게 구매할 수 있는 소비자의 최적의 표적 시장을 상술한다.

2. 소비는 개인이 그의 필요를 만족시키기 위한 다양한 심리적, 사회적 행위 과정의 복잡한 결과다.
   - 상품을 구매하는 소비자들이 나타내는 심리적, 사회적 과정을 분석한다.
   - 세분화된 소비자들이 나타내는 심리적, 사회적 과정에서의 차이점이 무엇인지 알아낸다.
3. 소비 행위는 판매자와 구매자 간의 일련의 상호작용의 결과다. 그러나 소비는 거래 당사자들이 아닌 여타 사람들의 의도적, 무의도적 행동에 의해 영향을 받는 맥락 속에서 일어난다. 현대사회에서는 외부 환경이 소비자와 마케터에게 영향을 미치는 것이다.
   - 소비자, 마케터, 그리고 소비자 행위에 관련된 공공 정책 입안자를 파악한다.
   - 공공 정책 입안자들이 결정하는 특정 상품의 구매와 관련된 쟁점들을 확인한다.
4. 소비는 단지 소비자의 수많은 행위 가운데 하나이기 때문에 소비에 영향을 행사하고자 하는 마케터, 공공 정책 입안자는 특정 구매에 가장 효과적인 영향을 주기 위해 인간의 행위에 대한 폭넓은 이해를 해야 한다.
   - 소비자의 행위에 영향을 주는 쇼핑 환경과 마케팅 커뮤니케이션의 효과를 분석한다.

- 특정한 상품의 소비에 영향을 주는 대인 커뮤니케이션의 역할을 밝힌다.
- 신상품을 택하기 위한 소비자의 의사결정 행위 과정을 탐구한다.

(출처: 뉴저지 대학 코스 실러버스)

전형적인 산출 목록(코스에서 다룰 지식, 기능, 이해 및 참 수행)의 측면에서 코스의 틀이 어떻게 구성되는지 주목해야 한다. 나머지 실러버스는 학습 목표를 어떻게 충족할 것인지, 수행을 어떻게 평가하고 채점을 할 것인지, 그리고 목표에 비추어 어떤 코스 일정을 짤 것인지를 설명한다. 이것들은 모든 학교의 모든 코스를 위해 개발되어야 하는 문서들이다.

마음속에 결과를 간직하기: 수행 목표 중심으로 교육과정의 틀을 짜기

교육과정이 전이, 의미와 관련된 주요한 성취에서 분리되면 정합성이나 힘을 가지지 못한다는 것을 파악할 때까지는 내용을 목적도 없이 피상적으로 가르치게 될 것이다. 목표를 성취하는 데 꼭 필요한 것(내용의 우선순위를 정하고 정선하기 위한 효과적인 방법)을 하기 위한 어떤 체계도 갖지 못할 것이다.

지속적으로 장기 수행 목표에 초점을 두는 것이 어떻게 부정합성 그리고 무분별한 내용의 문제를 해결할 수 있는가? 면허를 취득하려고 운전을 배우는 경우를 생각해 보라. 장기 목표는 분명하다. 그것은 바로 법을 지키면서 예의 바르고 능숙하게 운전하는 운전자가 되도록 하는 것이다. 이것은 전이와 관련된 성취에 대한 분명한 사례다. 우리는 발생할 수 있는 모든 운전 상황을 상정하여 예비 운전자를 준비시킬 수는 없다. 그러나 그들이 능숙한 운전자가 되도록 충분한 지식, 기술, 요령을 갖추게 할 수 있다. 목표는 필기시험과 주행시험의 통과도 포함하고 있다.

우리는 운전을 잘 하기 위해서는 차를 타기 전에 먼저 많은 정보(교통 규칙 또는 자동차 각 부분의 명칭과 기능 등)를 배울 필요가 있고, 수많은 분절적인 기능(빙판 길에서 브레이크를 사용하는 방법, 핸들 조작법 등)을 숙달해야 한다고 말한다. 필기시험만을 치러서 운전 면허증을 취득하는 것이라면 그렇게 해야 한다. 그러나 우리는 이렇게 하지 않는다. 왜 그런가? 당초부터 운전을 배우는 내내 바라는 수행을 성취하는 데 초점을 두기 때문이다. 모든 '내용'이 중요한가? 물론이다! 예비 운전자가 면허를 취득하도록 하는 데 10년을 기다려야 하는가? 그렇지 않다. 필기시험에 대비해 단지 내용만을 숙달하는 것이 목표인가? 물론 아니다! 실제 주행을 위한 준비에 있어서의 실제적 목표는 내용 지식의 우선순위를 정하고 주행의 핵심적인 도전과 관련된 실행을 중심으로 학습의 틀을 구성하는 것이 핵심이다.

확실히 이것이 결정적으로 중요한 지점이다. 학생들로 하여금 도로에서 실제로 운전할 수 있게끔 준비시키는 것이 전이 목표인데 이것으로 인해 내용을 최소 수준으로 줄이게 되고 그 내용을 운전을 위한 유용한 정보로 번역하게 되며 교수 방법을 16~17개로 구조화하게 된다. 전통적인 교육과정 설계에서는 너무 자주 학습자가 학습을 실제 상황에 적용해 보는 것을 뒤로 미루어 왔다. "여러분은 준비가 안 되었으니 더 많은 내용을 배울 필요가 있어."라고 하면서 말이다. 우리는 내용을 줄이는 방법도 구체화하는 방법도 가지고 있지 않다.

학생들이 내용을 실제 상황에서 활용하도록 허용하기 전에 많은 내용을 가르치려고 의도하는 경향이 있지만 그것은 근본적으로 학습에 대한 심각한 인식을 드러내는 것이다. 이 관점은 인지 모형인 '사다리 올라가기(climb the ladder)'로 표현할 수 있겠다. 이 신념을 가진 사람들은 학생들이 교과의 추상적 개념을 보다 많이 다루기 전에 중요한 사실들을 학습해야 한다고 가정한다. 이와 마찬가지로, 그들은 학습자들이 분절적인 기능을 통합적이고 복합적이며 참된 방식으로 적용할 수 있기 전에 분절적인 기능을 모두 익혀야 한다고 생각한다.

아이러니하게도, 교수 · 학습에 대한 이러한 관점은 부지불식간에 Bloom의 목표 분류학(1956)에 의해 강화되어 왔다. 그런데 50년도 더 된 이 모형은 본래 대학교 시험의 평가 항목과 평가 과제의 인지적 복잡성 정도를 범주화하기 위해 제시되었다. Bloom의 분류학은 위계적 성격을 지니고 있지만, 결코 학습 모형 혹은 수업 지침으로 활용하려고 의도한 것이 아니었다. 그럼에도 불구하고 많은 교사는 그것을 학습 모형이나 수업 지침으로 활용하고 있다.

'사다리 올라가기' 관점이 지니고 있는 실제적 문제점 중 하나는 그것이 낮은 성취를 보이는 학생에게 직접적인 영향을 끼친다는 것이다. 그들은 더 나은 학습자들과 동일한 스케줄을 통해서는 기본을 익힐 가능성이 적기 때문이다. 그 상태를 극복하고자 분투하는 학습자들은 낮은 수준의 활동으로 된 교육 프로그램, 분절적인 사실에 대한 기계적 암기, 너무나 지루한 기능 연습용 학습지에 갇히게 된다. 이 학생들은 결코 첫 번째 사다리를 넘지 못할 것이고, 따라서 학습하고 있는 것을 실제로 활용할 최소한의 기회만을 가질 수밖에 없다는 것이 안타까운 현실이다. 누가 그런 상태에 빠지고 싶겠는가?

인지심리학자는 학습 연구를 기반으로, 언젠가부터 '사다리 올라가기'의 관점을 거부해 왔다. 미국교육학회(American Educational Research Association)의 전 지도자인 Lorrie Shepard는 동시대적 관점을 다음과 같이 요약하여 제시하였다.

> 학습이 작은 조각들이 누적되어 일어난다는 통념은 시대에 뒤진

> 학습 이론이다. 인지심리학을 기반으로 한 현재의 학습 모형은 학습자들이 자신의 지식을 구성할 때, 그리고 사실과 개념의 상호 관련성에 대한 자신의 인지적 지도(cognitive maps)를 개발할 때, 학습자들이 이해를 한다고 주장한다(1989, pp. 5-6).

그녀의 견해는 『학습하는 방법(*How People Learn*)』이라는 저서(Bransford, Brown, & Cocking, 1999)에 담겨 있으며, 사람들에게 널리 읽혔다. 이 책은 전미과학아카데미 산하 국가연구협의회(National Research Council of the National Academy of Sciences)에서 출판되었다.

반복연습과 게임의 혼동에 대하여

체육의 비유를 통하여 이론의 실제적 함의들을 고찰해 보자. 많은 스포츠 코치는 실행의 일부로 연습을 포함시킨다. 이러한 연습은 경기의 기본적인 기능을 발전시키고 정련하는 데 있어 불가피한 것이다. 또한 선수들이 실제적인 상황에서 기능을 적용해 보도록 하려고 그들로 하여금 실제로 경기를 뛰게도 한다. 토요일에 풋볼 경기가 없다면 주중에 선수들이 핸드오프(자기편에게 공을 던져 주는 것) 등의 연습을 충실히 하겠는가? 수영 대회가 다가오지 않는데 같은 또래의 수영 선수들이 부단히 수영 연습을 하겠는가? 훌륭한 UCLA의 농구 코치인 John Wooden은 종종 특별한 교사의 예로서 언급된다. 그가 실시하는 연습 방식을 요약하면 다음과 같다.

> 코치 Wooden은 그가 전체-부분이라는 방법으로 묘사하는 체계적인 교수학적 접근을 활용한다. 그는 맥락에서 벗어나서 기능들을 가

> 르치고 실행하지 않는다. 그는 항상 선수들이 배우고 있는 것의 전체를 이해한다고 확신하며, 그래서 그들에게 전체를 소개하고 각 부분별로 나누어 연습을 시키며, 이에 따라 선수들은 각 요소가 전체와 어떻게 연관되는지를 이해한다. "나는 우선 선수들에게 전체(전략 기반의 경기 전체)를 보여 준다. 그런 다음에 그것을 각 부분으로 나누어 연습하게 하며 최종적으로 요소들을 전체로 통합한다." 그는 경기의 목표, 선수들의 움직임에 대하여 자세히 설명한다. 공격이 각 부분으로 나뉠 때…… 각 부분별로 연습하는 목표(부분이 어떻게 큰 그림에 맞춰지는지)가 분명해진다(Nater & Gallimore, 2005, p. 91).

안타깝게도, 너무 많은 학생의 학교 경험은 탈맥락화된 상황 속에서 하는 연습과 같다. 즉, 그들은 게임(교과를 '하는' 것)을 할 기회도 부여받지 못한다. 기본이 중요하지 않다는 말이 아니다. 오히려 우리는 유의미한 학습은 참된 수행(경기를 하는 것)과 결합된 반복 학습을 함으로써 성취된다고 생각한다. 사실 학습자는 기초를 위한 필요성을 인식하게 되는 적절한 맥락 내에서, 그리고 그것을 학습하기 위해 동기화가 되는 그러한 맥락 안에서 지식과 기능을 적용하기 위한 시도를 한다.

일반화하여 말한다면, 전이를 포함하고 있는 명백히 확인된 수행 목표에 대한 헌신 없이 해묵은 학교의 세 가지 문제를 피할 길이 없다. (1) 단편적인 목표들을 겨냥한 과부하된 교육과정, (2) 전이 대신에 '피상적'이고 분절적인 연습으로 해석하고 있는 교수, (3) 맥락과 유리된 '것들'을 배우는 학습 등이 바로 그것이다. 우리는 내용 '바깥쪽의' 수행 목표에 초점을 맞추지 않고서는 성취와 흥미를 보장하도록 내용을 선정하고 우선순위를 할당하며 조직하는 방법을 판단할 수 있는 원리를 갖지 못한다.

학문이란 무엇인가

교과 영역의 아이디어를 숙고해야만, 어떻게 교육과정이 재인식되어야 하는지, 또 어떻게 재구조화되어야 하는지에 대한 상이한 이해 방식을 이끌어 낼 수 있다. 흔히 우리는 교과를 학문으로서 언급한다. 여기에서의 학문(discipline)은 유용성을 의미하는 단어다. 요가나 텍스트를 꼼꼼히 읽는 것을 생각해 보라. 그것의 핵심에 위치한 '학문'은 결과들의 목록이 아니라, 일련의 사고와 행위의 습관이다. Senge(2006)가 말하는 것처럼, 학문은 "공부해야 하고 실행에 옮겨지기 위해 숙달되어야 하는 이론과 기법의 몸체다. 학문은 특정한…… 역량들을 획득하기 위한 계발 경로다"(p. 10). 성취 기반의 교육과정에 관한 우리의 아이디어의 핵심과 관련하여 다음의 사전적 의미를 살펴볼 필요가 있다.

학문

1. 행동의 구체적인 특성이나 패턴을 산출하기 위한 훈련, 특히 도덕적이거나 정신적인 발달을 산출하는 훈련
2. 학문적 훈련을 통해 길러지는 제어 행위, 자기 통제
3. 교회 또는 수도원의 질서를 규정하는 것들과 같은 일련의 규칙이나 방법
4. 지식이나 교수의 분야

성취 기반의 교육과정 개발에 대한 아이디어는 처음에는 내용 기준과 전통적인 학업 목표, 요구와 대립되는 것처럼 보인다. 확실히 어떤 독자들은 운전 면허증을 취득하는 것, 또는 스포츠 경기를 배우는 것의 비유에 대해 거부감을 가질지 모른다. 그러나 그것은 어느 정도는 학업 목표

의 본질을 혼동하는 것 때문에 생기는 오해다. 많은 사람은 학업적인 학문들을 '내용'으로 잘못 생각한다. 그러나 그것은 '학문'이 아니다. 학문은 도전적인 결과를 성취하기 위한 식이 요법(엄격한 프로그램)과 같은 것이다. 요가, 물리학은 둘 다 이러한 점에서 '학문' 또는 '훈련받고 있는 것'의 의미를 포함한다. 학문은 교과를 제대로 '하는 것'에 관한 모든 것이다. '특정 성격 또는 행동 패턴이라는 결과(즉, 이해를 기반으로 한 새롭고 보다 성숙한 사고, 행위의 습관)를 산출'하려고 하는 초보자가 가장 쉽게 범하는 일종의 충동, 습관, 오해를 피하는 것이다. (우리는 앞의 네 가지 정의를 파악하고 나서야 비로소 학문이라는 용어의 함축적 의미를 알게 된다.)

과학은 하나의 학문이다. 인간(그리고 초보 과학자)은 이전의 신념을 기반으로 해서 결론으로 도약하는 습관이 깊기 때문이다. 그리고 그러한 습관은 핵심 변수들을 구분해 내기 위해 노력하는 것, 그리고 그것들을 체계적으로 검사하는 훈련을 통해 극복되는 것이기 때문이다. 여러분은 주의 깊게 관찰하고, 적합한 증거를 수집하고, 의심의 시각을 가지고 의미를 검토하는 것을 통하여 학문을 배워야 한다. 소위 과학적 방법은 고립된 '기능'이 아니라 일련의 성향이고 기능이며 내용 활용에서의 전이 능력이며 오직 함(doing)으로써만 학습할 수 있는 것이다. 역사도 이와 비슷하다. 역사를 '하기' 위한 학습의 목표는 현재 중심의 추론, 단순한 인과적 추론을 피하는 것이다. 우리는 역사라는 학문을 학습하기 위해 저널리스트, 큐레이터, 역사가처럼 사고하고 행동하는 법을 배워야 한다. 단지 사실적 내용 또는 고도로 문자화된 기능만을 학습하는 것은 단순히 성공적인 농구 선수가 되기 위해 단편적인 움직임을 연습하는 것과 같아서 우리를 '학문적으로' 만들 것 같지는 않다.

1장에서 소개한 대푯값과 균등에 대해 우리가 수정해서 제시한 수학 단원을 상기해 보라. 본질적 질문(무엇이 균등인가? 수학은 우리가 이 질문에 답하는 데 어떤 도움을 줄 수 있는가?), 그리고 학습자에게 제안을 요구하고 있는 가장 균등한 등급 산정 시스템에 대한 전이 과제는 입증되지 않은 결론으로의 도약, 내용을 통한 현재 경험의 이해 대신에, 오히려 수학을 '하는 것'뿐만 아니라 그 질문과 관련된 패턴과 대답을 신중히 추구하는 '학문'을 포함한다. 이 사례는 목표로서의 전이의 본질을 알게 해 준다. 즉, 그것은 이전에 한 학습이 새로운 유의미한 상황에서 성공적으로 활성화되고 활용되도록 (자기) 학문을 배우는 것이다. 그리고 그것은 어떻게 하면 사고 습관(가치 있고 복잡다단한 과제를 성공적으로 수행하는 데 필요한 습관)을 통해 교육과정을 적절히 이해하는 방법을 발견할 것인가 하는 점이다.

학문을 요구하는 핵심적 도전을 확인하기

우리가 제안하고 있는 교육과정 개혁을 구상하는 간단한 방법은 내용에 의해서가 아니라 그것의 핵심적인(초석이 되는) 수행에 의해서 정의되는 모든 교과 영역을 상상하는 것이다. 아울러 단지 내용과 기능을 요구하는 도전이 아니라 학문과 '활동'의 광범위한 레퍼토리에 대한 현명한 판단을 요구하는 도전들을 상상하는 것이다. 다시 말해, 모든 교과 영역은 올림픽 10종 경기, 또는 스카우트의 공로기장 버전(장기적인, 바라는 성취들을 구체적으로 나타내는 가치 있고 다양한 수행)을 중심으로 구조화될 수 있을 것이다.

평가 과제는 사고 습관을 요구하면서 핵심 성취들을 구현하고 있는데, 이 평가 과제는 두 가지 의미에서 교육과정을 정착시킬 것이다. 즉, (1) 교육과정은 전이를 겨냥한 수업을 구체화함으로써 정착된다. (2) 교육과정은 운동, 예술, 전문성 훈련 등에서 특정 과제를 학년을 초월하여 반복적으로 함으로써 정착된다. 우리는 점점 더 복잡해지는 과제를 생각하기보다 오히려 가라데, 다이빙과 같은 도전 수준으로 과제를 생각할 것이다.

매년 반복되는 그러한 핵심적인 수행 도전은 무엇인가? 여기에 몇 가지 사례를 제시한다.

- 역사: 핵심 도전은 혼란을 일으키는 일단의 사실, 정보의 간극, 사실에 대한 상이한 해석을 최소의 편견, 최대의 통찰을 가지고 정합성, 정당성을 갖춘 분명한 이야기로 전환시키는 능력이다. 1학년부터 12학년까지 모두 각 수준에 맞는 도전 과제를 수행할 수 있다.
- 세계어: 실제적인 복잡한 상황에서, 영어를 하지 못하는 화자와 표적 언어로 악센트를 넣어 빠르게 성공적인 의사소통을 하는 것이 핵심 과제다.
- 수학: 핵심 도전은 복잡하게 얽힌 데이터를 가지고 통찰력 있게 패턴을 발견하는 것이다.
- 과학: 수집, 분석한 데이터에 관해 자신을 속이지 않고 정직하게 실험을 설계하고 오류를 찾아 제거하는 것이 핵심 도전이다.
- 언어과: 핵심 도전은 상이한 방식으로 보는 경향이 있는 청중에게 아이디어나 느낌을 전달하는 것이다.
- 공연 예술: 핵심 도전은 개인적으로 발을 구르는 것을 대본이 있는 공연으로 자리 잡게 하는 것이다.

'과제 및 학문 기반의' 교육과정을 '토픽 및 활동 기반의' 접근과 구별하기 위해서 우리는 장기 목표를 기반으로 한 핵심 성취와 교육과정 문서에서 전형적으로 발견되는 고립된 학습 활동을 간략히 대조하여 〈표 2-1〉에 제시하였다.

때로는 다양한 수준에서 구현되는 순환적인 수행과 구체적인 과제는

〈표 2-1〉 성취와 학습 활동의 비교

핵심 성취	관련 있으나 불충분한 학습 활동
역량과 흥미에 관한 타당한 정보를 기반으로 한 개별 목표를 가지고 학교를 졸업한다. 그에 따라 고용된다.	직업에 대해 배우고, 자신의 목표들을 기술한다.
정말 중요하고 도전적이며 복잡한 문제를 최소의 단서를 가지고, 최대한 자기 주도적으로 해결한다.	단순히 이전에 학습한 사실과 기능과 '연결하기' 위해 간단하면서도 단서가 있는 교과서의 '문제'를 확인한다.
자신이 쓴 글을 출판하거나 전문가에게 논평을 받는다.	'글쓰기 과정'에 대해 학습하고 활용하며 평가받는다.
대부분의 사람이 문제점이 있다고 생각하지 않는 언어적 표현, 텍스트, 상징 체계에 대해 의문의 여지가 있는 가정, 결론을 비판적으로 확인한다.	논리적 · 문법적 오류에 대해 학습하고 연습한다.
역사 및 다양한 관점에 비추어 현안을 통찰력과 근거를 가지고 설명한다.	역사 텍스트를 읽고 그 내용에 대한 검사를 통과한다.
10학년을 넘어서는 텍스트(미국에서 발간되는 신문 수준)를 이해할 수 있는 수준을 갖춰 학교를 졸업한다.	단문을 통한 읽기 전략을 가지고 학습하고, 활용하고 검사받는다.
자신의 논지를 성공적으로 방어한다.	정해진 형식에 맞춰 연구 보고서를 쓴다.
지역 정책의 발전, 공동체의 개선, 누군가의 더 나은 삶을 위해 영향력을 발휘한다.	공민과를 공부하고 법이 이론적으로 어떻게 만들어지는지를 세련된 방식으로 말한다.
청중과 함께 목적을 성취한다. 청중을 참여시키고, 움직이고, 설득한다.	악곡을 연주하거나 혹은 대사를 말한다.
논쟁과 분쟁을 해결한다.	논의에 참여한다.
가장 핵심적인 변수를 확인하고 실험의 설계 및 오류 검출을 위해 변수를 통제한다.	설계된 대로 과학 실험을 하고 구조화된 실험 결과지를 작성한다.

기존의 주 또는 지역의 기준으로부터 직접 도출되기도 한다. 예컨대, 뉴저지 주의 사회과 교육과정 내용 기준(New Jersey Department of Education, 2004b)은 학문의 중심에 있는 광범위한 역량들의 목록을 다음과 같이 보여 주고 있다.

1. 역사 사건이 어떻게 현대 세계를 형성하는지 분석한다.
2. 다중의 자료를 활용하여 다중의 관점을 근거로 질문과 가정을 입안한다.
3. 1, 2차 자료를 바탕으로 가정을 지지하거나 거부하기 위한 정보를 수집, 분석, 조정한다.
4. 원자료가 만들어진 역사적, 사회적, 정치적, 지리적 맥락, 또는 경제적 맥락 내에서 그것을 확인한다.
5. 현안, 시사 문제, 또는 주제를 평가하고, 역사적인 시기를 통해 그것이 어떻게 변화되어 왔는지를 조사한다.
6. 국가, 주, 지역에서 대두된 쟁점에 문제해결 기능을 적용하고 합리적인 해결책을 제시한다.
7. 사회, 정치, 문화 측면에서의 변화를 분석하고 그것이 지역, 주, 국가, 국제 현안 및 사건에 미친 영향을 평가한다.
8. 사실의 정확성, 증거의 확실성, 견해의 공정성을 확인하기 위해 역사상 어떤 소통이 있었고 현대에서는 어떤 소통을 하는지 평가한다. 그리고 정부, 정치 후보자, 미디어가 대중과 소통하기 위해 활용하는 전략을 논의한다. (p. F-6)

다양한 학년의 특정 역사 내용과 관련하여 이와 같은 목록은 일련의 순환적인 과제를 어떻게 개발하는지 안내할 수 있다.

교육과정 목표는 그러한 수행 요구가 반복하도록 보증하는 것이고, 따라서 그것은 교육과정의 중추가 된다. 전체 미션, 프로그램의 목표를 반영한 학년 적합성, 내용 적합성이 갖추어진 과제를 수행할 때 교사들이 어떻게 내용(일반적으로 분절적인 사실, 개념, 기능의 목록으로서 기준 문서에 제시된)을 활용할지 보여 주는 교육과정이 성공적인 교육과정이다. 성취에 초점을 맞춘 교육과정은 기준을 가치 있는 수행을 위한 효과적인 학습으로 어떻게 전이시킬 것인지를 교사들에게 명확하게 보여 준다.

성취 기반의 학습을 보장하기

> 교육의 실제를 구성하는 데 있어 너무 멀리 벗어나지 않았는가? 목표는 분명해야 한다. 어떤 활동을 하는 경우, 어디로 가려는 시도를 하고 있는지 알아야만 한다. 기능 연습은 의도와 피드백, 그리고 지금까지 성취한 것에 의해 통제되기 때문이다……. 이것은 모든 연습, 모든 차시 계획, 모든 단원, 모든 학기, 모든 교육은 목표에 중점을 두어야 한다는 것을 의미한다.
>
> —Jerome Bruner, 『교육의 적합성(*The Relevance of Education*)』

Bruner(1971)가 이런 말을 한 지가 35년 이상 되었지만 우리는 이전보다 더 멀리 떨어져 있는 것 같다. 내용 기준을 정해 주고, 세밀히 초점이 맞춰진 표준화 검사를 실시하는 이 시대에도 학문에 충실한 학교교육, 학습자들의 필요, 관심을 고려하는 학교교육을 보는 것은 그 어느 때보다 더 드물다. 교육과정과 수업(학습을 더욱더 효과적으로 만드는 수업, 학습자의 관심을 끄는 수업)을 어떻게 개조할 것인가에 대한 실제적인 모형이 절실히 필요한 때다.

그러나 수십 년간 우리를 공격해 온 것(Goodlad[1984]는 『학교라고 불리는 장소[*A Place Called School*]』에서 반복적으로 강조하였다)은 운동, 공연 예술, 작업장에서의 전문성 훈련이 이미 우리에게 학습할 수 있는 작업 모형을 제공한다는 것이다. '학문들'에 대한 습관과 편견은 우리가 문제를 명확히 보지 못하도록 만든다.

나선형: 반복적인 질문과 수행

환언하면, 우리는 새로운 모습을 띤 오래된 아이디어를 언급하고 있다. 성취를 위한 교육에서(예술, 운동이 매우 분명하듯이), 핵심 아이디어와 전이 과제는 Bruner, 그리고 Bruner 이전의 Dewey가 제안했듯이 시종일관 교육과정을 나선형으로 움직이게 한다. 교육과정은 결코 선형적일 수 없다. 그것은 반복적인 것이다. 왜 그런가? 이해를 위한 교육은 절대로 단번에 숙달할 수 없는 핵심 아이디어와 도전에 대하여 부단한 재탐색을 요구하기 때문이다. 이것이 이해를 위해서는 단련이 필요한 이유다. 행동주의 그리고 이해를 위한 학습을 극도로 단순화한 견해들은 본질적으로 복잡한 목표를 매우 간단한 단발적인 목표로 줄일 수 있다는 것이다. 마치 숙달이 단순한 부분들의 총합인 것처럼 바라보는 것이다. 참으로 슬픈 유산이 아닐 수 없다.

이해와 전이를 위한 교육에서 교육과정은 두 측면에서 나선형적이다. (1) 코스와 단원이 핵심적인 몇몇 학문적 과제를 중심으로 조직된다. 모든 교수 · 학습은 그것에 초점을 맞추고 거기에 운선순위를 둔다. (2) 동일한 본질적 질문이 전체 코스 과정에서 상이한 형태로 반복된다. 비록 세부적인 과제가 발달상의 복잡성 면에서 상이할 수는 있으나 수행 요구는 기본적으로 언제나 동일하다. 예컨대, 축구 경기, 음악 연주회, 글쓰기 장르를 생각해 보라. 그 과제들은 유치원부터 12학년까지 반복된다. 전 과정을 아우르는 본질적 질문은 동일하다. 패턴은 무엇인가? 핵심 변수들은 무엇인가? 무슨 일이 일어났고, 왜 일어났는가? 작가가 말하고자 하는 바는 무엇인가? 이 질문들은 탐구, 수행의 수준을 점점 더 정교히 하기 위해서 매년, 매 코스에서 재탐색되어야 하는 질문들이다.

동일한 핵심적인 본질적 질문을 재탐색하는 것과 수행은 학생들로 하여금 단 한 번의 시도로 숙달될 수 없는 복잡한 성취를 위한 코스를 계속 해서 탐구하게 하며, 그래서 가치가 있고 매우 중요하다. 과제와 반복적인 수행 요구는 학생들과 교사들에게 장기적인 의무가 무엇인지를 명확히 해 주고 학교 공부에서 해로운 '수수께끼'를 제거한다. 이것이 학습자들의 역량과 자신감 구축을 위한 핵심이다. 더욱이 학생들은 더 이상 핵심 수행과 '빅 아이디어(big idea)'를 재탐색하는 것을 지루해하지 않는다. 결국 최근의 교육 연구에서 가장 중요하게 발견한 것 중 하나는 형성평가가 학생의 성취에 가장 큰 영향을 준다는 것이다(Black & Wiliam, 1998).

안타깝게도, 대부분의 전형적인 교육과정은 그 방식이 여전히 선형적이며 단발적이다. 어떤 코스에서는 몇몇 핵심 과제(순환적인 본질적 수행으로부터 도출된) 대신에 학생들이 수백 개의 단편적인 검사 질문(단 한 번만 묻는)을 대면하고 있다. 피드백은 진정한 수행 목표와 관련을 맺지 못하고 고립되거나 특정한 검사 또는 과제와 관련된다. 교육과정이 진정한 성취로 이어지는 반복되는 수행에 근거하여 백워드 방식으로 설계되기 전에는 학습자들과 교사들은 목표 달성과 관련하여 자신의 위치를 알 방도가 없다. 우리가 결과 기반의 교육과정을 창안하는 방법을 진정으로 이해할 때 다양한 기회를 통해 적시에 피드백을 받을 수 있는 반복적인 평가에 대해 훨씬 더 잘 알게 될 것이다.

조정 계획: 교육과정 설계와 실행에 중점을 두고 피드백 구성하기

30여 년 전에, 결과 기반의 직무, 학습 컨설턴트이자 설계자인 Thomas Gilbert(1978)는 가치 있는 과제를 성취하기 위한 학습의 틀을 다음과 같이 제안하였다.

수행을 최대한 지원하도록 설계한 정보 시스템의 요건은 매우 단순하다. 이것은 다음의 8단계로 요약된다.

1. 예상되는 성취(미션, 책임감, 의무)가 무엇인지 확인한다.
2. 그것을 성취하기 위한 필요조건을 진술한다.
3. 어떻게 수행을 측정하고, 왜 측정할 것인지 기술한다.
4. 전형적인 기준들을 설정한다.
5. 모범적인 수행자의 전형, 그러한 사람이 되는 데 활용할 수 있는 자원을 확인한다.
6. 개인이 얼마나 잘 수행하고 있는지에 대하여 빈번히 그리고 분명하게 피드백을 제공한다.
7. 수행자가 자신의 수행을 조정하고 책임지는 데 필요한 정도의 백업 정보를 제공한다.
8. 부족한 수행의 다양한 양상을 구체적인 개선책과 관련시킨다.

Gilbert는 "이와 같은 단순함이 사람들이 좀처럼 따르지 않는 이유를 설명하는 데 도움을 줄지도 모른다."고 냉소적으로 말하면서(pp. 178-179), 〈표 2-2〉에서 제시한 정보(매우 간결하지만 안타깝게도 쉽게 알아볼 수 있게 상반되는 의도를 기술하고 있는)를 독자들에게 고찰해 보라고 요청한다. (학교교육에 초점을 맞추도록 돕기 위해 괄호 속에 코멘트를 하였다.)

Gilbert는 마지막 독설로, "이런 일이 행해지지 않는다면 자문해 보라(마치 무능을 만들려는 어떤 음모가 있었던 것과도 같이). 표를 검토하는 어떤 사람도, 대부분의 이 전술들이 예외가 아닌 규칙이라는 것을 알지 못하는 그 누구도…… 그저 많은 경험을 하지 못했다."(p. 86)라고 말한다. 요컨대, 표에서는 간단하지만 강력한 방식으로 왜 교사와 학생들이 똑같이 정보, 자원, 그리고 수행 향상을 위한 인센티브가 부족한지를 설명한다.

사실을 말하면, Gilbert가 한 말의 본질은 강력한 피드백 시스템이 수

〈표 2-2〉 학생과 교사가 수행을 향상시키지 못하는 이유

정보	자원	동기화
(1) 피드백: 얼마나 잘 수행하고 있는지 알지 못하게 한다. 기대되는 것을 비밀로 한다. 잘 수행하는 방법을 안내하지 않는다.	(2) 도구: 의도한 사용자와 컨설팅 없이(혹은 학습 목표를 언급하지 않고) 설계한다.	(3) 인센티브: 내적 보상을 하지 않는다. 수행을 미숙하게 한 사람이나 잘 한 사람이나 똑같은 보상을 받는다.
(4) 노하우: 훈련을 운에 맡긴다. 미션과 적절하지 않은 훈련을 한다.	(5) 능력의 극대화: 일정을 계획하는 사람과 교사가 편한 방식으로 학습 스케줄을 잡고 조직한다.	(6) 동기: 인센티브를 주지 않고 격려만 한다.

행 목표 성취의 핵심이라는 것이다. 이 아이디어는 학습에 대한 최근의 발견은 물론이고 문학의 수업 설계에 있어서도 반향을 불러일으키고 있다. 이것은 Black과 Wiliam(1998)이 명문화하였고, Marzano, Pickering과 Pollock(2001)이 개괄하였다. 그래도 일단 교육과정이 진행되면 우리는 학교교육의 실제를 안다. 비록 계획이 초기에 설계한 대로 작동하지 않을지라도 전통적인 교육과정은 대중 교육이라는 학교교육의 가장 기본적인 실제를 다루는 데 어떠한 도움도 제공하지 못한다. 지속적인 피드백과 조정이 강력한 수행 기반 시스템의 핵심이지만 이러한 지식에 관한 실행 메커니즘이 기존 교육과정 속에는 없다.

교육과정은 조정 안내 혹은 진단 평가, 형성평가 시스템을 거의 포함하고 있지 않다. 다시 말해, 교육과정이 피드백 기반의 조정을 위한 불가결한 필요에 대해 좀처럼 대비하지 못하고 있는 것이다. 최악의 경우, 각 지역에서는 교육과정 '페이싱 지침(pacing guide)'을 사용한다. 그것은 교사들로 하여금 내용(결과와 관계없이)을 다룰 때 '뒤처지지' 않게 하려는 의도를 담고 있다. 이것은 '최상을 위한 교수, 시험, 희망'(우리가 옹호하고 있는 것의 정반대)과 마찬가지다.

적어도 성취 기반의 교육과정은 코스가 진행 중일 때 조정이 필요할 것이라는 아이디어를 존중한다. 약간의 조정이 필요할 때가 있다. 이 경우, 각 실러버스는 매달 이틀 정도를 중간 수정을 위해 아무것도 계획하지 않는다. 대규모 방식으로 조정할 수도 있는데 교사들은 실러버스의 변화를 도모하기 위해 학년도의 중간쯤에 회합한다. 이것은 그 학년도의 중간 평가에 비추어 진행된다. 이 아이러니한 도전은 지나친 계획이 되지 않도록 하는 것이 아니고 조정하려고 계획하는 것이다.

버팔로 빌스(Buffalo Bills) 풋볼 팀 코치인 Marv Levy는 생성되는 결과를 기반으로, 충분히 검토된 계획에 변화를 주는 것이 중요하다고 강조한다. 라디오 인터뷰에서 리포터는 빌스 팀이 정규 시즌 말미에 그동안의 부진한 실적을 딛고 플레이오프에 진출하게 되었고 어떻게 플레이오프에서 피츠버그 스틸러스(Pittsburgh Steelers)를 가볍게 물리칠 수 있었는지 설명해 달라고 요구하였다. Levy는 "우리가 지금 여기서 한 것을 어떻게 생각하시오? 6월에 멋진 플레이북(팀의 공수 작전을 그림과 함께 기록한 책)을 만들고 마무리한 다음 기도나 하라고요? 코칭은 조정을 하는 거예요. 결과를 목표와 비교하면서 부단히 조정하는 것입니다."라고 응수하였다. 너무나도 많은 교사가 필요하다면 목표와 결과 간의 불가피한 간극에 비추어 교육과정을 적극적으로 조정해야만 한다는 것을 이해하지 못한다.

조정은 교육과정과 초기의 교수를 기반으로, 최적의 학습이 이루어질 것이라고 희망하는 것도 가정하는 것도 아니다. 그 일은 학습의 발생을 확보하는 것이고 학습이 이루어지지 않을 때 실러버스와 수업을 단호하면서도 재빨리 변경하는 것이다. 다시 말해, 교육과정을 다루는 코치인 교사가 해야 할 핵심적인 일 가운데 하나는 단지 가르치기만 하는 것이 아니라 배우는 것이다(학생들의 산출 결과를 바탕으로, 그들이 실제적으로 하는 학습에 대한 피드백을 기반으로, 심층적으로 학습하는 것이다). 우리는 문서상의 지침과 시간표에 머물러서는 안 되며 가치 있는 목표들에 대한 피드백(학생 작품, 학생 코멘트 및 반성, 그리고 학습을 이해하고자 하는 학생의 노력)에 관심을 두어야 한다. 조정은 많은 학습자가 충분히 잘 수행하지 못하는 것을 알았을 때 '플레이북'과 '경기 계획'을 변경해야 하는 것을 의미하며 깊은 이해와 전이로 나타나도록 미션 관련의 결과들을 보장하는 것이다.

그것이 바로 교육과정이 대본이 아니고 결코 대본이 될 수도 없는 이유다. 교수는 결과와 상관없이 교육과정 문서를 '실행'하는 것이 아니다. 또한 점수와 관계없이 플레이북을 실행하고자 하는 코칭도 아니다. 교사가 하는 일은 최적의 학습과 수행의 확보가 필요할 경우 언제든지, 교육과정을 구체화하고 수업을 조정하는 것이다. 그 목적을 고려해 볼 때 교사에게는 오류 수정에 대한 정보를 제공해 주고, 코스 변경의 기회를 주는 교육과정이 필요하다. 교사는 장기적인 바라는 결과 대비 사전 검사, 형성평가를 설계하는 교육과정 틀을 필요로 한다.

모든 학생이 대수학을 통과하도록 하기 위해 기울인 우리의 부단한 노력을 고찰해 보라. 수십 년 동안, 9학년의 대수학 학습 실패율이 믿을 수 없을 만큼 높고 어떤 지역에서는 30% 이상이다. 왜 예상할 수 있는 나쁜 결과를 감안하여(더 늦기 전에) 조정 계획을 세우지 않았을까? 왜 이러한 실패를 해결하기 위한 '계획 B(Plan B)'를 개발하지 않을까? 여기에 그 어려움을 예견하고, 적시에 그것에 대해 무엇인가를 하는 다양한 방법이 있다.

- 갓 9학년이 된 학생들에게 대수학의 성공적인 성취와 관련된 아이디어, 기능을 얼마만큼 갖추고 있는지 알아보기 위한 검사를 실시한다. 9~10월에 점수가 낮은 학생들을 모니터하고, 필요한 산수 기능과 개념을 가르치기 위하여 학습 속도를 늦춘(2년 과정의 코스가 제공

됨) 대안적인 대수학 프로그램을 마련한다.

- 첫 채점 후, 실패한 학생들을 현재의 학급에서 분리시킨다. 그리고 그들에게 새로운 다른 대수학 학습 방법을 적용한다. 학생들은 직접 해 봄으로써 학습하게 되고 더욱 집중적인 조력을 받기 위해 팀을 이룬 교사들의 가르침을 받는다. (비용을 낮추기 위해 한두 명의 '임시' 교사를 채용하여 모든 섹션을 돌아가며 가르치게 할 수 있다.)
- 매일 8~9학년생들로 하여금 이미 구축된 온라인 코스를 활용하도록 하고 별도의 워크숍을 열도록 한다. 이것은 학력이 낮은 학생들의 수행 수준과 일반 학생들의 요구 간의 간극을 줄이기 위한 조치다. 그 코스는 단지 보다 낮은 수준의 연습에 치중하는 것이 아니라, 사례 연구 및 내용의 흥미로운 적용에 기반을 두어야 한다.

현재 상태에서 우리는 Lucy가 공을 잡아 그것을 찰 것을 기대하고 있는 Charlie Brown처럼 행동한다. 금년에는 역경을 딛고 대수학에서 발전적인 변화가 있을 것이라고 생각하고 있다. 동일한 대수학 코스를 통해 그동안 달성하기 어려웠던 성공을 도출할 것이라고 희망하고 있다. 우리는 '실패'의 책임을 근거도 없이 학생들의 탓이라고 생각한다.

이것은 개별 교실에서의 상호 관련된 흥미로운 사실을 보여 주는 문제다. 우리는 '피상적인 교수 · 학습'이 전개될 것이라 생각한다. 그리고 교사가 하는 것은 학습자가 하려고 시도하는 것보다 훨씬 더 중요하다고 생각한다. 학습자들이 하는 어떤 것도 수업의 전개에 어떤 영향도 미치지 못하는 것처럼, 교육과정 설계와 차시 계획은 여전히 소극적인 백지 상태를 반영하고 학습에 대한 관점 말하기로서의 교수를 반영한다. 그러나 앞에서 언급했듯이 명확한 학습 목표가 없고 내용 외에 우선순위가 없다면 교육과정을 조정할 어떠한 기초도 없는 것이다. 그러므로 기관 및 교사의 조정을 절실히 필요로 하는 결과에도 불구하고, 교육과정 위에서 가야 한다.

유감스럽게도, 우리는 종종 교사들이 "그러나 교육과정을 조정할 시간이 없어요. 나는 더 많은 형성평가를 할 시간과 피드백을 활용할 시간을 가질 수 없어요."라고 말하는 것을 듣고는 놀라게 된다. 이것은 안타깝게도 아이러니한 말이다. 교사들이 말하고 있는 것은 그것을 깨닫지 못한 채 '가르칠 것이 너무 많기 때문에 학습을 극대화할 시간이 없다.'는 것이기 때문이다. 우리가 교사들의 말에 공감을 해야 하지만 그 말 속에는 그들의 직무(학습을 시키고 가치 있는 결과를 성취시키는 것)에 대한 심각한 오해가 들어 있다.

사실상 그 반대가 필요하다. 교육과정은 목표를 성취시키는 데 있어 계획이 제대로 작동하지 않을 때, 효과적이고도 적절하게 계획을 조정하는 방법에 관하여 교사들에게 명시적으로 권고할 필요가 있다. 이 접근 방식에서는 학생들에게 바라는 전이 목표에 대한 피드백을 주기 위한 조정 시간, 그리고 시간을 '낭비'하는 일이 없이 그들의 수행을 증진시킬 수 있는 방법에 관해 코칭을 주기 위한 조정 시간이 필요하다. (우리가 만났던 교사는 정기적인 검사 항목, 필요한 재교육을 조절하기 위해 그의 교육과정 속에 '과속 방지턱[speed bump]'을 구축하는 방법을 학습해 왔다고 말했다.) 요컨대, 문제해결 지침과 피드백 시스템이 부족하다는 것은 핵심적인 과제가 없는 것만큼 중요한 문제다. 양자는 목표의 성취를 위해서, 그리고 그 목표를 더욱더 명료하게 만들기 위해서도 필수적인 것이다.

그러한 피드백과 조정의 구축과 관련된 사례가 있다. 뉴저지 주 사우스 브런즈윅의 3~5학년 학생들은 학교구에서 실시하는 쓰기 평가에 참가한다. 거기에는 새롭거나 신기해 보이는 것이 아무것도 없다. 그러나 여기에는 포착해야 할 중요한 것이 있다. 그것은 동일한 검사이며 모두에게 동일하게 부여된다. 그리고 검사지는 똑같은 루브릭과 수행 기준을 가지고 채점한다. 다시 말해, 3학년 학생들은 5학년의 기준을 충족하기 위해 세 번의(또는 그 이상의) 기회(피드백을 기반으로)를 얻는다.

그러므로 보다 더 실제적으로 할 필요가 있다. 더 나은 교육과정 틀은 어떤 모습일까? 장기 미션과 관련된 결과(내용 기준을 유념하면서)를 성취하기 위해서는 교육과정을 어떻게 작성해야 하는가? 전이 목표, 과제를 지향한 수업에 초점을 맞추기 위해서는 어떻게 해야 하는가? 앞서 언급한 문제들을 피하기 위해서는 어떻게 해야 하는가? 3장에서는 이 질문을 다룰 것이다.

실행을 위한 아이디어

- 모든 코스에서 적합한 진단 평가를 개발하여 활용하라(바라는 결과에 대한 사전 검사, 지속적인 피드백).
- 교과 위원회와 동료 평가를 통해 타당성이 확보된 '핵심 평가 과제'를 산출하라. 그것은 교육과정 작성을 안내하고 교수 내용을 구조화하는 데 도움을 줄 것이다.
- 핵심 수행 과제, 미션 및 장기 프로그램 목표와 관련된 반복적인 과제와 루브릭을 설계하고 실행하라.
- 과제에 대한 학생의 학습 결과 측면에서 의도한 교육과정, 실행된 교육과정, 성취한 교육과정과 검사 간의 간극을 정기적으로 점검하라.
- 핵심 평가 과제와 결과를 개선하기 위한 협력적 계획 활동에 비추어, 학생의 수행과 성취상의 문제점을 분석할 부서별, 학년별 팀의 회합을 가지라.

제3장
교육과정은 어떻게 재구성되어야 하는가

학습의 각 지점에서 혹은 적어도 선택된 집단 속에서 소량의 정보 습득이 (유감스럽게도) 여전한 교육과정 형성의 원칙이다……. 학습이 품성에 관여하지 못한다는 교육자들의 불만, 항의…… '사실'에 집착하는 사람들…… 그리고 잘못 이해된 규칙과 원칙들은 모두 이런 현상에서 나온다.

– John Dewey

2장에서 우리는 기존 교육과정의 적절성을 확인하고 학생들의 이해와 전이 능력을 발달시키기 위해 설계된 교육과정의 일반적 특징을 기술하였다. 이 장에서 우리는 미션 관련의 목표가 더욱 성취되게끔 하고, 이해 관련의 목표와 중요한 사고 습관이 단기적인 차시 계획, 수업, 그리고 지역 평가로 인해 실현되지 못할 가능성을 훨씬 줄이는, 10개의 요소를 중심으로 교육과정 재설계 틀을 기술한다.

이 재구성된 교육과정의 핵심적 특징은 [그림 3-1]에 도식화되어 있다. 내용이 교육과정 작성의 새로운 접근법의 중점이 아님을 주목해야 한다. 오히려 미션 관련 학습 목표는 교육과정이 설계되고 실행되는 과정에서 이들 포괄적인 제도적 목표를 잃지 않도록 특정한 교과 영역 내용을 선택하고 구성하기 위한 필터로서 제공되는 범주다. [그림 3-1]은

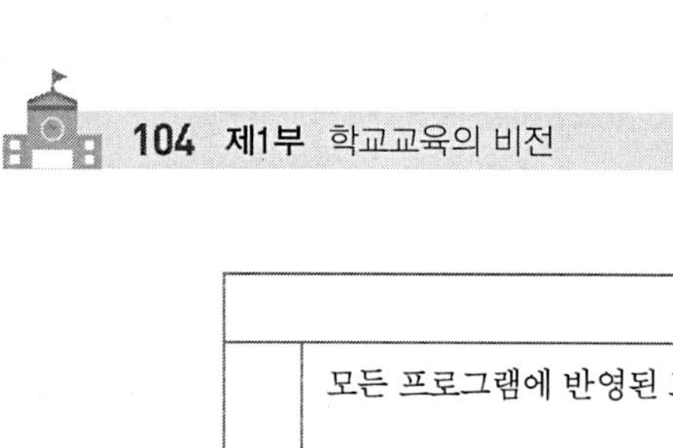

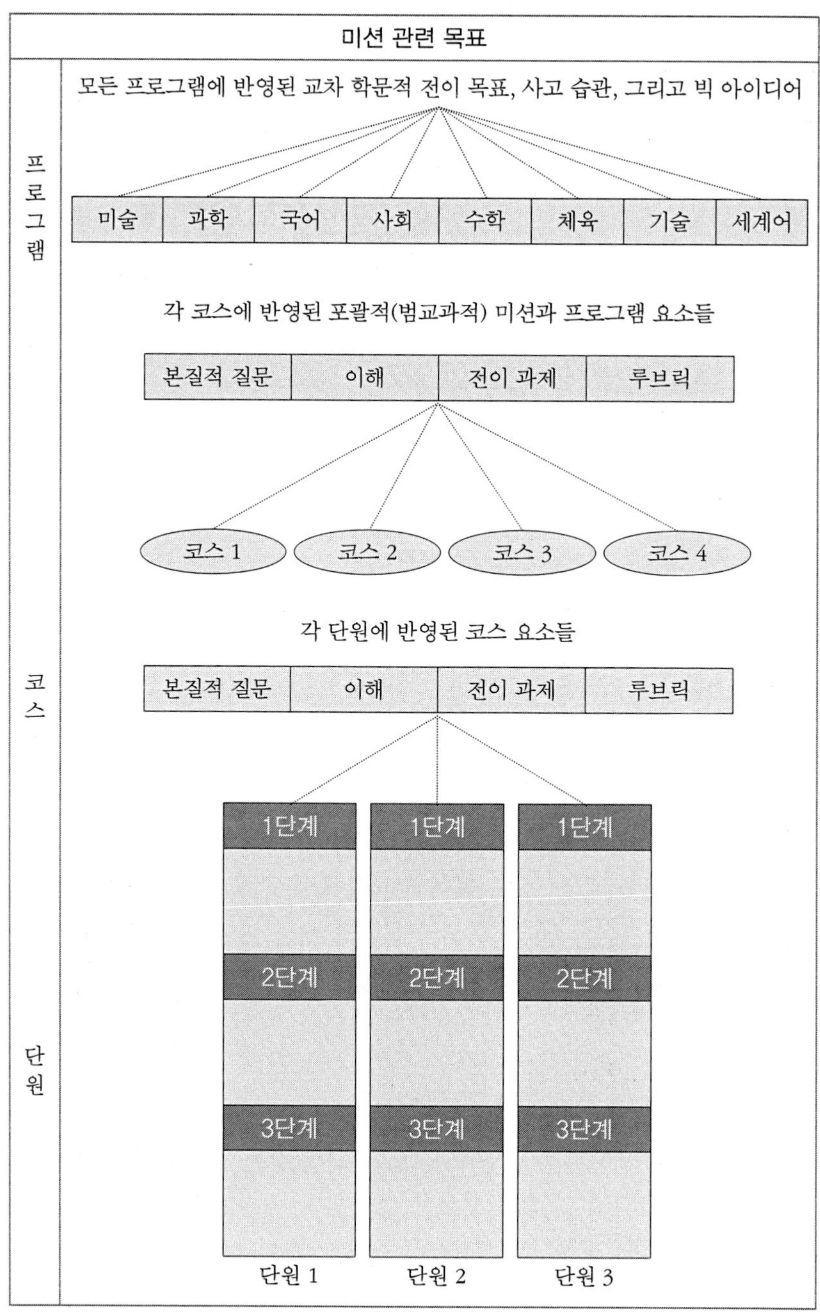

[그림 3-1] 미션 기반의 교육과정 틀

어떻게 미션 관련 목표가 프로그램, 코스 그리고 단원으로 스며들어야 하는지를 나타낸 도표다.

교육과정 개발의 이 접근은 K-12 프로그램과 코스들이 관련 있는 프로그램 목표(내용 기준을 포함한)와 미션 관련 목표를 둘 다 신중하게 분석한 것에 따라 쓰이도록 보장한다. 예컨대, 9학년 영어 코스를 개발할 때, 교육과정 집필진은 계속적으로 이어지는 다음 질문들을 고려할 것이다.

- 미션 관련의 전이 목표, 사고 습관, 빅 아이디어를 반영하기 위해 코스와 핵심적인 평가가 진행되는 동안 영어/언어과 프로그램은 무엇을 다루어야만 하는가?
- 9학년 영어 코스는 미션과 프로그램 관련의 전이 목표, 사고 습관, 빅 아이디어, 그리고 관련된 내용 기준을 반영하기 위해 무엇을 다루어야만 하는가?

교육과정은 〈표 3-1〉에서 보는 것과 같이 10개 정도의 요소로 구성되고, 백워드 설계를 반영하는 4개의 범주로 조직된다. 이들 교육과정 요소 각각을 실례를 곁들여 설명하고자 한다.

〈표 3-1〉 10가지 교육과정 구성요소

1. 미션 관련 성취와 교육과정 철학	4. 핵심적인 평가와 증거 수집	7. 학습 활동, 교수 전략, 자원의 제시	10. 문제해결 가이드
추구하고자 하는 통합적인 성취와 전이와 사고 습관의 지표, 그리고 교육과정이 구현해야 하는 학습에 관한 신념을 구체화함.	학문에서의 핵심 도전과 성취를 반영하는 구체적이고 실제적인 과제, 그리고 전이와 사고 습관; 학생들이 단순히 성적증명서가 아닌 성취 이력서를 가지고 졸업할 수 있게 하는 포트폴리오 증거를 수집함.	교사를 위한 지침과 자원 그리고 학습자를 위한 전략적 도구를 제시함.	예상 가능한 학습 관련 문제(예: 오개념, 수행 약점 등)와 교수 상황의 곤경(예: 시간 부족 등)을 다루기 위해 충고하고 팁을 줌.

2. 미션과 내용 기준에서 도출된 이해와 본질적 질문 교육과정과 내용 구성을 위한 빅 아이디어와 순환 질문을 명시함. 3. K-12 교육과정 매핑 사고 습관, 빅 아이디어, 본질적 질문, 그리고 핵심 평가가 어떻게 교육과정을 통해 지적 정합성을 유지하도록 나선형으로 다루어지는지를 보여 줌.	5. 분석적 · 종적 루브릭 목표에 비추어 보다 일관된 평가와 구체적인 피드백을 제공하기 위한 공통의 분석적 루브릭; 기관 및 프로그램의 장기 목표에 비추어 진보를 계량하고 보고하기 위한 종적인 벤치마크 6. 앵커(ancher) 다양한 수행 수준을 보여 주기 위한, 설명서가 첨부된 학생 작품	8. 진단평가 및 형성평가 준비도를 밝히고 잠재적 오개념을 드러내며 도중의 진보 정도를 계량하기 위한 진단평가와 지속적인 점검을 실시함. 9. 차이점의 인정과 그에 대한 적절한 제시 학습자들의 준비도, 홍미, 학습 프로필 면에서의 차이점에 대응하기 위한 구체적인 제시	

요소 1. 미션 관련 성취와 교육과정 철학

우리는 학교의 기본적인 미션은 학생들이 그들의 학습을 진정한 성취를 이끄는 새롭고 중요한 상황에 전이시킬 수 있도록 하기 위해 이해와 그것에 상응하는 사고 습관을 개발하고 심화시키는 것이라고 주장해 왔다. 이 목적을 염두에 두고, 우리는 반드시 그것을 깨닫도록 돕기 위한 교육과정과 평가를 구성해야 한다. 예컨대, 만일 '비판적 사고'와 '효과적인 실세계로의 전이'가 미션의 핵심 측면이라면, 교과 그리고 전 교과에 걸친 교육과정 개발은 반드시 학습의 초점을 비판적 사고와 전이에 두고 이들을 평가의 중심부에 두어야 한다. '매력적이면서도 창의적인 글쓰기'가 영어/국어 프로그램의 목표라면 반드시 이 목표가 프로그램의 각 코스의 모든 수준에서 다루어지도록 해야 한다.

즉, 모든 프로그램 영역과 코스 목표는 광범위한 제도적 목표를 구현하고 교과 내에서 성취를 전이하도록 계획된다. 그것은 별개의 내용 목표의 측면에서 계획되는 것이 아니다. 보다 구체적인 내용 목표는 교과 영역과 전반적인 미션에서 폭넓은 이해와 전이 목표의 일부로서 다루어진다. 그래서 역사, 수학, 혹은 미술에서 우리는 비판적 사고와 전이 수행을 개발하기 위한 수단을 제공하기 위해 '핵심 내용'을 선택하고 구성한다.

이 과정은 교과 기반의 수업이 미션 관련 목표를 성공적으로 포함했을 때 우리가 보게 될 이해, 기능, 사고 습관의 종류를 확인하는 것에서부터 시작한다(단계 1). 그리고 우리는 학교 졸업생들이 적절한 교육과정 준비를 고려하여 스스로 성취할 것들이 무엇인지 고려한다. 다음의 단서는 우리로 하여금 그러한 자주적인 성과를 그려 볼 수 있게 한다.

만일 우리가 성공적이었다면, 학생들은 ~할 것이다.

- ……을 성취할 것이다.
- ……에서 자율성을 가질 것이다.
- 그들의 학습을 ……에 활용할 것이다.
- …… 같은 중요한 도전에 직면하여 그것을 극복할 것이다.
- ……를 창안할 것이다.
- ……라고 생각하는 것과 같은 습관과 오개념을 극복할 것이다.

그러한 교육과정의 실행은 어떤 모습이 될 것인가? 역사에서, 새로운 교육과정 틀이 단지 피상적으로 내용을 다루는 것이 아니라 내용 미션과 중요한 프로그램 목표를 반영하는 장기적 성과를 중심으로 어떻게 구축되었는지 살펴보기 위해 미션 관련 목표, 비판적 사고를 찾아보자.

미션 관련 목표: 비판적 사고

관련된 사고 습관: 편견 없는 열린 마음, 불신과 믿음에 대한 결정의 유예, 인내, 정확성에 대한 관심, 성급한 결론을 내리지 않음.

포괄적(범교과적) 본질적 질문: 주장에 대한 근거는 무엇인가? 그것은 얼마나 타당한가?

미션과 프로그램의 연결

역사에 대한 비판적 사고: 졸업할 때까지, 학생들은 다음과 같은 비판적 사고를 성공적으로 성취해야 한다.

- 증거에 있어서 이견과 간극에 직면했을 때, 과거를 설명하고, 현재를 이해하고, 미래를 예상하기 위한 많은 역사를 만들기
- 1, 2차 자료를 비판적으로 평가하고 활용하기
- 동료의 역사적 주장과 내러티브를 비평하기
- '역사'로 알려진 다양한 편견/선전('공식적'이고 전문가적 역사를 포함)을 분석하기

관련된 역사적 사고 습관:

- 현재 중심주의와 민족주의를 피하기

미션 목표와 관련된 핵심적인 역사적 전이 목표:

- 신중한 그리고 입증된 인과 추론
- 역사적 텍스트와 유물에 대한 분석과 비평

모든 코스에서 다뤄질 프로그램 수준의 본질적 질문:

- 자료는 얼마나 신뢰할 만한가? 누가 말하고 있으며 그들의 편견이나 관점은 무엇인가?
- 이 해석은 얼마나 타당한가? 무엇이 가정되었는가? 주장은 얼마나

잘 뒷받침되었는가?
- 이것은 누구의 '이야기'인가? 고려할 만한 다른 '이야기'들이 있는가?

관련된 프로그램 수준의 평가:
- 잠재적 편견에 대비하기 위해 학생들로 하여금 다양한 자료를 고려하게끔 요구하는 과제
- 학생들로 하여금 1, 2차 자료에서의 불완전한 가정, 결론 그리고 증거를 검증하게끔 요구하는 과제
- 신중한 인과 추론을 요구하는 과제
- 역사에 대한 비판적 사고를 위한 공통 루브릭

관련된 프로그램 수준의 학습 활동:
- 자료를 분석하고 질문을 제기하는 데 요구되는 기술을 학생들에게 제공하는 활동
- 외견상 권위 있는 텍스트의 편향성과 왜곡을 발견하는 경험을 제공하는 활동
- 잠재적 편견에 대해 학생들 스스로 다양한 자료를 고려하도록 요구하는 활동
- 학생들이 1, 2차 자료를 근거로 자신의 '이야기'를 구성하도록 요구하는 활동

그러므로 코스의 설계와 각 역사 코스를 위한 공적 실러버스의 작성에서는 더 낮은 수준의 교육과정 요소 중 어디서, 어떻게 다음의 더 높은 수준의 목표가 다뤄져야 하는지를 보여 줄 틀의 요소들에 대해 분명한 참조 사항이 필요할 것이다. 그리고 물론 다른 프로그램 분야에서도 같은 미션 관련 목표 범주를 사용하고 그들의 문서를 분석하도록 기대

될 것이다([그림 3-2]). 핵심적인 함의는 교과서가 더 이상 실질적 실러버스가 아니라는 것이다. 교육과정은 지역 목표를 지원하는 데 있어, 언제 교과서를 사용하고 언제 사용하지 않는지에 대한 안내와 함께, 교과서가 단지 미션 기반 목표를 지원하는 자료로서 기능하도록 설계된 문서로 생각해야 한다.

여기 고등교육 프로그램 수준에서 이런 종류의 성취 틀의 두 가지 예(영어와 수학)가 더 있다. 영어는 메릴랜드의 타우슨(Towson) 대학교의 것이고, 수학은 캘리포니아의 산호세(San Jose) 주립대학교의 것이다.

> 졸업할 때, 영어 전공자들은 읽기와 쓰기 과목에서 중요한 지식을 획득하였음을 입증한다. 그들은 다음을 할 수 있어야 한다.
>
> - 다양한 시대, 장르의 역사, 형식, 그리고 대화를 포함하는 문학적 담론에 대해 유목적적인 분석을 수행한다.
> - 그것의 배경, 구조, 의미, 결과, 연관성에 대한 이해를 가지고 문학 작품을 읽는다.
> - 그것의 맥락, 관심사, 그리고 전문 용어에 대한 이해를 가지고 문학작품을 읽는다.
> - 얼마나 다양한 의미가 가능한지, 그리고 반대로 얼마나 개인적인 해석이 때때로 틀릴 수 있는지에 대해 이해하며, 작성된 자료를 탄력적으로 해석한다.
> - 해석을 뒷받침하는 증거를 이해하고 활용한다.
> - 청중, 목적, 그리고 경우에 적절하게 다양한 형식(설명하는, 상상하는, 학문적으로, 사업적/기술적으로, 문학적으로)으로 쓴다.

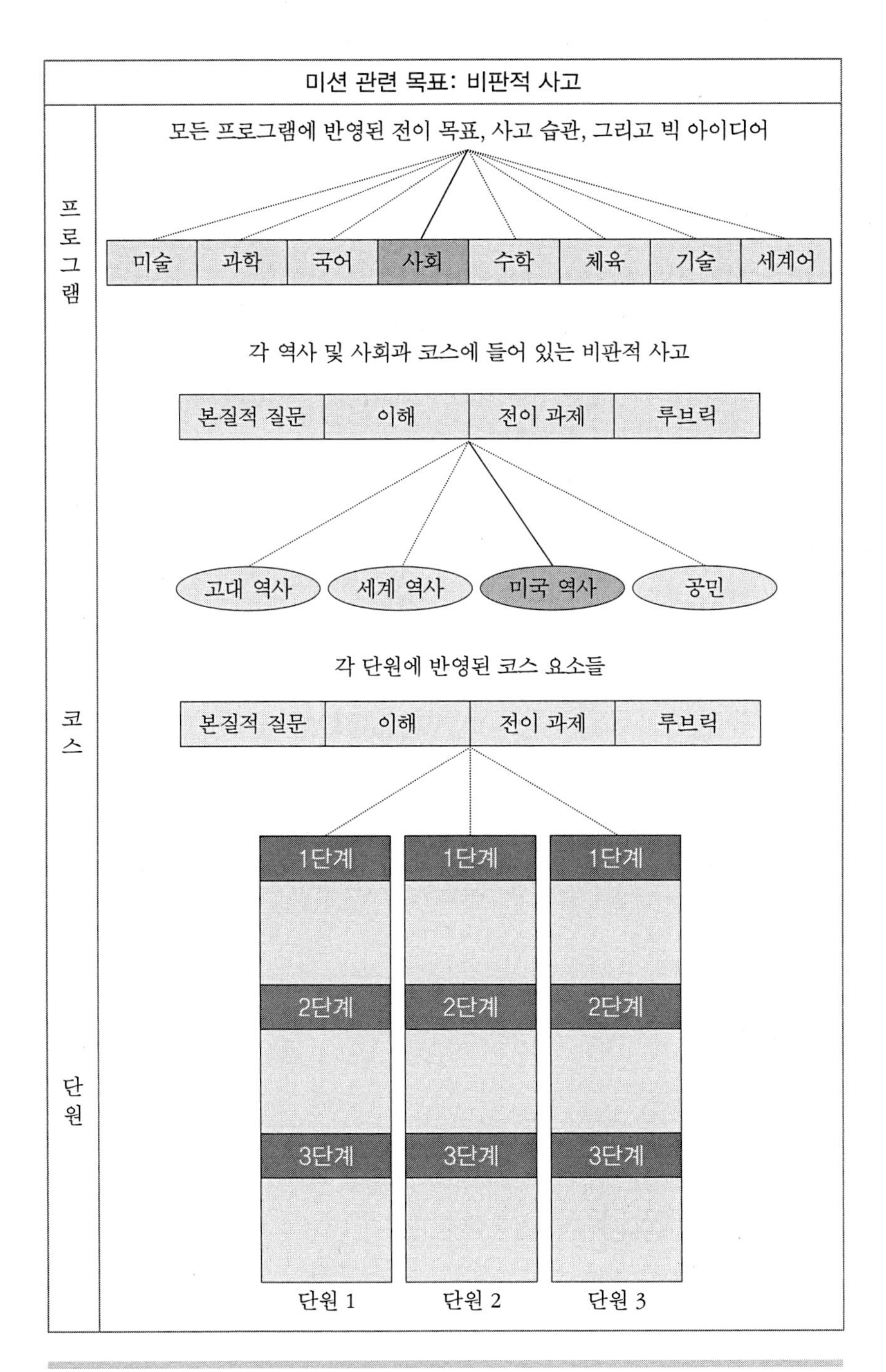

[그림 3-2] **미국 역사의 미션 관련 교육과정 틀**

목표 4. 실제적인 문제를 해결하기 위해 수학적 모형을 사용할 수 있는 능력

평가할 구체적인 학습 목표

- 실제적인 문제로부터 관련된 정보를 추출하고 문제에 수학적 공식을 대입하는 능력
- 모형을 입증(혹은 수정)하기 위해, 그리고 모형의 한계를 이해하기 위해 수치 결과를 활용하는 능력
- 모형의 강점 및 약점 분석, 그리고 그것들과 겉으로 잘 드러나지 않는 문제와의 관계를 포함하여 모형을 명백히 설명하는 능력

〈표 3-2〉는 핵심 교과 영역에서 우리가 참조하는 일종의 프로그램 수준의 성취에 대한 요약이다.

〈표 3-2〉 핵심 교과 영역의 프로그램 수준의 성취

영어/언어과 • 다양한 장르(문학, 논픽션, 전문서)의 복잡하고 도전적인 글을 읽고 다음을 포함시켜 반응한다. – 포괄적 이해('요지') – 해석(행간) – 비판적 입장 – 개인적 연관 • 다음을 하기 위해 다양한 청중을 위한 다양한 장르의 구두 작품 혹은 글을 창작한다. – 설명한다(내러티브).	– 생각을 품는다(창의적인). – 설득한다(설득적인). – 과제 수행을 돕는다(기술적인). – 무엇인가를 바꾸거나 도전한다(풍자적인). • 다음을 포함하여 다양한 목적으로 다양한 자료(예: 강의, 라디오 광고 등)를 듣는다. – 학습 – 즐거움 – 과제 수행 – 결정 내리기

수학
- 복잡한 물리 현상(예: 양, 크기, 비율, 변수 등)에 대한 수학적 모형을 창안한다.
- 자료 분석을 수행한다.
  - 관찰한다.
  - 수집한다.
  - 측정한다.
  - 기록한다.
  - 전시한다.
  - 자료를 분석한다.
- 패턴 분석에 근거하여 예상하고 예상이 옳음을 입증한다.
- 요구나 문제에 반응하는 물리적 구조를 설계한다(예: 용량을 최대화한 안전한 3차원의 선적 컨테이너 등).
- 수학적/통계적 주장들을 평가한다.

과학
- 현상을 설명하고 핵심 질문에 대답하기 위한 실험을 설계하고 수행한다.
- 다음을 하기 위해 효과적으로 과학적 도구를 사용한다.
  - 관찰한다.
  - 자료를 수집한다.
  - 측정한다.
  - 자료를 기록한다.
  - 분류한다.
  - 결론을 도출한다.
- 혼란스러운 과학적 주장을 평가한다.
- 실험 설계나 결론을 비평한다.
- 과학 혹은 기술을 포함하는 현재의 이슈를 분석한다.

역사/사회
- 다음에 근거하여 역사적 주장이나 해석을 신중하게 평가한다.
  - 1차 자료
  - 2차 자료
  - 개인적 의견
- 비판적으로 현재의 사건/이슈를 분석한다.
  - 핵심 포인트를 요약/비교한다.
  - 인과관계를 분석한다.
  - 관점과 잠재적 편견을 확인한다.
  - 가능한 실행 코스에 대해 논의한다.
- 역사적 패턴에 대한 이해를 근거로 하여 현재 혹은 미래의 사건이나 이슈에 대해 예상한다.
- 비판적 사고와 역사적 패턴에 대한 이해를 활용하여 정통한 결정을 내린다.
- 민주 사회에서 책임감 있는 시민으로서 행동한다(예: 정보에 밝고 이슈를 연구하고 공동체 이벤트에 참여하고 선거하는 등).

시각 및 공연 예술
- 다음의 다양한 측면의 형식으로 매력 있고 유목적적인 예술적 표현을 창안한다.
  - 매체(파스텔, 사진 등)
  - 장르(재즈 음악, 현대 무용 등)
  - 스타일(인상주의, 입체주의 등)
- 다음의 것을 포함하여 다양한 청중과 목적을 위한 예술 표현을 효과적으로 창안한다.
  - 즐겁게 한다(예: 이야기를 들려주는 등).
  - 감정을 불러일으킨다.
  - 기념한다.
  - 설득한다.
  - 도전한다(현재의 상황 등에)
- 다음을 포함시켜 예술적 표현에 반응한다.
  - 전반적 이해
  - 해석
  - 비판적 입장
  - 개인적 연관

출처: 네브래스카의 Grand Island Public Schools, K-12 사회과 교육과정과 평가팀이 설계함. 허락하에 사용함.

요컨대, 장기 프로그램 목표는 수행 성취 측면에서 작성된다. 즉, 최소한의 교사 촉진 및 비계설정(scaffolding)을 통해 교과의 기준을 성공적으로 수행하는 측면에서, 이해를 겨냥한 지식과 기능의 레퍼토리의 궁극적 통합의 결과 측면에서 작성된다. 이것은 장기적인 사고 습관과 전이 목표를 성취시키기 위한 유일한 방법이다. 그리고 성공적인 성취를 위해서는 주요 과제와 평가가 사고 습관과 전이 목표를 보증해야 한다.

이러한 최종적인 성취를 염두에 두고, 과제와 관련되는 보다 구체적인 평가가 내용을 일관성 있게 구성할 때(나선형 교육과정) 중심에 두는 핵심 순환 수행 과제(그리고 빅 아이디어-다음 절의 요소 2를 보라)를 확인하기 위해 백워드로 설계된다. 그러므로 학생들은 운동선수와 예술가처럼, 처음부터 그들의 학교생활 내내 그들이 궁극적으로 성취하도록 요구받는 것에 대해 항상 방심하지 않고 준비되어 있어야 한다. 예술이나 육상에서는 경기나 공연을 다음 해로 미루지 않으며 교과 영역에서도 역시 그렇게 해서는 안 된다. 그렇지 않으면 우리는 임의적으로, 쓸모없이 내용이나 기능을 고립적인 학년 단위로 구획화하고, 장기적인 전이 목표와 사고 습관이라는 목표를 충족하기 위한 효과적인 준비를 하지 못한다.

교육과정 철학

우리는 지역 교육과정에는 교수와 학습에 대한 신념을 기반으로 한 철학적 진술문, 그리고 학교교육에서의 교육과정의 역할이 포함되어야 한다고 생각한다. (이것은 4장에서 기술되는 학습에 대한 일련의 원칙을 포함시키기에 적당하다.)

철학적 진술문은 개별 교과뿐만 아니라 전체적인 교육과정을 위해서 기술될 수 있다. 네브래스카의 그랜드 아일랜드(Grand Island) 공립학교의 사회과 교육과정의 사례를 제시한 〈표 3-3〉을 고찰해 보라. 어떻게 미션과 교과 영역의 목표가 학습에 관한 신념과 교수를 위한 함의와 통합되는지 주목하라.

〈표 3-3〉 K-12 사회과 프로그램 철학(네브래스카의 그랜드 아일랜드 공립학교)

사회과 교육 목표는 학생들을 민주 사회와 상호 의존적인 세계 사회에서 책임감 있고 생산적인 시민이 되도록 준비시키는 것이다. 통합적인 사회과 교육을 통해 학생들은 평생학습자로서 필요한 지식, 기능 그리고 태도를 습득할 것이다.

사회과는 학생들이 정치적, 사회적, 경제적 주제들을 이해하고, 효과적인 개인적, 사회적 결정을 내리기 위하여 그들의 지식과 기능을 적용하는 데 활용할 내용을 제공한다. 사회과 교육과정에 기초한 기준은 모두 민주적 삶의 방식을 유지하는 데 필수적인 특정 학문 내용 지식, 사고 기능, 민주주의적 가치에 대한 의무, 그리고 민주적인 삶의 방식을 유지하기 위한 주안점으로 이루어져 있다.

GIPS K-12 사회과 프로그램 BELIEFS

- 모든 학생은 다양하고 적절한 경험을 통해 학습한다.
  그러므로 우리는 선행 지식에 기초하여 더 높은 수준의 사고 기능을 활성화하고 촉진시키는 상호작용을 제공할 것이다.
- 능동적 학습이 필수적이다.
  그러므로 우리는 학생들에게 학생 중심의 다양한 활동, 다감각 응용 학습 기회를 제공할 것이다.
- 수업은 학생의 요구에 기초하고 적절성이 보장되어야 하며 유의미해야 한다.
  그러므로 우리는 다양한 수업 전략을 활용하여 학생들에게 그들 고유의 삶과 연결할 수 있는 기회를 제공할 것이다.
- 세계는 계속해서 변화하고 있다.
  그러므로 우리는 학생들에게 현재와 과거 그리고 미래의 연관성을 이해하기 위한 기회를 제공할 것이다.
- 우리는 다문화 사회에 살고 있다.
  그러므로 우리는 평등과 인간 존엄성을 존중하는 문화의 다양성에 대한 학생들의 이해를 계발할 것이다.
- 평가는 지속적으로 이루어져야 하고 진단적이어야 하며 수업과 일치되어야 한다.
  그러므로 우리는 다양한 실제적 평가 수단을 제공할 것이다.
- 공동체 자원의 활용은 성공적인 수업을 위해 필수적이다.
  그러므로 우리는 학습을 강화시키기 위해 우리 공동체의 풍부한 역사와 민족적 다양성을 활용할 것이다.
- 민주주의 사회에서는 능동적인 시민 참여가 필수적이다.
  그러므로 우리는 정보에 근거하면서도 능동적인 문제해결자, 기꺼이 민주적 과정에 참여하는 학생을 육성하기 위해 설계된 교육과정과 수업을 제공할 것이다.

출처: 네브래스카의 Grand Island Public Schools, K-12 사회과 교육과정과 평가팀이 설계함. 허락하에 사용함.

요소 2. 미션과 내용 기준에서 도출된 이해와 본질적 질문

장기적이고 면밀한 의미 구성, 전이 능력, 사고 습관에 초점을 두도록 교육과정이 재구성될 때 두 번째로 요구되는 것은 각 교과 영역에서 핵심적인 빅 아이디어를 확인하는 것이다. 우리는 빅 아이디어를 수업과 평가에서 순환되는 요소로서 확인해야 한다. 이들 빅 아이디어는 교수·학습을 초점화하고 내용의 심층적 전개를 돕는 본질적 질문을 중심으로 구성되며, 학생들이 상이한 차시, 단원, 코스의 결과로 알게 되는 이해 속에서 구성된다. 그런 다음에 우리는 보다 광대한 아이디어와 과정을 탐구하고 적용하는 맥락 속에서 더욱 구체적인 사실, 개념, 기능(전통적으로 표준화 시험에서 평가되고 분절적으로 가르쳐졌던)을 가르친다. 이 접근은 '개념 중심 교육과정'을 주장한 Lynn Erickson(2002), 전이 가능한 개념과 절차에 초점을 둠으로써 내용에 우선순위를 매기는 수단으로서 '힘 있는 기준'의 검증을 지지한 Douglas Reeves(2003)와 같은 여타의 교육과정과 평가의 권고와 일치한다. 〈표 3-4〉에 다양한 토픽과 관련된 이해와 본질적 질문의 예시가 제시되어 있다.

우리는 이 아이디어들을 학년과 코스를 거치며 순환적으로 사용할 수 있으며, 본질적 질문은 앞서 언급된 장기적으로 바라는 성취를 지원한다는 것에 주목해야 한다. 유목적적인 학습, 일반화, 그리고 전이 원동력과 습관 형성의 연결을 촉진시키는 데 활용할 수 있는 순환적이고 흥미 있는 아이디어 등으로 교육과정을 구성해야 하는 것이다.

이 접근은 실제로 델라웨어 주 역사 기준 분류 자료의 일부(저자들 중 한 명이 자문위원장이었던 프로젝트)다. 여기에 K-12 문서의 연대기적 사고의 예시 자료를 제시한다(www.doe.k12.de.us/ProfDev/History.pdf).

〈표 3-4〉 이해와 본질적 질문의 예시

내용 토픽	이해	본질적 질문
통계	통계적 분석과 표현은 종종 자료의 패턴을 드러내어 우리가 신뢰도 있는 예측을 할 수 있게 한다.	여러분은 얼마나 미래를 잘 예측할 수 있는가? 그다음에 무슨 일이 일어나겠는가? 어떻게 알 수 있는가?
세계 문학	다양한 문화적 배경을 가진 고전문학은 영속적 주제를 탐구하게 해 주고 인간 조건의 순환적 측면을 드러낸다.	무엇이 고전을 만드는가? 다른 시간, 장소의 이야기가 어떻게 나와 관련되는가?
적응	생물들은 혹독하고 변화무쌍한 환경에서 살아남기 위해 적응 기제를 발달시켜 왔다.	그들은 살아남을 것인가? 혹독하고 변화무쌍한 환경에서 살아남기 위해 생물에게 요구되는 것은 무엇인가?
우정 (문학 주제)	진정한 우정은 행복한 때가 아니라 힘든 때에 드러난다.	누가 '진정한 친구'이며 여러분은 그것을 어떻게 알 수 있는가?

역사 기준 K-3a: 학생들은 사건을 시간에 맞게 기록하거나 위치시키기 위해 시계, 달력, 일정표, 조서를 사용할 것이다.

본질적 질문:

- 왜 '언제'가 문제가 되는가?

어느 기준이든 접근하는 가장 좋은 방법은 학년 수준에 따른 기준점을 읽는 것이다. 기준은 나선형으로 올라갈수록 어떻게 그 특정 개념을 사용할 것인지에 대한 더 심화된 이해를 향해 간다. 이 기준의 목표는 무엇인가? 궁극적으로, 9~12학년의 학생들이 알고 이해하도록 기대하는 것은 무엇인가? 그것은 바로 우리가 삶을 연대기적으로 살아간다는 것이다.

K-3 수준에서, 역사 기준은 학생들에게 단지 시간을 말하거나 달력을 읽는 것 이상의 것을 할 수 있기를 요구한다. 학생들은 시계나 달력, 일정표를 쓸 수 있어야 한다. 학생들은 시간을 역사 학습에서 개념적 도구로 적용하도록, 상위 학년에서 반대로 할 수 있도록 하기

위해 개념으로서의 시간을 숙달한다.

역사 기준 4-5a: 학생들은 연대기를 생성하고 관련된 인과 요소를 확인하기 위해 주어진 시간 프레임 내의 역사적 사건과 인물을 학습할 것이다.

본질적 질문:

- 어느 정도로 한 사건이 언제나 다른 사건을 이끌어 내는가?

4-5 클러스터에서, 학생들은 두 가지 새로운 특징을 추가한다. 학생들은 시간 프레임 장치를 이용하여 그들에게 주어진 정보에 근거하여 연대기를 어떻게 생성하는지 배운다. 그런 다음에 학생들은 인과 개념의 적용을 시작하기 위해 연대기를 활용한다.

예컨대, 연대표와 시간 프레임을 이용하여 미국 혁명을 이끈 사건들의 연대기를 생성하고 논리적인 인과관계를 확인한다. 보스턴 학살 사건은 혁명전쟁을 야기했는가? 그것은 전쟁이 시작되기 전 5년 전에 일어났지만, 학살 사건에 대한 분노가 결과적으로 전쟁을 발발하게 만든 악감정으로 이끌었을 수도 있다. 단지 하나의 사건이 또 다른 사건에 앞선다는 것만으로 그들 사이에 관계가 있다는 의미는 아니다. 역사 속의 사건은 TV 일정표와 같다. 한 프로그램과 앞선 프로그램 사이에는 연결 관계가 없을 수도 있다.

역사 기준 6-8a: 학생들은 특정 지역, 사회, 혹은 주제와 관련된 역사적 자료를 검토하고 시간에 따른 변화를 분석하며 원인과 결과에 대한 논리적 추론을 할 것이다.

본질적 질문:

- 변화는 불가피한 것인가?
- 어느 정도까지 과거가 미래를 예견하는가?

- 나의 결론에 대한 증거는 무엇인가?

6-8에서, 학생들은 시간이 흐르는 동안 어떻게 장기적 변화를 분석하고 원인과 결과에 대한 논리적인 추론을 하는지 학습한다. 학생들은 경향성과 주제를 공부해야 한다. 자료를 수집하고 검토하며 분석한 다음, 학생들은 인과관계와 추론을 개발할 것이다.

예컨대, 미국 혁명에 이르는 연대기적 사건을 활용하여, 학생들은 왜 그리고 어떻게 하나의 특정 사건이 차후의 사건을 이끄는지 역사적 이해에 근거한 추론을 이끌어 내며 설명할 것이다. 그레이트브리튼이 렉싱턴과 콩코드의 처음 전투를 피해 갈 수 있었을까? 교사는 그 시대의 사실을 제시하고 그들이 사실에 대해 그 중요성 순으로 배열하는 브레인스토밍을 하도록 할 수도 있다. 이것은 미국 혁명에 대해 공부하는 학생들이 이 시대에 일어난 일을 분석하는 데 사용될 수 있고 사실을 뒷받침하는 인과 추론을 이끌도록 하는 몇몇 사건이나 경향성을 아는 데 활용될 수도 있다.

역사 기준 9-12a: 학생들은 역사의 연속성과 변화의 패턴을 설명하기 위해 연장된 공간과 기간 전체에 걸친 생각이나 경향성의 발달을 추적하는 역사적 자료를 분석할 것이다.

본질적 질문:

- 현대의 이슈들이 과거 사회에서도 또한 문제시되었는가? 왜 그러한 이슈들이 어려운가? 계속성이나 변화의 패턴이 있는가?
- 우리는 사회적 문제에 대한 역사적 반응을 공부함으로써 어느 정도로 배울 수 있는가?

9-12 클러스터에서, 학생들은 어떤 것들이 어떻게 역사적 변화를 일으키는지, 그리고 어떤 것들이 그렇지 못한지를 분석함으로써 연대기의 영향과 결과에 대한 이해를 계속하여 심화시킨다. 그들은 또한

현대의 이슈들을 분석함으로써 시민으로서 성인의 삶에 그것을 적용할 준비를 갖춘다.

이 기준은 교사와 학생들에게 그들의 지역 공동체에 대해 조사할 커다란 기회를 제공한다. 학교와 지역 공동체는 모두 연구에 사용 가능한 수많은 미발굴 문서를 가지고 있다. 목적을 염두에 두고 오래된 연감을 보라. 어떤 의류 스타일이 유행했는가? 어떤 헤어스타일이 있었는가? 어떻게 광고가 그 시대의 공동체를 반영하는가? 이들 중 얼마나 많은 사업이 여전히 존재하는가? 특히 역사적 사건의 맥락에서 다른 사람들에게 어떤 일이 일어났는가? 지역 신문은 오래된 신문 조각 더미를 가지고 있는가? 특정한 이웃집이 설립된 때는 언제인가? 그 경험에 대해 더욱 오래 산 주거인들을 면담할 수 있는가? 기간이나 공간 전체에 걸친 생각이나 경향성을 추적하는 것이 계속성과 변화의 결과 패턴을 설명하는 것보다 더 쉬운가? 학생들이 패턴을 설명하는 결론에 도달하도록 이 기준을 가르치기 위해서는 선택된 어떤 주제든 골라야 한다. 그리고 반대로 해 보라. 패턴을 보고 학생들이 어떻게 그것이 그 경향과 생각의 발전의 실마리를 던졌는지 설명하도록 하라.

여기 프로그램 수준의 본질적 질문과 이해를 K-12 교육과정 안내에 반영하기 위해 주 기준을 어떻게 수정하는지 설명하는 델라웨어 주 영어/국어의 유사한 예가 있다. 위원회는 다음의 쓰기 과정에 대한 '영속적인 이해' 목록을 개발하였다.

1. 청중과 목적(예: 정보를 주기 위한, 설득하기 위한, 즐거움을 주기 위한 것 등)이 문학적 기법(예: 양식, 어조, 단어 선택 등)의 사용에 영향을 준다.

2. 작가는 그들이 의미하는 것을 항상 말하지는 않는다. 표현의 간접적 형식(예: 풍자, 반어 등)은 독자들이 의도된 의미를 찾기 위해 행간을 읽도록 요구한다.
3. 구두점과 문법 규칙은 고속도로 표지판과 교통 신호와 같다. 그들은 혼동을 피하는 것을 돕기 위해 글에서 독자들을 안내한다.
4. 작가는 그의 목적에 근거하여 형식을 선택한다.
5. 작가의 관점은 그의 경험에 영향을 받는다.
6. 언어 관습은 독자들이 의사소통되고 있는 것을 이해하도록 돕는다.
7. 목적이 있는 언어 관습의 사용과 비사용은 독자들이 이해하도록 돕는다.
8. 작가의 단어 선택과 구문은 글을 개인화하도록 돕는 표현의 특징이다.

위원회는 다음의 쓰기 과정별 본질적 질문의 항목을 개발했다.

1. 왜 쓰는가? 글이 존재하지 않는다면? 왜 개인적 표현을 글로 공유하는가? 펜이 어느 정도로 칼보다 강력한가?
2. 쓰인 언어는 말해진 언어와 어떻게 다른가? 무엇이 글을 가치 있는 읽기로 만드는가?
3. 작가들은 그들의 생각과 감정을 어떻게 표현하는가? 글의 아이디어는 어디에서 오는가? 무엇이 글을 흐르도록 만드는가?
4. 효과적인 작가는 어떻게 그들의 독자를 매혹하고 사로잡는가? 무엇이 글을 읽기 쉽게 만드는가? 최고의 시작은 무엇인가? 최고의 엔딩은 무엇인가? 최고의 장면 순서는 무엇인가? 완전한 생각은 무엇인가?
5. 나는 왜 쓰는가? 누구를 위해서? 내가 글을 통해 성취하고자 하는

것은 무엇인가? 누가 나의 글을 읽을 것인가? 내 청중을 위해 무엇이 가장 잘 작용할 것인가?

6. 작가들은 왜 그런 형식을 선택했는가?
7. 독자와 작가 간의 관계는 어떤가?
8. 어떻게 작가는 명확하게 의사소통하는가?
9. 언어 관습은 어느 정도로 의사소통에 영향을 미치는가?
10. 표현은 무엇인가?
11. 우리는 왜 문법이 필요한가?

이 장의 뒷부분에서 논하듯, 일단 이해와 본질적 질문이 정립되면 이것들은 학생들이 정교함과 힘을 늘려 가며 그런 아이디어를 고려하고 사용하는 능력을 기록하는 종적 루브릭을 갖기 위해 필수적인 것이 된다.

내용 기준

최근 전국 교과 분야 협회, 주는 K-12 학교교육 기간 동안 다양한 학문에서 학생들이 알아야 하고 할 수 있어야 하는 것을 명시하기 위한 내용 기준을 세웠다. 이들 기준은 교수 · 학습에 초점을 두고, 교육과정 개발을 안내하고, 책무성 시스템에 대한 근거를 제공하도록 의도되었다. 모든 좋은 의도와 많은 긍정적인 효과에도 불구하고, 전통적으로 쓰인 기준은 교육과정 계획가와 교사들에게 실제적 도전을 제기할 수 있다. 몇몇 주의 기준은 비합리적으로 야심찬 분량의 내용 지식과 기능을 제시한다. 이러한 경우에, 내용은 세워진 기준을 모두 가르치기 위해 사용 가능한 시간을 어마하게 초과한다. 상황을 복잡하게 만드는 것은 많은 내용 기준 문서가 내용 기준과 수행 기준을 불분명하게 혼합하여 제시하는 것이다.

이와 관련된 문제는 몇몇 기준이 다루기 어려운 방식으로 제시된다는 사실이다. 우리는 이 문제를 옛날이야기 '골디락스(Goldilocks)'에 비유한다. 즉, 몇몇 기준은 너무 포괄적이다. 하나를 생각해 보자. '학생들은 기술적이고 조직적이고 심미적인 요소가 미술 작품에 의해 소통되는 아이디어, 감정, 그리고 전체적 영향에 기여하는지 알아차린다.' 그러한 기준은 자체로 단순히 수업과 평가에 명료한 목표와 안내를 제공하기에는 너무 포괄적이다. 미술의 다른 교사들은 신념을 가지고 매우 다른 측면의 내용을 강조하고 이러한 그들의 행동이 기준을 존중한다고 믿을 수 있다.

반대로, 몇몇 기준은 너무 협소하다. 예를 들어, '학생들은 인더스 강의 초기 문명을 황하 강의 것과 비교할 것이다.'라는 7학년 주 역사 기준을 생각해 보라. 비록 이 진술은 앞선 예보다 훨씬 좁은 목표물을 제공하기는 하지만 초점이 너무 구체적이고 다소 임의적으로 보인다. 이 문제는 별개의 학년 수준점을 평가하기 위해 선다형 문항에 의존하는 고부담 시험 때문에 악화된다. 내용이 대수롭지 않거나 신기한 것으로 축소되고 평가가 탈맥락화된 항목 위에 세워질 때, 교사들은 우선순위에 대한 감각 없이 소화해 내야 하는 긴 목록에 직면한다. 게다가 그들은 그들의 수업과 평가를 구성하는 보다 중요한 수행 목표와 빅 아이디어를 다루는 데 실패한다. 더 크게는 전이 가능한 개념과 과정이 세부 사항의 바다에서 길을 잃을 수 있다.

몇몇 주는 기준의 의도를 설명하고 보다 구체적인 학년 수준 기준점을 확인하고 수행 지침을 명료화하는 지침서 '설명' 문서를 출판하여 이들 문제 중 한 가지 이상을 다루려는 시도를 해 왔다. 그러한 안내가 도움이 될 수 있음에도, 우리는 기준을 보다 일반적이고 복잡한 수행 목표와 빅 아이디어 아래에 포함된 것으로 보는 것이 이해하기 쉽다고 제안한다.

사실 수행 목표와 빅 아이디어를 검토하는 것은 우리가 골디락스 문제[1]를 다루는 데 도움을 준다. 이것을 이야기하기 위해 이전의 두 예시를 떠올려 보자. 미술 기준('학생들은 기술적이고 조직적이고 심미적인 요소가 미술 작품에 의해 소통되는 아이디어, 감정, 그리고 전체적 영향에 기여하는지 알아차린다.')은 너무 모호해서 유용하지가 않고 개념적 초점을 필요로 한다. 기준을 명료하게 하고 수업과 평가를 빅 아이디어와 수행 전이 주위에 초점을 두게 하는, 다음의 가능한 이해, 본질적 질문, 평가 과제의 예시를 고려해 보라.

- 훌륭한 미술가들은 그들이 보고 느낀 것을 표현하기 위해 종종 전통, 관습 그리고 기법을 깨뜨린다. 무엇이 미술을 '위대하게' 만드는가? 어떻게 전시관이 '위대한 미술'을 다른 것들로부터 구별해 내는 기준을 세우는지에 대해 (어떤 도구를 사용하든) 여러분의 생각을 표현하라. 그리고 그 기준을 충족하는 작품과 그렇지 않은 작품을 제안하라.
- 미술가의 문화와 개인적 경험은 그들이 표현하는 생각과 감정에 영감을 준다. 미술가들이 그들의 생각을 얻는 곳은 어디인가? 문화와 경험은 어떤 방식으로 미술가의 표현에 영감을 주는가?
- 사용 가능한 도구와 기술들은 미술가가 그들의 생각을 표현하는 방식에 영향을 미친다. 매체가 어떻게 메시지에 영향을 미치는가? 미술가들의 생각이 어떻게 그들의 문화와 경험을 반영하는지 보여 주기 위한 다중매체 전시를 개발하라. 또한 그들의 매체와 미술적 기법 선택이 어떻게 그들의 메시지에 영향을 주는지 설명하라.

---

1) 역자 주: '금발의 미녀' 문제로서, 어떤 기준은 너무 포괄적이고, 어떤 기준은 너무 협소한 문제를 의미함. 강현석 외 공역, 『거꾸로 생각하는 교육과정 개발: 이론편』(학지사, 2008), 89쪽을 참조하기 바란다.

두 번째 예시('학생들은 인더스 강의 초기 문명을 황하 강의 것과 비교할 것이다.')에서, 학생들은 보다 일반적인 수행 기준을 반영한 전이 과제를 이끄는 확장된 아이디어(larger idea)와 연관된 질문을 검토하는 것에서 도움을 얻을 것이다.

- 지역의 지리, 기후, 천연 자원은 거주민들의 삶과 일에 영향을 준다. 사람들이 사는 곳은 그들이 사는 방식에 어떻게 영향을 주는가? 학생들에게 아직 공부하지 않은 지역의 지도를 주고 과제를 해결하게 하라. 당신은 새로운 땅의 아시아 순례자 모임을 이끌고 있다. 어디에 정착해야 하며 왜 그런가?
- 문화는 독특한 자질을 유지하면서도 흔한 특징을 공유한다. 무엇이 문화를 만드는가? 몇몇 문화는 다른 문화보다 '문화적'이거나 '문명적'인가? 여러분의 문화를 다른 문화와 비교함으로써 문화에 대한 학습을 전이하라. 예를 들어, 여러분은 다른 강 문명의 사람들이 여러분의 문화와 그들의 문화 사이의 유사점과 차이점을 인식하도록 돕기 위해 다양한 전통과 문화가 부각되는 고대 중국 여행자 웹 사이트를 제작하도록 고용되었다.
- 과거는 역사적 패턴, 보편적 주제, 그리고 순환되는 인간 조건의 측면에 대한 통찰을 제공한다. 다른 장소와 시대를 공부함으로써 배울 수 있는 것은 무엇인가? 어떻게(그리고 얼마나 많이) 과거가 현재에 영향을 주는가? 현재 상황에 대해 그 역사적 뿌리를 추적함으로써 역사를 표현하라. 예를 들어, 여러분은 *Time* 잡지의 기자이고 미국인들이 중국인들의 관점을 더욱 잘 이해하도록 돕기 위해 현재 관계를 이끌어 낸 역사를 추적함으로써 중국-미국 관계에 대한 에세이를 쓰도록 요청받았다.

두 예시에서 기준은 내용과 전이 가능한 빅 아이디어를 일관성 있고 명확한 지적 우선순위의 묶음으로 통합하는 방식으로 재구성되었음에 주목하라. 더욱 구체적인 사실과 기능은 확장된 아이디어와 전이 수행의 맥락에서 가르쳐진다. 이 접근은 의미 있는 학습을 지원하는 동시에 많은 양의 내용 지식을 다루는 수단을 제공한다. 동시에 기준에 대해 요구되는 평가의 본질에 대한 명료성이 제공된다. 이러한 접근만이 많은 학교와 교육청이 지금 하고 있는 일에 대한 유일한 해독제다. 현재 학교에서는 배타적으로 맥락과 상관없는 내용 기준과 책무성을 수반하는 점수 개선만을 목표로 초점을 둔다. 그러한 경우에 교육과정은 기준의 고립된 내용, 특히 시험 치는 교과 분야 내용을 처리하는 쪽으로 왜곡되었고, 지역 평가(교육청과 교실 수준 둘 다)는 외부 시험의 형식을 모방하는 경향이 있다.

오히려 내용 기준은 완성된 교육과정이 보이는 모습이 아니라 지역 통합 교육과정을 감사하는 일련의 척도(건축 조례) 이상으로 보여야 한다. 우리가 언급했듯이 내용 기준은 진정한 목표가 아니다. 이는 목표를 형성하고 바람직한 수행을 결정하는 데서 고려할 필요가 있는 요소들의 분석적 명세다. 아이러니하게도, 이 중요한 점이 다음의 미시시피와 뉴저지 교육과정 구성 작업으로부터 온 예시와 같이 많은 기준 문서에서 각광받는다.

> 다수의 목표/기준점은 계열적이라기보다는 상호 연관적이고, 이것은 목표/기준점들이 제시된 구체적인 순서로 가르쳐져야 한다고 의도된 것이 아님을 의미한다. 몇 가지 목표/기준점은 동시에 가르쳐져야 할 수도 있다(Bounds et al., 2006, p. 8).

주의할 점: 비록 각각의 내용 기준이 분리된 장에서 논해지더라도,

> 이는 각각이 교실에서 분리되어 다루어져야 한다는 의도는 아니다. 실제, 이 구성 작업의 소개에서 언급했듯이, 효과적인 교육과정은 학생들에게 풍부하고 의미 있는 상호 경험을 제시하기 위해 이들 분야를 성공적으로 통합하는 것이다(Rosenstein, Caldwell, & Crwon, 1996, p. 175).

집짓기의 목적은 건축 조례의 많은 개별적 기준을 충족하기보다는 클라이언트의 요구를 만족시키는 매력적인 건물이 지어져야 한다는 것이다. 구성 또한 지역 건축 기준을 충족해야 하지만 아름답고 기능적인 집은 단지 건축 조례를 고려한다고 해서 나오는 것은 아니다. 불행하게도, 그것은 많은 교육가가 기준에 대한 그들의 책임에서 벗어나기 위해 하고 있는 것과 동등하다. 대단히 중요한 수행 목표(관련된 이해와 질문과 함께)가 내용 기준이 조직되고 교수와 평가를 안내하는 과정에서 어떻게 쓰이는지를 아는 것이 중요한 이유가 된다. 책무성 수반 평가는 모든 목표가 포함되고 성취되었는지 시험하는 것이 아니라 건축 감독관이 건축 현장을 방문하는 것과 유사하게 이루어져야 한다. 혹은 또 비유하건대, 주 시험은 우리가 '건강한지' 나타내는 간단한 검사인, 1년에 한 번 있는 건강검사와 같다. 우리가 건강 검사를 '연습'하지 않듯이(왜냐하면 이것은 건강한 삶의 목표를 건강 측정과 혼동하는 것이기 때문에), 우리의 교육과정도 탈맥락적 시험 준비가 아니라 건강한 학습 처방 계획, 실제적 상황에서의 의미 있고 기분 좋은 내용의 사용에 초점을 둬야 한다.

교육과정, 수업, 평가가 그러한 빅 아이디어와 본질적 질문에 초점을 둘 때, 그것들은 학생들과 학부모들이 모든 학교 노력의 근본적 목적은 표준화 시험 준비나 교재 진도 나가기가 아니라 학생들이 사용할 수 있도록 중요 내용에 대한 학생들의 이해를 증진시키는 것임을 알게 한다.

요소 3. K-12 교육과정 매핑

교육과정 매핑(curriculum mapping)이란 학년을 거치는 동안 일관성 있는 흐름을 보장하고 중복을 피하며 중요 지식과 기능이 '빠지지' 않도록 교육과정의 범위와 계열을 세심히 조직하는 잘 정립된 과정이다. 우리는 그 과정의 의도를 지지하지만 많은 현행 교육과정 매핑이 장기적 수행 목표와 그것의 평가를 포함하지 않고 단순히 지금 가르쳐지는 내용만을 부각하여 부지불식간에 재구성을 약화시키는 것을 보아 왔다. 즉, 사용된 매핑 범주(지식/기능/평가/활동)는 얼마나 일관성이 있든 간에 이 책에서 부각된 문제가 다루어지지 않게 한다.

대부분 매핑의 실패는 교사가 학습에서 기대하는 것을 묘사하기보다는 단순히 사용되는 평가 방법을 한마디로 요약하는 것, 예를 들면 '퀴즈'나 '에세이'다. 즉, 교육과정 매핑은 미션과 프로그램 목표와 관련된 바람직한 성취와 그것을 어떻게 평가할지 드러내지 않고 투입 측면에서 단지 수업의 분석적 분해만을 제공하여 주 기준의 부적절함을 복제한다.

교육과정 매핑이 1단계에서 우리가 제안한 요소(장기적 전이 목표, 이해, 본질적 질문) 위에 세워질 때 더 일관적이고 결과에 초점을 둔 교육과정이 따라온다. 가장 좋은 매핑은 중요 아이디어의 이해와 과정을 발달시키고 심화시키는 수단으로서 핵심 이해와 본질적 질문을 검증하고 그것들이 학년에 걸쳐 나선형으로 설계되는 구조를 제공한다. 교육과정은 궁극적 전이 목표로부터 백워드로 설계된, 우리가 '초석'이라 부르는 핵심 평가 과제 주위에 세워짐으로써, 교사들이 진도 나가기식의 운영(coverage)을 어떻게 피하는지 이해하도록 하고 학생들이 장기 목표를 성취하도록 돕는 비계설정을 제공한다.

다음에서 우리는 무엇이 미션 중심, 수행 중심 교육과정의 부분으로서 포함되어야 하는지 부각하기 위해 프로그램, 코스 그리고 단원 수준에서 보다 효과적인 교육과정 지도의 몇몇 부분을 제시한다. 비록 형식은 다소 다르지만, 여러분은 각각의 매핑이 우리가 지금까지 부각해 온 1단계의 핵심 요소(이해와 본질적 질문, 내용 기준과 관련된 핵심 수행)의 한 가지 이상을 포함하고 있음을 알아차릴 것이다.

전이 목표를 중심으로 한 프로그램 수준 매핑

〈표 3-5〉의 예는 범학교구 2학년 수준의 작문 수행 목표의 지도를 보여 준다. 이 지도는 공통 루브릭에 의해 평가되는 분기 작문 평가를 포함하여, 순환 수행의 사용을 보여 준다. (지역교육청이 수반한 루브릭의 한 예가 다음 절에서 나타난다.) 공통 수행 목표와 관련된 공통 평가에 초점을 둔 이 체계는 작문 수업 프로그램의 일관성을 가져와서 학생들의 수행을 향상시켰다.

〈표 3-5〉 모든 교육청 수준의 쓰기 수행 목표의 맵

학년	설명적인	설득적인	문학 분석	창의적인/표현력 있는
6	연구 보고서	성명서	배경이나 갈등에 대한 문학 에세이	독창적 신화
7	자서전	정책 평가	인물에 대한 에세이	개인적 쓰기
8	연구 보고서	문제/해결 에세이	상징성에 대한 에세이	내러티브 소설
9	원인/결과 에세이	사설	다양한 문학적 요소 분석	시
10	연구 보고서	사회적 이슈 에세이	비평적 시선의 에세이	역사적 페르소나
11	정의 에세이	주장하는 에세이	장르 비교 에세이	패러디/풍자
12	연구 페이퍼	성명서	문학적 비평에 대한 반응	아이러니

출처: Greece Central School District, North Greece, New York. 허락하에 각색함.

〈표 3-6〉은 빅 아이디어 위주로 구성된 세계어 프로그램 수준 교육과정 매핑을 제시한다. 보다 완성된 버전에서는 미국 외국어교육회의(American Council on the Teaching of Foreign Languages, 1998)가 개발한 것과 같은 초석 수행 과제와 발달적 루브릭을 포함할 수 있음에 주목하라.

〈표 3-6〉 이해와 본질적 질문의 예시

영속적 이해	본질적 질문	뉴욕 주 기준
• 각 문화는 독특한 특성과 가치를 지닌다. • 지리는 우리가 누구인지 그리고 우리가 다른 이에게 어떻게 반응하는지에 영향을 미친다.	• 지리, 문화 그리고 언어는 내가 누구인지, 내가 어떻게 사는지, 공동체에 대한 나의 관점, 세계에 대한 나의 관점에 대해 어떻게 영향력을 가지는가?	CulA1a CulB1a, CulB1b, CulB1c, CulB1d,
• 언어는 여러분이 문제를 해결하기를 요구한다. • 여러분은 만약 실수를 만들 용기가 없다면 여러분의 실수를 확인하고 고칠 수 없다. • 같은 아이디어를 표현하는 다양한 방식이 있다.	• 내가 곤경에 처했을 때 무엇을 하는가? 거기에서 빠져나오기 위해 어떻게 하는가?	A1a, A1b, A1c, A1d B1a, B1c, B1d, B1e, B1f B2a, B2b, B2c, B2e
• 각 문화는 독특한 특성과 가치를 지닌다. • 언어는 사람과 연결된다. • 몇몇 제스처는 문화적 특징이다.	• 다른 언어와 문화를 연구함으로써 나의 고유 언어와 문화에 대해 배울 수 있는 것은 무엇인가?	CulA1a CulB1a, CulB1b, CulB1c, CulB1d,
• 언어와 문화의 상호작용은 학습의 질을 높이고 가속화한다.	• 이 언어를 경험하기 위해 나는 어디로 가는가? 어디로 갈 수 있는가?	A1a, A1b, A1d B1a, B1b, B1c CulA1a, CulB1a CulB1b, CulB1c, CulB1d
• 같은 아이디어를 표현하는 다양한 방식이 있다. • 언어 습득은 문자대로의 번역보다 더 많은 것을 요구한다. • 여러분은 만약 실수를 만들 용기가 없다면 여러분의 실수를 확인하고 고칠 수 없다.	• 이 언어를 습득하기 위해 어떤 조정이 필요한가?	A1b, A1c B1d, B1f, B2b CulA1a CulB1c, CulB1d

• 여러분이 이미 알고 있는 언어는 여러분이 새로운 언어를 배우도록 도울 수 있다. • 내가 말하는 것(그리고 말하려고 생각하는 것)은 받아들여지는 것과 다를 수 있다.		
• 보디랭귀지, 제스처 그리고 어조는 메시지를 더하거나 감할 수 있다. • 듣기는 언어 습득의 능동적 부분이다.	• 화자가 의사소통하려고 하는 것은 무엇인가? 전달 태도가 어떻게 내 반응에 영향을 미치는가?	A1a, A1b, A1c, A2a B1a, B1b, B2a, B2b, B2c CulA1a CulB1c, CulB1d
• 보디랭귀지, 제스처, 그리고 어조는 메시지를 더하거나 감할 수 있다. • 내가 말하는 것(그리고 말하려고 생각하는 것)은 받아들여지는 것과 다를 수 있다.	• 내가 의사소통하려고 하는 것은 무엇인가? 나의 전달 태도가 청중 반응에 어떤 영향을 미치는가?	A1d, A2b B1c, B1d, B1e, B1f, B2d, B2e, B2f CulA1a CulB1c, CulB1d A2a
• 몇몇 단어는 다른 것들보다 훨씬 중요하다. • 텍스트 속에 당신이 의미를 파악하도록 도와주는 단서가 있다. • 언어 습득은 단어를 단어로 번역하는 것 이상을 요구한다.	• 텍스트가 의사소통하려고 하는 것은 무엇인가? 어떻게 전달이 해석에 영향을 미치는가?	B2a, B2b, B2c
• 몇몇 단어는 다른 것들보다 훨씬 중요하다. • 텍스트 속에 당신이 의미를 파악하도록 도와주는 단서가 있다. • 듣기는 언어 습득의 능동적 부분이다. • 당신이 묻는 질문의 명료성은 반응의 유용성을 결정한다.	• 어떻게 내가 원하는 정보를 얻을 수 있는가?	A1a, A1c, A1d, A2a B1a, B1b, B1d, B1f, B2a, B2b, B2c, B2d
• 텍스트 속에 당신이 의미를 파악하도록 도와주는 단서가 있다. • 몇몇 단어는 다른 것들보다 훨씬 중요하다. • 언어 습득은 단어를 단어로 번역하는 것 이상을 요구한다.	• 내가 모든 단어를 이해할 수 없을 때 어떻게 의미를 파악할 수 있는가?	A1a, A1b, A1c, A2a B1a, B1b, B2a, B2b, B2c
• 대화는 질문과 대답 이상이다.	• 어떻게 내가 대화를 진행되도록 할 수 있는가?	A1c, A1d B1c, B1e, B1f

• 언어는 사람들을 잇는다. • 같은 생각을 표현하는 여러 가지 방법이 있다. • 당신은 당신이 말하는 것과 그것을 말하는 방법에 의해 판단된다.	• 어떻게 내가 선택한 단어가 청중을 고려했음을 보여 주는가?	A1d, A2b B1c, B1d, B1e, B1f, B2d, B2e, B2f CulA1a CulB1c, CulB1d
• 언어는 사람들을 잇는다. • 지리는 우리가 누구인지 그리고 우리가 다른 이에게 어떻게 반응하는지에 영향을 미친다. • 언어와 문화 간의 상호작용은 학습을 풍부하게 하고 촉진한다.	• 어떻게 언어와 문화가 연결되는가?	B2f CulA1a, CulB1a, CulB1b, CulB1c, CulB1d
• 언어는 사람들을 잇는다. • 사람들은 여러분의 학습 노력의 진가를 알아보고 그들의 언어를 사용한다. • 여러 언어를 사용하는 것은 점점 세계화되는 사회에서 보다 일할 자질을 갖추게 한다.	• 어떻게 언어 학습이 기회의 문을 열게 하는가?	A1a, A2b B1b, B1c, B2a, B2d, B2f CulA1a CulB1a, CulB1b, CulB1c, CulB1d

출처: Nanuet Public School, Nanuet, New York. 허락하에 각색함.

코스 수준 맵

〈표 3-7〉은 미국사 코스의 실러버스를 세우기 위한 구성 작업의 예다. 세로단 표제가 '과정'에 대한 주 기준을 포함하고, 열은 핵심 내용을 순환하는 본질적 질문으로 바뀌는 것에 주목하라. 또한 코스 설계가 학생들이 빅 아이디어와 '역사하기'의 중심부에 있는 핵심 과제를 이해하도록 도우며 개념적 특징을 띠고 수행이 다른 별개의 단원 주제와의 연결을 이끄는 것에 주목하라.

〈표 3-7〉 미국 역사 코스 수준 틀

미국 역사의 본질적 질문	역사하기의 핵심 도전 과제						
	1. 우선, 차선 자료의 타당성과 유용성을 확인하고 평가하라.	2. 과거에 대한 이해를 현재 분석과 미래 예측에 적용하라.	3. 충돌하는 역사적 기록과 해석을 분석하고 종합하라.	4. 다른 내러티브, 해석, 주장을 고려하여 관점을 증명해 보이라.	5. 다른 역사가의 연구를 비평하라; 관점, 편견, 왜곡, 실수, 간과한 것, 오해하여 잘못 해석한 것을 확인하라.	6. 독립적 논문을 개발하고 역사적 주장을 구성하기 위해 이것을 지지하라.	7. 역사적 내러티브-여러분의 이야기를 구성하고 옹호하라.
A. 미국인은 누구인가? 누가 그러는가? 대답이 어떻게 바뀌어 왔고 왜 그런가?							
B. 이론과 사실에서 누가 힘이 있고 누가 그렇지 않은가? 어떻게 그리고 왜 힘의 배분과 균형이 바뀌어 왔는가?							
C. 정부의 이상적 역할은 무엇인가? 언제 너무 많고, 너무 적으며, 적당했는가?							
D. 여럿으로 이루어진 하나—이것이 의미하는 것은? 이것이 의미해 온 것은?							
E. 미국은 얼마나 민주적인가? 우리 역사에서 민주주의는 어떻게, 왜 발전해 오고 약화되어 왔는가?							

F. 어떻게, 왜 미국이 변화해 왔는가? 발전과 혁명이 언제 일어났나? 어떤 논쟁이 끝이 없고 어떤 것이 새로운가? 건강한가, 건강하지 못한가?							
G. 주요 정책 결정과 새 법의 측면: 무엇이 진정으로 일어났는가? '전능한 달러'가 얼마나 중요한가? '사람'은? 엘리트는? 종교는? 정치는? 권리는? '사실'은? 매체는?							
H. 아메리칸 드림이 무엇인가? 그것은 진짜인가 거짓인가? 그럼에도 불구하고 그것의 영향력은 무엇인가?							
I. 개척 정신은 무엇이고 어떻게 그것이 국가 정치와 국제 관계에 영향을 미쳤는가? 그것이 우리를 도울 때는 언제이고 해로울 때는 언제인가?							
J. 왜 우리는 싸우는가? 언제 싸움이 필요하고 언제 어리석은가? 어떻게 빠져들고 어떻게 벗어날 수 있는가?							
K. 삶, 자유, 그리고 행복의 추구: 이것은 무엇을 의미하는가?							

단원 수준 맵

몇몇 지역교육청은 단원 수준의 교육과정 맵을 개발하여 하달했다. [그림 3-3]은 메릴랜드 주 몽고게리 카운티의 3학년 수학 단원 수준의 예다. 또다시, 여러분은 보다 구체적인 수행 지표가 확장된 아이디어(영속적 이해)와 본질적 질문 아래 조직화되는 것을 알아차릴 것이다.

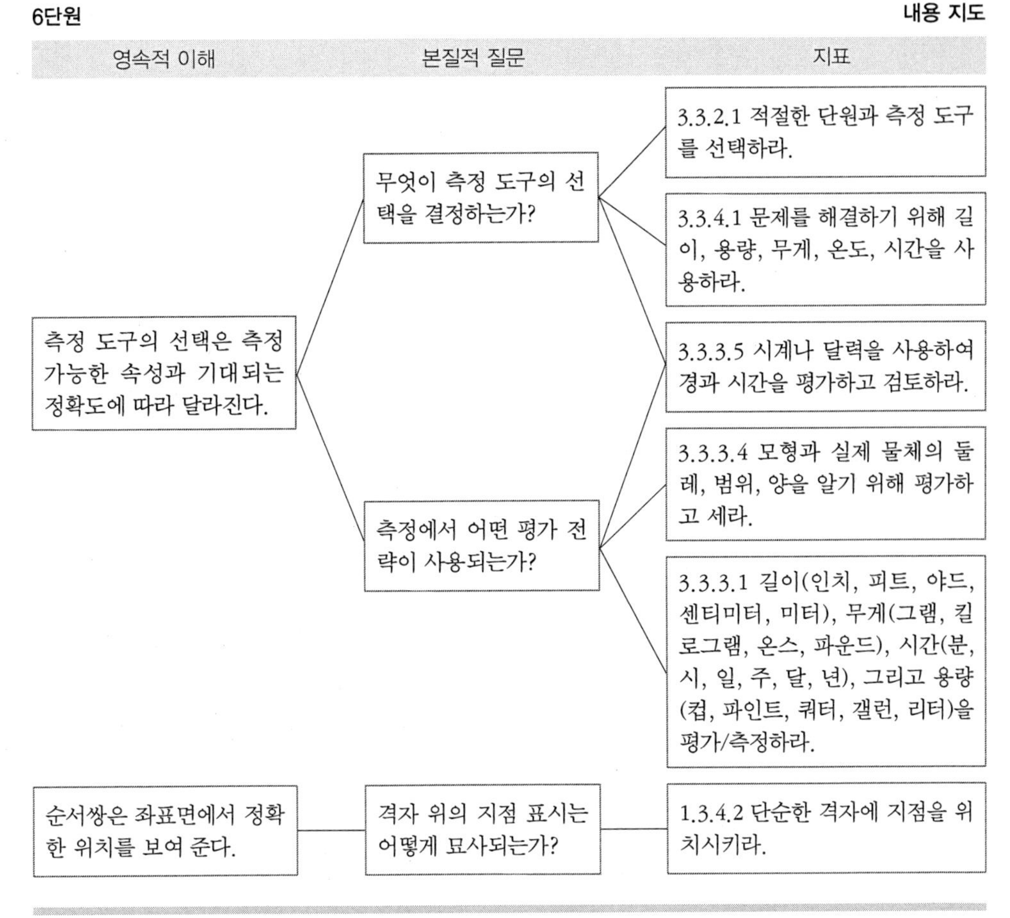

[그림 3-3] 3학년 수학 단원 수준 지도

출처: Montgomery County Public Schools, © 2003 Montgomery County, Maryland. 허락하에 각색함.

요소 4. 핵심적인 평가와 증거 수집

교육에서, 우리가 평가하려고 선택한 것과 어떻게 그것을 평가할지는 우리가 가치를 두는 것과 우리의 목표가 실제로 의미하는 것을 구체화한다. 예컨대, 우리가 역사에서 비판적 사고에 가치를 둔다면 어떻게 평가할까? 10학년 미국 사회나 5학년 지리에서 비판적 사고는 구체적 과제로서 어떻게 나타날까? 교육과정은 이에 답해야 한다. 내용이 자료로 여겨지도록, 교육과정이 핵심 수행 목표를 반영한 핵심 평가 과제로부터 백워드로 설계되어야 한다. 즉, 우리가 수집한 증거는 학생들에게 그들이 학습하기에 무엇이 가장 중요한지 그리고 어떻게 학습할지를 알려 준다. 만약 우리가 그것을 평가하지 않는다면 그것은 중요하지 않은 것으로 보인다. 학교나 지역교육청이 이해와 전이에 가치를 둔다면 교육과정에 짜인 평가를 통해 이러한 목표들이 중요함을 신호해야 한다.

현재 기준, 프로그램 목표 혹은 장기적 미션과 밀접하게 처음부터 정렬되어 설계되는 강력한 평가 체계를 갖춘 학교나 지역교육청은 드물다. 어느 정도는 광범위하고 장기적인 목표의 타당한 평가를 설계하도록 훈련된 교육자가 거의 없기 때문이다. 게다가 대부분 교실 수준 평가가 이해와 전이를 요구하는 복잡한 과제 수행이 아니라 내용 통달과 Bloom의 분류에서의 하위 수준에 초점을 두는 경향이 있다.

하지만 학생들이 진정으로 이해하고 그들의 학습을 적용할 수 있는 것은 증거를 제공하는 데 요구되는 전자 쪽의 평가다. 따라서 우리는 교육자들이 교육과정을 정착시키기 위해 복잡성이 증가되고 실제적 맥락이 반영된 초석 수행 평가를 검증하길 권한다. 보트가 목적 없이 표류하는 것을 닻이 막듯, 이들 평가는 중요한 순환 수행 위주로 수업 내용에 초점을 맞춤으로써 '교육과정 표류'를 막는다. 학생들이 내용에 대한 진정한 이해를 증명할 수 있는 것은 오직 그들이 사려 깊고 융통성 있게 새로운 상황에 학습을 적용할 수 있을 때다. 우리가 실제적 적용을 이야기할 때, 우리는 기본적 사실이나 암기된 공식의 기계적 대입을 의미하는 것이 아니다. 오히려 우리는 학생 전이를 새롭고 현실적 상황에서 그들이 아는 것을 사용하는 것이라 말한다.

일부 초석 평가는 뉴욕 주의 그리스 센트럴(Greece Central) 학교구 2학년 작문 예시에서 나타난 것과 같은 순환 수행을 반영할 것이다. 육상, 작문, 세계어와 같은 특정 프로그램 분야는 같은 장르 혹은 수행 상황이 계속해서 발생하는 순환 수행에 친숙하다. 변화하는 것은 복잡성과 수행 요구 허용 범위, 학습자에 대한 기대다. 다른 초석 과제는 코스나 단원 내용 목표에 보다 특수하다.

여기 2학년 학생들을 위한 세 가지 구체적인 수행 평가 과제의 예가 있다(〈표 3-8〉~〈표 3-10〉). 각각의 예가 사실상 실제적이라는 것에 주목하라. 즉, 학생들은 그들이 배워 온 지식과 기능을 실제 세계에 사용하는 방식으로 적용하도록 요구받는다. 선다형으로 탈맥락적이게 만들어진 대부분의 표준화 책무성 시험과 다르게, 과제는 사려 깊은 적용과 전이를 요구한다. 또한 이들 특정 과제가 각각의 표 아래에 보이는 순환 수행과 연결되는 것에 주목하라.

〈표 3-8〉 여행 책임자, 중등 세계어

수준 1: 여러분은 학교 주변(혹은 마을이나 쇼핑몰)을 '여행'하도록 요구된다. 다음 어휘를 포함하라. 방향(왼쪽, 오른쪽, 가까운, 먼, 다음 등), 장소(교실, 식당, 체육관, 도서관, 연구실, 교회, 경찰, 소방서, 학교, 가게) 그리고 교통수단(버스, 택시, 기차, 자동차, 자전거, 계단, 에스컬레이터, 엘리베이터). 목표 언어로, 다양한 방향과 교통수단을 사용하여 다섯 장소로의 여행에 대해 간결한 문장을 써서 이야기하듯 하라.

수준 2: 여러분은 나라의 수도 여행을 계획하려 한다. 여러분은 이틀간만 그 도시에 있을 것이다. 목표 언어로 일기를 쓰고 여러분이 방문한 장소와 본 것을 이야기하라. 이 장소들이 이틀 동안 방문하기에 서로 충분히 가깝다는 것을 확실히 하라.

수준 3: 여러분은 학교에서 공부한 언어를 쓰는 두 나라로 1년에 한 번 있는 여행을 가려고 하는 세계어 클럽의 구성원으로 선택되었다. 여러분은 문화적 · 역사적으로 중요한 장소를 최소한 다섯 곳 포함하는 여행 일정표를 계획해야 한다. 여러분은 십 대에게 특별히 흥미로울 장소/활동을 최소한 한 가지 포함해야 한다(예: 유로 디즈니, 황소 싸움, 혹은 축구 경기). 가능한 한 대중교통을 이용하라. 여행을 선전하는 홍보물을 만들고 여러분과 여행하는 것에 흥미를 느끼는 학생들에게 그것을 발표할 준비를 하라.

수준 4: 여러분은 사업차 스스로 선택한 외국 나라를 여행하는 중이다. 짝과 함께 비행기와 호텔에서의 역할놀이를 준비해서 U.S. 공항에서의 도착과 체크인, 세관 통과, 택시를 타고 호텔로 가기의 대화를 완성하라. 사업 거래에 참석하려면 시간이 별로 없으므로, 여러분은 간단한 문화적 여행을 하고 이로부터 정보를 얻을 필요가 있으며, 여러분의 호텔에서 계약을 맺을 것이다.

순환 수행: 목표 언어로 현실적으로 복잡하고 '까다로운' 상황에서 성공적으로 의사소통하기

출처: World Languages Department, Woodbury High School, Woodbury, New Jersey.

〈표 3-9〉 과학 혼합물('진흙') 분석

둘씩 짝지어, 8학년 학생들은 그동안 각 실험에서 배우고 사용했던 열두 가지 개별적 기술을 이용하여, 복잡한 '진흙'을 그것의 구성 성분(고체와 액체)으로 분석해야 한다. 각 쌍은 다른 혼합물을 가진다. 그들은 때로는 본래 것에 결함이 발견되면 개별적 실험을 다시 해야 하면서, 앞선 실험 포트폴리오로부터 어떻게 기술을 발휘하는지의 회상을 이끌어 낸다. 결과적으로, 그들은 '진흙' 성분을 확인하여, 자신들의 발견을 결과와 방법이 비평되는 학급에 발표한다. 한 해를 통틀어 과학은 '진흙' 조사의 요구로부터 자연스럽게 백워드로 설계된다.

순환 수행: 과학 실험의 설계, 수정, 실행 과정에서 성공적으로 검증하고 변인 통제하기

출처: South-Orange Maplewood, New Jersey.

〈표 3-10〉 12학년 사회/역사/시민학 공공 정책 편저

현재 정책적 이슈를 조사한 다음, 그 이슈에 대한 공식 입장에 대해 공공 정책 입안자에게 편지를 쓰라. 이 공공 정책 입안자가 학생 입장에 반대된다고 가정하라. 여러분은 공공 정책 입안자의 입장과 배경 정보에 대한 서류를 받을 것이다. 여러분은 만약 자료가 이슈를 제안하지 않는다면 몇몇 상황을 선택할 기회를 받을 것이다.

여러분의 편지는 여러분의 의견을 제시해야 하고 공공 정책 입안자가 그에 맞춰 투표하도록 설득하려고 시도해야 한다.

순환 수행: 성공적으로 목적과 청중을 확인하고, 의사소통과 내용을 그 맥락에 맞추기

출처: 콜로라도의 Littleton High School의 자료에서 각색함.

이들 과제는 사실상 실질적이고 학생들이 성공적 결과를 성취하기 위해 사실적 지식, 개념, 기능을 고차적 사고(예: 평가)와 정의적 성질(예: 집요함)에 적용하도록 요구한다. 비록 이들 특정 과제가 2학년 수준 학생들을 겨냥하고 있지만, 앞선 학년은 학생들이 잘 수행하도록 준비하는 것을 도울 것이다. 초석 평가 과제는 보여 주기 행사나 특별한 프로젝트일 필요가 없다. 대신 그들은 각 교과 분야의 10종 경기와 동일하게 끊임없이 다른 겉모습으로 순환되며 학생들에게 전형적인 평가로 보여야 한다.

이러한 실제적 전이 과제는 평가 증거를 모으는 수단 이상이다. 이들 과제는 설계에 의해 가치 있는 학습 목표와 성취를 포함하기 때문에 '가르칠 만한 가치'가 있다. 게다가 그들은 코스나 단원의 시작 단계에서 제시될 때 학생들에게 의미 있고 구체적인 학습 목표물을 제공한다. 만약 중요한 수행 기준이 충족된다면 더 투명성 있는 평가가 필요하다. 학생들은 미리 잘 숙달될 과제를 알아야만 하고, 그들이 과제들을 숙달하려면 그러한 과제들은 반복적으로 순환해야 한다.

다시 한 번 육상 비유를 생각해 보라. 코치들은 일상적으로 기초 기능을 발달시키고 개선하는 훈련을 지휘하고, 그러한 훈련은 목적 있게 경기에서의 수행에 초점이 맞춰진다. 그러나 교실 수업과 평가는 너무 자주 탈맥락적 훈련을 지나치게 강조하고 '실제의 경기' 기회를 극도로 적게 제공한다. 스포츠처럼, 둘 다가 교실에서 필요하다. 학생들은 중요 사실을 배우고 기본을 통달하는 것과 기능 훈련도 필요하다. 그러나 학생들은 또한 진짜 경기에서처럼 그들의 지식과 기능을 사용할 기회가 필요하다. 실제적 수행 과제는 가치 있는 목표를 제공하고 학생들이 기초를 학습하는 이유를 알게 한다.

증거 수집

초석 평가와 그로부터 나온 학습, 이해, 전이의 증거로서 제시되는 과제에 대해 생각하는 것은 유용하다. 그처럼 초석 평가는 하나의 과제에 포함되고 다른 증거에 의해 보충된 학생 작품 수집에 기여할 수 있다. 증거 수집의 수단으로서 포트폴리오의 사용은 미술, 작문, 기술적 교과에서 잘 정립되어 있고, 우리는 그것들을 모든 프로그램 분야에서 고려하기를 권장한다.

포트폴리오는 상당히 긴 시간 동안 한 분야 혹은 여러 분야에서 학생의 노력, 진보, 성취를 드러내는 학생 작업물의 목적 있는 수집물이다. 한 시점에서 치러진 '스냅샷' 평가로부터의 정보와 달리, 포트폴리오는 여러 시간 동안 다양한 맥락에서 찍은 다양한 사진이 포함된 사진 앨범과 같은 기능을 한다. '여러 시간에 걸쳐' 만들어진다는 특성은 포트폴리오가 발달, 성장, 개선을 기록하는 데 적합하게 한다.

포트폴리오 시스템을 세우기에 앞서, 교육자들은 신중하게 의도되는 목적을 고려해야 한다. 가장 자주, 포트폴리오는 성취와 진보의 문서, '최고의' 작품의 진열, 수행 평가, 혹은 학부모, 더 높은 교육 후보, 고용자와의 의사소통에 쓰인다. 일단 포트폴리오를 유지하는 목적이 세워지면, 다른 포트폴리오 결정이 뒤따른다. 어떤 종류의 학생 작업물을 포함할 것인가('최고의' 작품, 대표 작품, 구체적 교과와 관련된 작품), 누가 그것을 결정할 것인가(학생, 교사, 학생과 교사), 누가 그것을 소유하고 관리할 것인가(학생, 교사, 지역교육청)다. 〈표 3-11〉과 [그림 3-4]는 미술, 국어, 수학에서 가능한 포트폴리오 항목의 예를 보여 준다.

실제 학생 작품 예제의 소통 가치를 인식하며, 많은 학교와 교사는 학생들의 포트폴리오를 학부모 회의의 중심 항목으로 쓰고 있다. 점점 더 학생들은 바람직한 성취를 향한 성장 지표로서의 포트폴리오 작품을 묘

〈표 3-11〉 이해와 본질적 질문의 예시

코스	포트폴리오 요소	포트폴리오 기대
미술의 기초 (미술 졸업 요건 완수)	• 수업 전 진단평가 • '진보의 기준'을 나타내는 세 가지 미술 작품 • 스케치북/저널 • 중간시험 • 기말시험	아래 부분에서 미술 성장의 증거를 강조하는 과정 포트폴리오와 세 가지 '기준 작품' - 아이디어와 매체 시험을 일반화하는 스케치와 노트 - 개념/아이디어 발달, 계획, 실행의 자질을 반영하는 시각적 문제해결 - 기술적인 매체의 효율성 개발 - 진보와 과정 반영
미술	• 미술 포트폴리오의 기초 • 여섯 가지 미술 작품 기준 -두 가지 질 높은 드로잉 -네 가지 폭넓은 다른 매체 • 스케치북/저널 • 중간시험 혹은 수행 과제(지역적으로 설계된) • 기말시험 혹은 수행 과제(지역적으로 설계된)	아래에서 미술적 성장의 증거를 보여 주는 최고 작품 포트폴리오(6+ 최고 작품과 과정 예제) - 아이디어와 매체 시험을 일반화하는 스케치와 노트 - 계획, 실행의 자질을 반영하는 시각적 문제해결 - 기술적인 매체 효율성을 보여 주는 미술 작품 창작하기 - 폭넓은 생각과 매체 사용을 보여 주는 미술 작품 창작하기 - 진보와 과정 반영
스튜디오 I GT/AP	• 미술 포트폴리오 • 최소 12개의 작품 • 스케치북/저널 • 중간시험 혹은 수행 과제(지역적으로 설계된) • 기말시험 혹은 수행 과제(지역적으로 설계된)	아래에서 미술적 성장의 증거를 보여 주는 최고 작품 포트폴리오(12+ 최고 작품과 과정 예제) - 아이디어를 일반화하고 개선하는 스케치와 노트 - 계획과 실행의 자질을 보여 주는 집중 분야의 시각적 문제해결 - 기술적인 매체 효율성을 보여 주는 미술 작품 창작 - 폭넓은 매체 사용을 보여 주는 미술 작품 창작 - 진보와 과정 반영
스튜디오II GT/AP	위의 스튜디오 I GT/AP에서의 기대와 유사함.	위와 유사함.

출처: Baltimore County Public Schools, Maryland. 허락하에 각색함.

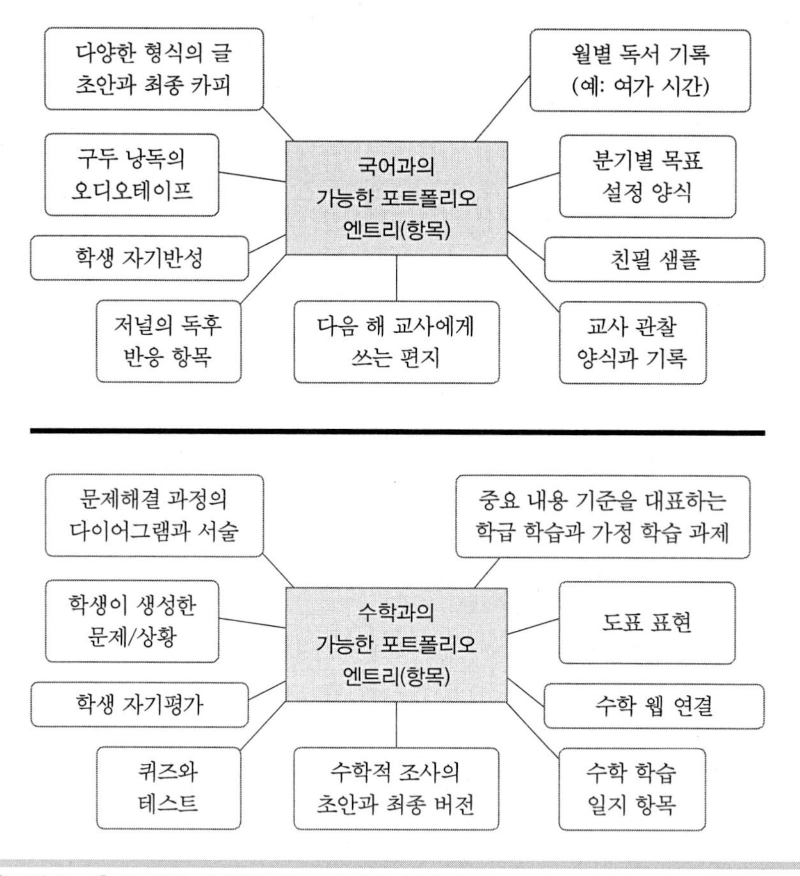

[그림 3-4] **국어와 수학의 포트폴리오 선택 항목**

사하고 설명하며 능동적 회의 참여자로 포함되어 가고 있다. 포트폴리오는 단지 내용 통달이나 재미난 프로젝트가 아니라 다양한 매체와 유효하고 실제적인 상황으로 학습을 전이하는 능력에 대한 증거를 제공해야 한다. 발달적 루브릭과 더불어, 포트폴리오는 단순한 평어와 카네기 학점(기준수업 단위) 기록이 아니라 성취 이력 대응물을 제공함으로써 학습과 성장에 대한 구체적 증거를 제공한다.

요소 5. 분석적 · 종적 루브릭

루브릭은 측정 등급(네 가지 '점수대'와 같은)과 각 점수별 특성 서술로 구성된 척도 중심 평가 도구다. 학생 산출물과 수행을 통해 드러난 이해 정도나 능숙도를 판단하기 위해 전체적, 분석적 루브릭이 사용된다. 전체적 루브릭은 학생 작품에 대한 전체적인 인상을 제공한다. 전체적 루브릭은 수행이나 산출물에 대한 단일 점수나 등급을 산출한다. 분석적 루브릭은 생산물이나 수행을 구별된 특성이나 차원으로 나누고 각각에 대한 독립된 점수로 각각을 분리하여 판단한다. 분석적 루브릭은 우수한 수행의 각 수준별 요소를 이해하고 개선하기 위해 구체적이고 유용한 피드백을 제공한다. 〈표 3-12〉는 뉴욕 교육청의 그리스 센트럴(Greece Central) 학교의 설득하는 글쓰기에 대한 분석적 루브릭의 예다.

교사들과 교육과정 개발가들은 기준이 폭넓고 불명확하거나, 학생들이 알아야 하고 할 수 있어야 하는 것의 기준 이상의 항목으로 구성되지 못한 주 기준의 요구를 이해하려고 애써 왔다. 기준이 수행 지표 혹은 수행 기준으로 구성될 때, 주 기준에 나타난 사실, 개념 그리고 기능의 학습 결과물로서 어떤 유형의 수행과 어떤 수준의 수행이 기대될지 표시하기 때문에 교육과정과 평가 설계가 쉬워진다. 수행 지표는 요구되는 평가 종류를 제안하고 수행 기준은 기대되는 수행이 얼마나 잘 성취되었는지 평가하고 보고하는 근거를 제공한다. 〈표 3-13〉은 어떻게 국어 기준과 이에 상응하는 일련의 벤치마크가 4점 루브릭 내에서 기술된 수행 기준에 반영되었는지를 보여 준다.

〈표 3-12〉 중등 수준의 설득적 글쓰기의 루브릭

기능 영역	6 이 수준의 반응	5 이 수준의 반응	4 이 수준의 반응	3 이 수준의 반응	2 이 수준의 반응	1 이 수준의 반응
의미: 쓰기 과제와 글의 설명, 분석, 이해를 드러내는 정도	• 주제, 청중, 글쓰기 목적에 대한 정확하고 깊이 있는 이해를 전달한다. • 주장과 입장을 뒷받침하는 통찰력 있고 빈틈없는 분석과 설명을 제공한다.	• 주제, 청중, 글쓰기 목적에 대한 정확하고 완전한 이해를 전달한다. • 주장과 입장을 뒷받침하는 명확하고 분명한 분석과 설명을 제공한다.	• 다소 기초적이지만 주제, 청중, 글쓰기 목적에 대한 정확한 이해를 전달한다. • 주장과 입장을 뒷받침하는 부분적 분석과 설명을 제공한다.	• 주제, 청중, 글쓰기 목적에 대해 부분적으로 정확한 이해를 전달한다. • 단지 부분적으로 주장이나 입장을 뒷받침하는 제한되거나 얄팍한 설명을 제공한다.	• 주제, 청중, 글쓰기 목적에 대해 혼란스럽거나 크게 부정확한 이해를 전달한다. • 불분명한 분석이나 불필요한 설명으로 주장이나 입장의 뒷받침에 실패한다.	• 쓰기 과제나 주제 이해에 대한 증거를 제공하지 못한다. • 주장이나 입장을 뒷받침하지 못하는 일관성 없는 설명을 한다.
전개: 논지를 지지하기 위해 구체적이고 연관된 세부 사항이나 증거를 사용하여 아이디어가 정교화된 정도	• 구체적 생각과 다양한 자료로부터 온 원문 증거를 효과적으로 통합하고 정교화하는 주장으로 입장을 명확하고 충분히 뒷받침한다. • 반대 관점을 효과적으로 예상하고 납득이 가도록 논박한다.	• 생각과 다양한 자료로부터 온 구체적 원문 증거를 포함하고 설명하는 주장으로 입장을 명확하고 일관되게 뒷받침한다. • 반대 관점을 예상하고 꽤 납득이 가도록 논박한다.	• 생각과 다양한 자료로부터 온 관련된 원문 자료를 사용하는 주장으로 입장을 뒷받침한다. • 기본적 수준에서 반대 관점을 예상하고 논박하려 시도한다.	• 몇몇 아이디어와 원문 증거를 사용하여 입장을 부분적으로 뒷받침하나 정교성이 없고 자료가 제한적이다. • 반대 관점을 부분적으로 예상하고, 제한적이거나 혼란스러운 논박을 시도한다.	• 입장을 뒷받침하려 하나 원문 아이디어와 증거가 모호하거나 되풀이되거나 정당하지 않다. • 반대 관점을 암시하나 논박하려 하지 않는다.	• 전개가 완전히 결여되어 있고 원문 증거를 포함하지 않았다. • 반대 관점에 대한 예상이나 논박을 시도하지 않는다.
조직: 글이 분명한 논지를 세우고 방	• 명확하고 설득력 있는 논지에 대한	• 명확한 논지에 대한 일관된 초점을	• 명백한 논지에 대한 초점을 세우고	• 기본적 논지에 대한 초점을 세웠으	• 혼란스럽거나 무관한 논지를 세우	• 논지를 포함하거나 초점을 유지하는 데

향, 초점, 일관성을 유지한 정도	일관된 초점을 능숙하게 세우고 유지한다. • 논지를 설득력 있게 뒷받침하는 주장, 증거, 해석의 논리적이고 일관된 구조를 보인다. • 단어와 어구 변화의 사용이 능숙하다.	효과적으로 세우고 유지한다. • 논지를 뒷받침하는 주장, 증거, 해석의 논리적 계열을 보인다. • 단어와 어구 변화의 사용이 효과적이다.	유지한다. • 주장, 증거, 해석의 논리적 계열을 보이나 단락의 아이디어가 일관성 없이 조직되었다. • 기본적인 단어와 어구 변화를 사용하려고 시도한다.	나 일관되게 유지하는 데 실패한다. • 기본적 구조를 보여 주나 주장, 증거, 해석에서 일관성이 결여되어 있다. • 몇몇 기본적인 단어와 어구 변화의 사용을 일관되지 않게 시도한다.	고 초점을 유지하는 데 실패한다. • 아이디어를 처음, 중간, 끝으로 조직하려는 시도를 보이나 일관성이 결여되어 있다. • 단어나 어구 변화를 사용하려고 하지 않는다.	실패한다. • 조직과 일관성이 완전히 결여되어 있다. • 단어나 어구 변화를 사용하려는 시도가 없다.
언어: 글이 청중을 인식하고 단어 선택과 다양한 문장을 통해 목적을 드러내는 정도	• 청중, 목적에 대해 인식하고 주목할 만한 표현 감각과 꼼꼼하고 매력적인 언어를 사용하여 문체상 정교하다. • 구문론적 유창성을 드러내기 위해 다양한 문장 패턴 범위를 효과적으로 포함한다.	• 청중과 목적에 대해 분명하게 인식하고 유창하고 독창적인 언어를 사용한다. • 다른 구문론적 구조에 대한 인식을 드러내는 다양한 문장 패턴을 포함한다.	• 청중과 목적에 대해 조금 인식하고 적절한 언어를 사용한다. • 다양한 문장 패턴을 포함하려고 하나 어색하고 울퉁불퉁하다.	• 청중과 목적에 대해 거의 인식하지 않고 기초적 어휘에 의존한다. • 문장 패턴을 다양하게 하는 방법에 대한 제한적 인식을 드러내고 제한된 범위의 구문론적 구조에 의존한다.	• 청중과 목적에 애매하거나 부적합한 언어를 사용한다. • 완전한 문장을 쓰는 방법에 대한 혼란한 이해를 보이고 문장 패턴을 다양화하는 능력이 없거나 거의 없다.	• 일관되지 않거나 부적절한 언어를 사용한다. • 많은 문장 파편과 중대하게 이해를 저해하는 행 이어쓰기를 포함한다.
관습: 글이 관습적 철자, 구두점, 단락 나누기, 대문자 사용, 문법을 드러내는 정도	• 본질적 오류가 없고 심지어 정교화된 언어를 사용하여 관습에 대한 제어력을 증명한다.	• 정교한 언어(예: 복잡한 문장 구두점)를 사용할 때만 때때로 오류를 보이며 관습에 대한 제어력을 증명한다.	• 때때로 이해를 저해하지 않는 오류(예: 동철 이의어의 잘못된 사용)를 보이며 부분적인 제어력을 증명한다.	• 이해를 다소 저해하는 오류를 빈번하게 보이며 최근 발달된 제어력을 증명한다.	• 이해를 어렵게 만드는 오류(예: 속어 사용)를 빈번하게 보이며 제어력의 결여를 증명한다.	• 영어를 읽고 쓸 줄 아는 것으로 판독하기 어렵고 알아차릴 수 없다.

출처: Greece Central School District, North Greece, New York. 허락하에 각색함.

〈표 3-13〉 중등 수준의 설득적 글쓰기 루브릭

<table>
<tr><th colspan="2">내용 기준 3 - 말하기와 듣기
학생들은 듣기와 말하기 기능을 다양한 목적과 청중을 위해 사용한다.</th></tr>
<tr><th>4학년 벤치마크</th><th>4학년 수행 기준 수준 기술자</th></tr>
<tr><td rowspan="4">1. 학생들은 조직, 볼륨, 자세, 속도, 눈 맞춤, 그리고 관련 제스처와 함께 집중된 주제를 말한다.
2. 학생들은 다양한 유형의 발표에 적절한 말하기 전략을 사용한다.
3. 학생들은 기본적 선전 기법과 같은 다양한 매체에 사용된 기법을 이해한다.
4. 학생들은 그들 고유의 그리고 다른 이의 글을 유창하고 표현력 있게 크게 읽는다.
5. 학생들은 소집단에서 협력적으로 말하고 듣는다.</td><td>고급 수행
고급 수준의 말하기를 수행하는 4학년 학생들은 목적과 청중을 명확하게 의도하고 말한다. 강력한 구두 전달 기술과 분명하고 관련된 피드백을 통해 생각이 분명하게 표현되고 구체적이고 정확한 세부 사항에 의해 뒷받침된다.</td></tr>
<tr><td>능숙한 수행
능숙한 수준의 말하기를 수행하는 4학년 학생들은 목적과 청중을 의도하고 말한다. 충분하고 관련 있는 세부 사항에 의해 생각이 뒷받침된다. 그들은 말할 때 적절한 조직과 전달 능력을 보이고 능동적인 듣기를 하며 관련된 피드백을 제공한다.</td></tr>
<tr><td>기본적 수행
기본적 수준의 말하기를 하는 4학년 학생들은 의도된 목적과 청중의 증거를 보여 주기 위해 지원을 필요로 한다. 생각은 분명하나 뒷받침되는 세부 사항이 적거나 무관하다. 조직과 전달 기술은 지원받을 때 충분하다. 학생들은 능동적 듣기 중 최소의 피드백을 제공한다.</td></tr>
<tr><td>기본 이하 수행
기본 이하 수준의 화자/청자 수행을 하는 4학년 학생들은 아주 많은 지원을 요구하고 기준을 충족하는 증거를 제공하지 못한다.</td></tr>
</table>

출처: Wyoming Department of Education(2003).

종적 루브릭

학교에 미션과 일련의 프로그램 목표가 주어지면, 어떻게 우리가 그들 목표를 향한 진보를 측정해야 하는가? 우리는 이 질문이 미국 교육의 주류에서 적절하게 고려된 적이 있다고 생각하지 않는다. 왜냐하면 대부분의 교육과정이 장기적 수행 목표와 순환하는 빅 아이디어보다는 단기적 내용 분량의 견지에서 세워졌기 때문이다. 지금 현재 상태 그대로, 주요한 진보 측정은 시험 점수와 코스 성적이다. 이것들은 스냅샷이나 마지막 목표를 향한 진보의 일관적 측정과 앞뒤가 맞지 않는 분리된 등급으로 별개 측정한 것으로 생각될 수 있다. 우리의 믿음이 요구하는 것은 교사, 학생, 학부모들에게 보다 상세하고 정확한 학습과 성장의 그림을 제공하는 이미지의 계속되는 연속인 동영상과 유사하다. 분석은 다이빙과 피겨 스케이팅 책략의 어려운 정도, 무술의 색띠, 배관공이나 목수 등 기술 사업 분야의 등급이 나뉜 라이센스를 포함한다.

세 번째 유형의 루브릭(종적 루브릭)은 각 기준이 최종 수준의 수행으로 가는 길에 있는 주요 기준점을 나타내는, 초보에서 전문가까지의 연속체이자 고정된 미션 관련 성장을 묘사한다. 종적 루브릭은 모든 수준의 학습자와 교사가 그들이 최종 수준 수행 목표에 대한 발달 연속선상의 어디에 서 있는지 알게 하기 위해, 통달된 수행으로부터 백워드로 설계하는 기초를 제공한다. 종적 루브릭은 어떤 특정한 수행이나 평가 과제와 관련된 것이 아니다. 오히려 그것은 교사, 학부모, 학습자들이 기대되는 성취로 나아가는 진보를 기록할 수 있도록 한다.

우리는 종적 루브릭이 교육과정의 모든 교과 분야에 대한 '수행 근간'을 제공해야 한다고 말한다. 그러나 접근의 실마리는 학생들이 코스를 밟는 내내 연대기와 인과관계에 대한 생각의 정교함을 기록하는 델라웨어 역사의 예에서 제공되었다. 실제, 그러한 체계는 이미 존재한다. 문해력의 발달적 루브릭이 몇 십 년간 호주와 뉴질랜드에서 사용되어 왔음에도, 영국에서 종적 루브릭은 1990년대 중반부터 모든 교과 분야에 전국적으로 존재해 왔다. 〈표 3-14〉는 영국 국가 교육과정 내의 과학 종적 루브릭의 예를 나타낸다. 유사한 종적 루브릭이 모든 교과 분야에 존재한다. 전체 교육과정과 루브릭(국가 교육과정에서 '성취 목표'라 불리는)은 www.nc.uk.net/에서 찾을 수 있다.

〈표 3-14〉 과학적 탐구의 종적 루브릭

수준 1

학생들은 그들의 발견을 예를 들어 그들의 작업에 대해 이야기하기, 그림, 차트 등과 같이 간단한 방식으로 의사소통하며 사물, 생물, 그리고 그들이 관찰하는 사건의 간단한 특징에 적절하게 반응하고 묘사한다.

수준 2

학생들은 어떻게 무엇인가를 발견해 내는지에 대한 의견에 반응하고, 도움을 받아 질문에 대답하기 위한 자료를 어떻게 수집하는지에 대해 그들 고유의 의견을 만들 수 있다. 그들은 정보를 찾기 위해 도움을 받아 간단한 글을 사용한다. 그들은 제공되는 간단한 장비를 사용하고 그들의 과제와 관련된 관찰을 한다. 그들은 사물, 생물, 사건을 관찰하고 비교한다. 그들은 과학적 어휘를 사용해 그들의 관찰을 묘사하고 적절하다면 간단한 표를 사용하여 그것들을 기록한다. 그들은 일어난 일이 그들이 예상했던 것인지 말한다.

수준 3

학생들은 질문에 대한 답을 어떻게 찾을지에 대한 의견에 반응하고 자신 고유의 생각을 제안한다. 그들은 질문에 대답하기 위한 자료 수집이 왜 중요한지 알아차린다. 그들은 정보를 찾기 위해 간단한 글을 사용한다. 그들은 관련된 관찰을 하고 간단한 범위의 장비를 사용하여 길이나 질량과 같은 양을 측정한다. 적절한 곳에서 그들은 도움을 받아 왜 그것이 공정한지 알아차리고 설명하며 형평 검사를 실행한다. 그들은 관찰을 다양한 방식으로 기록한다. 그들은 관찰에 대한 설명과 기록된 측정의 간단한 패턴을 제공한다. 그들은 과학적 방식으로 그들이 발견한 것을 의사소통하고 개선할 것을 제안한다.

수준 4

학생들은 과학적 아이디어가 증거에 기초함을 알아차린다. 그들 자신만의 조사 활동에서 그들은 적절한 접근, 예컨대 질문에 답하기 위해 형평 검사를 사용하는 등을 결정한다. 적절한 곳에서, 그들은 과제를 수행한 방식과 다른 요소들은 같게 유지하면서 한 요소를 어떻게 다양하게 하는지를 보여 주거나 설명한다. 적절한 곳에서, 그들은 예측을 한다. 그들은 제공된 자료에서 정보를 선택한다. 그들은 적절한 장비를 선택하고 과제에 적절한 일련의 관찰과 측정을 한다. 그들은 표와 막대그래프를 이용하여 관찰, 대조, 측정을 기록한다. 그들은 간단한 그래프 양식에 점을 표시하기 시작하고 이 그래프를 자료의 패턴을 찾아내고 해석하는 데 사용한다. 그들은 그들의 결론을 이러한 패턴과 과학적 지식 및 이해에 연관 짓고 적절한 과학적 언어로 의사소통하기 시작한다. 그들은 근거를 가지고 그들 작업의 개선을 주장한다.

수준 5

학생들은 어떻게 실험 증거와 창의적 사고가 과학적 설명을 제공하는 것과 결합되어 왔는지 설명한다. 예컨대 핵심 단계 2의 백신 접종에 대한 Jenner의 활동과 핵심 단계 3의 연소에 대한 Lavoisier의 활동이다. 그들이 과학적 질문에 대답하려 할 때, 그들은 적절한 접근을 검토한다. 그들은 다양한 정보 출처로부터 선택한다. 실험이 형평 검사를 포함할 때, 그들은 고려해야 할 핵심 요소를 검토한다. 적절한 곳에서, 그들은 과학적 지식과 이해에 근거하여 예측을 한다. 그들은 다양한 과제를 위한 장치를 선택하고 그것을 효과적으로 사용할 계획을 세운다. 그들은 과제에 적합한 신중함을 가지고 일련의 관찰, 대조, 혹은 측정을 하기 시작한다. 그들은 관찰과 측정을 반복하고 그들이 마주치는 어떤 어려움에 대해 간단히 설명하기 시작한다. 그들은 관찰과 측정을 체계적으로 기록하고, 적절한 곳에서 막대그래프로 자료를 제시한다. 그들은 증거와 일치하는 결론을 이끌어 내고 그것들을 과학적 지식과 이해에 연관시키기 시작한다. 그들은 어떻게 그들의 연구 방법이 개선될 수 있는지에 대한 실제적 제안을 한다. 그들은 양적, 질적 자료에 대해 의사소통하기 위해 적절한 과학적 언어와 대화를 사용한다.

수준 6
학생들은 인정되는 과학적 아이디어의 증거를 설명하고 그 증거에 대한 과학자의 해석이 어떻게 새 아이디어의 개발과 인정을 이끌어 내는지 설명한다. 그들 스스로의 조사 활동에서 그들은 적절한 접근을 확인하기 위해 과학적 지식과 이해를 사용한다. 그들은 정보의 출처를 효과적으로 선택하고 사용한다. 그들은 과제를 위해 충분히 측정, 비교, 관찰한다. 그들은 미세 눈금이 있는 기구를 사용하여 정밀하게 다양한 양을 측정한다. 그들은 자료와 특성을 효과적으로 보여 줄 수 있는 그래프와 다이어그램의 눈금을 선택한다. 그들은 주요 패턴이 보여 주는 것과 이와 맞지 않는 측정과 관찰을 확인한다. 그들은 증거와 일치하는 결론을 이끌어 내고 과학적 지식과 이해를 그것을 설명하는 데 사용한다. 그들은 그들의 활동 방식이 어떻게 개선될 수 있는지에 대해 조리 정연한 제안을 한다. 그들은 과학적 언어와 대화를 사용하여 질적이고 양적인 자료를 설명하는 데 적절한 방법을 선택하고 사용한다.

수준 7
학생들은 과학적 이론에 근거하여 예측하고 그들의 예측을 검사하기 위해 수집된 증거의 예시를 제공한다. 그들의 활동에서 그들은 과학적 지식과 이해를 사용하여 질문에 대한 적절한 접근을 결정한다. 그들은 변인이 통제되지 않은 복잡한 맥락에서의 주요 요소를 확인하고 적절한 절차를 계획한다. 그들은 일정한 범위의 자료로부터 온 정보를 종합하고 2차 자료의 가능한 한계를 확인한다. 그들은 다양한 기구를 사용하여 체계적인 관찰을 하고 정밀한 측정을 한다. 그들은 신뢰할 수 있는 자료를 얻기 위해 측정, 비교, 관찰을 반복해야 할 때를 확인한다. 적절한 곳에서 최적선을 사용해 그들은 자료를 그래프로 제시한다. 그들은 증거와 일치하는 결론을 이끌어 내고 과학적 지식과 이해를 사용해 그것을 설명한다. 그들은 수집한 자료가 이끌어 낸 결론에 충분한지 고려하기 시작한다. 그들은 그들이 행한 것을 상징과 동선도를 포함하는 다양한 과학적, 기술적 언어와 대화를 사용하여 의사소통한다.

수준 8
학생들은 추가적인 과학적 증거를 감안하여 변화되어야 하는 과학적 설명 혹은 모형의 예시를 제시한다. 그들은 다양한 출처로부터의 자료를 평가하고 종합한다. 그들은 다른 종류의 과학적 질문을 조사하는 것에는 다른 전략을 필요로 한다는 것을 알아차리고 그들 작업에서 적절한 전략을 선택하는 데 과학적 지식과 이해를 사용한다. 그들은 질적인 활동에서 어떤 관찰이 관련되는지 판단하고 그들 기록에 적절한 세부 사항을 포함한다. 그들은 비교 혹은 측정에 필요한 정확한 정도를 판단하고 그들이 변인 간 관계를 테스트할 수 있도록 하는 자료를 수집한다. 그들은 변칙적 관찰과 측정을 설명하고 그래프를 그릴 때 이들을 감안하기 시작한다. 그들은 이들 증거로부터 결론을 끌어내는 데에 과학적 지식과 이해를 사용한다. 그들은 결과의 그래프와 표를 비판적으로 고려한다. 그들은 적절한 과학적 언어와 대화를 사용하여 발견과 주장을 의사소통하고 다양한 관점의 인식을 보여 준다.

뛰어난 수행

학생들은 이후의 실험에 의해 도전받아 온 과학적 설명과 모형을 제시하고 과학적 이론을 수정하는 데 있어 증거의 중요함을 설명한다. 그들은 다양한 출처로부터의 자료를 평가하고 종합한다. 그들은 다양한 종류의 과학적 질문을 조사하는 것에는 다양한 전략이 요구됨을 알아차리고 그들 활동에 적절한 전략을 선택하기 위해 과학적 지식과 이해를 사용한다. 그들은 관련된 관찰과 이해에 대해 기록하고 특정한 의미가 있는 부분을 명확히 확인한다. 그들은 측정에 필요한 정밀함의 정도를 판단하고 이러한 요구를 충족하는 자료를 수집한다. 그들은 그들의 자료를 변인 간 관계를 테스트하는 데 사용한다. 그들은 변칙적인 관찰과 측정을 확인하고 설명해서 그래프를 그릴 때 이들을 감안한다. 그들은 경향과 패턴을 해석하기 위해 과학적 지식과 이해를 사용하고 그들 증거로부터 결론을 끌어낸다. 그들은 결과 그래프와 표를 비판적으로 고려하고, 그들이 추가적인 증거를 어떻게 수집할 수 있을지에 대해 반응하는 이야기를 제시한다. 그들은 발견과 주장을 적절한 과학적 언어와 대화를 사용해서 의사소통하며 불확정성의 정도와 다양한 대안적 관점의 인식을 드러낸다.

출처: 잉글랜드 국가 수준 교육과정 자료. © 1999 Department for Education and Skills and the Qualifications and Curriculum Authority. 허락하에 인쇄.

미국에서 Samuel Meisels는 문해력 발달을 위해 옴니버스 체계를 개발했다. 미국 외국어교육회의(2203)와 같은 다른 집단들은 듣기, 말하기, 읽기, 쓰기에 대한 세계어 수행을 측정하는 데 사용할 발달적 루브릭을 생성해 왔다(www.actfl.org). 이와 유사하게, '국가의 레포트 카드(The Nation's Report Card)'라고 불리는 국가 교육 진보 평가는 수행 수준을 묘사하고 그것의 시험에서의 점수를 동등하게 하기 위해 종적 척도를 사용한다(www.nagb.org).

NCLB와 다른 기준 중심 계획에 의해 요구된 학년 수준 목표에 대한 관심은 필수적이지만 불충분하고 잠재적으로는 역효과를 낳는다. NCLB는 최종 수준 기준으로의 교육과정 진보를 어떻게 보장하는지에 대한 안내를 제공하지 않는다. 만약 우리가 체계적인 현재 수행 평가를 하고 진보를 추적하고 요구된 수업에 목표를 맞출 수 있다면 장기 수행 목표가 달성될 수 있다. 종적 루브릭은 이러한 기준점을 위한 도구를 제공한다.

상식은 우리가 얼마나 적절히 앞으로 이동했는지 알기를 원한다면 단지 개별적 퀴즈나 시험에 대한 점수가 아니라 장기적 목표에 대한 피드백이 필요함을 말해 준다. 지역교육청은 모든 수준의 모든 이가 장기 목표에 대해 그들이 필요한 피드백을 받도록 보장할 필요가 있으며 그렇지 않으면 장기적 목표는 매일의 사고와 학업을 절대 관통할 수 없을 것이다.

필요한 공통 루브릭

명확하게 정의된 척도에 근거한 잘 설계된 루브릭은 산출물이나 수행의 중요한 차원을 전달한다. 공통 루브릭이 부서나 학년 수준 팀, 학교, 지역교육청 안에서 사용될 때, 수행 기준이 교사마다 달라지지 않기 때문에 결과는 보다 일관된 평가가 된다. 공통 루브릭은 또한 기준 중심 성적 산출과 보고를 지지하고 교사마다 천양지차인 등급 요소의 문제를 줄이는 것을 돕는다.

공통 루브릭은 수업의 마지막에서 사용하는 평가 도구 이상이다. 그것들은 수업 목표를 명료화하는 것을 돕고 교수·학습 목표로서 제공된다. 학생 작품에 점수를 매기는 팀에서 일해 온 교육가들은 학생 작품을 공통 루브릭에 따라 평가하는 과정을 통해 그것들은 무엇이 산출물과 수행을 성공적으로 만드는지에 대해 엄청나게 많이 가르쳐 준다는 것을 빈번히 봐 왔다. 탄탄한 수행의 자질을 내면화함으로써, 교사들은 그들의 수업에서 그러한 자질들에 보다 주의를 기울인다.

공통 루브릭은 학생들에게도 또한 이익이 된다. 학생들은 그들의 수행 기준을 미리 알 때 그들의 활동에 대한 명백한 목표를 제공받는다. 바라는 자질이나 평가와 산출물 및 수행에 성적을 매기는 근거에는 수수께끼가 없다. 학습자들은 학급 내에서, 또 학급을 거쳐 가는 동안 무엇이 최고로 중요한지 혹은 그들의 활동이 어떻게 판단되는지에 대해 추측할 필요가 없다. 루브릭을 이해할 때, 학생들은 자신들의 활동을 자기평가할 수 있다. 이러한 방식으로 공통 루브릭은 학습의 질을 높이고 궁극적 전이 목표를 성취하는 데 요구되는 장기적 성장을 지원한다.

요소 6. 앵커(anchor)[2)]

앵커 활동 예시는 수행 척도(혹은 루브릭)의 각 수준(혹은 점수대)을 특성 짓는 학생 수행의 예다. 이들 앵커는 세워진 기준에 근거한 다양한 수준의 자질이나 능숙도에 대해 감지할 수 있고 구체적인 설명을 제공한다. 최고 수행 수준의 앵커는 모범 예시(exemplar)라고 알려진 것이다.

앵커는 교사들이 학생 산출물이나 수행을 평가할 때 척도와 기준을 이해하고 계속 적용할 수 있게 돕는다. 그것은 교사와 학생에게 그들의 노력에 동기를 부여하고 안내하는 명백한 목표를 제공하고 학생들이 자기평가와 동료 평가를 할 때 기준을 더 잘 이해하고 적용하도록 돕는다.

앞서 언급했던 뉴욕 주 그리스 센트럴 학교구의 2학년 영어/국어 교육과정은 분기별 작문 평가의 기초와 각 작문 장르(설명적인, 설득적인, 문학 분석, 창의적인/표현력 있는)에 대한 일련의 공통 루브릭을 포함한다. 초석 평가와 공통 루브릭을 갖는 것은 범교육청 앵커의 선택을 가능하게 한다. 2학년 영어 종사자들은 각각의 장르에 대한 공통 루브릭을 사용하여 학생들의 분기 작문 시험을 평가하기 위해 정기적으로 만났다. 평가의 일부로, 그들은 주석 달린 모범 예시들을 선택하였다. 한 예로 9학년의 설득하는 에세이가 [그림 3-5]에 나타나 있다. 여백의 주석에 주목하라. 주석된 코멘트는 루브릭으로부터 나왔고 이 예가 모범 예시가 되는 구체적 자질을 확인해 준다.

---

2) 역자 주: 모범 작품의 예시(본보기)라고도 하며 모범적인 수행 기준을 보여 주는 전형적인 작품 기준을 의미함. 6장 260-261쪽 참고.

9학년

주석이 달린 모범 예시
설득적인 글쓰기

학교는 학습하고 지식과 통찰을 얻는 기회의 장소로 여겨진다는 것이 내가 그리스 올림피아(Greece Olympia) 고등학교의 이 수업에서 배운 것이다. 신입생 복도의 타일 바닥 위에서 젖은 고무 밑창이 찍 하는 소리를 거의 내지 않는 비오는 날 아침이었다. 나는 일찍 교실로 향했다.

작가는 적절한 어조를 사용하여 맥락을 형성함으로써 독자들을 끌어들인다.

나는 내가 가장 먼저 도착했을 것이라 생각했다. 하지만 교실에 막 들어서려 할 때 나는 활기찬 갈색 머리, 진, 핑크 스웨터 차림을 한 소녀가 이미 교실로 들어가는 것을 보았다. 젊은 안색만큼이나 부드러운 바닥을 가진 그녀의 신발이 우둘투둘하지 않아, 그녀는 미끄러져 잠시 허공에 매달렸다가 땅으로 곤두박질쳤다. 나는 웃으려고 다시 나와 복도로 갔다.

작가의 형상화 사용은 독자를 위한 문맥 생성을 돕는다.

작가는 생생하고 정밀한 언어를 활용한다.

내가 다시 교실을 들여다보았을 때, 나는 그렇게 넘어진 다음 그녀가 움직이지 못할 것이라고 생각했다. 그러나 그녀는 이미 벌떡 일어나 있었다. 내가 그녀의 강렬한 눈짓을 주목할 때였다. 왼쪽, 오른쪽. 왼쪽, 오른쪽. 그녀는 머리를 빠르게 움직였다. 아무도 없음을 확인한 뒤 그녀는 천천히, 그리고 내가 생각하기에 고통스럽게 그녀의 자리로 걸어갔다.

작가는 효과를 위해 문장 패턴을 다양하게 한다.

그 순간 나는 나 자신을 포함한 사람들이 그들 스스로의 생각이나 욕구보다 다른 이들의 견해와 바람을 더 염려한다는 것을 의식적으로 알아차렸다. 이 소녀는 다른 누군가가 그녀가 심지어 한숨 돌리려고 멈추지 않는 것에 대해 생각할지도 모른다고 염려하고 있었다. "이웃 사람은 뭐라고 생각하겠어?"와 같은 말이 상투적으로 들리는 것은 놀라운 것이 아니다. 몇 년간 사람들은 더 나은 집을 소유하고 더 빠른 차를 사고 더 매력적인 배우자를 갖는 것에 관심을 보여 왔다. 그러나 이런 것들이 자기충족을 줄 수 있는가? 어떻게든 이러한 것들을 갖는 것이 사람들에게 감명을 주는가? 그렇다면 왜 우리는 다른 사람들이 어떻게 생각하는지 왜 신경 쓰는가? 우리는 그냥 그렇게 하도록 배워 왔다. 어린 나이부터 우리는 대부분 우리 부모님, 다음으로 선생님, 감독님, 그리고 친구들을 기쁘게 하도록 가르침을 받아 왔다. 우리가 태어나는 순간부터 다른 이들은 우리가 특정한 방식으로 행동하고 생각하고 가치를 두기를, 우리가 그런 것처럼 외부에 쉽게 영향을 받는 젊은이가 되기를 기대하고, 우리는 흔히 알게 모르게 그것을 따른다.

작가는 주제, 청중, 목적에 근거하여 주장을 뒷받침하고 주장의 설득력을 강화하기 위해 구체적 수사 장치(일화)를 선택하고 썼다.

작가는 통찰을 제공하는 효과적인 해석을 사용한다.

[그림 3-5] 주석이 달린 모범 페이퍼

그리스 센트럴 학교구의 작문 평가 체계에 특별히 주목할 만한 점이 있다. 평가 지도, 작문 루브릭, 모범 예시 답안이 모두 교육청 웹 사이트(http://web001.greece.k12.ny.us/academics.cfm)에 포스팅되어 있다. 모든 직원, 학부모, 학생은 같은 정보에 접근해 왔다. 교육청 작문 평가 체계의 투명성과 접근 용이성은 기대를 명료하게 조성하고 평가의 일관성을 대단히 촉진시키며 탁월함의 본보기를 제공한다.

점점 더 많은 주가 유사한 예들을 그들의 작문 평가 웹 사이트에 포스팅하고 있다. 예컨대, 뉴욕 교육부는 역사 문서 기반 질문의 앵커 예시를 제공한다. 또한 고교심화학습 과정인 선이수제 프로그램(AP)은 AP 교사들에게 학생 예제, 점수 매기기 루브릭, 득점 해설이 담긴 소책자를 제공한다. 존재하는 시스템의 사용은 지역 등급 매기기와 주 수행 기준이 밀접하게 정렬되도록 하고 학생들과 교사들이 필요한 피드백을 보장받을 수 있도록 바람직하게 재구성이 되도록 한다.

음악, 세계어, 시각예술과 같은 교과 영역에서, 몇몇 학교와 교육청은 오디오테이프와 비디오테이프에 담긴 앵커를 모으고 있다. 예컨대, 버지니아 주 페어팩스 카운티 세계어 부서는 수반한 루브릭(분석적, 전체적 양식)에 따라 1, 2, 3, 심화 수준을 위한 모든 교육청 수준의 듣기, 말하기, 읽기, 쓰기 초석 평가를 개발해 왔다(www.fcps.k12.va.us/DIS/OHSICS/forlang/PALS/rubrics/index.htm). 몇 해 동안, 이 교육청 교사들은 교육청 관할에서 가르쳐지는 다양한 언어의 말하기 수행 오디오테이프와 비디오테이프 예제를 수집해 왔다. 그리고 위원회는 각각의 수준에 대한 루브릭을 정착하기 위한 예시를 선택한다. 평가 체계를 정착시키는 데 더불어, 앵커들은 학생들을 지도하고 학부모들에게 정보를 주는 데에 사용될 수도 있다. 국가 수준에서, 미술 AP 평가도 이와 유사한 자원을 제공한다.

요소 7. 학습 활동, 교수 전략, 자원의 제시

교육과정 안내서는 전형적으로 구체적 전이 목표, 가치 있는 과제, 수행 기준과 분리된 교수 지원과 자료를 제공한다. 그러므로 학습 활동은 학습자들이 초석 평가 과제의 성공을 성취하고 전이 관련 수행 기준을 충족할 수 있도록 할 만한 것이어야 한다.

그러한 지침에 따라, 우리는 학생들을 위한 구체적 학습 전략과 수단을 포함한 이해 중심 교육과정을 제안한다. 기준을 충족해야만 하는 것은 결국 학생들이다. 학생들이 최소한의 교사 지휘 아래 수행하고 자기평가하고 자기조정할 수 있는 정도는 성공에서 중대한 요소다. 더욱이 우리는 교육과정이 교사들에게 그러한 구성주의자를 지원하고, 이해의 중심에 있는 반복 학습, 효과적으로 전이하기 위한 학습을 지원하는 수업 절차를 제공해야 함을 제의한다. 다음에서는 그러한 자원에 대한 정보와 예시를 더 제공한다.

학습 전략

모든 활동 분야에서 효과적인 성과는 수행을 신장시키는 구체적 기술과 전략을 사용한다. 올림픽 운동선수는 흠 없는 수행을 마음속에 그려본다. 작가는 비평적 친구로부터의 피드백을 갈구한다. 법학도는 스터디 그룹을 만든다. 코치들은 코치 클리닉에 팁을 공유한다. 바쁜 경영간부는 시간 관리 기술을 연습한다. 학생들 또한 그들의 학습과 학업 과제 수행을 개선시킬 수 있는 구체적 전략으로부터 득을 본다. 예컨대, 생각그물이나 다른 도식 조직자는 학생들이 연결 관계를 알도록 하고, 인지적 읽기 전략은 이해를 증진하고, 브레인스토밍 기술은 아이디어 창출을 돕고, 연상기호는 파지와 회상을 보조한다. 불행히도 그러한 사고와 학습 전략을 스스로 창출하고 사용하는 학생이 거의 없어서 다음과 같은 직접적 수업 모형을 통해 전략이 명백하게 가르쳐지고 보강되어야 한다.

1. 전략의 목적을 소개하고 설명하기
2. 그것의 사용을 본뜨고 증명해 보이기
3. 학생들에게 피드백과 함께 전략을 적용하기 위한 유도된 연습을 제공하기
4. 학생들이 팀 내에서 전략을 독립적으로 적용하게 하기
5. 전략의 적절한 사용과 그것의 효과성을 정기적으로 반성하기
6. 교시 촉진을 점점 줄여 가며 학생들이 선략의 레퍼토리를 전이하는 능력을 평가하기

교육과정과 평가에서 복잡한 수행이 강조됨에 따라, 학생들과 교사들은 핵심 과제 레퍼토리에 대한 학생 통제력 증가가 어떤 특정한 내용 주제보다 우선적임을 이해할 필요가 있다.

전략이 내포된 도구

많은 교사는 사고와 학습 전략을 포스터, 북마크, 시각적 상징 혹은 큐카드 등 실재하는 산출물에 포함시키는 것이 유용하다는 것을 안다. [그림 3-6]은 Marzano의 정점 연구에 기초한 '고성능' 교수 기법의 하나인 비교능력을 강화하는 데 사용된 과정 포스터의 예다(Marzano, 2003). 또 다른 예에서는 중학교 수학 수업에서 학생들이 가르쳐진 6개의 문제해결 전략을 보여 주는 탁상용 스피너를 구성했다([그림 3-7]). 스피너는 학생들에게 문제해결 중에 전략을 사용하는 것의 가치를 실제적으로 상기시켜 준다.

비교 과정

- 두 개 이상의 비교할 것을 선택하라.
- 비교 관점을 확인하라.
- 각자의 관점에서 각각을 독특하게(다르게) 만드는 그러한 특성이나 속성을 확인하라.
- 유사점과 차이점을 기록하기 위해 조직자(예: 세로단, 벤다이어그램, 혹은 표)를 사용하라.
- 이제 여러분이 이해한 것을 요약하라.

도구

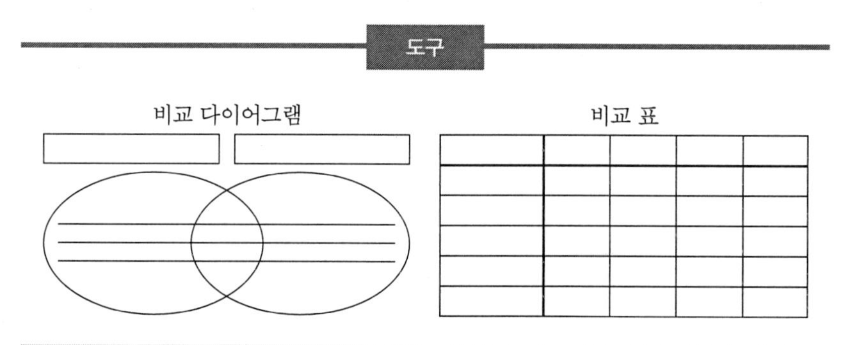

[그림 3-6] **비교 과정 포스터**

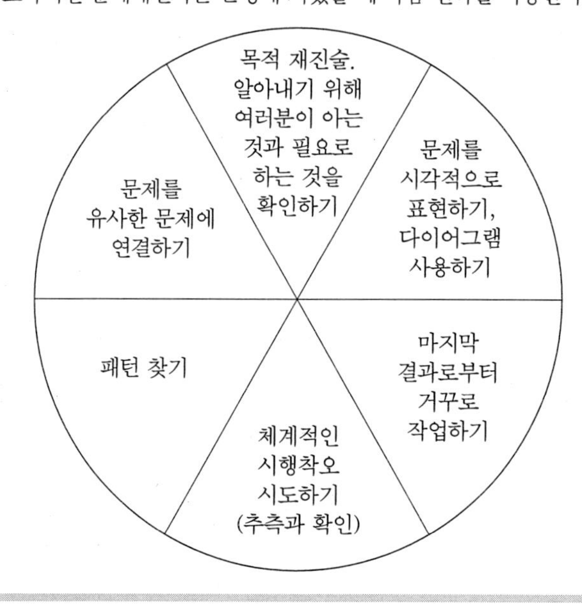

[그림 3-7] **문제해결 전략 휠**

교수 절차

이해와 전이를 위한 교수는 단순히 내용을 커버하는 것이 아니라 학습자가 중요 아이디어에 대한 의미를 구성하기를 요구한다. 다행히도 연구에 의해 입증된 다양한 교수 방법과 기법이 학생들의 내용 이해와 학습 전이를 개발하고 심화시킨다는 것이 밝혀져 왔다.

- 개념 습득
- 협동 학습
- 실험 탐구
- 피드백과 감독
- 도식 표현
- 유도된 탐구
- 문제 중심 학습
- 발문(개방적)
- 상호 교수
- 시뮬레이션(예: 모의재판)
- Socrates식 문답
- 쓰기 과정

우리는 교육과정이 특정 내용과 전이 목표에 적절하도록 이러한 방법과 기법에 분명한 절차적 지시와 제안을 제공해야 한다고 제안한다. 솔직히 이런 접근들은 이해 관련 목표를 성취하는 데 필수적이기 때문에 선택적일 수 없다. 그러므로 교육과정은 이러한 핵심 촉진 기법을 언제 어떻게 사용하는지에 대한 지시를 가능한 한 많이 포함해야 한다. 물론 몇몇 교사는 기법을 완전히 숙달하기 위한 추가의 전문가적 개발을 필요로 할 것이지만 절차는 교육과정에 포함되어야 한다.

'개념 습득'이라 알려진 기법의 그러한 절차 예를 들어 보자. 다음은 교육과정 안내서가 포함해야 하는 것이다.

개념 습득 소개

개념 습득은 구조화된 탐구 과정을 이용하여 주어진 집단 혹은 범주의 예를 예가 아닌 것으로부터 구별하는 귀납적 교수 기법이다. 개념 습득에서 교사는 개념 속성을 포함하는 예와 포함하지 않는 예를 제시한다. 학생들은 정례와 반례를 비교, 대조함으로써 개념 특성 구별법을 알아내려 한다. 이 기법은 모든 학생을 능동적 사고와 의미 구성에 끌어들인다. 신중하게 선택된 예를 가지고 어떤 교과목의 어떤 개념이든지 가르치기 위해 개념 습득을 사용할 수 있다.

개념 습득 절차:

1. 개념을 선택하고 정의한다.
2. 속성을 선택한다.
3. 긍정적, 부정적 예를 개발한다.
4. 학생들에게 절차를 소개한다.
5. 예와 속성 항목을 제시한다.
6. 개념 정의를 개발한다.
7. 추가 예를 제시한다.
8. 학급에서 과정을 논의한다.
9. 평가한다.

다음의 항목은 과학에서 벡터 개념을 얻기 위해 사용한 정례와 반례다.

정례) 강을 헤엄쳐 건너가는 사람

반례) 시속 90km로 움직이는 차

반례) 6시 30분

반례) 100그램의 물체

정례) 천장에 매달려 움직이는 식물 화분의 힘

정례) 시속 30km로 동쪽으로 이동하는 기차

반례) 매일 한 병의 우유를 마시는 어린이

정례) 호스 노즐에서 흘러나오는 물의 움직임

반례) 나비 날개의 잠재적 에너지는 113erg이다.

정례) 신문 배달부의 신문 배달 구역

만약 모든 교육과정 문서가 이러한 명세적 학습 목표와 연관된 유용한 교수 자료를 담고 있다고 상상해 보라!

교육과정 내 관련 자료는 논의되는 전략과 절차를 지원하는 일련의 완성된 순환 도식 조직자와 그 밖의 도구들이다. 교육청은 그러한 자료를 그들의 웹 사이트에 포함하고 있으나 교육과정은 핵심 학습 전략과 가능한 도식 조직자 사이를 분명하게 연결할 필요가 있고, 그렇지 않으면 도구들이 무턱대고 사용될 것이다.

요소 8. 진단평가 및 형성평가

성공적인 감독이나 특별 활동(연보, 오케스트라, 논쟁, 극단과 같은) 스폰서들이 수행 성취를 극대화하는 중요한 수단으로서 진행평가와 계속적인 조정의 중요성을 알아차리는 것처럼, 최고의 교사들도 그러하다. 실제 최근 연구는 효과적인 교사 특성이 학습에 대한 피드백으로서의 진단, 형성평가를 정기적으로 사용하는 것에서 온다는 사실을 확인했다 (Black, Harrison, Lee, Marshall, & Wiliam, 2004).

진단평가

진단평가 혹은 사전평가는 교사가 차별화된 교수를 계획하고 안내하는 것을 돕는 정보를 제공한다. 진단평가의 예는 우선적 지식과 기능 수준, 흥미 조사나 선호되는 학습 양식의 확인을 포함한다. 사전평가가 진단을 목적으로 하므로 결과에 대한 성적을 매기지 않는다.

효율적이지만 강력한 진단평가의 한 종류는 증가 추세의 문헌(예: Gardner, 1991)에서 보고된, 상당한 수의 학생이 교과 내용(예: 더 무거운 물체가 더 가벼운 물체보다 더 빨리 떨어질 것이라는 생각)이나 학습자로서의 자신(예: 나는 그림을 잘 못 그리고 절대 못 그릴 것이라는 생각)에 대해 오개념을 가지고 학교에 오는 우려스러운 현상에 대해 고심한다. 만약 이들 오개념을 확인하고 대처하지 않으면 '좋은' 수업에도 불구하고 계속 유지될 것이다. 존재하는 오개념을 드러내기 위해 교사들은 짧고(20개 이하 항목) 등급이 없는 진위형(true-false) 진단 퀴즈나 학습자 자기평가를 이용할 수 있다. 퀴즈에 포함된 항목은 목표된 학습과 관련된 몇 가지 잠재적 오개념이다. 그들이 문장을 참 혹은 거짓으로 생각하는지 나타냄으로써, 학생들은 교사에게 수업을 통해 다뤄져야 할 어떠한 만연한 오개념에 대한 정보를 준다. (교육과정 내에서 있음직한 오개념을 확인하는 것은 다음에 논의될 문제해결 가이드 요소에서 나온다.)

여기에 켄터키 교육부의 과제 개발에서 쓰인 짧은 오개념 확인의 예가 있다. 그것은 학년 초에 중학교 과학 학생들에게 제시되었다. 그 결과는 교사에게 과학 탐구의 중요한 측면인 독립변인에 대한 학생들의 이해에 관한 귀중한 피드백을 주었다.

> 크리스는 두 가지 얼룩 제거제 중 무엇이 좋은지 결정하고 싶다. 먼저, 그는 얼룩 제거제 A를 과일 얼룩과 초콜릿 얼룩이 생긴 티셔츠에 테스트해 보았다. 그런 다음, 그는 얼룩 제거제 B를 잔디 얼룩과 먼지 얼룩이 생긴 청바지에 테스트해 보았다. 그리고 그는 결과를 비교하였다. 크리스가 어떤 얼룩 제거제가 좋은지 결정하기를 어렵게 만드는 오류가 무엇인지 설명하라.

이해 중심 교육과정은 교사들이 오개념 확인을 일상적으로 교수에 집어넣을 수 있도록 구체적 내용 오개념 확인을 포함할 것이다.

수업 전후 평가에 대해 생각하는 실제적 방법은 같은 본질적 질문이나 단원과 코스의 시작과 끝 지점의 질문을 이용하는 것이다. 이와 유사하게, 개방형 전이 과제나 즉흥적 쓰기를 사용하는 것은 핵심 장기 목표를 성취해 가는 중요한 진보(혹은 진보의 결여)의 측정을 제공한다.

형성평가

형성평가는 수업과 동시에 발생한다. 이들 진행평가는 교수를 안내하고 학습을 증진시키는 구체적 피드백을 제공한다. 형성평가는 공식, 비공식적으로 등급 매기지 않는 퀴즈, 구두 평가, 관찰, 초안 원고, 생각 말하기, 학생이 구성한 개념 지도, 총연습, 동료 반응 집단, 학습 일지, 포트폴리오 리뷰와 그 밖의 많은 것을 포함한다. 비록 결과가 기록되지만, 우리는 이들 결과가 총괄평가와 성적 산출 요인으로 포함되지 않기를 권고한다(우리의 학습 원리에 나오는 부담 없는 연습의 요구처럼).

우리는 그러한 더 나은 교육과정 설계와 수업의 중심적 측면으로서의 형성평가의 중요성을 대단히 강조한다. 최대한 효과적으로 학생 성취를 이루기 위해 교육과정에 형성평가를 설계하고 수행 목표를 충족하는 피드백을 이용해야 한다. 내용 커버하기로 불리는 것에서 그러기를 실패한 것은 역설적으로 결과에서 더 적은 학습을 이끌어 내고, 그런 이유로 시험에서의 낮은 성취를 이끈다(비록 이것을 진정 믿는 교사들이 거의 없지만). 그러나 학습에 대한 연구는 꽤 명확하다. 대단히 큰 성취를 하려면 피드백을 받고 그것을 실러버스로서 사용할 기회가 요구된다(Black & William, 1998; Bransford, Brown, & Cocking, 2000). 이것은 당신이 다음에 대해 생각해 볼 때 이해가 된다. 누가 알아듣고 있고 누가 그렇지 않은지 알아내지 않고 가르칠수록, 원래 할 줄 알던 학생들만 성공할 가능성이 커진다.

유사하게 하버드 학부생 교육에 대한 다년간의 조사인 하버드 평가 세미나라는 표제의 Richard Light(2001)의 연구는 적절한 피드백과 그것을 사용할 기회는 가장 효과적인 코스의 특징이라고 언급한다.

> 나는 학생들이 상대적으로 학기말까지 퀴즈와 시험 그리고 과제가 거의 없는 코스인, 그들이 그들 고유의 페이스대로 활동할 수 있는 코스를 선호할 것이라 기대했다. 또 틀렸다. 대다수의 학생은 상대적으로 많은 퀴즈와 짧은 과제가 있는 고도로 구조화된 코스에서 의미심장하게 더 많이 배운다고 말한다. 수행에 중요한 것은 교수로부터 빠른 피드백을 받는 것이다(p. 8).

그가 요약한 원문 보고서에서 Light(1990)는 말하고 있다.

> 중요한 것(이것은 계속해서 중요한 것으로 등장함)은 빠르고 자세한 피드백의 중요성이다. 학생들은 코스를 효과적으로 만드는 가장 중요한 재료 하나가 평가와 퀴즈에 대한 빠른 반응을 얻는 것이라고 압도적으로 보고한다. 학생들은 특정 코스에서 즉각적인 피드백을 얻

> 는 것이 가능하기를 주장한다. 그들은 교수가 훌륭한 대답의 예시를 나눠 줘야 한다고 주장한다. 두 번째로…… 압도적인 다수가 초기 버전의 작품을 제출하고, 자세한 피드백과 비평을 얻고, 최종 수정된 버전의 작품을 제출할 기회를 가질 때 최고의 학습이 발생한다고 확신한다……. 많은 학생은 그들의 가장 인상적인 학습 경험이 그러한 기회가 일상적 방침인 코스로부터 온 것을 보았다(p. 24).

진단평가, 형성평가를 교육과정 문서 내에 포함시키고 어떻게 그 결과를 교육과정 조정에 사용할지 조언함으로써, 학교와 교육청은 그러한 연습이 효과적인 교수를 지원하고 사용되어야 함을 신호한다.

요소 9. 차이점의 인정과 그에 대한 적절한 제시

우리는 단지 내용이 아닌 사람을 가르친다. 그리고 사람들은 선행 지식, 흥미, 재능, 선호하는 학습 방법에서 차이가 있다. 학습자의 특성과 요구에 대해 더 많이 이해할수록 우리는 학습을 극대화하는 맞춤형 수업을 더 잘 할 수 있다. 그러므로 적절한 의학적 치료 계획을 처방하는 신체검사처럼 진단평가는 중요하다.

앞 절에서 논의한 것처럼, 효과적 교육과정은 교사가 학생들의 준비도, 흥미, 학습 선호 양식을 알도록 하는 사전평가와 필요한 교수 조정을 알려 주는 진행 중 평가를 포함한다. 교사들이 이 정보를 모으고 적절한 때 근거로 사용하도록, 교육과정은 학습되는 것을 어떻게 수집하고, 진단하고, 적용하는지 명시해야 한다. (그리고 학교 일정은 교사들이 학습 코스를 시작할 때 찾은 것의 실행에 대해 논의하도록 팀이 만날 시간을 포함해야 한다.) 이러한 정보를 가지고 있을 때 민감한 교사는 다양한 학습자 요구를 만족시키기 위한 다양한 교수 전략을 사용할 수 있다.

- 유연한 집단 구성: 지식과 기능 수준, 흥미, 학습 선호에 기초함
- 수준별(tiered) 활동: 학생들이 복잡성, 추상성, 개방성에서 다른 수준으로 본질적 이해와 기능에 초점을 두게 함
- 다지기: 학생들이 이미 아는 것과 그들이 알지 못하는 것의 기록을 포함하는 사전평가 자료에 근거한 다양한 수준의 과제
- 학생 선택: 내용, 과정, 산출물에 대한 적절한 학생 선택을 허용
- 개인별 계획: 특정 학생이 명시된 시간 내에 완료해야 할 과제의 목록
- 학습 계약: 학생에게 기능과 이해 습득에 있어 자유를 조금 제공하는 학생과 교사 간 협상된 동의
- 소집단 활동: 집단 성취를 극대화하는 학생들의 요구와 힘에 의지한 활동
- 독립적 연구: 핵심 기준에 의해 정렬된 조사

우리는 차별화 수업을 위해 바라는 결과와 직접적으로 연관되고 구체적인 제안(조사와 사전 테스트, 그리고 그 결과에 근거하여 다가오는 활동이나 활동의 수정을 계획하기 위해 그 정보를 어떻게 사용하는지를 포함)이 교육과정 내에서 제공되어야 한다고 권고한다. 물론 교사들은 학습자, 그들이 일하는 독특한 교실 맥락에 근거하여 전문가적 판단을 사용하도록 장려된다. 하지만 교육과정이 증명된 아이디어의 원천을 제공하여, 교사들이 혼자서 학생 다양성과 사투를 벌이지 않도록 해야 한다. 교사, 팀, 그리고 지도자 직업 서술의 요구되는 부분으로 만들어진 진행 중인 활동 연구는 시간을 들여 이들 정보를 모을 것이다. 우리는 이것과 직업 서술의 다른 변화를 다음 몇몇 장에서 논의할 것이다.

〈표 3-15〉 수학과 과학 수업에서의 학생 통합을 지원하는 아이디어

• 추상적인 개념(예: 무게, 넓이, 에너지, 모양, 차원, 힘)을 가르치기 위해 구체적인 물체와 조작물을 사용하라. • 학생들에게 활동이나 전체 과제를 완성하기 위해 필요한 단계의 목록을 제공하라. • 문제해결 전략(예: 그림 표현 사용하기, 누계 기록하기, 차트 만들기, 문제를 단순화하기)을 가르치고 모범을 보이라. • 기본적 문제해결 전략 차트를 교실에 걸라. • 학생들의 핵심 어휘와 기능에 대한 이해를 점검하라. • 학생들이 문제/과제를 그들의 언어로 평가하도록 하라. • 학생들이 복잡한 문제/과제를 구체적 단계나 하위 부분으로 쪼개도록 도우라. • 학생들이 수학/과학 상징과 작전/과정을 구별하도록 돕는 색 부호화를 사용하라. • 학생들이 적절한 작전을 안다는 것을 증명하는 도구로서 연습 문제 계산을 수행하기 위해 계산기 사용을 허용하라. • 학생들이 그들의 진보를 관찰하고 오류를 확인하는 활동을 할 때 단계를 표현하도록 하라.

출처: Maryland Assessment Consortium.

특수교육 학생(SPED)과 영어 습득 중인 학생(ELLs)이 한 반에 있을 때, 교육과정은 이 학생들을 적응시키기 위한 구체적 제안을 제공해야 한다. 따라서 SPED와 ELL 두 분야의 전문가가 교육과정 개발 내용 팀과 함께 일하기를 권한다. 〈표 3-15〉는 수학과 과학의 통합을 위한 특별한 아이디어가 있는 파트너십의 예다.

요소 10. 문제해결 가이드

당신이 웹 브라우저나 워드프로세서를 쓰다가 어려움에 처했을 때 가장 먼저 하는 것은 무엇인가? 당신은 아마도 흔하게 묻는 질문(FAQs)이나 소프트웨어 매뉴얼 혹은 지원 웹 사이트의 도움말 부분을 찾아볼 것이다. 최고의 소프트웨어조차도 당신이 그것으로 하고 싶어 하는 대로

하지 않는다는 것은 불가피하다. 때때로 당신은 문제해결 가이드가 필요하다. 그것은 교육에서도 그렇다. 최고의 단원과 설계와 수업 지도안도 완벽할 수는 없다. 불가피하게 최고의 수업에서도 일이 계획된 대로 되지만은 않는다. 대다수의 학생이 이해하는데도 몇몇은 그렇지 않을 수 있다. 그러면 어쩔 것인가? 속도에 성실하게 신경 쓰는데도 학생들이 주요 과제를 완성하도록 하는 데 시간이 모자랄 수 있다. 무엇을 해야 하는가? 바로 교육과정이 베테랑 교사와 경력 있는 교육과정 사용자의 축적된 지혜를 포착하여 제공할 필요가 있을 때다. 교육에서 우리는 여전히 FAQs, 헬프데스크, 혹은 하드웨어 문제해결 가이드 같은 것들을 세우지 않고 있다. 결과 중심 교육과정에서 그러한 가이드는 매우 중요하다.

교육과정을 위한 문제해결 가이드는 무엇을 포함할 것인가? 〈표 3-16〉은 문제해결 가이드를 개발하기 위한 일반적 매트릭스를 제시한

〈표 3-16〉 학업 문제해결 가이드 표

문제	가능한 원인	가능한 해결 방법
이해하기 어려운 개념 (예: 인수분해)		
예상 가능한 학생 오개념 (예: 더 무거운 물체가 더 빨리 떨어짐)		
기능 수행에서의 흔한 오류 (예: 공을 친 뒤 팔을 쭉 뻗는 마무리 동작을 안 함)		
학생들이 혼동하거나 지겨워하는 교육과정 부분 (예: 문법 규칙)		
단원/코스가 끝나기 전에 수업 시간이 부족함.		
목표와 잘 정렬되지 않는 자료 (예: 교재)		
다른 이들이 끝내기 전에 몇몇 학생이 일찍 끝냄.		
ELL 학생의 글을 읽지 못하는 능력		

다. 우리는 특정 개념과 기능을 가르칠 때 마주할 만한 문제의 가능한 원인과 결과를 확인할 수 있는 베테랑 교사의 경험에 근거하여 표가 완성되기를 제안한다. 예상치 못하게 지연되고 옆길로 샜음에도 불구하고 핵심 학습 목표가 성취되었다면 어떤 후속 단원이나 차시를 줄이거나 건너뛰는지에 대해 조언할 수도 있다.

이 장에서 우리는 가치 있는 성취를 학문 내 그리고 간학문에서 이끌어 내도록 설계된 장기적, 결과 중심 교육과정의 10개 요소를 설명했다. 그러한 바라는 결과로부터 백워드로 설계함으로써 우리는 중요 아이디어, 질문, 순환 과제가 일관성 있게 나선형으로 조직되도록 할 수 있다.

이 장에 제시된 아이디어는 이해와 전이에 초점을 둔 성취 중심 교육과정의 필수 요소에 대한 우리의 개념을 반영한다. 몇 가지 요소(기준에 대한 교육과정 매핑 같은)는 친숙하며 많은 교육청에 이미 존재한다. 몇 가지(빅 아이디어와 본질적 질문을 위주로 기준을 구성하는 것 같은)는 보다 흔해지고 있다. 다른 것들(초석 평가 개발, 공통 루브릭, 앵커 같은)은 상당한 노력을 요한다. 그리고 몇 가지 요소(문제해결 가이드 같은)는 현재 교육과정 문서에 대체로 부재한 것들이다.

추신: 교육과정 기준

독자들이 얼마나 이들 아이디어에 흥미를 가지든 간에 우리가 교육과정 개발을 가르치는 방법 쓰기 단계로 대하면 여기서 설명한 교육과정 유형은 대성할 수 없다. 최근 생겨난 교육과정 문서는 피드백과 결과에 근거하여 생산되고, 자기평가되고, 동료 평가되고, 예비 시험되고 수정되는 명확한 절차와 기준이 필요하다. 현재 상태로는, 교육과정 집필은 우리가 전달한 것을 정확히 실행하는 것이 아니라 저자들이 쓰기를 끝낼 때 끝난다. 우리는 교육과정이 분명한 설계 기준을 충족하고 학습자들에게 효과 있음을 증명할 때 진정으로 완성된다고 주장한다.

[그림 3-8]은 교육과정 설계 과정의 완전한 사이클(cycle)을 보여 준다. 이 교육과정 절차는 단지 쓰기 단계로서, 다양한 개관과 수정 기회를 포함함을 알아차리는 것이 중요하다. 에세이나 내러티브처럼, 학업 지도자들은 교육과정 개발 과정에서 세 가지 중요 요소를 세워야 한다. (1) 루브릭(설계 기준)과 모형(교육과정 예시), (2) 자기평가, 리뷰, 실지 시험 절차와 일정, (3) 내포된 피드백과 결과에 근거한 수정 기회다. 그러한 과정은 교사들이 교육과정에 대해 이해하고 소유하며 학생들이 더 잘 이해하고 배운 것을 전이하도록 만든다.

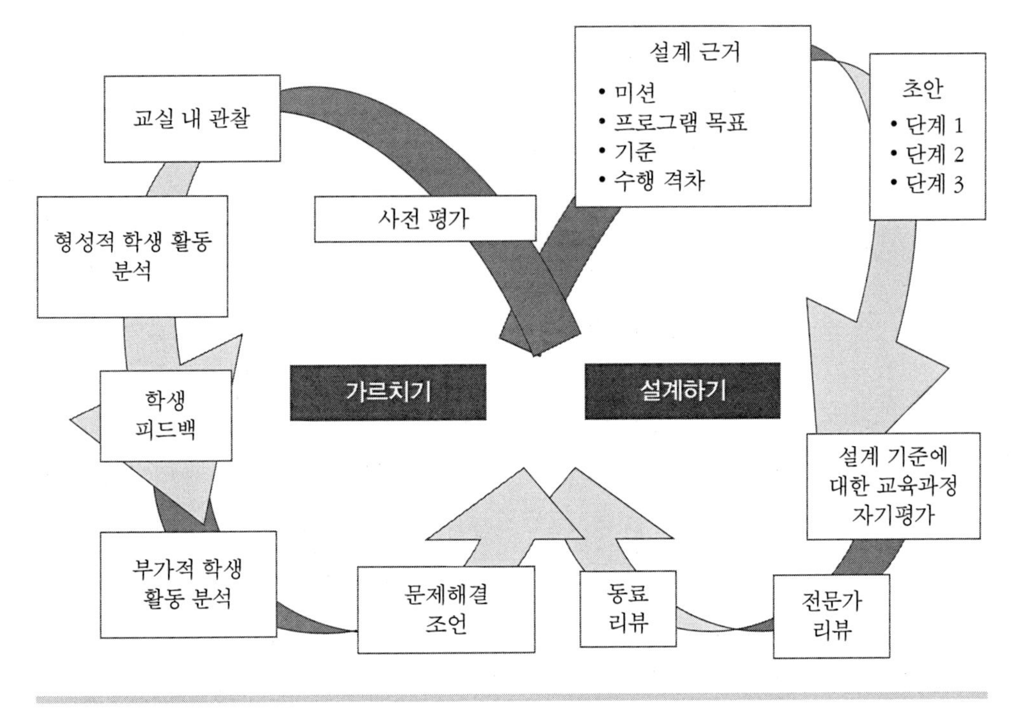

[그림 3-8] **교육과정 설계 사이클**

출처: Wiggins & McTighe(2005). 허락하에 각색함.

실행을 위한 아이디어

우리는 야심 찬 계획안이 위압적일 수 있음을 알아차렸다. 다음에서 용기를 얻으라. 크게 생각하고 작게 행동하라. 열심히가 아니라 똑똑히 일하라. 여기 마련된 전략적 제안에 근거하여 시간이 흐름에 따라 미션 중심, 결과 중심 교육과정을 구성해 가는 도전을 시작하기 위한 관련 권고 사항이 있다.

- 크게 생각하고 비전으로부터 백워드로 계획하라. 이 장에서 설명된 유형의 주요 교육과정 재구성은 완전히 실행되는 데 5~10년이 걸린다. 업무량이 압도적으로 많아 보이지만, 교육 지도자가 비전을 개발하고 장기적으로 보는 것은 중요하다. 그리고 비전으로부터 백워드로 계획하라.
- 작은 것부터 시작해서 초기 성공을 이루라. 너무 많은 것을 너무 자주 물지 말라. 실현 가능한 목표(한 교과 분야의 지도 혹은 작문이나 문제해결 같은 일반적인 수행 분야를 위한 공통 루브릭 개발 등)로부터 시작하라. 몇몇 교육청은 기존의 교육과정 개정 사이클(예: 각각의 교과 교육과정이 적어도 7년에 한 번은 수정되는)을 가지고 있고 따르기에 타당하다. 초기 성공은 개요가 서술된 개혁에 대해 준비되어 있고 의지가 있고 할 수 있는 그들 교과와 교육과정 위원회와 함께 출발하기를 제안한다. 다시 한 번, 10개 요소를 한꺼번에 억지로 실행하려고 하지 말라. 성공적으로 성취할 수 있을 것이라 생각되는 것부터 시작하라. 이른 실패는 회복하기 어려운 반면 성공은 성공을 낳는다. 교육과정 진보를 감독하고 성공을 축하하며 다음 단계를 목표로 두기 위해 〈표 3-17〉을 이용하라.

• 공동 작업물과 기술을 통해 똑똑하게 작업하라. 교육과정 10개 요소는 몇몇 분야의 양호한 기능을 요구한다. 심오한 학문적 지식, 내용의 실제 삶 적용에 익숙함, 넓은 교수 경험, 효과적인 글쓰기와 편집 능력 등. 이들을 모두 갖춘 교육자가 드물기 때문에 대부분의 교육청은 교육과정 집필 팀을 확립한다.

〈표 3-17〉 교육과정 향상도 모니터링

어느 정도로 교육과정이……	입증됨	완성됨	부분적	아직 아님
1. 세워진 내용 기준, 벤치마크, 수행 지표를 포함하는가?				
2. 이해와 본질적 질문 측면에서 내용의 '빅 아이디어'를 구성하고 있는가?				
3. 개념적 사고 흐름을 보여 주기 위한 프로그램, 코스 수준의 지도를 포함하는가?				
4. 초석 수행 평가(즉, 실제적 수행 과제)를 포함하는가?				
5. 초석 평가 과제에 대한 공통 루브릭을 포함하는가?				
6. 초석 평가 과제에 대한 '고정 장치'(활동 예)를 포함하는가?				
7. 목표된 내용에 대한 구체적 진단, 형성평가를 포함하는가?				
8. 제안된 교수 절차(예: 개념 습득), 학습 자료(예: 이론이 내포된 도구), 지원 자료(예: 웹사이트)를 제공하는가?				
9. 특수한 인물(특수 학생, ELL, 영재아)과 학생 다양성(준비성, 흥미, 학습 이력)을 다루기 위한 차별화에 대해 구체적 아이디어를 제공하는가?				
10. 코스 특유의(혹은 단원 특유의) 문제해결 가이드를 포함하는가?				

기호 설명: 입증됨=내부, 외부 리뷰에 의해 완성되고 입증됨; 완성됨=완료되었으나 아직 내부, 외부 리뷰에 의해 입증되지 않음; 부분적=미완성되고 리뷰되지 않음; 아직 아님=완성되지 않음.

이 과정은 성공적으로 작업을 착수하기에 충분한 자원, 전문가, 혹은 직원이 없을지도 모르는 작은 학교나 교육청에는 일부 도전으로 보일 수 있다. 그런 경우에 우리는 합작으로 교육과정 결과물을 개발하고 공유하기 위한 지역 교육과정 설계 협회를 만드는 것의 이익을 봐 왔다. 종종 더 작은 교육청과 학교가 교육적 서비스 기관으로부터 제공받고, 이들 조직이 그러한 지역 협회를 용이하게 잘 해낸다. 결과적으로 우리는 같은 주 기준을 향해 작업을 하도록 되어 있고, 다른 이들도 하고 있는 같은 작업을 고립되어 하는 것은 이치에 맞지 않다.

고맙게도 이제 우리는 인터넷과 강력한 검색 엔진에 접근하기 때문에 (교육과정) 휠의 다른 이미지를 보여 줄 필요가 없다. 오늘날의 교육가들은 많은 교육과정 요소 분야의 이해와 본질적 질문, 교육과정 매핑, 수행평가 과제와 루브릭, 교수 · 학습 자료를 포함하는 훌륭한 자원을 제공하는 수많은 웹 사이트에 접근함으로써 영리하게 일할 수 있다.

수행 중심 교육과정의 구체적 요소들을 설명하였고 이제 우리는 4장에서 우리의 삶의 비전에 가져올 필요가 있는 필수 역할과 직업 서술로 넘어간다.

제4장

어떻게 하면 가르치는 일을 적절하게 객관화할 수 있는가

규칙은 반드시 성스러울 필요는 없다. 하지만 원칙은 그러해야 한다.

—Franklin D. Roosevelt

만약 내용을 가르치는 목표가 이해와 전이 가능한 수행에 있다면, 그리고 교육과정이 이와 같은 미션을 구체화할 수 있도록 틀을 다시 갖추게 된다면, 우리가 바라는 결과로 나아갈 수 있는 교수적 행로(instructional path)는 어떠해야만 하는가? 이미 지적했듯이, 수업에 관한 질문에 대한 대답은 우리의 개인적 관점이나 선호도나 수업에 대한 믿음으로부터가 아닌, 바로 그 목표 자체에서 도출되어야 한다. 즉, 학교교육은, 수업에 관한 방침이 (1) 학교의 학습 목표에 대한 분석과 (2) 이해를 위한 학습에 대한 견실한 원리에 기초한다면, 궁극적으로 '설계에 의해' 성공한다. 안타깝게도 대부분의 학교 교직원은 어떠한 목표가 필요한지, 학습을 위한 '최선의 실천'은 무엇으로 구성되어 있는지에 대한 전문적인 합의에 이르지도 않았고 합의에 도달하도록 요구받지도 않는다. 그래서 수없이 많은 검증되지 않은 좋지 못한 교수 습관이 세대를 거쳐서 전달되어 왔다.

사실, 교사 개개인이 스스로 어떻게 가르칠 것인가를 결정하는 것이 가장 '전문적'이라는 관점은 학교교육과 개혁을 방해하였다. 그 결과, 단순히 체계적이지 못한 검증되지 않은 여러 수업 방법이 난무하기도 했지만(마치 여전히 200년 전 모든 의사가 의학은 그러해야 한다고 생각했던 것처럼), 더욱 심각한 것은 수업하는 것에 대한 모든 비판을 교사에 대한 공격으로 받아들인다는 것이다. 우리는 요즈음 수업이 너무 개인화되었다고 본다. 소위 가장 좋은 실천에 대한 공유된 기준이 없고, 학습 목표에 대한 철저한 분석이나 장기적인 학습 결과가 부재한 상태에서 교사들은 단지 자신의 개인적인 믿음, 습관과 스타일을 지나치게 강조하기만 한다. 수업에 대한 모든 비판으로 인해 자연히 우리는 이러한 메시지에 저항하거나 방어하게 된다. (결국 비평가들은 우리의 믿음에 대한 그들 자신의 개인적 믿음에 의지할 뿐이다.)

이에 대한 우리의 반응은 그러한 논의가 매우 혼란스럽다는 것이다. 가르친다는 것은 우리 모두 각자의 교실에서 독특한 맥락 속에서 일하는 것이라는 면에서 '개인적'이다. 하지만 교수 효과성이라는 것은 우리가 축구를 코치할 때의 최종 경기 점수만큼이나 비개인적이다. 절대로 개인적으로 공격하는 것은 아니지만, 우리가 4:0으로 졌다면 잘한 것처럼 보이지는 않는다. 따라서 '개인적으로 공격하는 것은 아니지만……'이라는 것은 '설계에 의한 학교교육(schooling by design)'을 하는 것에 대한 일종의 경구로 생각하게 만든다. 왜 그러한가? 왜냐하면 목적이 명료하고 그 목적에 전념하게 될 때 우리는 축구, 의학, 음악 밴드, 요리에서처럼 수업 방법과 계획이 개인적인 것과 관련 없이 효과적인지 그렇지 않은지를 판단할 수 있게 되기 때문이다. 우리가 종종 어린이 야구단원들에게 "심판이 너를 싫어하거나 다른 팀을 더 좋아해서 그런 것이 아니다. 심판이 네 발이 베이스에 태그를 한 다음 들어오는 것을 보았기 때문이다."라고 말한다.

전문적인 관점은 '결과가 무엇인가?'이지, '내가 개인적으로 무엇을 열심히 하려고 했는가?'가 아니다. 일반적으로 하는 질문은 '어떤 것이 효과가 있었나?'이지 '교사 개인의 수업에 대한 철학은 무엇인가?'가 아니다. 전문가들은 결과를 다룬다. 그들은 원리나 최선의 실천에 반하는 자격증을 가지고 있지 않다. 그들의 전문적 재량은 전략적으로 창의적으로 혁신하는 능력이지만, 여기에는 그들이 따라야 할 기대하는 결과가 있고, 또 그 분야에서 그러한 결과를 가져오는 것으로 받아들여지는 일반적인 방법으로 인정된 최선의 실천과 원리가 있다는 전제 조건이 있다.

이러한 객관화가 왜 좋은 것인가? 좋은 수업, 학습, 평가, 성적 내기 등에 대한 기본적인 불일치가 (객관적인 미션과 관련된) 학습에 대한 공통의 믿음으로 돌려지지 않는다면, 학교에서의 의사결정을 위한 합리적 근거가 없어지기 때문이다. 학생과 교직원이 자신이 하는 일이 개인적으로 비판받거나 모욕당한다고 느끼면, 변화는 일어나지 않는다. 합의에 의해서 성립되는 변화는 우리가 믿는 것, 우리가 변화를 일으키고자 하는 것, 그리고 우리 행동의 효과 간에 불일치가 있다는 사실을 인식할 때에만 일어날 수 있다.

따라서 학교교육은 일련의 공유된, 학습에 대한 지역의 기준(local standards)을 잘 알고 있어야만 한다. 미션 진술문, 관련된 프로그램 목표, 그리고 그러한 목표에 근거한 보다 정교화된 교육과정 이외에도, 만약 교직원이 미션, 연구, 그리고 최선의 실제로부터 학습의 원리를 끌어내어 만들고 받아들인다면, 학교교육은 일관성 있고 효과적으로 이루어질 수 있다. 그러한 원리들은 우리가 어디쯤에서 반드시 동의해야 하는지, 어디쯤에서 동의하지 않아도 되는지 합의하게 만든다. 공통의 객관적인 원리들이 없으면 모든 교사는 너무도 쉽게 모든 방법과 결과를 합리화할 수 있게 된다. 우리가 따라야 할 교육적 의무와 자율이 무엇인지에 대한 명백한 지침이 있어야만 진도 나가기의 관습에 반대로 움직이고, 수업과 학습에 대한 논쟁들을 해결할 기반을 지니게 된다.

다시 말하자면, 설계에 의한 학교교육을 추구하는 개혁의 기본 논리(비전과 현실의 간극의 해소)는 작동 중이다. 여기서는 작동하지 않는, 즉 효과적이지 않은 교수적 접근을 변화시키고자 하는 우리의 내적 동기를 높이고자 이 말을 사용한다. 원리들은 우리가 기대하는 성취(그리고 각 성취에 대한 지표)를 반영한다. 지속적인 실행 연구는 이러한 원리를 염두에 둔 현 실제를 보여 준다. 그리고 이를 통해 교사는 그 분석에 기초하여 전문적 향상을 위한 지속적인 계획을 가지게 된다.

학습에 대한 원리 원칙

사전적 정의에 따르면, '학습하다(learn)'라는 단어는 '지식과 이해를 획득하거나 숙달하는 것'을 의미한다. 학습한다는 것은 성취하는 것이지 단순히 활동이나 과정이 아님에 주목할 필요가 있다. 학생이나 교사가 '학습'했지만 '이해'하지는 못했다는 것은 말이 되지 않는다. 이와 마찬가지로 교사가 "나는 학생들을 가르쳤지만, 학생들은 배우지 못했다."라고 말하는 것도 어불성설이다. 만약 학생들이 프로그램과 학교 목표를 달성하지 못하면 이에 대한 방어로 "학생들이 내 앞에서는 학습을 했어."라고 말하는 것도 맞지 않다. 학습에 대한 원칙이 필요한 것은 전통적인 학교의 교수와 수업이 너무도 많은 경우에 우리가 추구하는 성취를 만들어 내지 못하고, 가장 흔히 사용되는 수업 방법의 경우 대부분 이해와 기대하는 사고 습관(habits of mind)을 산출해 내지 못하기 때문이다. 다른 말로 하면, '피상적 수업'과 '재미있지만 목적이 없는 활동들'이 너무도 흔해서, 우리는 그러한 문제들을 교육자로서 우리의 진정한 의무가 무엇인가를 상기시켜 주는 원리(그리고 이를 가능하게 해 주는 지원 체제와 정책)에 비추어 우리의 좋은 의도와 교육 경력에 관계없이 해결하는 형식적이고

의식적인 노력을 해야 한다.

우리가 제안하는 학습에 대한 원리는 학습에 대한 최근의 연구, 교육과정 설계와 이해를 위한 수업에 대한 우리의 작업, 미션-비판적인 과제의 분석에 기초한다(American Psychological Association, 1995; Brandt, 1998; Resnick, Hall, & Fellows of the Institute for Learning, 2001). 이러한 결과물은 우리에게 '피상적 수업'과 목적이 없는 활동들은 비록 많은 학교에 만연해 있지만 수업의 목표가 되어서는 안 된다는 것을 확실히 보여 준다.

학습에 대한 원리 원칙들

1. 학교학습의 주요 목적은 유창하면서도 유연한 전이(지식과 기능을 성공적으로 활용하여 중요한 상황 속에서 가치 있는 과제를 수행하는 것)에 있다.
2. 이해의 필수요건인 몰입된 지속적 학습을 통해서 학습자들은 자신이 공부하는 것의 가치를 알고, 의미 있는 도전에 부딪혔을 때 자존감이 향상되었음을 느낄 수 있어야 한다.
3. 성공적 전이의 관건은, 도전을 맞이하고 새로운 경험을 이해할 수 있도록, 단절되어 있거나 활성화되지 않은 사실 · 기능 · 경험을 연결시켜 주는 빅 아이디어를 이해하는 것에 있다.
4. 이해는 학습자가 아이디어의 힘을 깨닫는 것이다. 이해는 주어지는 것이 아니다. 이해는 학습자들이 스스로 의미를 파악하는 데 있어서 아이디어의 힘을 알아차릴 수 있도록 조장하는 것이다.
5. 학습자는 학습 목표의 우선순위에 대해 명백하고 명료하게 알고 있어야 하고, 그 학습 목표를 어떻게 충족하는지 학습의 결과물과 우수성의 기준의 측면에서 실질적으로 이해해야 한다.
6. 학습자가 목표를 이해하고, 질적으로 우수한 결과물을 만들어 내

고, 높은 기준을 만족하기 위해서는 주기적이고 시기적절한, 학생에게 친숙한 용어로 제공되는 피드백이 있어야 한다.

7. 이해는 전이와 반성을 요구하는 활동과 평가를 통해서 이전에 배운 것을 새로운 상황과 과제에 적용하고자 할 때, 정기적인 반성, 자기평가, 자기조정에 의해서만 획득될 수 있다.
8. 깊이 있게 이해하는 능력은 무엇인가를 새롭게 생각하는 능력(그리고 이와 관련된 다른 사고 습관)에 깊이 의존한다. 왜냐하면 어떠한 통찰력이건 대개 이전의 아이디어를 정제하는 것이 요구되기 때문이다. 생각을 재고하는 의지와 능력은 기존의 가정이나 습관에 문제를 제시하기 위해서 믿을 수 있고 지원적인 환경을 필요로 한다.
9. 이해와 전이를 성취하는 데에는, 생각하고 다시 생각해 보고, 자신의 평소 안정 수준을 넘어서도록 스스로를 밀고 나아가고자 하는 의지가 요구된다. 따라서 학습자들은 지적인 도전을 하고 기존의 가정과 습관에 이의를 제기할 수 있는 믿을 수 있고 지원적인 환경을 필요로 한다.
10. 학습은 그것이 개인화되었을 때 향상된다. 즉, 학습자의 관심, 선호도, 강점, 기여, 사전 지식은 충분히 존중되어야 한다.

이러한 원칙은 '이해를 위한 학습'이 무엇을 의미하는지, 이를 위해서 무엇이 요구되는지를 명료화해 준다. 성공적인 학습은 학습자 각자가 새로운 의미를 파악할 수 있도록 도움을 받아 보다 숙달되게 하는 것을 의미한다. 그리고 성공적인 교수는 이를 달성하기 위해 교육 내용을 도구와 경험으로 전환시키는 것이다. 학습에서의 경험은 학생이 그 경험을 사용하여 가치 있고 도전적인 과제에서 보다 유능해질 수 있을 때에만 성공적이었다고 할 수 있다. (이러한 경우에 학생들은 인내심과 효능감을 가지게 된다.) 학습자는 이해를 획득하고 오해를 극복하기 위해서 이를 사용하는 기회와 많은 피드백을 필요로 한다. 만약 수업 시간 대부분을 학생들이 이해하고 자신의 이해를 검증하는 기회로 활용하기보다 단순히 '가르치는 데'에만 치우친다면 제대로 활용한 것이 아니다. 그리고 어떠한 학습이건 그것이 효과적이기 위해서는 개인화가 요구된다. 학습자의 강점, 약점, 필요, 흥미를 염두에 두고 학생들을 코치해야 한다.

학습에 대한 위와 같은 원칙은 임의적이거나 근거가 없는 것이 아니다. 최선의 실천뿐 아니라 어느 수준에서는 상식적인 것을 반영한다. 하지만 우리는 교육적으로는 매우 중요한 아이디어가 학교가 전통적으로 운영되어 온 방식으로 인해 제대로 실현되지 못했다고 생각하기 때문에, 이러한 학습에 대한 원칙을 보면서 미션과 일상적인 학교의 실제 사이, 그리고 우리가 믿는다고 말하는 것과 우리가 실제로 학교에서 하는 것 사이의 매우 큰 간극을 느끼게 된다.

안타깝게도 학교는 대체로 이러한 간극을 좁힐 수 있게 조직되어 있지 않다. 따라서 학습에 대한 원칙과 이를 지속적으로 실현하기 위한 정책은 교육에 대한 논쟁을 해결하기 위한 원천이면서 실제로 이루어지는 수업에 대한 자기평가 및 동료 평가를 위한 원천이 되어야 한다.

이러한 원칙은 모든 이에게 의무를 지운다. 이것은 처방책이라기보다는 제안이다. 표준화가 아닌 안내하는 기준을 제공한다. 옛 민요의 가사를 빌리자면, '강물이 흐르기 위해서는 둑이 있어야 한다'. 원칙은 전문적 특권 및 학문적 자유와 교사의 창의성이 흐를 수 있게 해 주는 둑에 해당한다고 볼 수 있다.

원칙들이 암시하는 것은 우리가 제안하는 개혁과 실제의 성공의 관건이 상식과 최선의 실천을 반영하는 정도에 있다는 것이다. 우리가 지금까지 제안한 것에 대한 이상적인 반응은 "의미가 이해되네. 이것이야말로 훌륭한 교사들이 언제나 해 왔던 것이고 하고자 하는 것이지."다. 바로 그렇다. 개혁이라는 것은 '새로운' 아이디어에 관한 것이라기보다는,

우리의 끊임없는 노력과 증명된 실제를 더 잘 이해하고 존중하는 것을 배우는 것이다. '개인적으로 공격하는 것은 아니지만……'이라고 앞서 언급했던 경구처럼, 그 원칙들은 공통의(개인적인 것이 아닌) 의견을 반영한다. 다시 말하자면, 전문적인 작업에는 우리가 끊임없이 부딪히는 현실과 비전의 끝없는 간극에의 도전과 불일치를 객관화하는 것이 요구된다.

따라서 주요한 개혁의 목표는 '개인적으로 공격하는 것은 아니지만……'이라는 것이 공통의 언어와 태도가 되는 문화와 관리 구조 및 정책을 수립하는 것이다. 예를 들어, "조, 당신을 개인적으로 공격하는 것은 아니지만, 만약 당신이 수업 시간의 80퍼센트를 전달식 강의에 소비한다면, 학생들이 역사에 대한 지식과 기능을 어떻게 전이시키는지를 학습해야 한다는 목표와는 일관되지 않은 것 같아요." 혹은 "앤, 개인적으로 공격하는 것은 아니지만 첫 번째 수업에서의 성공을 보건대, 두 번째 수업에서도 동일한 학생 맞춤형 수업의 전략을 사용한다면 수학에서의 내용 기준을 만족시킬 가능성이 더 높은 것 같아요."라고 말할 수 있을 것이다.

미국 헌법의 권리장전처럼, 학습에 대한 원칙은 계획과 실제 수업을 위한 학교 미션의 시사점을 끌어내는 객관적 준거로 기능한다. 권리장전이 미국인들의 권리가 부정한 행위나 권력으로 인해 위협을 받을 때 지켜 주듯이, 이 원칙들은 사람들이 어떻게 학습하는가에 대해서 알려져 있는 것에 비추어 우리의 실제가 타당한 것인지를 확실하게 해 주는 자기평가 기제를 제공하여 미션을 호위한다. 그렇지 않다면 우리는 '공통의' 이해에는 부족한 선의와 개인의 신념만을 가지고 있을 뿐이다. 그리고 만약 미션에 대한 진술만을 가지고 있다면, 끝없는 실제적 문제뿐 아니라 겉으로 드러나는 수업에 대한 불일치의 문제를 해결할 수가 없다. 원칙들은 깊이 뿌리를 내려, 학교에서 실제로 학습의 현장이 이해의 미션과 훌륭한 교육에 대한 원칙들을 지지하고 있는지를 주기적으로 공평하게 평가할 때에(사법부가 그러하듯이) 반영되어야 한다. (그러한 '입법'과

'사법적 감찰'을 확립하기 위해서는 새로운 구조와 정책이 요구되며 이것은 이후의 장들에서 논의할 것이다.)

학습에 대한 원리 원칙이 주는 시사점

원리 원칙은 아이디어다. 그리고 모든 추상적인 관념이 그러하듯이, 오해와 혼동은 불가피하기 때문에 공통의 이해는 단순히 추정하는 것이 아닌 성취해야 하는 것이다. 미션처럼 학습에 대한 원칙에 있어서도 비전이 요구된다. 만약 그 원칙들을 존중하고 받아들인다면 우리가 학교에서 볼 수 있을 것과 더 이상 볼 수 없을 것은 무엇인가? 그러한 원칙이 실제에 무엇을 암시하는가에 대한 동의를 획득하고자 하는 노력의 가치와 필요를 이해하게 될 때, 비로소 학교에서 타당하고도 오래 지속되는 개혁이 일어난다.

'상식'은 (글자 그대로 그리고 은유적으로) 누가 그 아이디어를 제안했건 혹은 그것이 처음에는 문제가 많은 것처럼 보이건 간에, 모든 사람이 지속적으로 그 아이디어를 이해하고자 노력할 때('자기 것으로 만들고' '마음에 그려 볼' 수 있을 때) 가능하다.

모든 사람에게(그 사람이 자신이 가르치는 것에 변화를 주기를 원하는 교사건 학교구의 교사들을 움직이고자 하는 학교구의 장학사건 간에) 개혁의 주요한 문제는 이해를 위한 학습에 대한 핵심 아이디어가 무엇을 의미하는지를 파악하고 만약 그 원칙들이 실현된다면 우리는 무엇을 보게 될 것인가를 이해하는 것이다.

따라서 우리는 이제 각 원칙이 주는 시사점을 제시하여 만약 원칙들이 받아들여진다면 학교가 어떠한 모습을 띠게 될 것인지를 보다 명료화하고자 한다.

원칙 1: 학교학습의 주요 목적은 유창하면서도 유연한 전이(지식과 기능을 성공적으로 활용하여 중요한 상황 속에서 가치 있는 과제를 수행하는 것)에 있다.

만약 이 원칙이 받아들여진다면 우리는 다음의 것을 보게 될 것이다.

- 지역 교육과정이 이해의 두 요소인 빅 아이디어와 전이 과제를 중심으로 만들어져 있다. 교육과정은 평가에 대해 명료한 안내를 포함하여 모든 이가 교수와 학습의 결과로 수행하게 되는 전이 과제에 대해서 이해한다. 교육과정은 더 이상 내용 지식의 나열을 기반으로 하지 않고, 기대되는 수행(내용의 사려 깊고 효과적인 사용)으로부터 개발된다.
- 모든 수업안은 학생들이 전이를 획득하도록 하는 데 초점을 맞춘다. 따라서 교재는 자료이지 수업안이 될 수 없다. 설교적인 수업은 운동장에서만 그러할 뿐 결코 수업 시간의 대부분을 차지하지 않는다. 우리의 목표는 전이에 있으므로 의미 있는 과제를 달성하기 위해서 내용을 어떻게 사용하고 연습하는가를 학습하는 데에 많은 시간을 쏟아야 한다.
- 교사 전문성 개발은 확실히 전이 목적에 초점을 맞추어서, 교사가 자신의 상황 속에서 최선의 실제를 시도해 보고 전이하도록 돕는다.
- 수업 장학의 경우 단순히 내용을 훑고 분절적인 지식과 기능을 평가하는 것이 아닌, 전이 가능성을 위해 설계하고 또 가르치고 평가하는 정도에 초점을 맞춘다.
- 학생들이 점차 학습의 즐거움을 경험하고, 도전적인 과제에 대해서 효과적으로 수행할 수 있다는 자신감이 늘고, 그러한 성공 경험으로부터 학습을 지속하고자 함을 드러낸다.

원칙 2. 이해의 필수요건인 몰입된 지속적 학습을 통해서 학습자들은 자신이 공부하는 것의 가치를 알고, 의미 있는 도전에 부딪혔을 때 자존감이 향상되었음을 느낄 수 있어야 한다.

만약 이 원칙이 받아들여진다면 우리는 다음의 것을 보게 될 것이다.

- 채점과 평가 시스템은 도달하고자 하는 목표를 향해서 얼마만큼의 진보를 이루었는가와 그러한 평가가 학교 밖에서 지니는 가치를 확실히 한다.
- 과제, 수업, 평가 과제는 '우리는 왜 이것을 배워야 하는가?' '이것은 우리에게 어떠한 도움이 되는가?'와 같은 질문에 명확한 답을 보여준다.
- 평가는 실세계 과제를 반영한다.
- 지속적 평가를 통해서 유용하고 학생에게 친근한 피드백을 제공하고 학습자가 그 피드백을 활용하는 기회를 준다. 교사는 코치로서 기능하여 학습자가 피드백을 사용하여 이해를 심화시키고 학습의 전이가 성공적으로 일어나도록 돕는다.
- 장학과 교사의 전문성 개발을 위한 시스템은 연수의 기회와 함께 자신의 실제를 향상시킬 수 있도록 지속적이고 유용한 피드백과 조언을 제공한다.
- 학부모와 학생을 대상으로, 흥미를 가지고 적극적으로 수업에 참여하며 유능함을 드러내는 학생이 학교에서 어떻게 느끼는지에 관해 정기적으로 조사한다.

원칙 3: 성공적 전이의 관건은, 도전을 맞이하고 새로운 경험을 이해할 수 있도록, 단절되어 있거나 활성화되지 않은 사실 · 기능 · 경험을 연결시켜 주는 빅 아이디어를 이해하는 것에 있다.

만약 이 원칙이 받아들여진다면 우리는 다음의 것을 보게 될 것이다.

- 단원, 코스, 전체 교육과정을 본질적 질문으로 조직하고 이 본질적 질문들은 되풀이된다. 모든 사람은 중요한 것은 각 차시들을 그보다 확장된 아이디어와 연결하는 것임을 이해한다.
- 학생들은 익숙하지 않은 과제와 문제들을 자신감을 가지고 해결할 수 있다. 새로운 것에 부딪혔을 때 당황하여 포기하지 않고 이전에 배운 공식이나 사실을 단순히 대입하지도 않는다.
- 학생들은 평가의 과정에서 자신이 학습한 것을 드러내고, 자신의 추론 과정을 설명하고, 자신이 작업한 것의 효과성에 대해서 반성하는 것이 당연한 부분임을 안다.
- 차시, 단원, 코스는 학생들에게 '큰 그림' '왜 그러한가?' '그래서 이것은 무엇을 의미하는가?'를 보여 주도록 설계되어 있다. 학생들은 '이것은 무엇과 관련되어 있는가? 우리는 이것을 왜 배우는가? 우리는 이것을 왜 하는가? 이것을 학습하는 가치는 무엇인가?'를 개별 차시의 수준에서 물어보지 않는다.
- 모든 교사는 특정 개혁안들이 어떻게 서로 연결되어 있는지 이해하고 이 모든 노력이 미션과 일관된 것임을 안다.

원칙 4. 이해는 학습자가 아이디어의 힘을 깨닫는 것이다. 이해는 주어지는 것이 아니다. 이해는 학습자들이 스스로 의미를 파악하는 데 있어서 아이디어의 힘을 알아차릴 수 있도록 조장하는 것이다.

만약 이 원칙이 받아들여진다면 우리는 다음의 것을 보게 될 것이다.

- 동기유발, 본질적 질문, 탐색질문(예: 그 증거로 무엇을 들 수 있니? 너는 이것에 동의하니?)을 정기적으로 사용한다.
- 학생들이 내용을 구성하도록 돕는 구성주의적 학습 경험(예: 탐구 수업, 문제 기반 학습, 상호작용하는 학습공책, 실세계에 가까운 과제 등)을 제공한다.
- '피상적 학습'이 아닌 '심층적 학습'을 반영하는 방식으로 단원을 설계하고, 교사는 아이디어를 단순히 또 하나의 사실처럼 '말해 주기'보다는 '아하!' 하는 경험을 촉진하는 역할을 한다.
- 평가는 학생들에게 힌트를 거의 주지 않고, 겉보기에 연결되어 있지 않은 정보를 연결 짓도록 함으로써, 아이디어를 스스로 어느 정도 사용할 수 있는가를 드러내도록 고안한다.
- 학교에서 공부하는 것이 흥미롭고 목적이 뚜렷하여 학생들의 학습 참여도가 높아진다.

원칙 5. 학습자는 학습 목표의 우선순위에 대해 명백하고 명료하게 알고 있어야 하고, 그 학습 목표를 어떻게 충족하는지 학습의 결과물과 우수성의 기준의 측면에서 실질적으로 이해해야 한다.

만약 이 원칙이 받아들여진다면 우리는 다음의 것을 보게 될 것이다.

- 모든 실러버스와 단원을 학습 내용과 차시별 수업이 취하는 핵심 전이 목표의 측면에 따라 틀을 잡는다.
- 학생들에게 강좌의 방향과 그들이 앞으로 무엇을 배우고 하게 될 것인지를 설명해 주어 궁극적인 수행 목표, 과제, 루브릭, 모범이 어떠한 것인지를 명확히 한다.
- 교사가 수업 시간이나 학년에 관련 없이 공통적으로 사용하게 될 합

의된 루브릭이 있다.

- 교사는 질적으로 수준이 다른 작업의 예들을 보여 주고 그것들 간의 차이점을 논의함으로써 학생들이 우수함의 준거를 이해할 수 있게 도와준다.
- 학교 지도자는 교사들이 가장 좋은 실제의 예를 프린트물이나 비디오를 통해 접할 수 있게 한다.
- 교사들은 서로 주기적으로 만나서 학생들의 학습 결과물을 검토하고 향상되어야 할 부분에 대한 계획을 함께 세운다.
- 교사 개인과 팀은 개선해야 할 것을 계획하고 그러한 계획을 위해 필요한 기준과 모형을 기반으로 하되 전이라는 목표의 측면에 비추어 보고 그 점에서 가장 부족한 부분과 관련짓는다.
- 교사의 직무를 단지 교사 자격증이나 역할 혹은 어떠한 일을 했는가 보다는 성취의 측면에서 명료화하여 교사를 채용한다.

원칙 6. 학습자가 목표를 이해하고, 질적으로 우수한 결과물을 만들어 내고, 높은 기준을 만족하기 위해서는 주기적이고 시기적절한, 학생에게 친숙한 용어로 제공되는 피드백이 있어야 한다.

만약 이 원칙이 받아들여진다면 우리는 다음의 것을 보게 될 것이다.

- 모든 수업 시간 중에 학생들에게 피드백으로부터 배우는 기회를 제공한다.
- 교사는 학년 말 목표와 관련된 형성평가 결과에 따라 수업 계획을 주기적으로 점검하고 조정한다.
- 다양한 수준의 모든 학생이 효과적인 피드백과 그것을 사용하는 기회를 활용하여 진보를 이룬다.

- 사전평가, 지속적인 점검, 사후평가에서 제공하는 피드백은 단지 시험 내용에 대한 것이 아니라 궁극적으로 추구하고 되풀이되는 빅 아이디어와 전이 목표와 관련된 것이다.
- 수업 장학자는 모든 교사가 적시에 피드백을 받고 그 피드백에 따라 자신의 핵심적인 실제를 향상할 수 있도록 한다.
- 교사 팀은 정기적으로 학생들이 수행한 작업의 결과물과 학생과 학부모들로부터 받는 피드백을 검토하여 적시에 효과적인 조정이 이루어질 수 있도록 한다.

원칙 7: 이해는 전이와 반성을 요구하는 활동과 평가를 통해서 이전에 배운 것을 새로운 상황과 과제에 적용하고자 할 때, 정기적인 반성, 자기평가, 자기조정에 의해서만 획득될 수 있다.

만약 이 원칙이 받아들여진다면 우리는 다음의 것을 보게 될 것이다.

- 대부분의 평가에서 학생들의 자기평가가 한 부분이 되며, 학생들은 자신이 제출한 과제를 돌려받으면 조정한다.
- 학생들은 정기적으로 자신의 학습에 대한 반성(무엇을 이해하고 이해하지 못했고 어떠한 전략이 제대로 작용했고 다음에는 무엇을 시도할 것인지)을 한다.
- 교사는 학습자가 학습자로서의 자신의 프로파일을 보다 잘 이해하고 자신의 강점과 약점이 무엇인지 파악하고 취약한 부분에 대해 더 노력하는 계획을 세울 수 있게 도와준다.
- 교사 평가는 교사가 팀으로 그리고 개별적으로 자기 스스로 평가하고 조정하는 데 효과적일 수 있도록 해 준다.

> **원칙 8:** 깊이 있게 이해하는 능력은 무엇인가를 새롭게 생각하는 능력(그리고 이와 관련된 다른 사고 습관)에 깊이 의존한다. 왜냐하면 어떠한 통찰력이건 대개는 이전의 아이디어를 정제하는 것이 요구되기 때문이다. 생각을 재고하는 의지와 능력은 기존의 가정이나 습관에 문제를 제시하기 위해서 믿을 수 있고 지원적인 환경을 필요로 한다.

만약 이 원칙이 받아들여진다면 우리는 다음의 것을 보게 될 것이다.

- 새로운 관점, 접근, 혹은 의심스러운 것을 끌어들이기 위해서 수업 계획서에 전이 과제와 빅 아이디어를 다시 가져오고 (다시 생각해 보는) 기회를 제공한다.
- 교사는 새로운 내용을 들여올 때마다 계속 본질적 질문을 다시 불러온다.
- 학생은 실패에 대한 두려움 없이 아이디어와 수행을 시도하는 기회를 갖는다. 교사는 학생들의 첫 시도에 학점이나 점수를 부과하지 않는다.
- 교사와 부서별 혹은 학년별 연간 계획서의 핵심적인 문제에 대한 질문이 지속된다. 그 어느 누구도 문제를 제기하거나 이전의 정책이나 실제에 대해서 다시 생각해 볼 필요를 느끼는 것에 대한 두려움이 없다.
- 지도자는 목표와 실제에 대해서뿐만 아니라 회의를 진행할 때 재고하는 사고 습관과 행위에 대한 가정에 대해서 개방적임을 모범으로 보여 준다.
- 장학과 전문성 계발은 사람들로 하여금 무지하다고 느끼게 하는 것이 아니라 배우고자 하는 열정을 높여 준다.

원칙 9. 이해와 전이를 성취하는 데에는, 생각하고 다시 생각해 보고, 자신의 평소 안정 수준을 넘어서도록 스스로를 밀고 나아가고자 하는 의지가 요구된다. 따라서, 학습자들은 지적인 도전을 하고 기존의 가정과 습관에 이의를 제기할 수 있는 믿을 수 있고 지원적인 환경을 필요로 한다.

만약 이 원칙이 받아들여진다면 우리는 다음의 것을 보게 될 것이다.

- 교사는 지적인 도전, 재고, 다양한 의견의 존중을 장려하고 모범으로 보여 준다.
- 지도자는 목표와 실제에 대해서뿐만 아니라 회의를 진행하거나 의사결정을 내릴 때 재고하는 사고 습관과 행위에 대한 가정에 대해서 개방적임을 모범으로 보여 준다.
- 장학과 전문성 계발은 사람들로 하여금 무지하다고 느끼게 하는 것이 아니라 배우고자 하는 열정을 높여 준다.
- 실수로부터 배우는 것이 지속적인 향상을 위해 필요한 가치 있는 것으로 받아들여진다.

원칙 10. 학습은 그것이 개인화되었을 때 향상된다. 즉, 학습자의 관심, 선호도, 강점, 기여, 사전 지식은 충분히 존중되어야 한다.

만약 이 원칙이 받아들여진다면 우리는 다음의 것을 보게 될 것이다.

- 올해 그 반에 있는 학생들이 누구인가에 대한 파악에 근거해서 학생 맞춤형 수업을 계획한다.
- 교사는 가르치기 전에 학생의 학습 스타일, 흥미, 강점 그리고 준비

도를 파악하고 그 사전평가 결과에 따라 수업 계획을 조정한다.

- 학생 맞춤형 수업은 융통성 있는 집단화, 학습 과정과 결과에 대한 선택, 다양한 양식의 수업과 다른 선택들을 통해서 이루어진다.
- 전문성 신장이 교사의 과목, 스타일과 흥미에 적합하게 다양하게 이루어진다.
- 교사에게 자신들이 무엇을 다양화해야 하는지, 언제 반드시 다양화하는지, 그리고 교육과정 기준에 비추어 다양화해서는 안 되는 것은 무엇인지 알고 그에 대한 명확한 안내를 제공한다.
- 장학은, 교사가 관리자에게 개인적 목표와 연관된 실제 분야를 봐 주기를 요청하는 임상 모형에 기초한다.

원리 원칙의 특수성이 가져오는 안타까운 결과

우리의 미션과 관련해서 가장 큰 도전은 학교들이 모든 교사가 이러한 학습에 대한 원리들을 깊이 있게 이해하고 자신의 것으로 만들게 하는 데 있다. 이러한 원리에 대한 공통의 이해가 없다면, 즉 학습은 무엇인가에 대한 공유된 비전에 대한 이해에 도달하기 전까지는 일관되고 미션에 초점을 맞춘 학교가 있기 힘들다. 교사는 각자의 닫힌 교실 안에 있기 때문에 모든 사람이 이 미션을 이해하고 있을 뿐만 아니라 그것을 받아들일 때 (단지 사람들은 어떻게 배우는가에 대한 이해가 아니라) 어떠한 종류의 학습이 요구되는지도 알고 있음을 확신해야 한다.

따라서 이 특정한 미션과 특정한 학교 공동체에 대한 공통의 이해를 향한 움직임은 우리 자신의 학습에 대한 원칙을 위한 안타까운 결과를 불러온다. 전달하고자 하는 메시지가 '이해를 목표로 하여 끊임없이 함께 일하시오.'인 상황에서 여러분이 이 학습에 대한 원칙을 생각 없이 받아들이라는 것이 아니다. 따라서 우리가 제시하는 학습 원칙들을 복음처럼 받아들이거나 다른 사람들에게 그 앞에 엎드려 절할 것을 요구하지 말아야 한다. 반대로, 우리의 목표는 미션을 분석하고 이해를 위한 학습을 하나의 학교 공동체로 하는 것에 집중하는 데 있다. 우리가 이 장의 앞에서 '이와 같은 원칙'이라고 말한 것도 그와 같은 이유에서다. 이 원칙들은 자극으로, 즉 학습에 대한 여러분 나름의 이해를 개발할 수 있도록 하는 시작점으로 간주되어야 한다. 그 원칙들은 교사 전체가 의지를 가지고 적극적으로 승인할 수 있는, 학교 수준에서 어떻게 사람은 가장 잘 배우는가에 대해 전문 분야의 사람들이 말하는 '상식'을 드러내는 것이어야 한다.

지속적이고 강력한 변화는 이러한 탐구와 그에 후속하는 동의에 달려 있다. '상식'이라는 이중적 의미는 이 점을 상기시킨다. 우리는 일련의 공유된 아이디어에 도달하고 어떻게 우리 스스로에게 책무성의 책임을 지우는지에 대한 공유된 합의에 도달하게 된다. 따라서 단순히 스터디 그룹이나 전문성 개발을 위한 공동체를 세우는 것은 충분하지 않다. 왜냐하면 믿을 만한 공통의 원칙이 없는 의사결정에는 중요한 변화나 안정된 틀이 일어나기 힘들기 때문이다. 그렇다면 누구에게 믿을 만하다는 것인가? 그 누구보다도 교사들에게 믿을 만해야 한다. 교사들은 이러한 원칙에 비추어 스스로를 책임 있게 하기 때문에 의미 있는 개혁이 일어나기 위해서 그리고 학교가 진정으로 학습하는 조직이 되기 위해서는 깊은 수준에서 그러한 원칙들을 자신의 것으로 해야만 한다. 따라서 우리의 원칙을 교사나 팀이 학습에 대한 학습에 핵심이 되는 도전적이면서도 활기를 주는 과제를 수행하기 위한 시동으로 생각하길 바란다(American Pschological Association, 1995; Brandt, 1998; Resnick et al., 2001).

옳은 말이다. 하지만 표준화 시험의 문제는 어떻게 할 것인가

어떤 교육자는 이렇게 말할 수도 있다. "모두 좋고 좋은 말이다. 하지만 우리는 표준화된 시험 결과에 책임을 져야 하고 그러한 시험은 깊이 있는 이해를 평가하지도 않고 학습에 대한 원칙은 신경 쓰지도 않는다. 그리고 우리는 다루어야 할 내용이 너무나 많아서 어떤 것을 깊이 있게 들어갈 수 없다. 그래서 여러분이 제안하는 것은 좋지만 현실적이지 않다." 이러한 널리 받아들여져 있는 관점은 (아무리 강하게 믿고 있더라도) 근본적인 오해다. 이해를 위한 교수가 내용 기준이나 고부담 책무성 시험과 함께 갈 수 없다는 것은 사실이 아니다. 사실 우리가 인지심리학으로부터 알고 있고 학생 성취에 대한 연구의 지지를 받고 있는 모든 것은 이해를 위한 수업의 정당성을 타당화한다. 여러 자료원으로부터의 정보를 살펴보자.

인지심리학의 연구 결과물을 모아 놓은 책으로는 『학습하는 방법: 뇌, 마음, 경험 그리고 학교(*How People Learn: Brain, Mind, Experience, and School*)』(Bransford et al., 2000)가 있다. 이 최근의 출판물은 지난 30년간 학습과 인지에 대한 연구물을 요약해 놓았다. 이 책에서는 학습 과정에 대한 새로운 개념을 제시하고, 어떻게 주요 교과에서의 기능과 이해가 가장 효과적으로 획득되는가를 설명한다. 그중에서 세 개의 통찰을 살펴보면 다음과 같다.

> 이제 우리는 전문가들의 지식이 어떻게 조직되어 있는가라는 질문으로 주의를 돌린다. 그들의 지식은 해당 영역의 사실과 공식을 나열해 놓은 것이 아니다. 대신에 그들의 지식은 영역에 대한 사고를 안내해

주는 핵심적인 개념들 혹은 '빅 아이디어'들로 이루어져 있다(p. 24).

전문적 지식에 대한 연구가 시사하는 바는 많은 토픽의 피상적인 훑기가 학생들의 이후의 학습이나 일을 수행하는 데 바탕이 되는 역량을 개발해 주는 데 적절하지 않은 접근이라는 것이다(p. 30).

이해하는 학습은 단순히 교과서나 강의로부터 정보를 암기하는 것보다 더 전이를 불러온다(p. 224).

두 번째 정보원은 교실 과제 및 수행의 성격과 표준화된 시험의 관계를 살펴본 연구물이다. 연구자들은 임의로 표집한 실험 집단과 통제 집단에서 3, 6, 8학년 학생들이 작문 및 수학 시간에 사용한 과제를 3년에 걸쳐 수집하고 분석하였다. 그에 더하여 다양한 과제에 대한 학생의 산출물을 평가하였으며, 마지막으로 교실 과제의 성격, 학생의 활동 결과물의 질, 표준화 시험 점수 간의 상관관계를 분석하였다.

보다 도전적인 지적 작업을 요청하는 과제를 받은 학생은 아이오와 기초능력검사(Iowa Tests of Basic Skills)의 읽기와 수학 영역에서 평균보다 높은 점수를 받았고, 일리노이 목표평가 프로그램(Illinois Goals Assessment Program)의 읽기, 수학, 작문 영역에서도 높은 수행을 보였다. 우리의 예상과는 다르게, 시카고의 몇몇 학교 교실에서 높은 수준의 과제가 사용되고 있음을 발견하였다. 그리고 그 학급에 있는 모든 학생이 그러한 수업으로부터 이득을 받는다는 것을 발견하였다. 그래서 우리는 실제적인 지적 작업을 요청하는 과제가 사실 학생의 전통적인 시험 점수를 향상시킨다는 결론을 내리게 되었다(Newmann, Bryk, & Nagaoka, 2001, p. 29).

이와 관련된 시카고 학교에서 이루어진 연구 결과는 이러한 결론을 확증한다. (전체 연구 보고서는 인터넷 ccsr.uchicago.edu/content에 올려져 있다.)

비슷한 결과가 「국제 수학 · 과학 성취도 비교 연구(Trends in International Mathematics and Science Study)」(Martin, Mullis, Gregory, Hoyle, & Shen, 2000)에서도 나왔다. 이러한 결과는 다음의 내용을 재확인한다. 학생들이 단순히 사실적인 정보를 배우고 기본적인 기능을 습득하길 원하더라도, 우리는 이해를 강조함으로써 시험에서 측정하는 그러한 종류의 학습을 향상시킬 수 있다는 것이다. 다시 말하면, 이해를 위한 교수는 (보다 효과적인 학습을 유도하기 위한) 수단이면서 동시에 (전이를 가능하게 한다는) 목적이 된다.

이제는 이것을 다른 방향으로 바라보자. 대부분의 교육과정 기준 문서와 지역 교육과정은 학습자들이 연결고리를 짓고 실생활 문제에 적용하는 것을 도와주는 것의 중요성을 강조한다. 하지만 지난 연구들은 전통적인 학교에서 전이를 유도하는 것이 얼마나 드문 일인지를 이야기한다.

> 연구물은 학생들이 대체로 사실과 원칙들을 한 맥락에서 다른 맥락으로 연결 짓는 것을 거의 하지 못한다는 것을 보여 준다. 학생들은 수학 시간에 배운 것을 과학 수업에서 활용하거나 마켓에 가서 적용하지 못한다. 그들은 국어 시간에 배운 글쓰기 기능을 역사 시간에서 하는 글쓰기에 적용하지 못한다. 지식은 처음 배우는 그 좁은 상황에만 고착되어 있다(Perkins, 1993, p. 32).

내용 기준 문서에 담겨 있는 빅 아이디어와 핵심 과정들을 통해서 가르친다면, 학생들은 보다 잘 기억하고 이전에 배운 것을 보다 잘 전이시킬 것이다.

많은 독자에게 놀랄 만한 것은 가장 확고하며 표준화된 시험은 단순한 회상이 아닌 전이를 요구하는 문제들을 포함한다는 것이다. 학생들은 전에 본 적이 없는 질문이나 문제에 접하게 되기 때문에 시험은 실제로 다음을 물어보는 것이다. 여러분이 배운 것을 이 질문들에 맞게 바꿀 수 있는가? 만약 여러분이 우리의 질문을 접하고 좌절을 느꼈다면 여러분은 전이를 위해서 배운 것이 아니다. 안타까운 사실은 우리 학생들이 요즈음 이해를 요구하는 국가, 주, 국제 평가에서 나타나는 고등사고 기능을 요구하는 문제들을 잘 수행하지 못한다는 것이다.

적절한 예를 들어 보자. 피타고라스 정리는 모든 수학 내용 기준 문서에 포함되어 있는 내용이며 거의 모든 기하학 수업에서 가르치고 항상 평가된다. 이제 2003년도에 두 주에서 시행된 시험 문제로 나온 것을 살펴볼 텐데 두 문제 모두 친숙하지 않은 상황에서 피타고라스 정리를 제시한 것이다. [그림 4-1]은 뉴욕 주에서 시행된 10학년 수학 문제로 가장 어려웠던 것으로 나타난 것이며 전체 학생들 중 30퍼센트 미만이 정답을

그림과 같이 3×4×8(인치) 규격의 직육면체 상자 안에 빨대가 놓여 있습니다.
만일 빨대가 상자 밑면의 왼쪽 앞 모서리로부터 대각선 방향으로 윗면 오른쪽 뒤의 모서리까지 꼭 맞게 들어가 있다면, 이 빨대의 길이는 소수점 한자리까지 반올림해서 얼마나 될까요?

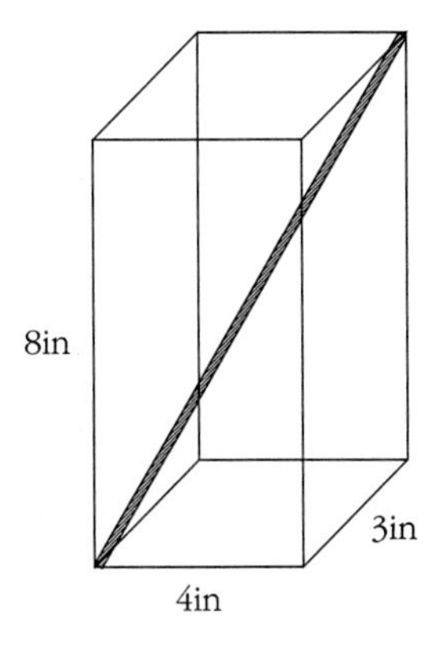

[그림 4-1] 뉴욕 주의 수학 시험 문항

출처: New York State Department of Education.

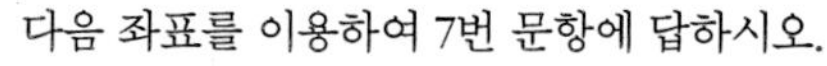

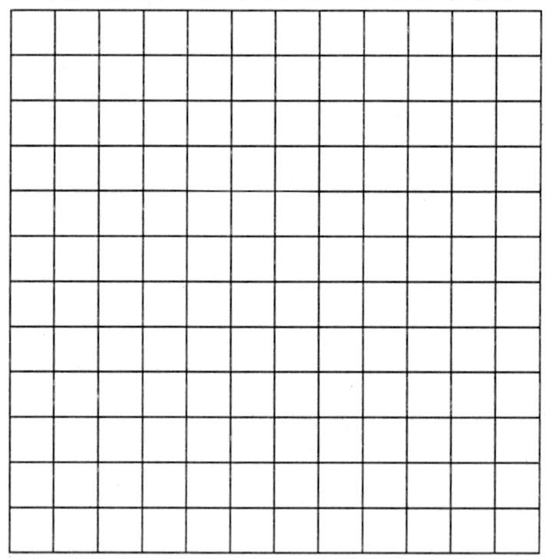

7. 좌표평면에서 점 (3, 4)와 점 (11, 10)의 거리는 얼마인가?
   A. 10
   B. 7
   C. 5
   D. 14

[그림 4-2] 매사추세츠 주의 수학 시험 문항

출처: Massachusetts Department of Education.

맞혔다. 매사추세츠 주에서도 비슷한 결과가 나타났다. [그림 4-2]와 같은 친숙하지 않는 모양의 피타고라스 정리 문제에서 단지 33퍼센트의 학생들만이 정답을 선택했다.

이 두 가지 예에서 학생들은 가장 명백하고 관습적인 힌트 없이 문제가 제시되었다. 이러한 것이 바로 회상의 문제를 전이의 문제로 바꾸는 것이다. 여러분이 어떠한 지식을 꺼냈는지 알아볼 수 있는가? 여러분은 알고 있는 것을 생소해 보이는 문제에 적용할 수 있는가? 이러한 두 개의 예에서 문제들이 새롭다고 느껴지는 것은 삼각형 문제의 흔한 특징들이 없기 때문이다. 전통적인 교육과정과 수업은 학생들이 이러한 방식으로 내용을 이해할 수 있도록 준비시키지 않기 때문에, 학생들은 지식과 기능을 조금 바꾸는 식의 전이를 요구하는 시험 문제를 잘 해결하지 못한다. 이러한 자료는 주에서 시행하는 시험에서뿐 아니라 NAEP와 같은 국가시험, TIMSS와 PISA(Program for International Student Assessment) 같은 국제평가 결과에서도 몇 세기에 걸쳐 명백하게 나타났다. 미국 학생들은 단순한 회상이나 이해를 넘어서는 문제를 제대로 해결하지 못한다는 결론이다. 우리의 분석은 왜 그러한가를 설명해 준다.

안타깝게도, 많은 교육자는 학생의 이해를 향상시키는 것을 추구하기보다는 시험 결과에 대한 두려움 때문에, 시험 점수를 높이는 길은 시험 유형을 모방하고 회상 문제들을 연습시키는 것이라고 믿게 되는 것이다. 이것은 시험이 어떻게 작동하는지, 타당도는 어떻게 확보되는지, 어떻게 하면 학생들이 전이를 위해서 가장 잘 준비된 것인지에 대한 잘못된 이해에 근거한 오류가 있는 결론이다. (우리는 이러한 오해를 5장에서 보다 상세하게 이야기할 것이다.)

이해 기반의 학교교육을 향해서

이해와 전이에 초점을 맞춘 학교교육은 어떠해야 하는가? 이 미션에서의 성공은 학교의 실제와 목적의 간극에 대한 많은 중요하고 서로 연결된 다음의 문제에 끊임없이 부딪혀야 하는 교사의 전문적 삶에 달려 있다.

- 이해가 우리의 목표라면 어떻게 하면 이해를 위해 보다 잘 계획하고, 가르치고, 성취할 수 있나?
- 이해(혹은 이해가 아닌 것)의 확실한 증거는 무엇인가?
- 우리는 진정으로 이해와 전이를 평가하고 있는가, 아니면 단지 시험 보고 점수 매기기 쉬운 것을 평가하고 있는가? 우리의 미션에 비

취 볼 때 우리가 현재 수집하고 있는 증거는 얼마나 신뢰할 만하고 유용한가?

- 학생은 자신이 학습한 것을 얼마나 잘 이해하고 있나? 그들의 학습은 얼마나 깊이가 있나? 그 증거는 학생이 배운 것을 지혜롭게 사용하는 능력에 대해서 무엇을 보여 주는가? 학생은 어느 정도로 자신이 단순 암기가 아닌 이해를 위해 노력하는 것이 임무라고 느끼는가? 교사는 어느 정도로 피상적 교수가 아닌 이해를 위해 가르치고 지도하고 평가하는 것이 임무라고 느끼는가?
- 우리는 학생들이 보다 잘 이해하도록 돕기 위해서 그들의 이해를 위한 시도에 대해 어떠한 피드백을 필요로 하는가? 궁극적으로 성공적인 학습을 성취하기 위해 피드백에 따라 어떠한 조정이 이루어져야 하는가?
- 학생의 보다 적극적 참여와 이해를 달성하기 위해서 교사는 무엇을 잘 이해해야 하며 그것을 위해 노력해야 하는가? 우리는 학생들의 이해를 위해 필요로 하는 것을 어느 정도로 해 주고 있는가? 단지 우리가 편하고 익숙한 것만을 하고 있는 것은 아닌가? 학교에서 이루어진 어떤 실제나 관행이 이해를 위한 학습을 방해하고 있는가?

우리는 5장에서 이러한 문제들에 관심을 갖고 어떻게 하면 이것들을 학교에서 교육과정의 부분으로 그리고 교육자로서 직무의 부분으로 지속적이면서도 효과적으로 다룰지 논의할 것이다.

실행을 위한 아이디어

- 교사들은 '학습에 대한 우리의 믿음은 무엇인가'를 연습해 본다. 교

사에게 이 장에서 논의한 학습에 대한 원칙과 같이 기존의 원칙들을 제시하고 그들의 반응을 가지고 토론한다. 아니면 빈 칠판에 집단별로 자신들이 믿고 있는 것을 적어 보게 한 다음 그것을 공유하고 전체 집단과 토론한다. 주요한 학습 원칙에 대한 일반적인 동의에 이르도록 해 보라.

- 서로 합의하고 있는 일련의 학습 원칙을 이용하여 다음과 같은 질문에 따라 토론한다.
  - 우리의 행동과 구조는 어떠한 정도로 각각의 원칙을 뒷받침하는가?
  - 각 원칙에 따르면 우리 학교의 실제에서 어떠한 변화가 일어나야 하는가?
- 『학습하는 방법(*How People Learn*)』에서 주요한 연구 결과들을 요약하는 몇 문장을 발췌하여 제시하고, 위와 같은 질문을 사용하여 토론을 이끈다. (1999년에 출판된 책은 http://newton.nap.edu/html/howpeople1/에서 볼 수 있다.)
- 교과별, 학년별 교사 모임을 갖고 학생들이 주 시험에서 주로 틀리는 문제들을 (만약 그 문제들이 공개되어 있다면) 검토한다. 그 문제들을 분석하여 이해를 찾아내고 그 문제가 어떠한 전이를 요구하는지 살펴본다.
- 교과별, 학년별로 교사들에게 다음과 같은 질문에 대해서 생각해 보게 한다. 우리는 어떠한 정도로 우리의 학생들이 교과를 '해 보도록' 하는가? 각 교사 집단에게 구체적인 사례들을 들어 보게 하고 그것으로부터 일반화를 도출한다.

제5장

가르칠 때 교사의 임무는 무엇인가

Wooden 코치의 핵심 목표는 창의적이고 자신감 있게 문제를 해결하는 선수를 육성하는 데 있었다. 그는 우리가 기본기를 잘 갖추었으면서도 개념적인 면에서는 능수능란하여 상대편이 내놓는 계속 변경되는 문제들을 해결할 수 있기를 바랐다. Wooden 코치는 '우리 팀이 예기치 못한 도전에 직면했을 때 우리 팀이 내어놓은 해결책에 상대 팀만큼이나 놀라기를' 원했다.

– Wooden 코치의 지도를 받는 선수였던 Sven Nater(Nater & Gallimore, 2005)

1장에서 기술한 교육의 미션에 관심을 기울이는 학교나 학교구는 교직원들의 특정한 수업, 평가의 실천을 기대한다. 이와 마찬가지로, 2장에서 기술한 교육과정 및 수업에 관한 활동의 종류는 그것을 실행에 옮기는 이들에게 특정한 역할을 수행할 것을 요청한다. 따라서 우리는 이 장과 후속 장에서 교사가 이해를 기반으로 한 수행 중심의 학교에서 가르칠 때 수행해야 할 여섯 가지 직무를 제안한다.

교사의 일을 규정해야 한다는 이 필요성은 어쩌면 독자들에게 불필요한 것으로 여겨질 수도 있다. 결국 교사는 주 교육과정 문서에 따라 가르쳐야 할 학년에서 교과를 가르치도록 고용된 것이 아닌가? 교사는 매년 계약을 체결하고 수행의 정도를 매년 평가받지 않는가? 맞는 말이다. 그렇지만 우리가 생각하기에 교사들이 해야 할 일을 기대치와 적절한 평가 기준과 함께 상세하게 기술하지 않으면, 기대하는 학교 개혁은 일어나기 힘들다. 이 문제를 보다 극적으로 말하면, 열심히 일하는 많은 교사가 사실은 교직이 요구하는 것에 대한 잘못된 이해를 가지고 있다. 그리고 많은 지도자는 이러한 직무를 제시하지 않거나 보다 명료한 기대치를 보여주지 않음으로써 그러한 잘못된 이해를 선동한다. 요컨대, 교사의 미션이 무엇인지에 대해 훨씬 더 명료함이 요구된다.

여러 해 동안 우리는 교사들이 좋은 의도를 가지고 있고 열심히 하지만 자신의 직무를 잘못 이해하고 행하는 많은 사례를 보았다. 많은 교사가 자신의 의무를 잘못 이해하고 있다고 말하는 것이 이상하거나 심지어 터무니없어 보일 수 있다. 그러나 우리는 실제가 그렇다고 본다. 우리는 이것이 놀랄 만한 일도 아니고, 그렇다고 교사의 성격이나 통찰력에 대한 비방이라고 생각하지도 않는다. 우리는 교사들이 자신의 경험을 중시하기 때문에 '교사'의 역할에 대한 정확하지 못한 이해에 기초하여 열심히 행동한다고 믿는다. 장학사 역시 교사가 하는 일은 단지 교육과정에 따라 진도를 나가는 것이 아니라 이해를 유발하는 것이고, 내용이 학생들의 마음속에 남아 있도록 하는 것임을 이해시키지 않는다. 그렇다면 교사의 임무는 무엇인가? 어떻게 하면 그들의 직무 기대치를 이해시킬 것인가? 직무 기대치를 어떻게 학교생활, 장학, 평가에 반영시킬 것인가?

이 장에서 우리는 우리가 제안한 미션에 관심이 있는 학교나 학교구의 교사들이 학생과 일할 때 요구되는 다양한 역할을 기술한다. (다음 두 장에서는 부가적으로 가르치는 것과는 관련이 없는 직무와 장학에 대해서 기술한다.) 그리고 직무에 대해서 우리가 옹호하는 개혁을 해치는 3개의 잠재적인 오해를 점검함으로써 이 장을 마무리한다.

교사의 직무

가르친다는 말은 애매모호하다. 광의의 의미에서 이것은 교육자의 일을 아우르는 것이다(우리는 모두 교사다). 이것은 다양한 종류의 접근법(발문을 통해 가르치기, 말로 해서 가르치기)을 의미하기도 한다. 그리고 그것은 일련의 목적(정보 제공, 인식 확대, 수행 능력 개발)을 암시한다. 심지어는 오래된 농담인 '나는 가르쳤는데 학생들은 배우지 않았다.'처럼 그 결과와는 무관하게 교사의 특정 행동을 의미하기도 한다. 그렇다면 우리는 어떻게 교사의 직무를 분명히 잘 나타낼 수 있는가?

백워드 설계가 이에 대해 하나의 답을 준다. 교사의 역할, 행동, 전략은 반드시 미션과 목적, 교육과정, 합의된 학습에 대한 원칙에서 나와야 한다. 즉, 특정 접근법, 교수 방법, 사용된 자료는 주로 주관적인 '선택'이나 스타일의 문제가 아니다. 이들은 논리적으로 그 기대되는 학생 성취와 학습의 과정에 대한 전문적인 이해로부터 도출되어야 한다. 우리는 결과를 끌어내기 위해서 가르친다. 가르침은 우리가 목적과 관련된 학습을 야기할 때에만 성공적이다.

보다 구체적으로 우리는 교사의 역할에서 필수적인 것과 마음대로 할 수 있는 것을 구별해야 하는데, 이때 1장에서 언급한 지적 영역의 목적을 분류해 놓은 것(학업의 수월성, 이해, 핵심 역량, 사고 습관, 분별 있는 행동)을 상기할 필요가 있다. 『파이데이아 제안(*The Paideia Proposal*)』(1982)에서 Mortimer Adler는 우리에게 교사들의 교수의 역할을 지적 목표와 관련지어 다음과 같이 세 가지로 분류한다. (1) 설교적(직접) 교수, (2) 이해 및 이해와 관련된 사고 습관의 촉진, (3) 수행(기능과 전이)의 코치. (이 세 가지 분류에 대한 이론적 근거와 어떠한 종류의 교수가 어떠한 종류의 목적에 해당하는지 결정하는 법을 좀 더 찾아보고자 하면, Adler의 『파이데이아 프로그램

[*The Paideia Program*]』[1984]과 후속 편을 참조하라.)

설교식/직접 교수 이 역할에서 교사의 주요 목적은 교재와 시연에 의해 보충되는 명시적 수업을 말하고 강의함으로써 학습자들에게 정보를 제공해 주는 것이다.

이해의 촉진 촉진적인 교수는 학생들이 의미를 '구성'하고 중요한 아이디어와 과정에 대한 이해에 도달하게 도와준다. 이러한 역할을 하는 교사는 학생들이 복잡한 문제, 텍스트, 사례, 프로젝트, 혹은 상황을 탐구하는 것을 안내한다. 그들이 주로 사용하는 방법은 발문, 탐문, 과정과 관련된 코멘트하기 등이다. 이 방법에서는 직접 교수가 거의 일어나지 않는다.

수행의 코치 이것은 학습자들이 학습의 전이를 이루어 성공적으로 복잡한 수행을 할 수 있는 능력을 지원한다. 교사/코치는 명료한 수행 목적을 세우고, 피드백과 모형화와 함께 이루어지는 지속적인 수행의 기회를 통해서 기능과 습관을 개발하는 것을 감독한다.

〈표 5-1〉은 어떻게 이 세 가지 역할이 구체적인 수업 방법의 사례, 학습자 행동의 사례와 관련되는지를 보여 준다.

이러한 분류로부터 얻을 수 있는 함의는 명백하다. 단 하나의 가장 훌륭한 수업 방법은 없다. 다만 교육적인 방법이나 특정 교수법의 선택은 그것이 기대하는 결과가 함의하는 것에 의해서, 그래서 학습자가 어떤 도움과 경험을 필요로 하는가에 의해서 결정되어야 한다. 학습 목표가 정보를 효과적으로 넣어 주는 것을 요구한다면 직접 교수법을 사용하는 것이 좋다. 학생들이 아이디어를 이해하고 오개념을 극복하는 것이 목표

〈표 5-1〉 교사의 역할과 그와 관련된 학습자 행동

교사의 역할(교사가 사용하는 방법)	학습자 행동(학습자가 해야 하는 것)
설교식/직접 교수하기	받고, 안으로 받아들이고, 반응하기
• 시범, 보여 주기	• 관찰하기, 시도하기, 연습하기, 다듬기
• 강의	• 듣기, 지켜보기, 노트 필기하기, 질문하기
• 질문(수렴적)	• 대답하기, 반응 보이기
이해를 촉진하기	구성하기, 점검하기, 의미를 확장하기
• 개념 획득	• 비교, 귀납적 추론, 정의, 일반화하기
• 협동 학습	• 협력, 다른 사람을 지지하고 가르치기
• 토론	• 듣고, 질문하고, 고려하고, 설명하기
• 실험 탐구	• 가설 설정, 자료 수집, 분석하기
• 그래픽 표상	• 시각화하기, 연결하기, 관계도 그리기
• 안내된 탐구	• 질문하기, 조사하기, 결론 내리기, 지지하기
• 문제 기반 학습	• 문제 설정/정의, 해결, 평가하기
• 질문(열린 문제)	• 대답하고 설명하기, 반성, 재고하기
• 상호 호혜적 수업	• 명료화, 질문, 예측하기, 가르치기
• 시뮬레이션(예: 모의재판)	• 점검, 고려, 도전, 논쟁하기
• Socrates식 세미나	• 고려, 설명, 도전, 정당화하기
• 글쓰기 과정	• 브레인스토밍, 조직하기, 초고 작성, 수정하기
코치하기	정련하기
• 피드백/협의	• 듣기, 고려, 연습, 재시도, 정련하기
• 안내된 연습 통계	• 수정, 반성, 정련, 재순환하기

라면 학생들의 토론과 탐구를 촉진하여 그들 스스로 확인할 수 있게 한다. 학습자가 자신의 지식과 기능을 새로운 상황에 전이시키는 것이 목표일 때는 기대되는 수행을 위해 코치한다.

성공적인 교사는 물론 이 세 가지 역할 모두에서 능숙함을 보여야 할 뿐 아니라 그것들이 어떤 상황에서, 어떠한 조합으로, 그리고 얼마나 오래 사용되어야 하는가 역시 이해하고 있어야 한다. 이것이 바로 교사의 전이 과제인 것이다! 이 결정은 미션과 학습에 대한 우선순위로부터 나온다. 물론 직접적으로 말해 주는 것이 효율적이고 효과적일 때가 있다.

하지만 학습의 목적이 이해와 전이를 드러내는 수행이라면(이 책에서 강조해 왔듯이), 교실에서의 강조점은 학생의 탐구와 전이 수행을 향한 코칭에 맞추어져 있어야 한다. 따라서 '어떤 교수법이 가장 좋은 것인가'에 대한 끝없는 논쟁은 핵심에서 벗어난 것이다. 이에 대해서는 정답이 있을 수 없다. '정치적으로 옳은' 반응이란 없다. 어떻게 가르쳐야 할 것인가에 대한 질문은 '만약, 그렇다면'이라는 대답을 항상 요구한다. 이는 전적으로 기대하는 학습 결과물에 달려 있는 것이다.

따라서 우리는 앞으로 있을 교수에 대한 생각을 본질적 질문으로 시작하고자 한다. 학습 목표에서 우선순위를 파악하고 나면, 원래 정해져 있는 수업 시간을 '교사'와 '학생'의 역할 측면에서 가장 잘 활용하는 것인가? 그러한 목적을 가장 잘 달성하기 위해서는 교실 안과 밖에서 교사와 학생은 무엇을 해야 하는가? 어떠한 형태의 학습자, 학습 자료, 교사 간의 상호작용이 (어떠한 시간 배분의 균형 속에서) 일어나야 미션과 관련된 여러 기대되는 결과를 달성할 가능성이 높아지는가? 학습자에게서 중요한 변화를 일으키기 위해 우리가 교육자로서 취할 수 있는 최고의 행동은 무엇인가? 사실 이러한 질문들은 우리 교실을 지배해 온 관습 때문에 거의 하지 않는다.

촉진과 코칭으로서의 교수라는 두 역할을 보다 잘 이해하고, 이것이 이해와 전이를 위한 수업에서 왜 그렇게도 중요한지를 면밀히 살펴보도록 하자.

촉진자로서의 교사

Adler는 파이데이아 프레임워크 내에서 교사는 화자이고 코치일 뿐만 아니라, 고전과 아이디어를 함께 토론하는 (Socrates식) 세미나 형태를 통해서 이해를 촉진할 수 있다고 말한다. 세미나 중에 교사는 질문자, 탐문자, 반대자 혹은 내재자의 역할을 한다. 이러한 역할을 하는 동안 교사는 자신의 의견을 거의 말하지 않고, 참여하는 학생들의 사고를 불러일으키고자 노력한다. Socrates식 세미나 이외에도 다른 많은 종류의 추론적이면서 촉진적인 경험이 오랫동안 사용되어 왔다. 사실 법에서의 판례 연구법, 과학과 의학에서의 문제 중심 학습, 인문학에서의 세미나는 오랜 시간에 걸쳐서 이해를 위한 학습을 촉진하는 데 사용된 접근법들이다.

보다 일반적으로, 이해는 학습자들이 아이디어를 적극적으로 개발하고 시험할 것을 요구한다. 텍스트나 경험, 문제에 대해서 반응할 때이건 사례 연구에 대해서 반응할 때이건 간에, 학생들은 의도적으로 모호한 내용과 그와 관련된 열린 문제에 대해서 의미를 신중히 파악해야 한다.

하지만 만약 설계가 이해할 기회나 동기를 부여하지 않는다면, 학생에게는 의미를 파악할 대상이 없어지게 된다. 촉진자는 두 가지의 일을 해야 한다. 첫 번째는 학생들이 함께 혹은 혼자서 아이디어를 시도해 보고 시험해 볼 수 있는 적절한 상황을 교묘하게 만들어 주는 것이다. 예컨대, 촉진자는 질문이나 문제를 제시할 수 있다. 두 번째는 습관적으로 '가르치려'는 것(매우 깨기 힘든 습관이다!)에 저항하여 탐구를 조정하는 것이다. 하버드 대학교의 경영대학에서 가르치는 한 교수는 사례 연구 방법을 설명하기 위해서 다음과 같이 기술했다.

> 교사들은 특히 자신이 알고 있는 것을 말해 주고자 하는 유혹을 받는다. 하지만 어떠한 정보도 그것이 이론이든 사실이든 간에 본질적으로는 통찰력과 판단력을 향상시키거나 혹은 현명하게 행동하는 능력을 높여 주지는 못한다(Gragg, 1954, p. 8).

사실상, 학생과 교사 모두 이해의 촉진을 위한 수업을 위해서는 관습적인 '교수'와 '학습'이 중단되어야 함을 인지해야 한다. 교사는 탐구와 참조를 적절한 규칙과 규준에 따라 설계함으로써 새롭고 어쩌면 다소 익숙하지 않은 실제와 역할이 교실에서의 학습 경험을 결정하도록 해야 한다.

교실의 역동성을 촉진적 교수를 반영하는 것으로 바꾸어 주는, 작지만 의미 있는 변화의 예를 들어 보자. 세미나의 촉진자들은 학생들이 수동적이라서, 교사가 다음으로 '넘어가는'지를 기다리고 있음을 의식하고 있어야 한다. 이 문제는 교사가 주도하는 토론 수업의 학생이 반응하는 방식에서 명백히 드러난다. 한 학생이 교사의 발문에 반응하고 나면 즉시 모든 학생은 눈이 자동적으로 교사에게로 향한다. (교실 방문의 기회가 있을 때 확인해 보기 바란다.) 이것은 매우 뿌리가 깊은 버릇이다. 교사와 학생은 교사의 직무가 '교사로서' 각 학생의 견해에 반응하는 것이라는 생각의 덫에 사로잡혀 있다. 그러나 세미나에서는 이러한 경향이 거꾸로 일어난다. 왜냐하면 학습자가 교사의 반응을 기다리는 것이 아니라 동료 학습자의 견해에 적극적으로 반응하도록 장려하기 때문이다.

다시 말해, 촉진자의 임무는 사람들을 안으로 끌어와서 모든 이가 질문하고 답하도록 하는 것이다. 장기적으로 볼 때 학생들 스스로 협력적 탐구의 과정을 다룰 수 있게 되기(우리는 이것을 '지식인 밖으로[intellectual outward bound]'이라고 부른다) 때문에 촉진자/교사는 점차 덜 필요해진다. 하지만 일반적으로 일어나는 많은 관행과 습관을 깨뜨리는 데에는 명백한 훈련과 단련이 요구된다.

소집단 세미나에서만 그러한 촉진이 일어나는 것은 아니다. 다음은 대학의 대형 강의의 사례다.

> (텍사스 크리스천 대학의 심리학자 Donald Dansereau 교수의 수업에서는) 15~20분 동안 강의를 한 후에, 교사가 학생들로 하여금 짝을

짓게 하고 매번 다른 짝과 작업할 수 있도록 한다. 이때 학생들은 자신이 수업 시간에 적은 것을 서로 공유하되, 번갈아 가면서 한 명은 요약하고 다른 한 명은 이를 확인한다. 요약자는 이전 수업에서 배운 내용을 요약하고 확인자는 그것이 정확한지를 점검한다. 수업 시간에 적은 내용의 정확성을 공유한 다음, 그것을 바탕으로 더 잘 기억할 수 있는 전략들의 예를 들어 사례를 적어 보는 활동 등을 통해서 장기기억으로 넘어갈 수 있도록 한다(Cooper & Robinson, 2000, p. 20).

비록 이것은 매우 오래된 방법이지만(Socrates의 활동 시기를 생각해 보면 얼마나 오래된 것인지 알 수 있다) 이 방법들은 과학 기술의 도움을 받아 향상될 수 있다. 다음은 Boston Globe 신문에 실린 것으로, 점차 많이 활용되고 있는, 손에 쥔 리모콘으로 하는 컴퓨터화된 학생 반응 시스템을 사용하는 방법을 보여 준다.

대형 강의에서 상호작용이 일어나도록 하기 위해 큰 대학의 많은 교수가 학생들로 하여금 손에 들 수 있는 무선기기를 활용하게 하였다. 이 기기는 학생들이 학습 내용을 이해했는지 아니면 이해에 근접했는지를 확인할 수 있도록 강의자에게 즉각적인 피드백을 준다.

이 36달러짜리 기계의 구입이 매사추세츠 대학에서 올 가을학기에 폭증했는데 이번에 대학에서 80만 달러의 예산 삭감으로 인해 한 강좌당 학생 수가 급증했기 때문이다. 앰허스트 캠퍼스의 경우 2년 전 500명이 채 되지 않는 학생이 이 기기를 구입했던 것에 비해 1만 7,500명의 학생 중 6,000여 명의 학생들이 이 기기를 구입했다. 경제학과 교수이면서 총장 자문가인 Richard Rogers가 학생들의 교실 경험에 대해서 말했다.

큰 강의실에서 학생들과 소통하기 위해 교수는 강의 중간 학생들에게 다지선다형 문제를 낸다. 학생들은 이 전송기에 있는 1~9까지 의 숫자판을 이용해서 파란색 버튼을 눌러 답을 한다. 즉시 이 반응 들은 교수의 노트북에 막대그래프로 표시되어 얼마나 많이 맞혔고 틀렸는지를 보여 준다. 이에 따라 교수는 특정 내용을 다시 가르치거 나 속도를 늦출 수도 있다. 각 기기는 숫자로 등록되어 있어서 교수 는 누가 출석했는지도 확인할 수 있고 수업이 끝난 다음에 수시로 틀 린 답을 한 학생들을 따로 지도할 수도 있다(Russell, 2003).

이 사례를 통해 학습에 주는 시사점을 생각해 보자. 소규모 세미나에서든 대형 강의에서든 학생들은 단순히 듣고 노트에 필기하기보다는 적극적으로 정보를 처리하고 자신이 이해한 것을 검증한다. 촉진적인 수업은 학습자가 의미를 파악하기 위해서는 (대형 강의에서라도) 피드백에 비추어 자신의 답을 수시로 확인하고 의문을 제기할 때에 이해를 구성할 수 있다는 공통의 신념에 근거한다. 이러한 시간은 '가르치는' 시간을 빼앗는 것이 아니라 학습자의 이해를 유발하기 위해 잘 활용되는 것이다.

이제는 일반화를 해 보자. 어떠한 상황에서건 훌륭한 촉진자는 어떠한 일을 하는가?

1. 탐구와 토론을 위한 이슈, 문제, 연구 과제를 설정한다.
2. 학습자가 '의미를 구성하도록' 안내한다.
3. 지나친 설명을 자제한다.
4. 전략을 사용하는 것과 사고하는 습관을 시범으로 보여 주고 그렇게 하도록 장려한다.
5. 자신이 더 이상 필요하지 않게 만든다.

촉진자들의 이와 같은 특성을 간단하게 살펴보자.

1. 탐구와 토론을 위한 이슈, 문제, 연구 과제를 설정한다. 촉진의 중요한 목적은 학생들의 이해를 신장하고 심화시키는 데 있다. 이 목적을 달성하기 위해서 숙련된 촉진자는 탐색하고 논쟁을 할 수 있는 생각을 유발하는 이슈, 실행해 볼 중요한 연구, 해석해 볼 훌륭한 텍스트, 해결해야 할 도전적인 문제를 선택한다. 이러한 지적인 도전들은 이해를 위한 재료가 되고, 촉진자의 임무는 학생들이 상호 피드백과 눈에 드러나는 결과를 통해 아이디어를 생성, 검증, 탐색하고 조정하도록 도와주는 것이다.

2. 학습자가 '의미를 구성하도록' 안내한다. 전문가의 이해는 단순히 말로 전달될 수 없다. 따라서 학습자는 의미를 적극적으로 구성하고 파악해야 하고, 촉진자는 그 구성의 과정을 도와야 한다. 하지만 '내용을 희생하는 것이 아닌가?' 그렇지 않다. 이것은 촉진적 수업에 대해 흔히 가지고 있는 기본적인 오해다. 단지 모든 관련된 내용이 설교적으로 '가르쳐지지' 않는다는 것이 내용이 (학생들이 학교 안팎에서 마주쳐 온 것들을 사용하고자 시도하는 것을 통해서는) 학습되지 않는다는 것을 의미하지는 않는다. 다음은 하버드 대학의 물리학과 교수 Eric Mazur(1997)가 대형 강의에서 어떻게 '덜' 가르치면서 진단평가와 토론을 통해 이해를 보다 더 촉진시키는지에 대한 연구를 보여 준다.

> 기본적인 목표는 강의 동안에 학생과의 상호작용을 끌어내고 학생들이 주요 개념에 초점을 맞추게 하는 데 있다. 교재나 강의 노트에 있는 상세화된 내용을 모두 제시하기보다는, 핵심 요점을 짧게 자주 발표한다. 매 발표 후에는 주제에 대한 간단한 개념적 질문을 하는 개념 테스트를 본다. 학생들은 자신의 답을 적어 보는 시간을 가진 다음 동료들과 자신의 답에 대해서 이야기한다(pp. 10-11).

Mazur 교수는 학생들이 제시한 답을 빈도표로 나타낸 다음에 만약 그 결과가 이해했음을 드러내면 계속 진행하지만 그렇지 않을 경우에는 방향을 전환한다. 이 접근에서는 즉각적인 피드백 시험과 토론이 "각 수업의 3분의 1을 차지한다"(p. 14). 그렇게 함으로써 "학생들의 '개념 시험'과 전형적인 시험에서의 수행을 크게 향상시키는 것이 가능했다."라고 그는 여러 해에 걸친 연구 결과를 가지고 주장한다. Mazur(1997)가 다른 곳에서 말한 것처럼, "어떤 강의도 그것이 아무리 학생 참여적이고 잘 진행된다고 해도 단지 말로 전달하는 것은 이와 같은 수준의 수행과 향상을 달성하기 힘들다".

3. 지나친 설명을 자제한다. 따라서 촉진적인 역할은 교사를 '무대 위에서의 박식한 사람'에서 '가장자리의 안내자'로, '주로 이야기하는 것'으로부터 '의미를 구성하고 아이디어를 시험해 보도록 유도하는 것'으로 바꾸어 놓는다. 촉진자는 토론에서 사회자의 역할을 하고, 직접적인 개입과 지시 없이 탐구를 안내한다. 촉진자는 단순히 말하고 답을 주는 대신에, 질문하고 명료화하고 탐구의 과정과 상태에 대해서 의견을 제시한다.

4. 전략을 사용하는 것과 사고하는 습관을 시범으로 보여 주고 그렇게 하도록 장려한다. 탐구 기반 학습이 갖는 개방적인 특성은 마음을 불안하게 할 수도 있다. 특히나 교사의 말을 잘 듣는 학생은 교사가 명료하게 지시해 줄 것을 기대하기 때문이다. 또한 촉진자는 학생들이 탐구 과정에서 어려움에 부딪혔을 때 다음과 같은 질문에 대한 답을 통해서 전략과 사고하는 습관을 시범으로 보여 준다. 텍스트를 이해하지 못할 때는 어떻게 해야 하는가? 문제를 해결하는 과정에서 벽에 부딪혔을 때 어떤 전략이 도움이 되는가? 최선의 아이디어가 거부되었을 때 어떻게 반응해야 하는가?

5. 자신이 더 이상 필요하지 않게 만든다. 교사가 중심에 서는 전통적인 수업과는 달리, 촉진자는 시간이 지남에 따라 학생의 자율성을 개발하는 것(우리가 앞서 말한 '지식인 밖으로')을 추구한다. 다시 말해, 교사는 점차 자신이 필요하지 않게 가르친다. 대개 이러한 결과는 교사가 지시와 지원을 점차적으로 줄이는 체계적인 '떼어냄' 과정을 통해서 일어난다. 교사들이 학생의 독립심을 증진하기 위한 구체적인 방법들로는 다음과 같은 것이 있다.

- 학생이 전반적인 기대되는 결과와 관련된 개인의 학습/수행 목표를 설정하게 한다.
- 학생들에게 학습의 과정에 대해 적절한 선택권(예: 조별로 작업하거나 개인별로 작업하게 하는 선택) 혹은 학습의 결과물을 드러내는 선택권(예: 시각적, 언어적 글쓰기)을 준다.
- 학생들이 주기적으로 자신의 작업과 명시적 목표를 향한 진보를 스스로 평가하게 한다.
- 촉진 기술을 가르치고 시간을 할애하여 학생들이 그것을 적용해 보게 한다(예: 학생들이 주도하는 세미나 혹은 문제해결 집단).

코치로서의 교사

비즈니스에서 코치들은 수행을 극대화하고 규율을 잡는다. 코치는 학습자가 백워드 설계에 따라 전이의 유창성과 자기규율(기능과 사고 습관)로부터 수행의 기준에 도달할 수 있도록 하는 데 모든 노력을 집중한다.

Mortimer Adler(1982)는 이 목적과 '가르침'에 대한 시사점을 다음과 같이 기술한다.

> (핵심적인 지적 역량을 획득하고자 할 때) 학습되는 것은 수행으로 나타나는 기능이지 사실과 공식에 대한 지식이 아니기 때문에, 교수법은 결코 설교적일 수 없다. 이것은 교사가 말로 하거나, 보여 주거나 혹은 강의하는 것으로 이루어져 있지 않다. 오히려 이것은 운동 기능을 가르칠 때 행해지는 지도와 가까워야 한다. 코치는 단순히 말만 하거나 학습자에게 규칙을 담은 책을 주고 따라 하라고 하지 않는다. 코치는 배우는 사람이 실제로 하게 도와주고, 바른 동작을 완수하게 하고, 정확한 방식으로 일련의 행동을 조직하게 도와줌으로써 지도한다. 그는 잘못된 행동을 반복해서 고쳐 주고 완벽해질 때까지 수행을 반복해야 함을 강조한다. 이러한 방식으로써만 일기 쓰기와 같은 기능이 획득될 수 있고, 이러한 방식 속에서만 비판적으로 사고하는(판단하고 식별하는) 능력이 길러질 수 있다(p. 27).

Adler의 인용을 보다 극명하게 말하자면 다음과 같다. 지나치게 설교적인 '교사' 혹은 활동 설계자들은 단순히 정보와 경험을 제공할 뿐이며, 학습자들에게 학습된 행동과 성취에 반영되어 나타나야 할 학문적 규범을 갖추도록 하는 의식적인 책임을 지지 않는다는 것이다.

반면에, 여러분이 알고 있는 매우 성공적인 코치에 대해서 생각해 보자. (운동선수 코치에만 한정 짓지 말고 악단 지휘자, 드라마 코치나 미술 교사처럼 수행에 바탕을 둔 교수자들도 포함시켜 보자.) 이제는 그들이 어떠한 사람인지가 아니라 무엇을 하고 무엇을 달성하고자 노력하는지(즉, 그들의 인성이나 스타일이 아닌 그들의 '코칭')를 살펴보자. 그들은 자신의 임무를 어떻게 시작하는가? 코칭은 시간이 지남에 따라 어떠한 양상을 띠면서 드러나는가? 학습자와 만날 때마다 그들과 작업하고 시간을 쓰는 데 있어서 무엇이 특징적인가? (오케스트라에서처럼) 학습자 수가 많을 때에는 어떻게 효과적으로 일하는가? 모든 사람이 그들의 능력에 관계없이 질적으로 우수한 작업을 할 수 있게 하기 위해서 어떻게 하는가? 수행을 안내하고 향상시키기 위해서 어떠한 전략들을 사용하는가?

다음은 다양한 분야에서의 최선의 코칭에서 볼 수 있는 11개의 특성이다. 이것은 여러분이 보아 왔던 것과 어떻게 부합하는가? 가장 효과적인 코치들은 다음과 같이 한다.

1. 장기적인 전이 목표와 명확히 관련된 명시적인 수행 목표를 설정한다.
2. 모든 목표에 대해서 모형과 예를 제시한다.
3. 궁극적으로 추구하는 전이 요구로부터 백워드 방식으로 실제를 설계하고 진보를 평가한다.
4. 학습자의 현 상태를 점검하고 목표를 달성하는 데 필요한 그들의 요구를 알기 위해 시작 단계에서부터 평가한다.
5. 대부분의 시간을 학습자가 수행하도록 하는 데 집중하여 지도 시간을 줄인다.
6. 학습자 개개인의 특성(능력과 성격)을 염두에 두어 개별화된 지도를 한다.
7. 지속적인 피드백을 제공하고 학습자가 그 피드백을 활용할 수 있도록 바로 기회를 제공한다.
8. '적시의(just-in-time)' 교수를 적은 양의 집중화된 방식으로 제공한다.
9. 예상하지 못한 혹은 적절하지 못한 결과를 감안하여 계획을 조정한다.
10. 학습자가 자율적인 태도를 취하게 하여 자기평가와 자기조정이 수업의 핵심 목표가 되게 한다.
11. 기준을 높이 세우되, 학습자가 '이것은 할 수 있어!'라고 느끼도록 그 작업을 설계한다.

이러한 코칭 역할의 각각을 다음과 같이 상세하게 살펴보자.

1. 장기적인 전이 목표와 명확히 관련된 명시적인 수행 목표를 설정한다. 성공적인 코치는 모든 사람이 바라는 수행의 결과를 명확하게 알게 한다. 학습자가 무엇을 성취해야 하는지, '성공'이 어떠한 모습인지에 대해 분명히 밝힌다. 따라서 운동선수나 악단의 단원은 "우리가 이것을 왜 하고 있나요?" 혹은 "내가 작업한 것은 어떠한 모습이 되어야 하나요?"라고 물어보지 않는다. 반면에, 많은 학생은 자신이 획득해야 하는 학습 목표를 잘 알지 못하고 자신의 학습이 어떻게 평가되는지, 어떠한 수업 방법을 통해서 지원받는지, 혹은 학습자로서 자신의 역할은 무엇인지 알지 못한다. 이러한 점에 대한 명료성의 부족으로 인해 학생의 동기와 성취가 감소될 수 있다.

2. 모든 목표에 대해서 모형과 예를 제시한다. 만약 우리가 모범적인 수행을 추구한다면, 학습자는 모범적인 수행은 어떠한 모습인가를 알아야 한다. 효과적인 코치는 이것을 알고, 수많은 모형과 예를 통해서 '보이지 않는 것을 보이게' 만든다. 농구 코치는 선수권 대회에 출전하는 팀의 경기를 담은 비디오를 보여 주어 선수들이 우수함이 무엇인지를 실제로 보게 한다. 학교 연감의 후원자는 직원들로 하여금 지난해에 받은 상을 검토하여 졸업반 학생들을 위해 보다 좋은 연감을 만들게 한다. 그러나 얼마나 많은 역사 교사가 학생들에게 전문가들이 역사 사료를 비판적으로 검토한 것의 예를 보여 주는가? 얼마나 많은 과학 교사가 학생들이 실험하기 전에 잘 쓴 실험 보고서를 나누어 주고 그에 대해 토론해 보는가?

3. 여러 학습의 기회와 함께 그것을 맥락 속에서 적용해 보도록 하는 기회를 제공하면서, 궁극적으로 추구하는 전이 요구로부터 백워드 방식

으로 실제를 설계하고 진보를 평가한다. 수행을 효과적으로 코치하는 사람과 단순히 반복연습을 시키는 사람을 구별 짓는 한 가지 특징이 '연습'의 성격이다. 코치는 분절적인 기능을 별개로 강조하기보다는 맥락 속에서의 실제적인 수행을 강조한다. 코치는 경기 중 수행을 향상시킬 때 '사이드라인 훈련'을 항상 강조한다.

미국 축구연합(USSF)의 청소년 축구 코치 안내를 보자. 매 연습에서 구체적인 기술을 습득시킬 때 (경기 수행으로부터 거꾸로 끌어져 나온) 점진적 발전을 사용한다. (1) 테크닉 익히기, (2) 그 테크닉을 경기와 관련된 상황에서(예: 짝을 지어 반대편 역할을 하게 해서) 익히기, (3) 실제 경기와 같은 상황에서 (보다 실제적인 복잡성을 가지고 상대팀을 가정하고) 기술 연습하기, (4) 그 기술을 사용하는 데 초점을 두고 경기 상황에서 그 기술을 익히기. 축구 코칭에서의 경구는 "경기가 최고의 교사다……. 우리 강사들은 종종 '훈련에서의 전문성'에 대해서 이야기한다. 이들은 훈련이라는 것이 실제 경기에서 요구되는 방식으로 기능이나 전략적 요소를 강조하는 목표를 달성해야 한다고 본다."(Howe, 1999, p. 111) 축구연합의 자료는 다음의 사항을 강조한다. "경기는 여러분이 어떠한 연습이 필요한지에 대해서 말해 준다. 경기와 훈련은 호혜적인 효과를 지닌다. 경기는 우리가 무엇을 훈련할 것인가를 알려 주고 훈련 속에서 우리는 경기를 준비한다."(Howe, 1999, p. 24) 우리가 보기에 이러한 논리는 전이 수행을 요구하는 학문 분야에도 적용된다.

4. 학습자의 현 상태를 점검하고 목표를 달성하는 데 필요한 그들의 요구를 알기 위해서 시작 단계에서부터 평가한다. 체육 코치, 특별활동 후원자, 수행에 바탕을 둔 교사(예를 들어, 미술이나 컴퓨터 교사)는 가르치기 전에 학습자들의 지식과 기능 수준이 어떠한지를 목표에 비추어 파악한다. 사실 모든 코치는 경기 '시즌'을 진단평가로 시작하곤 한다. 왜냐하

면 각 선수의 강점, 요구와 필요를 아는 것이 매우 중요하기 때문이다.

5. 대부분의 시간을 학습자가 수행하도록 하는 데 집중하여 지도 시간을 줄인다. 코치는 단순히 학습자들에게 어떻게 수행하는가를 가르치지 않는다. 지도의 핵심은 학습자가 스스로 하는 활동을 통해 꾸준히 노력하고 특정 기간 동안 배운 것(혹은 배우지 못한 것)을 드러내는 환경을 만들어 그들이 지도받을 수 있게 하는 데 있다.

이러한 접근은 앞서 우리가 언급한 UCLA의 전설적인 코치인 John Wooden이 1년간 걸쳐 수행한 연구에 잘 나타나 있다. 연구자들이 그의 성공의 '비결'을 알아내기 위해서 Wooden이 사용한 코치 방법을 면밀히 관찰한 결과, 'Wooden'이라고 불릴 만한 특정한 패턴이 있음을 알게 되었다.

> 강의도 없고 지나친 열변도 없다. 전혀 없다. 그들이 여러 달에 걸쳐 관찰한 내용에는 칭찬하는 것도 꾸짖는 것도 없었다. 그의 가르침의 10퍼센트만 'Wooden'이 행하는 것(시범을 보여 주고 선수의 잘못된 예를 찾아 재시범을 보여 주는 것)이었다(Nater & Gallimore, 2005, p. 93).

Ted Sizer(1984)는 이와 같은 접근 방식이 학문 영역에도 적용된다고 말한다. "코칭의 자료는 교사가 평가하고자 하는 그리고 학생이 향상될 수 있도록 피드백을 주는 대상이 되는 기능을 드러내 주는 학생의 작업이다."(p. 41) 이것은 매우 중요한 특징이다. '말하는 사람'은 수업 시간을 지식을 공유하고 내용을 다루고 학생들에게 정보를 주는 데 사용해야 한다고 생각한다. '코치'는 제한된 시간을 가장 잘 사용하는 것이 학습자가 학습해 보게 하고, 배운 것을 자기 앞에서 적용해 보게 하여 수행을 더 잘 할 수 있도록 피드백과 안내를 제공한다. 교사는 학생들이 수행을 시도하는 것을 관찰하는 데 시간을 할애하지 않거나 '학생들이 작업할 때 그들의 머릿속에 들어가 보는' 것(예를 들어, 학생이 과제에 참여하고 있는 동안에 생각하고 있는 것을 말하게 하는 것)을 거의 하지 않는다. 전이로부터 시작해서 백워드로 설계할 때 우리는 수업 시간을 주로 학습자가 전이를 시도할 때 어떤 일이 일어나는지를 보다 잘 이해하는 데 사용한다. 그리고 그 전이와 방법을 향상시키기 위한 효과적인 조처를 취한다. 그렇지 않으면 어떤 '교수'도 (그것이 아무리 견실하고 명료하게 제시되었다 할지라도) 추상적인 상태로 남으며 행동으로 전이되기 힘들다.

6. 학습자 개개인의 특성(능력과 성격)을 염두에 두어 개별화된 지도를 한다. 가장 훌륭한 코치는 자기 선수에 대해서 안팎으로 학습자로서 그리고 한 인간으로서 안다. 그는 누가 질책을 받아야 잘하는지 혹은 누가 걸 그룹의 성원과 같은 것을 필요로 하는지를 안다. 그렇다면 코치는 그것을 어떻게 하는가? 학습자가 학습을 시도하는 것을 살펴보면서 그들의 강점을 파악하고, 질책을 했을 때 어떻게 반응하는지를 살펴보고, 피드백에 따라서 어떻게 조정해 나가는지를 살펴본다. (얼마나 많은 교사가 학생이 교실에서 작업하는 것과 관련된 행동과 태도를 기록하고 학습자로서 그들의 지적인 프로파일을 파악하고자 하는가? 만약 매일 대부분의 시간을 학생들이 자신의 학습을 사용하도록 하는 데 보낸다면 실행 가능한 것일 뿐 아니라 효과적이기도 하다.)

성공적인 코치는 공통의 기준을 희생시키지 않으면서도 다양한 팀원들의 강점을 살리는 역할과 위치를 파악한다. 느리면서 육중한 남자아이에게는 풋볼팀에서 키가 작고 빠른 남자아이에게 한 위치를 주듯이 다른 위치를 준다. 오케스트라에서 음역의 여러 조화된 소리를 내기 위해서는 플룻도 튜바도 필요하다. 주연 여배우는 수줍음이 많은 무대 담당자와 함께 작업하여 좋은 연극을 만들어 낸다. 한 영역에서 유능하게 되기 위해서는 모든 사람이 같은 기술을 같은 방법으로 배울 필요는 없다.

마찬가지로, 교실에서 개별화의 핵심은 우리가 학습자들에게 다양한 역할을 하게 하는 복잡한 '작업'을 설계하는 데 있다. 이와 관련하여, 학생 맞춤형 수업의 전문가인 Carol Ann Tomlinson(1999)은 학습자는 "정중한 과제"(p. 12)가 필요하다고 한다. 이것은 학생에게 도전감을 주면서도 그들이 자신의 준비도 수준, 관심 그리고 학습 스타일을 반영하는 방식으로 작업할 수 있게 해 주는 것을 의미한다. 모든 학생에게 개인차가 있을 때 하나에 모두를 짜 맞추는 방식은 운동경기장에서든 교실에서든 모든 학생의 수행을 극대화하기 힘들다.

7. 지속적인 피드백을 제공하고 학습자가 그 피드백을 활용할 수 있도록 바로 기회를 제공한다. 여기서의 경구는 '더 적게 가르치고 더 많이 형성평가하기'다. 이 책의 저자 중 한 명은 아들의 이야기를 듣고 지속적인 피드백의 힘에 대해서 놀라게 되었다. 우리는 근처의 대학에서 훌륭한 야구 코치가 지도하는 어린이 야구단에서 '투구 강좌'를 들었다. 우리는 그곳에 5시간 있었으나 단지 한 시간 동안만 형식적인 수업이 이루어졌다. 그 강좌의 대부분은 어린 투수가 공을 던지고, 코치진은 그 수행에 대해 지속적으로 피드백과 조언을 하는 것으로 이루어졌다. 마지막 활동은 아동 각자를 찍은 비디오를 보면서 코치진이 각 학습자의 수행에 대해서 강점과 약점을 알려 주고 맞춤식 조언을 해 주는 것이었다. 아동들은 그 초점이 자신에게 있지 않을 때에도 몰입하여 주의를 집중했다. 집에 돌아오는 길에 "오늘 그 강좌는 어떠했니?"라고 물어보자, 아이는 "아주 좋았어요. 어른이 말할 때 지루하지 않으면서 가장 오랫동안 들었던 것 같아요!"라고 대답했다. 아동들은 주의 집중이 향상되었을 뿐 아니라 각자 에너지가 충전된 상태로 떠났다. 우리 학교에서는 얼마나 자주 이

러한 일이 일어나는가?

8. '적시의(just-in-time)' 교수를 적은 양의 집중화된 방식으로 제공한다. 코칭 맥락에서 직접 교수와 집중 연습의 타이밍은 결과에 달려 있다. 축구 코치가 말하듯이 '경기는 교사다.' 적시의 교수란 많은 양의 내용을 맥락 없이 앞세우지 않는 것이다. 소위 '혹시 몰라서'라는 식의 교수는 전통적인 교육의 문제를 일으키는 공황 상태를 불러온다. 만약 여러분의 목표가 어떻게 요리할 것인가에 있는데, 부엌에는 발도 들여놓지 않고 요리사의 안내에 따라 실제로 요리해 보지 않고 단지 30분 동안 앉아서 강의를 듣게 된다면 매우 실망스러울 것이다. 그런데 많은 강좌에서 그러한 실수가 일어나고, 이것은 결과에도 영향을 미치지만 참여에 해를 끼친다.

적시의 교수란 오히려 우리가 직접 교수를 필요로 할 때, 그리고 학습자가 그것을 위한 준비가 되어 있을 때를 고려하여 현명하게 나누어서 하는 것이다. 극단적으로는 문제 기반 학습에서 하는 것처럼 전통적인 순서를 아예 바꾸는 것(각 단원을 해결해야 할 문제를 탐구하기 전에는 직접적인 교수를 하지 않는 것)을 예로 들 수 있다. 그럼에도 불구하고 직접 교수가 이해의 목표에 도움을 주는 경우도 있다. 인지심리학의 연구 결과는 이러한 점을 확증한다.

> 앎에 대한 이론인 '구성주의'에 대해서 흔히 가지고 있는 오해는 교사가 학생들에게 어떤 것도 직접 가르쳐서는 안 되고 항상 학생들이 그들 스스로 지식을 구성할 수 있도록 허용하는 것이라고 믿는 것이다. 이러한 관점은 앎에 대한 이론과 관련된 교육학(가르침)의 이론에 혼동을 준다……. 사람들이 이슈를 자기 스스로 파악한 다음에는 '말로써 가르치는 것'이 매우 효과적인 경우가 종종 있다.

9. 예상하지 못한 혹은 적절하지 못한 결과를 감안하여 계획을 조정한다. 교사는 자신이 가르친다고 해서 학습이 일어나고 있다고 가정해서는 안 된다. 교사의 직무는 반드시 학습이 일어나고 있다고 확신하는 것이어야 하며, 만약 학습이 일어나지 않는다고 하면 즉시 적극적으로 자주 개입해야 한다. 즉, 교사가 해야 할 일의 중요한 부분은 정기적으로 평가하고 가능한 한 빨리 그 결과부터 적절한 조정을 하여 학습을 향상시키는 것이다. 많은 중학교 수학 교사는 11월에 시험을 보고 "이런, 문제해결 부분에서 6점 만점에 2점밖에 못 받았네. 어떻게 달리 접근하지?"라고 이야기한다. 그리고 역시 많은 초등학교 교사는 "이런, 독해를 아무리 강조해도, 지금과 같은 방식을 사용하고 있는데도, 우리 반 학생들 중 14명은 제대로 읽지를 못하네. 우리가 무엇을 어떻게 다르게 해야 하나? 우리가 제대로 하고 있는가? 5월까지 성공적인 수행을 이루어 낼 수 있을까, 그리고 학생들이 학년 말까지 알아야 할 것에 비추어 충분한 증거를 가질 수 있게 될까?"와 같은 말을 한다. 이것은 코치들이 주기적으로 하는 질문이며 모든 교사가 해야 할 질문이기도 하다.

코치와 같이 생각하는 것이 주는 직접적인 시사점을 고려해 보자. 모든 단원과 수업 계획에 다시 가르치고 다시 배우는 시간을 반드시 넣어서 시간을 유동적으로 사용할 수 있게 한다. 우리의 경험에 비추어 볼 때, 이것이 흔한 일은 아니다. 사실 많은 교사는 자신의 수업을 벅차게 혹은 더 많이 가르칠 것을 계획하여 학습 결과를 향상시키는 데 반드시 있어야 할 조정을 위한 시간을 거의 넣지 않는다.

10. 학습자가 자율적인 태도를 취하도록 이끌어 자기평가와 자기조정이 수업의 핵심 목표가 되게 한다. 최고의 예술가, 작가, 배우, 운동선수는 코칭을 받을 뿐만 아니라 그것을 내면화할 수 있다. 정확하게 자기평가하고 자기조정하는 능력은 수행을 극대화하는 데 매우 중요하며, 이

는 학교 학습에도 적용된다. 인지심리학에서의 연구는 이 점을 강조한다. "메타인지는 효과적인 학습을 위한 자기조절(자신의 학습을 조절하고, 계획을 세우고, 성공을 관찰 기록하고, 필요할 때에 실수를 바로잡는) 능력을 포함한다."(Bransford et al., 1999, p. 85)

따라서 수행을 효과적으로 코치하는 사람은 의도적으로 학생들이 자신의 수행을 반성하게 한다. 예컨대, '무엇이 잘 이루어졌는가? 문제 영역은 무엇인가? 이 피드백을 어떻게 적용할 것인가? 보다 노력해야 할 부분은 무엇인가?'와 같은 질문은 반성적이면서 메타인지적인 능력을 촉발한다.

11. 기준을 높이 세우되, 학습자가 '이것은 할 수 있어!'라고 느끼도록 그 작업을 설계한다. 학습에 대한 연구는 학생들이 지속적으로 노력하고자 하고 힘든 학습 상황을 잘 이겨 내는 데 영향을 미치는 중요한 변인들을 밝혀 왔다. 그 변인들은 다음을 포함한다. 학습자가 (1) 학습 목표를 명확히 이해하고 무엇이 기대되는지를 이해한다. (2) 배우는 내용이 적절하고 유용하다고 생각한다. (3) 자신이 그 학습 과제들을 성공적으로 수행할 수 있다고 인식한다. (4) 교사가 자신을 받아들이고 지지한다고 느낀다.

성공적인 코치들은 이러한 변인들 각각을 다룬다. 사실 적절하고 실제적인 도전 앞에서 내적으로 동기를 부여하는 작업을 만드는 것이 이해와 참여를 위한 '코칭'의 핵심이다. John Goodlad(1984)는 이것을 『학교라고 불리는 장소(*A Place Called School*)』라는 획기적인 연구에서 20년 전에 다음과 같이 언급하였다.

> 학생들은 자신이 무엇을 배우고 있다고 인식하는가? 우리는 학생들에게 학교 교과에서 배운 것 중에서 가장 중요하다고 생각하는 것

> 을 적어 보라고 하였다……. 대개의 경우, 학생들은 사실이나 토픽을 나열했다……. 지적인 힘을 획득하였다고 인식하고 있음을 암시하는 반응은 확실히 부재했다…….
>
> 사뭇 다른 강조점이 예술, 체육, 직업교육 그리고 저널리즘과 같이 주요한 것에서 벗어나 있는 수업들에서 나타났다. 여기에서는 주제와 토픽의 나열에서 특정 능력이나 역량의 획득으로의 주목할 만한 전환이 있었다(p. 234).

이러한 상식적인 결과는 보다 실제적이고 수행에 근거한 작업은 전통적인 방식의 앉아서 하는 학습보다 내재적으로 훨씬 더 학생의 참여를 유도한다는 것이 우리 이론의 중심이다.

사례: 내용을 가지고 비판적 사고 코치하기

효과적인 코칭에 대한 다양한 '움직임'을 고려할 때, 이 장을 다음과 같은 사례를 제시하면서 마무리하고자 한다. 우리가 내용의 전달이 아닌 전이를 위한 비판적 사고를 가르치고자 하는 코치의 역할을 한다고 했을 때, 수업 시간을 어떻게 활용하는 것이 현명한가? 다음은 내용이 많은 역사과 영역의 한 예다.

학생들에게 전통적인 교과서와 참고 자료를 이용해서 미국 독립을 위한 혁명전쟁에 대해서 읽고 토론하고 내용을 요약하게 한다. 그런 다음 학생들에게 다른 나라의 교과서에서 2개의 발췌 내용을 읽고 생각해 보게 한다.

> 식민지인들의 정치권 획득을 위한 끊임없는 투쟁의 결과로 13개의 식민지가 자신들 나름의 법안을 만들어서 중산계급 시민들로 구성된

대표정부를 실행했다. 모든 식민지에서 대표자로 선출되기 위한 권리가 제한적이었기 때문에 선출된 이들은 대부분 지주, 상류층 유지, 중산계층의 대리인들이었고 노동자 계급의 대표자는 없었다. 주지사들과 그 입법기관 간에 투쟁이 있었다. 그리고 이러한 투쟁은 식민지들과 그들의 종주국 간의 갈등을 반영했다…….

영국 정부는 자국의 중산계급 시민들의 이익에만 관심이 있었다……. 영국 정부가 식민지에 대해서 취한 규율은 북아메리카에서의 국가 경제 발전을 방해했다. 어떤 사업은 파산으로 몰고 가기도 했다. 그 결과 영국의 지배당과 식민지의 점차 성장하는 중산계급 및 많은 사람 간의 갈등이 심화되었다…….

독립선언은 중산계급의 혁명 선언이었다. 그 안에 공표된 정치적 원칙들은 자본주의 착취의 시스템을 보고하고 중산계급의 이해를 합법화하기 위함이었다. 실제로, 독립선언서상의 '국민들'이란 단지 중산계급만을 의미한 것이었고, 그 문서상의 '행복 추구권'은 '재산권'에서 유래를 찾을 수 있다. 따라서 중산층의 착취를 합법화하는 것에 도장을 찍은 것이라고 볼 수 있다. 그 선언문은 56명이 서명을 했으며, 그중 28명이 중산계급 변호사들이었고, 13명은 대규모 상인들이었으며, 8명은 대평원 노예 주인들이었고, 7명은 자유직업인들이었으며 노동자 계급에서는 한 명도 대표자가 없었다.

전쟁 중에 미국은 대규모로 서부로의 확장을 시작했다. 처음부터 식민지들은 원주민들의 피 위에 세워졌다. 1779년 워싱턴은 존 설리번을 무장한 군인들과 함께 뉴욕 북부로 보내어 그곳에 있던 이로쿼이 부족을 '전멸'시키라고 하였다. 그가 내린 지령에는 다음과 같이 쓰여 있다. "현재의 목적은 그들의 거주지를 완전히 없애는 것이고 가능한 한 많은 포로를 잡아오는 것이다. 그들이 남자건 여자건 상관없이 많으면 많을수록 좋다……. 그들의 거주지를 소탕할 뿐 아니라 파괴해야만 한다." 미국은 국가를 세울 때 이미 그 공격적인 성향을 드러낸 것이다. 전쟁 발발 후에 미국은 노예화한 흑인들을 조직하지 못했을 뿐 아니라 그들을 더욱 치밀하게 감시하여 그들에 대한 억압을 강화시켰다. 이로 인해 흑인들이 전쟁에 참여하지 못했고, 이로 인해 독립 성취를 위한 전쟁에서 승리의 획득이 더디게 되었다 (Barendsen et al., 1976, p. 9).

그렇다면 미국 혁명 전쟁의 발발 원인은 무엇인가? 그 혁명이 영국 정부의 폭정으로 인한 것이었다고 말하곤 했다. 이러한 간단한 설명은 더 이상 받아들여지지 않는다. 역사가들은 영국 식민지들이 세계에서 가장 자유로웠고 식민지 사람들은 다른 제국에서는 누릴 수 없었던 권리와 자유를 가졌다고 인정한다……. 영국 정부는 미국의 상황을 제대로 이해하지 못한 죄가 있을 뿐이다.

식민지 사람들 대부분은 그 인지조례 이후에도 영국 정부에 충성하였다. 그들은 제국과 그 자유에 대해서 자랑스러워했다……. 인지조례 후 수년 동안 단지 적은 수의 급진주의자가 독립을 위해서 일하기 시작했다. 그들은 문제를 일으키고자 모든 기회를 엿보았다 (Barendsen et al., 1976, p. 16).

이제 학생들에게 다음의 질문을 하라. 같은 사건에 대해서 이러한 2개의 '이야기'가 있다. (첫 번째는 중국 교과서에, 두 번째는 캐나다 교과서에 실린 내용이다.) 미국 혁명은 역사적 관점에서 어떻게 해석되어야 하는가? 각각의 교과서는 어디까지 맞고 정당화될 수 있는가, 그리고 어느 부분이 편견에 근거한 것인가? 우리는 이러한 괴리를 어떻게 가장 잘 해결해야 하는가? 따라서 정보원들을 살펴보고, 논쟁을 분석하고 편견을 찾아내는 기능을 가르치고 평가해야 한다. 사실 그러한 활동들은 역사에서 비판적 사고를 계발한다는 목표하에 학기 전체에 걸쳐서 가르쳐질 수 있을 것이다. 결국 학생들은 기말평가의 한 부분으로 문서를 읽을 때 비판적으로 분석하는 기능을 스스로 사용할 수 있어야 할 것이다. 우리는 학생들이 처음부터 그러한 과제를 수행해 낼 수 있을 것이라고 가정하지 않는다. 우리의 주요한 역할은 학생들을 코칭하여 기능 개발과 피드백을 통해 그러한 과제를 수행할 수 있게 도와주는 것이다

요약하자면, '코치로서의 교사' '말하는 사람으로서의 교사' '활동 제공가로서의 교사'를 구별하는 것은 학생들이 이해를 가지고 학습하고 수행할 수 있도록, 그들이 스스로 내용을 '가지고' 수행할 수 있도록, 그리고 비판적 사고를 요구하는 도전에 끊임없이 직면하게 하는 전반의 노력이다.

접근 방식을 상황과 매칭하기

우리는 Adler처럼 가르침의 세 가지 범주(설교적 수업, 촉진, 코칭)가 확고한 수업 프로그램에서 작용한다는 것에 동의한다. 우리는 이 책이 추구하는 미션과 목표에 근거하여 다음의 사항을 제안하고자 한다.

- 개념적 이해를 추구하거나 오해를 고쳐 주고자 한다면, 혹은 주요 아이디어를 학생이 구성하게 하고 검증하는 것이라면 촉진을 강조하라.
- 학생이 기능을 갖추고 숙련되길 바라고 피드백과 조언에 따라 수행에서의 전이를 원한다면 코칭을 사용하라.
- 명료한 수행 목표에 비추어 '알 필요가 있는 것'을 가르칠 때에는 직접 교수법을 사용하고 학생들이 지식을 갖고 수행을 시도할 때 피드백과 조언을 제공하라.

결국 수업 시간의 1/3은 각 접근에 할애해야 한다는 것이다.

교사들이 갖고 있는 잘못된 생각

우리는 이 장을 시작할 때 어떤 교사들은 좋은 의도를 가지고 있고 부지런하다고 할지라도 자신의 임무가 무엇인가에 대해서 근본적으로 잘못된 생각을 가지고 있다고 말했다. 이제 교사들이 흔히 가지고 있는 세 가지의 잘못된 생각, 즉 오해에 대해서 이야기하고자 한다. 이것들을 점검하지 않고 넘어가면 설계에 의한 학교교육(schooling by design)의 미션을 손상시킬 수 있기 때문이다.

오해 1: 나는 내용을 커버해야 한다

유치원에서부터 대학원에 이르기까지 많은 교사는 공통의 문제(가르쳐야 할 내용이 너무 많아서 그것을 다 가르치기에는 시간이 부족하다)로 씨름한다. 이론적으로는 그 기준 운동이 학생들이 알고 할 수 있어야 할 가장 중요한 내용만을 다룸으로써 '내용 과다'의 문제를 해결해 줄 것으로 기대되었다. 따라서 이러한 기준은 교육과정, 수업, 평가에서 무엇에 초점을 두어야 하는지, 우선순위가 무엇인지를 파악하는 데 도움을 주고자 했다. 하지만 국가, 주, 지역 수준의 교육과정 위원회에서는 각 학문 영역에서 '핵심적인' 것이 무엇인지를 포함시키는 노력을 할 때 협력 없이 따로 작업을 했고, 그 결과 너무도 많은 기준과 벤치마크가 생겨 버려서 내용 과다의 문제를 오히려 심화시켰다. 특히 초등학교처럼 한 교사가 많은 교과목을 가르쳐야 하는 경우에는 이 문제가 더 심각해졌다.

이러한 문제는 교사가 내용을 가르칠 때 교과서에 지나치게 의존하게 되면서 더욱 심각해졌다. 교사가 교과서의 내용을 빠짐없이 다 가르쳐야 한다는 믿음은 다음의 안타까운 사례에서 잘 나타난다. 어떤 고등학교 교장선생님이 각 교과 팀에게 강좌들을 가지고 1년치 교육과정 맵(curriculum maps)을 개발해서 제출하라고 말하였다. 1년 중에서 가장 시간이 많은 때, 그 작업을 하도록 하였다. 학년 말에 교장은 그것을 모두 제출받아 점검하다가 한 교과 팀장이 제출한 것을 보고 놀라게 되었다. 그 팀장은 모든 교과서의 목차를 빠짐없이 복사해서 가져왔다. 이 이야기의 안타까운 부분은 그 팀장이 매우 순종적이었다는 사실에 있다. 교과서 출판업자들을 만나서 좋아 보이는 교과서를 선택했고, 지역 학교구에서 모두 사 주었기 때문에 반드시 사용해야 한다고 믿었던 것이다.

교과서 출판업자들은 주의 교과서 채택위원회, 국가의 교과 조직위원회, 다양한 이익 집단의 환심을 사기 위해 '빠짐없이 논하고자' 하는 경향이 있다. 그 결과 교과를 종종 피상적으로 다룬다.

가르치는 문제는 사실 교과서나 국가에서 출판한 학습 자료가 주의 내용 기준과 얼마나 잘 맞는가를 살펴보아야 한다. 교사들에게 교과서를 펼쳐 놓고 담고 있는 내용이 내용 기준을 얼마나 잘 반영하고 있는지를 살펴보고 그 상관관계를 [그림 5-1]에 나와 있는 모형들 중에서 선택해 보라고 물어보라. 만일 그림 4번처럼 일치되는 관계가 아니라면 학생들이 기준을 공부하는 데 사용할 수 있는 하나의 자료로서만 기능해야 한다. [그림 5-1]의 2번과 3번의 경우는 교과서의 일정 부분이 기준을 가르치는 데 전혀 도움이 되지 않고(따라서 커버될 필요가 없다) 다른 자료가 필요하다.

흥미롭게도, 많은 교사는 (학습 결과나 학생의 이해 정도와는 상관없이) 자신이 반드시 정해진 실러버스와 교과서를 사용해서 가르칠 의무가 있다고 말하면서, 그 이유로 교장으로부터의 외부적인 압력을 든다. 하지만 우리는 어떤 행정가도 그러한 말을 하는 것을 들어 본 적이 없으며 그러

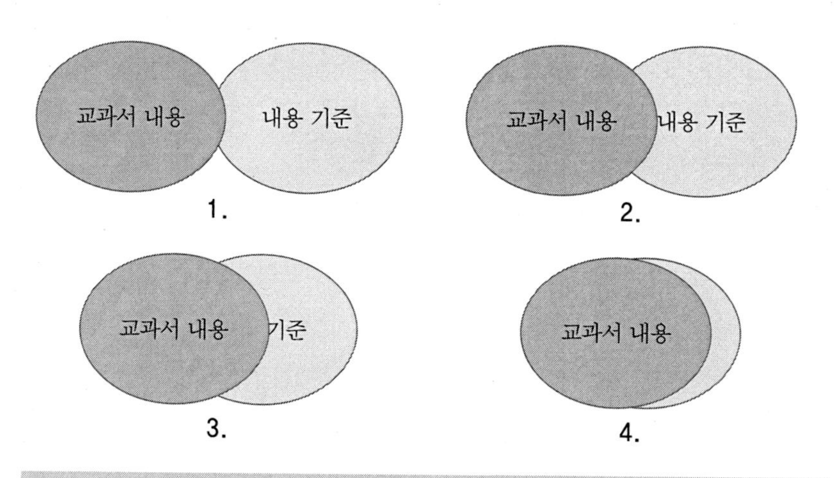

[그림 5-1] **교과서와 기준의 상관관계**

출처: Wiggins & McTighe(2005). 허락하에 각색함.

한 지시가 담긴 문서를 본 적도 없다. 게다가 북아메리카에서 교사를 고용하는 계약서에 교사는 반드시 교과서의 내용을 모두 가르쳐야 한다고 적혀 있지도 않다. 하지만 마치 그러한 것처럼 행동하고 그 반대로 이루어져야 한다고 제안하는 것에 저항하는 교사가 얼마나 많은지 모른다.

간단히 말해, 교사가 교과서를 가르쳐야 한다는 것은 잘못된 생각이다. 교과서는 참고서다. 백과사전처럼 지식을 요약적으로 제시하는 것이다. 교과서를 실러버스처럼 보는 것은 마치 백과사전을 A에서 Z까지 훑는 것과 같다. 논리적이면서도 효과적인가? 그럴 수 있다. 목적이 있으며, 일관되고 효과적인가? 그건 의심스럽다.

교사가 교과서에 의존하든 안 하든 간에 내용을 '커버'해야 한다는 믿음은 문제가 있다. 이 용어가 무엇을 의미하는지 살펴보면, 가장 일반적인 의미는 '숨긴다'(테이블보로 덮듯이)는 것이거나 '표면을 훑는다'(침대보처럼)는 것인데, 이러한 정의는 이해를 위한 학습이나 전이와는 정반대되는 것으로 보인다. 사실 우리의 의도가 더 많은 내용을 커버하는 것이라면 우리는 수업 시간에 말을 더 많이 하면 된다. 그러나 '말로 하는 가르침'은 학생들이 교과의 주요 아이디어와 핵심 과정을 알게 하거나 이해하도록 하는 데 적절하지 않다. 정보를 피상적으로 다루거나 연결고리 없이 가르치는 것은 최적의 결과를 낳을 수 없다.

우리는 커버하는 방식의 수업을 지지하는 어떤 연구도 본 적이 없다. 그와 반대로 학습과 인지에 대해 30년이 넘게 수행된 연구의 결과는 다음과 같다.

> 전문가 지식에 대한 연구는 한 영역에서 많은 토픽을 피상적으로 커버하는 것이 학생들의 이후의 학습과 일을 준비시켜 주는 영역을 개발하는 데 도움을 주지 못하는 방식임을 밝혔다(Bransford et al., 1999, p. 30).
>
> 지식의 폭을 강조하는 교육과정은 지식을 효과적으로 조직하는 것을 방해할 수 있다. 왜냐하면 무엇이든 깊이 있게 학습할 충분한 시간이 주어지지 않기 때문이다. 학생들에게는 전문가가 어떻게 문제를 조직하고 해결하는지에 대한 모형을 보여 주는 수업이 유용할 것이다(Bransford et al., 1999, p. 37).

그렇다면 교사가 내용을 커버해야 하는 것이 아니라면 무엇을 해야 하는가? 우리가 주장하는 것은 간단명료하다. 교사는 이해를 촉발해야 하며 이것은 가치 있는 수행에 반영되어야 한다. 이를 위해서는 학습자의 통찰력을 촉진시켜야 하고, 그들이 자신의 지식과 기능을 전이할 수 있도록 해야 하며, 이것은 그러한 전이를 관련시키는 중요한 수행으로 반영되어야 한다. 이러한 목적을 위해서 내용과 '전문화'는 수단으로 기능하며 교과서는 수업 계획서가 아닌 자원으로 기능해야 한다.

오해 2: 재미있는 활동을 통해 학습자를 학습에 참여시키는 것이 나의 임무다

이러한 믿음을 가지고 있는 교사는 교과서에 얽매이지 않는다. 사실 그들 대부분은 피상적 수업을 싫어하며 교과서에서 벗어나 학습을 재미있게 하는 데 자부심을 가진다. 이를 위해 교사는 학습자들에게 흥미로운 활동과 프로젝트를 개발하여 제공한다. 우리는 이러한 목적에 박수를 보내지만 좋은 의도를 가진 교사들이 활동에 묻혀 학습의 결과뿐 아니라 목적의식을 상실하는 경우를 수없이 보아 왔다.

중학교에서 활동에 초점을 맞춘 단원의 전형적인 예를 살펴보자. 이 중학교의 8학년 교사들은 정교한 간학문적 단원인 '빅토리아 시대의 차 마시는 시간'을 개발했다. 참여 교사들이 준비한 단원의 개관은 다음과 같다.

> 우리 8학년에서는 빅토리아 시대의 영국, Charles Dickens의 『크리스마스 캐럴(*A Christmas Carol*)』에 대한 공부는 매년 있다. 이 간학문적 단원은 시각과 공연 예술도 포함한다. 학습 목표는 학생들이 그 당시의 예술 양식을 보고 만들어 내기, 역할놀이 대본 쓰기, 비디오 제작하기, 그 시대의 춤을 한 개 이상 배우고 공연하기, 1800년대 사람의 경험을 감상하기, 관찰한 것을 그리고 문학적 분석을 구두로 해석하기 등이다. 그리고 학부모를 학교에 참여시키는 목표 역시 달성되었다. 학생들은 패션과 예절을 포함하여 그 시대에 대한 기본적인 내용을 공부한 후에, 1800년대의 사교 모습을 보여 주는 연례행사인 빅토리아 시대의 오후의 다과회 모습을 재연한다. 학생들과 초대된 교사들은 하인 복장을 한 학부모의 인사를 받고 중국 그릇과 장식으로 세팅된 차 마시는 방(학교 도서관)으로 안내된다. 학생들은 경쾌

하면서도 적절한 대화를 하면서 예절에 대해 배운 것을 떠올린다. 만약 심각한 결계가 있으면 젊은 여인들은 놀라서 기절하는 척한다. 학부모들이 제대로 된 음식을 차려내는 동안 지역사회 인사들이 빅토리아 시대의 의상을 입고 학생들과 상호작용하면서 재미있는 연극을 한다. 배경음악은 대개 학부모와 학생 듀오가 연주한다. 그런 다음, 학생들은 여전히 빅토리아 시대의 의상을 입고 체육 시간에 배운 댄스 기술을 사용하여 왈츠나 다른 시대의 음악을 공연한다. 그다음에 학생들은 지역사회 인사가 빅토리아 시대의 시나 산문을 읽는 것을 듣는다. 그 다과회 전이나 후에 학생들은 사회나 과학 시간에 연극/뉴스를 공연하는데, 이때는 아동 노동, 가난한 사람의 삶, 그리고 그 당시의 수질 상태와 같은 문제에 대해서 보고한다. 국어 시간에는 Dickens가 문학 세계에서 이룬 공헌에 대해 배우고 『크리스마스 캐럴』을 은은한 인공 조명하에서 낭독하고, 예술가들의 책 표지와 그림을 논평한다. 악단의 지휘자는 심지어 빅토리아 시대의 음악을 지난해의 콘서트 음악에 삽입한다. 가르치는 역할이 이제는 학생들에게로 전환되어, 개인적으로 혹은 조별로 빅토리아 시대의 한 부분을 심도 있게 조사한다. 미술 교사와 국어 교사와 함께 작업을 하고 난 것을 구두 발표(빅토리아 프로젝트)한다. 이 발표는 독창적인 연극, 비디오 녹화, 공식적 연설문, 혹은 독백의 형태를 띤다. 학생들은 미술 작품이나 수집한 골동품 전시를 하기도 한다. 어떤 발표에서는 빅토리아 시대의 풀코스 저녁식사 요리를 보여 주거나, 당시의 보석과 카드를 만들거나, 정식 테이블 세팅에 대해서 가르쳐 주거나, 당시의 음악을 플루트, 피아노, 바이올린으로 연주하면서 시를 암송하기도 한다. 또한 빅토리안 케이프 메이(Victorian Cape May)에의 방문에 대해서 조사한 것을 발표하기도 하고, Dickens의 등장인물과 상황을 묘사한 것을 보여 주기도 하며, 빅토리아 시대의 집, 가구, 공원을 설계

하고 모형으로 만들어서 보여 주기도 한다. 학생들은 교사가 만든 학습지를 가지고 다른 팀의 작품을 비평한다. 당시의 상황에 대한 연극이나 영화를 모고 비평하는 감상문을 쓰면 부가 점수를 받기도 한다. 학생들은 이 단원을 매우 좋아하는 것처럼 보인다. 적극적으로 참여함으로써 학생들의 학업 성취도가 올라가고, 이러한 성취는 학생들이 만든 멋진 결과물이나 실제로 그들이 받은 점수, 그리고 무엇보다도 그들의 열광에서 나타난다. 학생들은 첫날부터 '우리 차 마시는 것 언제 하나요?'라고 물어본다.

물론 이 단원에는 간학문적인 연결, 학생들의 적극적인 참여, 그리고 학부모의 관여와 같은 많은 긍정적인 면이 있다. 학생들은 관련 문학작품, 역사 유물, 초대 강연자 등 다양한 자료원에 접했다. 그리고 1차 사료와 2차 사료를 가지고 연구를 수행하였으며 손에 잡히는 작품과 수행을 만들어 냈다. 의심의 여지없이, 교사들은 협력적으로 일하였고 많은 시간을 들여 다양한 활동을 조화롭게 편성하였다. 학생들은 빅토리아 시대에 대한 정보, 사회 기능, 꽃꽂이, 왈츠 등을 배운 것들이 분명하다. 그들은 아마도 빅토리아 시대의 차 마시기를 오래도록 좋은 느낌으로 기억할 것이다.

그러나 그와 같은 가치 있는 학습과 좋은 느낌에도 불구하고, 잠깐 한 발짝 물러서서 과연 그것이 '짤 만한 가치가 있는 주스'인가를 생각해 볼 필요가 있다. 위의 사례를 비롯한 활동 지향의 경험에 대해서 중요하게 생각해 볼 문제는 다음과 같다. 학습 결과물이 그들의 작업에 명확하게 나타나고 구체화되었는가? 중요하고 영속적인 결과물(그리고 빅 아이디어)을 반영하는가? 아니면 단순히 '알면 좋을 것'을 반영하는가? 학생들은 다양한 활동 뒤의 목적을 설명할 수 있는가? 중요한 아이디어와 기능을 배웠다는 적절한 증거를 가지고 있는가? 학생들은 자신이 이해하고 배운 것을 의미 있는 방식으로 전이할 수 있음을 보였는가? 활동들에 쏟은 시간과 에너지는 그 결과로 생긴 학습에 상응하며 다른 모든 것을 제치고 시간을 지혜롭게 쓴 것인가?

만약 위의 질문에 대한 답이 '아니요'라면, 이러한 활동들 뒤의 목적에 대해서 의문을 가지고 그것이 결여된 활동들은 제거하거나 조정해야 할 것이다. 여기서 분명히 하고자 하는 것은 우리가 학생들을 참여시키는 것에 반대한다는 것이 절대 아니라는 점이다. 다만 우리는 목적성의 결여에 대하여 지적하고자 하는 것이다.

교사들이 '활동에 초점을 맞춘 교육과정'의 문제를 드러내기 위해서 회의 시간이나 워크숍에서 해 볼 수 있는 하나의 연습 활동이 있다. 먼저 다음과 같은 두 개의 일반적인 질문을 한다.

- 학생들이 학교 안팎에서 어떠한 때에 가장 몰입하고 효과적인가?
- 무엇이 이러한 활동들을 매우 학생 참여적이고 효과적이게 만드는가?

그다음에는 교사를 크게 두 집단으로 나누고, 각 집단을 3명에서 6명으로 이루어진 하위 집단들을 만든다. 첫 번째 집단은 첫 번째 문제에 대해서, 두 번째 집단은 두 번째 문제에 대해서 논의한다. 각 집단은 활동과 상황을 열거하고 그 사례들로부터 일반화한다. 그리고 자신들의 코멘트를 차트에 작성한다. 그런 다음 각 하위 집단에서 나온 반응들을 모아서 서로 공유하고 범주별로 종합한다. 다음은 각 집단으로부터 나온 반응들이다.

학생들이 가장 잘 몰입하기 위해서는 활동이 다음과 같은 특성을 갖추어야 한다.

- 능동적('손에 잡히는' 것)이다.
- 신비로운 것이나 문제들과 관련되어 있다.
- 다양한 종류를 제공한다.
- 학생들에게 결과물과 과정에서 선택을 허용한다.
- 과제와 도전을 개인화할 수 있는 기회를 제공한다.
- 다른 이들과 협력하여 작업하는 기회를 준다.
- 실세계 상황이나 의미 있는 도전에 바탕을 둔다.
- 사례 연구, 모의재판, 집단 조사와 같이 상호적인 접근을 취한다.
- 실제 혹은 모의 상황의 청중을 관여시킨다.

활동은 다음과 같을 때 가장 효과적이다.

- 명료하고 가치 있는 목표에 초점이 맞추어져 있다.
- 학생들은 자신이 하는 작업의 목적과 근거를 이해한다.
- 알려져 있는 명료한 준거와 모형을 제시하여 학생들이 자신의 진보를 정확하게 검토할 수 있게 한다.
- 학생들이 열심히 노력하고 위험을 감수하는 것에 대한 두려움이 없고 벌점 없이 실수로부터 배울 수 있다.
- 아이디어와 기능이 학생의 경험을 교실 밖의 세계를 연결해 주는 활동들을 통해서 구체화되고 실제가 된다.
- 피드백에 근거하여 스스로 평가하고 스스로 조정하는 기회가 많다.
- 교사는 학생들이 성공할 수 있도록 코치로서 그리고 촉진자로서 기능한다.

마지막으로, 두 집단은 자신이 각자 만든 목록을 공유하고 전체 집단이 2개의 목록에 공통적인 요소들을 찾아본다. 다시 말해, 어느 때가 학습 활동들이 매우 참여적이면서도 효과적인가? 이 두 혼합은 뜻이 깊다. 몰입의 중심에 있는 특성들은 효과성을 높이고 그 반대도 성립한다(예: 진정한, 손에 잡히는, 실세계 문제들, '할 수 있는' 기회, 지속적인 피드백 제공).

이 결과로 생기는 조합의 목록은 교사가 현재 수행하고 있는 활동(빅토리아 시대의 차 마시는 활동과 같은 것)들을 평가할 수 있는 일련의 준거가 된다. 그 목록은 주변의 상황 속에서 만들어졌고, 자신의 학습과 교수 경험에서 끌어져 나왔기 때문에 보다 믿을 만하다. 그러한 목록은 교사가 검토하고, 필요하다면 모든 학습 활동을 개선시키기 위한 공통의 초석으로 기능한다.

다시 한 번 말하지만, 이 두 번째 오해는 명백하다. 교사가 아무리 좋은 의도를 가지고 열심히 가르쳐도 활동은 단지 중요한 학습 목표를 위한 수단으로 기능해야지 그 자체가 목적이 되어서는 안 된다. 요컨대, 교사의 직무는 학생들을 참여적이면서도 효과적인, 목적이 있는 활동에 관련시키는 것이다.

오해 3: 나는 시험에 나오는 것을 가르쳐야 한다

주와 지역의 내용 기준과 그에 따르는 시험 프로그램이 지난 세기 동안에 등장했다. 이것은 지역의 교육과정과 수업에 초점을 부여하고 학교에 책무성을 물음으로써 학생의 학업 성취를 높이고자 하는 의도다. 하지만 이러한 기준 기반의 개혁 전략(고부담 책무성 평가의 사용)이 안타깝게도 교사들에게 잘못된 생각을 낳았다. 즉, 시험에 맞추어 가르쳐야 한다는 것이다. 이러한 관점은 '점수를 올려야' 한다는 끊임없는 압력이 있고 매해 점수를 높여야 하는 의무가 있는 상황에서 이해가 된다.

표준화된 성취 측정에서 향상된 수행을 추구하는 것이 본질적으로 잘못된 것은 아니다. 그러나 이러한 오해는 그러한 목적을 어떻게 달성할 것인가에 있다. 우리는 (행정가들의 간절한 부탁으로) 많은 교사가 자신의 수업을 주와 지역 시험의 형태에 끼워 맞추는 것을 목격했다. 최악의 경우에 교육과정이 시험에 나올 법한 문제를 연습시키거나 시험 보는 전략으로 변형되기도 한다.

교사가 확립되어 있는 기준에 맞추어 가르쳐야 하는 것은 당연한 사실이지만, 그러한 기준을 만족시키는 최선의 방법은 주나 지역 시험의 형태를 모방하고 다지선다형 방식의 교수를 통해 피상적으로 내용을 커버하는 것을 따라야 함을 의미하지 않는다. 점수를 올리기 위해서 보다 효과적이고 학생 참여적인 수업을 희생시켜야 하는가? 수동적이고 분절적인 수업이 학생의 관심과 수행을 극대화하는 가능성을 높일 것인가 낮출 것인가? 높은 시험 점수를 얻기 위해서 더 나쁘게 가르쳐야 하는가? 이 문제는 시험이 어떻게 작동하는지, 타당도가 어떻게 확립되는지, 그리고 어떻게 학습이 최대화될 수 있는지에 대한 기저에 있는 오해를 반영한다.

이러한 추론에 있는 결함을 드러내기 위해서 비유를 생각해 보자. 1년에 한 번 우리는 건강검진을 받기 위해서 의사를 찾아간다. 누구도 그러한 검사에 대한 생각을 즐기지는 않지만, 우리 건강에 대한 객관적인(비록 표면적이긴 해도) 측정치를 얻기 위함이라고 이해한다. 의사는 짧은 시간에 몇 개의 검사(혈압, 맥박, 체온, 콜레스테롤 측정을 위한 혈액검사)를 한다. 이 '건강검진'은 매우 적은 샘플 검사에 따라 이루어지며 우리의 건강 상태에 대해 몇 가지 유용한 지표의 역할을 한다. 그것의 타당도와 가치는 그 결과가 건강함을 정의하는 것이 아니라 우리의 건강 상태에 대한 결과를 암시한다는 것에 있다. 우리는 그 검사를 번거롭게 생각하지 않고, 빨리 받아 혹시나 보다 면밀히 검사해 보아야 할 문제가 있는지 지표로 삼는다.

이제는 우리가 그 최종 숫자(몸무게, 혈압, 기타 수치)에 지나치게 집착한다고 가정하자. 그리고 이 결과가 우리의 건강보험료와 직결되어 있다고 가정하자. 아마도 우리는 매년 건강검진을 받기 전에 거의 공황 상태가 되어 그 검진을 위해서 '연습'할 것이다. 그리고 우리의 모든 힘을 (지표들이 시사하는 것과 반대로) 그 검진에 쏟을 것이다. 만약 의사들이 이 사실을 알게 된다면, 당연한 반응은 "이럴 수가! 당신은 혼동하고 있습니다. 당신은 인과관계와 상관관계를 혼동하고 있어요. 검진을 '패스'하는 최선의 방법은 건강한 삶을 사는 것입니다. 즉, 운동하고, 여러분의 몸무게를 수시로 점검하고, 지방을 덜 섭취하고, 섬유소를 더 많이 먹고, 충분히 잠을 자는 것입니다."일 것이다.

사실 진정한 의미의 건강 관리(음식 조절, 운동 혹은 스트레스 관리)는 신체검사에서 직접적으로 확인되지 않는다. 의사들은 우리의 건강 상태를 측정하기 위해 혈압, 체중, 피부색, 콜레스테롤 수준과 같은 간접적인 지표를 활용한다. 이러한 지표들은 인과적인 것이 아니라 상관적인 것이다. 즉, 우리의 건강은 그 검사 지표들에 반영될 것이다. 사실 우리가 신체검사에 나올 것들에만 집중하면 할수록, 장기적으로 보았을 때 우리가 건강할 확률은 줄어든다.

그 의사와 마찬가지로, 주의 교육기관들은 매년 간접적인 검사를 통해 학생의 수행을 확인한다. 신체검사처럼 주 시험은 지역의 '건강'에 대한 지표들(지역의 교육을 통해서 가르쳐져야 할 광범위한 내용을 간접적으로 샘플로 추출한 문항)로 이루어져 있다. 이 시험은 어느 정도로 보다 복잡하고 의미 있는 학습과 상관관계가 있는지에 대해서 타당한 추론을 낳는다. 마치 건강검진이 혈압과 콜레스테롤 수치와 같은 신뢰할 만한 지표들에 의존하는 것과 같다. 간단한 문항들을 사용하여 제대로 된 운동과 건강함에 대한 매일의 '검사' 대용으로 '건강함'을 간접적으로 확인해 본다. 그것이 바로 시험의 타당도다. 획득하기 쉬운 일련의 지표와 보다 복잡하고 바람직한 일련의 결과물 간의 관련성을 확보하는 것이다. (우리가 지금까지 간접적인 시험에 대한 지나친 의존을 반대하는 주장을 펼쳐 온 것을 알고 있는 많은 독자는 우리가 이런 식으로 말하는 것에 놀랄지도 모른다. 하지만 여기서의 논점은 시험의 타당도에만 집중하고 있는 것이다. 교육 평가에서 수행 평가를 옹호하는 보다 많은 논의와 논쟁이 이루어질 수 있지만 여기서의 문제는 그 반대다. '실제적인' 과제가 타당하지 못한 추론을 낳을 수도 있듯이, 간접적인 [비실제적인] 시험이 타당한 추론을 이끌어 낼 수도 있다는 점이다.)

아마도 사람들은 건강해지기 위해서 건강검진을 연습하는 것은 어리석다고 생각할 것이다. 하지만 이러한 오해는 우리가 북아메리카에 있는 모든 학교에서 나타난다. 지역의 교육자들은 낮은 시험 점수 혹은 진보가 없었음을 내보이는 것을 두려워하여, 원인이 아닌 그 지표들에 초점을 맞춘다. 다시 말해, 시험의 형태가 우리를 잘못 안내한다.

이러한 설명이 우리가 현재 하고 있는 단 한 번 이루어지는 외부 평가에 지나치게 의존적인 표준화된 검사 실제를 승인하는 것으로 받아들이지 않길 바란다. 사실 우리는 주의 기관과 정책 입안자들이 학교나 지역의 평가를 주의 전체 책무성 시스템에 포함시키지 않음으로써 이러한 혼동을 지속시키고 있는 것에 책임이 있다고 생각한다. 교육개혁에서 제일 중요한 것은 주가 아닌 우리가 건강에 책임이 있다는 비유의 핵심을 받아들이는 것이다. 주의 역할은 감시자다. 우리가 건강검진을 집에서 하지 않고 그것이 단지 우리 건강에 대한 표면적인 지표이듯이, 주에서 시행하는 시험은 우리가 교실, 학교, 학교구에서 하는 '건강한' 활동과 평가와 같은 것을 만들지는 않는다. 아마도 주에서는 우리가 원하더라도 지나친 비용과 외부 평가기관이 들어오는 것을 막기 위해서 우리가 가치 있다고 여기는 모든 것을 실제적인 방식으로 평가할 수는 없을 것이다. 이것은 의사에게도 해당된다. 모든 환자에게 며칠 동안 의학 실험실에 와서 전체적으로 모든 것을 점검해 볼 것을 요구한다면 시간과 비용이 너무 많이 들 것이다(보험회사가 비용을 지급할 것이라고는 생각하지 말라).

"그렇다면 '시험에 맞추어 가르치는 것'을 향한 집중된 노력이 점수를 낮춘다는 말인가?" 그렇지 않다. 시험에 맞춘 교수는 분명히 어느 정도는 효과가 있을 것이다. 특히 시험 때문에라도 공통의 기준과 결과에 대해서 관심을 기울이게 된다면 그러하다. 학교와 학교구는 공통의 목표에 보다 주의를 기울이게 되고 단기적으로는 점수가 올라갈 것이다. 당연한 사실은 우리가 결과에 초점을 맞추면 어느 측정치에서건 수행이 개선된다는 것이다. 그러나 일단 시험의 구체적인 사항들을 학생들이 파악하게 되고 형식과 시험 보는 기술에 익숙해지면 장기적인 진보는 일어나기 힘들고, 시험의 형식과 내용이 바뀌면 대개의 경우 점수는 떨어진다.

교육자들은 시험의 '안면 타당도' 결여를 혼동하여 시험의 형식을 따라해야 한다고 믿는다. 더 심각한 것은 시험이 그렇게 나오기 때문에 수업시간에 내용을 표면적으로 훑고 사실과 기능을 맥락 없이 다루어야 한다고 믿는 것이다.

이와 관련된 오해는 외부의 시험 점수가 교육에서의 성공을 결정한다는 관점이다. 특정 시험의 강점과 문제점을 논의하지 않고 단순히 "시험 점수가 끝은 아니다. 시험 점수가 '미션을 완수했음'을 보여 주는 것은 아니다."라고 말해서는 안 될 것이다. 시험 점수는 우리가 추구하는 목표들 중 어떤 것과는 관련된 지표다. 주의 기준과 시험은 모든 가치 있는 교육목표, 예컨대 인성, 공부 습관, 예술, 직업, 평생교육과 같은 목표들은 거의 드러내지 않는다. 아마도 오늘날의 기준과 책무성의 시대에서 지도자들에게 가장 큰 도전은 교사들에게 교사의 임무는 미션과 중요하게 관련된 결과(mission-critical results)에 초점을 맞추는 것이지, 1년에 한 번 있는 지표 평가가 아니라는 것을 이해시키는 것이다.

요약하면, 우리는 '시험을 신경 쓰지 말라'고 제안하는 것이 아니다. 오히려 우리는 시험 점수를 올리는 가장 좋은 방법이 (1) 내용 기준에 있는 핵심 아이디어와 과정들(주로 평가되는 내용)을 풍부하면서도 학생 참여적인 방식으로 가르치는 것, (2) 탄탄한 지역 평가를 통해서 학생의 이해와 내용의 전이에 대한 증거를 수집하는 것, (3) 측정하기 쉬운 것이 아닌 우리가 가치 있게 여기는 것에 대한 증거를 수집하기 위해서 지역의 과제와 평가를 위한 기준과 질 통제를 높이는 것이다.

교사의 역할을 결정하기 위해서 백워드로 설계하기

그렇다면 가르칠 때 교사의 임무는 무엇인가? Mursell(1954)이 50년 전에 다음과 같이 간결하게 말했다.

> 성공적인 가르침은 효과적인 학습을 가져오는 것이다. 중대한 문제는 어떠한 방법이나 절차를 사용할 것인가, 그 방법들이 오래된 것인가 새로운 것인가, 검증된 것인가 실험을 거치고 있는 것인가, 전통적인가 진보적인가……가 아니다. 가르침에서 성공의 최종 준거는 결과다(p. 1).

따라서 교사가 해야 할 일이 무엇인가는 미션과 목표로부터 시작하는 백워드 설계에서 찾을 수 있다. 교사로서 우리는 백워드 설계 방식으로 다음을 질문해야 한다. 우리는 어떠한 종류의 학습 성취를 추구하는가? 그것을 달성하기 위한 학습 상황에서 교사로서 우리의 역할은 무엇인가? 우리의 미션이 단순한 지식 습득이 아니라 진정한 전이 수행을 낳는 학생의 이해를 계발시키는 것에 있다면, 교사로서 우리의 임무는 이러한 목적에 의해 결정되어야 한다.

우리는 이 장에서 교사가 교수 활동을 전개할 때에(학생들과 함께 있을 때에) 해야 할 일을 살펴보았다. 6장에서는 관심을 돌려 수업과 관련되지 않는 교사의 직무를 고찰하고자 한다.

실행을 위한 아이디어

- 교사들에게 자신이 인식하고 있는 교사의 직무는 무엇인지를 간단하게 써 보게 한 다음에 교사 회의 혹은 팀 회의에서 논의한다. 어떠한 패턴이 나타나는가? 어떠한 오해가 있는가? 어떠한 중요한 요소가 빠져 있는가?
- 교사들에 대한 현재의 직무 내용 문서를 살펴본다. 구체적인 직무 책임과 수행 지표들이 포함되어 있는가? 이 장의 두 번째 부분에서 말한 것과 같은 종류의 기능을 명시적으로 요청하는가? 어떠한 변화 혹은 명료화가 필요한가?
- 현재의 교사 평가 과정을 점검하라. 현재의 평가 시스템은 우리가 기대하는 직무 기능과 어느 정도로 일치하는가? 현재의 과정이 교사들에게 무엇이 진정으로 중요한가를 암시하는가? 어떠한 변화와 명료화가 필요한가?
- [그림 5-1]에 있는 교과서/기준 분석 연습 문제를 해 보라. 어떠한 패턴을 발견할 수 있는가? 그 결과가 주는 시사점에 대해서 논의하라.
- 현재의 교사 채용 과정을 검토하라. 교사 지원자들은 어떻게 평가되고 있는가? 교사 지망생들이 자신의 직무는 무엇이라고 믿고 있는가? 현재의 교사 채용 규약이 기대하는 직무 기능에 대해서 무엇을 암시하는가? 어떠한 변화와 명료화가 필요한가?
- 현재의 교사 직무연수 프로그램을 검토하라. 초임 교사들은 자신의 직무가 무엇이라고 믿고 있는가? 현재의 연수 프로그램이 기대하는 직무 기능과 어느 정도로 일관되어 있는가? 어떠한 변화와 명료화가 필요한가?
- 이 책의 235~237쪽에 소개되어 있는 '효과/참여' 연습을 교사 회의

나 연수에서 활용해 보라. 결과와 그것이 주는 시사점을 논의하라. 교사들에게 수업 활동 중에서 효과적이지도 않고 참여적이지도 않은 것들을 수정하거나 제거하는 구체적인 행동 계획을 세워 보게 하라.

- 교사의 세 가지 역할을 담고 있는 〈표 5-1〉을 보여 주고 현재의 수업 실제가 이 범주 중에서 어디에 해당하는지 교사들의 토론을 촉진하라. 교과 내, 교과 간 그리고 학년 간에 어떠한 패턴이 나타나는가? 학교의 미션과 목적을 검토하라. 그 수업 방법들이 미션 및 목표와 일관되는가?
- 교사의 책무 차트를 두 칸으로 만들어 보라. 한 칸에는 '개인의 자율성', 다른 칸에는 '전체의 책임'이라고 적어 보라. 교사들에게 그 차트를 완성하게 한 다음 어떻게 생각하는지를 평가해 보게 하라. 그런 다음 교사 혹은 팀과 함께 그 차이점을 함께 논의하고 명료화하라.

제6장

가르치지 않을 때 교사가 해야 할 일은 무엇인가

어떤 사람도 섬처럼 고립되어 살 수는 없다.

—John Donne

5장에서 우리는 교실 수업의 세 가지 범주를 검토하였으며, 이해에 초점을 맞추고 수행에 기반을 둔 학교교육에서 그 세 가지 범주의 위상을 논의하였다. 일차적인 수업 역할에 더하여, 교사가 담당해야 할 일은 전형적으로 일련의 다른 직무를 포함하고 있다. 여기에는 조언자, 규율가, (비밀 따위도 털어놓을 수 있는) 친구, 스승(멘터), 과외 활동의 후원자, 복도 감시자(모니터)와 같은 직무가 속한다. 이와 같은 여러 가지 기능의 중요성을 인정하면서 다음과 같은 제안을 하고자 한다. 즉, 우리가 구상하고 있는 종류의 학교교육에서는 앞에서 제안한 교육적 임무를 성공적으로 완수하는 데 있어서 수업 이외에 교사가 담당해야 할 세 가지 특수한 역할이 매우 중요하다는 것이다. 교사가 안고 있는 직무의 이 측면은 다음과 같은 세 가지 핵심적인 질문에 반영되어 있다. (1) 교육과정의 정합성과 효과성 그리고 매력을 어떻게 제고할 수 있는가? (2) 우리가 가르치는 학생의 성취도는 어떤 상태에 놓여 있으며, 그들의 수행을 어떻게 향상시킬 수 있을 것인가? (3) 우리의 전문성을 어떻게 하면 보다 더 효과적이게 할 수 있는가? 요컨대, 학습에 관한 학습은 보다 더 명시적으로 교사가 안고 있는 직무의 일부가 되어야 한다. 다시 말해, 가장 호기심이 많은 사람만을 위한 선택이 아닌 것이다. 이 장에서는 수업 이외의 이 세 가지 역할을 검토하고, 각 역할이 포함하고 있는 특정한 직무상의 기능에 관해 기술하고자 한다.

학교가 '연구'에 더 초점을 맞추어야 한다는 진술은 혹시 독자로 하여금 매우 중요한 점을 간과하게 할지도 모른다. 우리는 임무와 관련된 결과를 도출하는 일에 충실하기 위해서는, 교사가 자신의 의도가 수반하는 효과를 주의 깊게 살펴보아야 한다고 생각한다. 즉, 그 효과를 직무의 핵심적이고 본래적인 구성 요소로서 간주해야 하며, 이를 위해 시간 및 다른 자원을 정식으로 할당해야 한다.

역할 1: 교육과정에 대한 기여자

2장과 3장에서 논의한 바와 같이, 미션 및 수립한 목표에서 출발하여 백워드로 설계된 견실한 교육과정은 학교교육의 핵심적인 요소로서 기능을 수행한다. 그러한 교육과정은 학급 수준의 평가와 수업을 안내하기 위하여, 빅 아이디어, 전이 목표, 그리고 사고 습관을 중심으로 내용의 틀을 형성한다. 학습을 위한 틀로서 교육과정이 핵심적인 기능을 수행한다는 점을 감안할 때, 교사는 단지 사용자로서의 역할에 머물러서는 안 되며, 더 나아가 기여자로서의 역할도 수행해야 한다. 왜냐하면 이미 언급한 바와 같이 문제 조정 · 해결에 기반을 둔 끊임없는 조절이 교육과정의 일부분이 될 필요가 있기 때문이다. 교사는 능동적으로 교육과정의 효과성을 제고하는 데 여러 가지 방식으로 기여할 수 있으며, 이 활동을 단순한 선택이 아닌 직무의 일부로 만들어야 한다는 데에는 그럴듯한 이유가 있다.

교육과정 설계자

교사는 교육과정 개발에서 두드러진 역할을 수행할 수 있고 또한 수행해야 한다. 그들의 참여가 과정을 더 효율적으로 만들기 때문이 아니라, 교육과정을 정교하게 만들고 계속적으로 구성하는 데 관여하는 것 자체가 교육과정 및 그 목적을 더 잘 깨닫고 이해하는 데 도움이 되기 때문이다. 달리 표현하면, 교사가 교육과정을 단지 '수용하고' 그대로 '이행할' 경우, 그 결과는 미션과 장기 목표를 시야에서 놓치는 수업, 즉 경직되고 목적이 없는 수업이 되는 경향이 있다.

대학, 자율학교, 비교적 작은 학교구에서 근무하는 교수와 교사는 교육과정과 평가의 설계, 그리고 틀에 대한 지속적인 조정에 대하여 보다 더 많은 책무를 떠맡는 경향이 있다. 비교적 큰 학교구에서 교육과정 작업은 대표적인 교사로 구성된 교육과정 위원회가 담당함으로써 종종 중앙으로 집중되는 경향이 있다. 비록 관리하기 쉬운 위원회에서 작업이 잘 완수되어야 한다는 필요성을 일단 인정함에도 불구하고, 교육과정을 승인하는 과정은 학과와 학년 수준의 팀을 통하여 직무의 일부분으로서 모든 교직원이 작업 종료, 지속적인 피드백, 제안한 조정에 있어서 발언권을 가질 것을 요구한다. 모든 사람이 교육과정 문서에 대하여 '주인의식'을 가질 수 있어야 비로소 학교는 원칙에 의거한 방식으로 실천을 검토할 수 있는 권위와 기제를 갖추게 될 것이다.

교사가 교육과정 기획 및 조정의 어느 수준(단원, 코스 설계, 예비 K-12 프로그램 틀 등)에서 관여할 때, 『백워드 설계에 의한 이해(*Understanding by Design*)』(Wiggins & McTighe, 2005)에 기술된 바와 같이, 우리는 세 가지 단계로 구성된 백워드 방식의 설계 과정을 활용할 것을 강력히 제안한다. 또한 팀을 구성하여 교육과정·평가 설계를 수행할 것을 권장한다. 아무리 능력이 뛰어난 교사라고 하더라도 혼자서는 효과적이고 역량을 갖춘 팀이 산출할 수 있는 작업의 양과 질을 산출할 수 없을 것으로 보인다. 학습 조직에서 팀의 핵심적인 역할에 대해서 Senge(2006)는 다음과 같은 진술을 한다. "팀이 학습할 수 없다면 조직은 학습할 수 없다." (p. 10) 교육과정이 이해력을 기르고 학생이 전이 수행을 갖추도록 할 의도가 있다면, 팀에 의한 접근이 특히 중요하다. 그러한 교육과정을 마련할 경우, 개발자는 내용에 대한 전문적 지식을 갖추고 있어야 한다. 여기에는 성인이 현실 세계에서 적용할 때 어떻게 적실성 있는 내용과 기능을 활용하는가에 대한 이해도 포함된다. 개별 교사는 어떤 학문 분야의 모든 영역에서 심층적인 내용 지식을 갖추고 있기 어렵지만, 여러 교사가 팀을 구성하여 함께 작업한다면 배분된 전문적 지식에서 도움을 얻을 수 있다. 그렇게 함으로써 심층적으로 그리고 풍부한 방식으로 다양한 토픽을 적절하게 다룰 수 있는 가능성이 높아진다. 게다가 어떤 한 교사가 내용과 관련된 전문적 지식을 갖추고 있다고 하더라도, 다른 사람들을 안내하기 위하여 그 지식을 기록하고 소통하는 데 필요한 기능은 부족할 수 있다. 따라서 글을 잘 쓰는 교육과정 팀 구성원을 포함시킨다면 유용할 것이다.

또한 각 팀이 담당해야 할 직무의 일부는 전이 목표와 과제에 대한 그들의 아이디어를 관련 분야의 전문가가 검토하도록 하는 데 놓여 있다. 직업 프로그램에서 교사가 전형적으로 자신의 아이디어에 대해 경험이 많은 실천가의 검토를 받아야 하는 것과 마찬가지로, 학업 프로그램의 평가와 교육과정상의 접근 방안에 대해서는 관례상 전문가와 경험이 많은 실천가가 적절성 측면에서 평가할 것으로 기대가 된다. 예컨대, 역사 교사는 그들의 프로그램 목표와 전이 과제에 대하여 역사가, 언론인, (박물관·도서관 등의) 관리자, 기록 보관인에 의한 검토를 거칠 것으로 기대해야 한다. 수학 교사는 그들의 평가에 대하여 통계학자, 회계사, 공학자(기술자), 인구통계학자, 수학자가 비평과 검토를 하도록 해야 한다.

산출된 교육과정 결과물에 더하여 시간을 거쳐 그러한 설계 과정에 참여하는 일은 교사의 내용 지식, 평가 기능, 교육적 효과성을 강화시킨다. 교육과정 및 평가의 설계에 교사를 능동적으로 관여시킨 학교구와 학교는 교육과정 개발의 과정이 참여한 교직원 모두를 풍부하게 함으로써 결국 실질적인 전문성 개발을 제공한다는 것을 깨닫게 되었다. 따라서 보다 더 많은 수의 교사를 교육과정 설계 활동에 포함(다음 절에서 논의한 동료 검토를 포함하여)시키기 위하여 교육 지도자들이 교육과정 및 직원 개발을 위한 기금을 서로 합치는 방안을 고려할 것을 권고한다.

협력적인 교육과정 설계는 매우 작은 학교와 학교구에서 추진하기가 어려운 일인지도 모른다. 왜냐하면 거기서는 하나의 교사가 코스 혹은 학년 수준에 대해 책임을 지고 있는 유일한 사람인 경우가 많기 때문이다. 그러한 경우에 우리는 지역 협회를 통해 교육과정을 개발할 것을 제안한다. 이때 지역 서비스 기관이나 기존의 협회를 통해 용이한 수단을 모색할 수 있다. 예컨대, 화학 교과에서 1주일에 걸친 하계 교육과정 워크숍에 지역의 여러 고등학교에서 4명의 화학 교사를 차출하여 지역의 과학자 및 교수와 연계하여 협동 작업을 하도록 할 수 있다.

대부분의 주와 지역은 지역 교육과정 설계를 안내하는 표준의 틀을 이미 수립한 상태에 놓여 있다는 점을 감안할 때, 처음부터 새로 틀을 마련하는 일보다는 기존의 전문적 지식과 자원을 활용함으로써 '더 열심히 하는 것이 아니라 오히려 더 영리하게 작업하는 것'이 바람직하다. 우리의 경험에 따르면, 아무리 '나 홀로' 하는 교사라 할지라도 같은 토픽을 가르치는 다른 사람들과 전문적인 교류를 할 수 있는 기회를 소중하게 생각하는 경향이 있다. 그러한 협력은 고립되어 있다는 느낌을 줄어들게 하고, 서로 뒷받침을 해 주는 동료 사이에서 지역 네트워크를 수립하는 데 도움을 준다.

비평적 동료 검토

어떤 교사가 교육과정 설계에 직접 관여하고 있는 정도와 관계없이, 모든 교사는 동료 검토, 현장 검증, 문제해결을 통하여 비평적 동료의 역할을 수행함으로써 교육과정의 효과성을 위해 능동적으로 기여해야 한다.

교육과정 설계를 하는 교육자로서 우리는 때때로 우리의 일이 너무 가까이 있기 때문에 어떤 취약점을 바라보는 데 어려운 경우가 있다. 너무나 자주 교육과정 문서는 과정의 일부로서 사용자의 비평적 검토를 결코 거치지 않는다. 그 결과, 그러한 문서에 먼지가 쌓이는 경우가 적지 않다. 교육과정과 관련된 동료 검토는 교사가 다른 사람들이 개발한 교육과정 설계 초안을 검사할 수 있는 구조화된 과정이다. 검토자는 교육과정 산출물의 명료성, 배열, 완성도, 궁극적인 효과성을 제고하기 위하여 '사용자의 눈'을 제공함으로써 비평적 동료의 역할을 수행한다.

동료 평가는 일련의 교육과정 설계 표준에 따라 실시할 것을 권장한다. 앞에서 언급한 바와 같이, 그렇게 해야 비로소 피드백이 언제나 '표준에 기반을 두고' 또한 '개인의 자의적 판단에서 벗어날' 수 있다. 3장에서 우리는 프로그램과 코스 설계를 위한 그러한 표준의 목록을 제시하였으며, 이와 짝을 이루는 일련의 단원 설계 표준이 『백워드 설계에 의한 이해: 전문성 개발 워크북(*Understanding by Design: Professional Development Workbook*)』(McTighe & Wiggins, 2004)에 제시되어 있다. 이 워크북은 또한 동료 검토를 실시하기 위하여 유효성이 증명된 프로토콜에 대한 상세한 기술을 포함하고 있다. 이와 더불어 그 과정을 개시하기 위한 제안 사항도 포함하고 있다.

비록 동료 평가의 1차적인 목적은 교육과정 설계를 개선하기 위하여 피드백을 제공하는 것이지만, 부차적인 이득도 생긴다. 동료 평가 회의에 참여한 사람들은 다른 동료들과 함께 교육과정과 평가, 그리고 수업에 대해 공유하고 토의를 할 수 있는 기회로서 그 과정의 가치에 대해 빠지지 않고 논평을 한다. 그러한 회의는 다음과 같은 교수·학습의 핵심적인 질문에 주의를 기울인다. 목표로 정한 표준에서 핵심 아이디어는 무엇인가? 학생이 실제로 이해한다는 증거, 그리고 학습한 것을 전이시킬 수 있다는 증거로 간주할 수 있는 것은 무엇인가? 기대한 결과를 학생으로 하여금 성취하도록 하려면 우리가 무엇을, 어떻게 가르쳐야 하는가?

구조화된 동료 평가에 참여하는 것은 전문성을 갖춘 전문가 정신의 중요성을 다시 강조해 준다. 동료 평가가 직무의 일부분으로서 이루어질 때, 교사는 자기 자신이 구현하는 교육과정을 안내하고 평가하고 개선하기 위하여 설계 표준을 활용함으로써 결국 표준 기반의 교육을 늘 염두에 두고 실천에 옮길 수 있을 것이다.

현장 검증자

작가가 초고에서 잘 다듬어진 원고를 산출하는 경우가 거의 없는 것과 마찬가지로, 교육과정이 작성되었다고 해서 그것을 완벽한 것이라고 간주하기는 상당히 어렵다. 동료 평가를 거치는 것에 더하여, 새로 개발된 교육과정의 타당성을 입증하기 위한 수단으로서 그것을 교실에서 검증하는 일이 필수적으로 요청된다. 비록 성인들이 어떤 핵심적인 질문, 어떤 평가 과제, 어떤 활동이 좋다고 동의한다고 하더라도, 교육과정은 학습자들을 만날 때 비로소 본격적으로 적용된다고 볼 수 있다. 교육과정에 대한 궁극적인 타당성 입증은 그 결과에 놓여 있다. 즉, 학생이 바라는 성과를 성취하도록 교육과정이 실제로 도와주었는가?

소프트웨어 개발은 교육과정 설계를 위한 적절한 비유가 될 수 있다.

새로운 소프트웨어 프로그램이 개발될 때, 그것은 대개 넓은 범위에 걸친 사용자의 베타 검증을 거치게 된다. 소프트웨어 설계자는 공격적으로 여러 검증자의 피드백을 찾아 나선다. 왜냐하면 설계자가 사용 및 사용자와 관련된 모든 변수를 예상한다는 것이 불가능하다는 것을 깨닫기 때문이다. 이와 같이 초기 시도에서 들어온 피드백은 1.0 버전이 나오기 전에 필요한 디버깅(프로그램의 잘못을 찾아내어 수정하기)을 안내해 준다. 그러나 모든 컴퓨터 사용자가 잘 알고 있는 바와 같이, 소프트웨어 개발은 거기서 끝나지 않는다. 진행 중의 사용과 이것이 수반하는 사용자로부터의 피드백은 계속적인 개량 과정을 위해 필요한 정보를 제공해 주며, 그 결과는 1.01, 1.02, 1.03 등과 같은 버전으로 나타난다. 그리고 미래의 어느 시점에서 소프트웨어의 '차세대' 버전, 즉 더 많은 혹은 더 나은 특징을 포함하고 있는 버전이 2.0 버전의 형태로 공개되며, 이 역시 나중에 다시 개량된 형태로 등장할 것으로 기대된다.

교육과정 개발도 이와 유사하게 생각해야 한다. 그러므로 교사는 교육과정 초안을 시험해 보기 위하여 (설계 기준에 비추어 보면서 설계안으로서의 단원에 대한 '알파' 검증이 있어야 하는 것과 마찬가지로) '베타' 현장 검증자로 일함으로써 교육과정의 전체 진행 과정에서 중요한 역할을 수행할 수 있다. 일단 1.0 버전이 공개되면, 교육과정이 최대한 효과를 발휘할 수 있도록 하기 위하여 사용자로서 교사의 계속적인 피드백이 필요하다.

전자기기를 도구로 삼아 교육과정을 개발 · 저장 · 전달할 수 있다는 것은 분명히 장점을 갖고 있다. 전자문서로 작성한 교육과정은 교실의 피드백에 기반을 두고 점진적으로 조절하고 개선할 수 있다. 교육과정 개정 주기에 따라 변경 사항을 담고 있는 크고 무거운 안내책자를 재판(reprinting)하기 전에, 더 이상 3~7년 동안 기다릴 필요가 없다. 즉시 조절이 가능할 뿐만 아니라 필요하며, 따라서 교사는 학습을 극대화하기 위하여 교육과정을 매우 효과적으로 활용할 수 있다.

문제 조정 · 해결자

비록 검토와 성공적인 교실 현장 검증이 교육과정의 타당성을 입증했더라도, 교사는 직무의 일부분으로서 학생의 학습에서 문제 영역을 확인하고 동료와 함께 해결 방안을 모색해야 한다. 이런 점에서 학교와 학교구는 협력적 문제해결을 위하여 일정이 잡힌 교직원 회의나 팀 회의를 정기적으로 활용할 필요가 있다. 그러한 회의를 통하여 교사는 학생의 학습과 수행에서 지속적으로 등장하는 문제를 확인하고, 브레인스토밍을 통하여 가능한 해결 방안을 모색한다. 그런 다음 여기서 나온 아이디어를 시험해 보고 평가할 수 있다. 이때 최상의 성공적인 해결 방안을 문제 조정 · 해결 지도서에 기록하고, 그것을 각 교육과정 영역에 포함시키는 것이 바람직하다. 다시 말해, 이와 같은 일은 교육과정을 살아 있는 문서로 만드는 데 있어서 직무의 일부분(장학과 평가의 일부분)이 되는 것이다. 직원, 팀, 학과 회의는 그러한 문제 조정 · 해결에 헌신할 것이며, 소기의 목적을 달성한 것과 그렇지 않은 것, 그리고 교육과정 개정을 위해 필요한 것에 대하여 해당 팀은 학년 말에 공식적인 보고서를 발간할 것이 요청된다.

모든 교사를 문제 조정 · 해결에 체계적으로 포함시킴으로써 교육과정은 적어도 다음과 같이 세 가지의 구체적인 효과를 거둘 수 있다. (1) 교사의 고립을 감소시키면서, 다른 한편으로 목적의식을 갖춘 동료의 협력관계와 결과에 대한 집합적 책무성을 촉진한다('우리 모두는 여기서 한 배를 타고 있다.'). (2) 경력이 많은 사람의 경험을 잘 활용하고 경험이 적은 교사를 적절하게 안내해 준다. (이때 물론 외관상 다루기 힘든 문제에 대해 '신참'이 때때로 신선한 해결책을 내놓는다는 점을 인정해야 한다.) (3) 현재 그리고 장래의 교사에게 도움을 주기 위하여 실천에서 얻은 지혜를 지속적으로 기록에 남긴다.

역할 2: 결과의 분석가

점점 더 교육자는 수업과 관련된 의사결정과 학교 개선 계획 수립의 기반으로 데이터(자료)를 활용할 것으로 기대되고 있다. 그러나 자료를 활용해야 한다는 이와 같은 요구는 단지 결과를 계량화하고 수집하고 배포하기 위한 기제를 수립하는 것보다 더 많은 것을 요청한다. 저명한 조직 변화 컨설턴트인 Jim Collins(2001)가 쓰고 있는 바와 같이, 조직은 '정보'를 '무시할 수 없는 정보'로 전환시키고(p. 79), 그다음에는 데이터에 들어 있는 '현실의 엄연한 사실'에 직면할 필요가 있다(p. 71). 다시 말해, 우리의 미션과 더불어 기대하고 있는 결과를 고려할 때, 특히 무엇이 잘 작동하지 않는가의 질문과 관련하여 도대체 어떤 데이터가 필요하며, 그 데이터가 우리에게 무엇을 말해 주고 있는가? 우리가 관찰한 바에 따르면, 가장 성공적인 학교와 학교구는 핵심적인 결과의 '엄연한 사실'에 직면하는 것을 피하지 않으려 한다. 사실상 '좋음에서 위대함'으로 전환하기 위해서는 능동적으로 학습에 대한 정보를 찾아 나서야 할 필요가 있다는 점을 그러한 교육기관에서 근무하는 교육자는 잘 깨닫고 있다.

그렇다면 이제 '개인적인 것이 아니라, 우리가 해야 할 일을 갖고 있다는 의미에서' 어떻게 학교나 학교구가 데이터에 입각하여 결과를 분석하게 되는가? 어떤 경우에 이러한 요구는 학교구와 학교 수준에서 근무하는 행정 직원들이 행위로 옮긴다. 이때 그들은 연간 시험 점수 자료를 분석하고 교직원을 위해 결과를 요약한다. 물론 그것이 아무것도 안 하는 것보다는 분명히 더 나은 것이긴 하지만, 그러한 계획은 불충분한 것으로 보인다. 그 대안으로 우리는 모든 교사가 어떤 수준에서 성취 데이터의 분석과 발전 계획의 정식화에 능동적으로 관여해야 한다는 것을 제안하고자 한다. 그렇게 함으로써 그들은 학생의 수행 데이터를 더 잘 이해하게 되고, 그것을 자기 것으로 삼을 수 있을 것으로 기대된다.

그러한 분석은 과도하게 시간을 소비하지 않도록 해야 한다. 직원 전체 혹은 팀을 위해 한 해 동안 얼마나 많은 회의가 예정되어 있다고 하더라도, 여기서 중요한 점은 데이터 분석을 위한 필요에서 '백워드로' 직원 회의를 설계하는 일이다. 어떤 고등학교 학과에서 정기적으로 개최된 45분간의 회의 결과를 기록한 회의록에 반영된 다음의 사례를 살펴보자. 이때 학생을 더 잘 준비시키기 위하여 최근의 주 평가에서 나온 결과를 분석하는 데 그 회의가 어떻게 특별히 초점을 맞추고 있는가에 유의할 필요가 있다.

회의록

회의는 오후 2시 15분에 시작되었다. 마거릿은 7~12학년에 기반을 둔 회의를 통해 학과가 달성했으면 하는 요망 사항을 설명했다. 모든 학생이 여러 학년을 거치면서 그리고 주 수준에서 실시하는 시험을 거치면서 비슷한 학습 경험을 할 수 있도록 우리가 보장해야 한다. 8, 10, 11학년 말에 실시되는 주 시험에서 우리의 결과가 비록 좋은 것으로 나타나긴 했지만, 특히 더 많은 학생이 숙달 수준에 도달하도록 한다는 측면에서 시험 결과가 한층 더 개선될 수 있다.

선다형 문제에 대한 항목 분석과 더불어 2001년 6월에 해당하는 세 가지 주 시험(세계사와 지리, 경제, 정치와 미국 역사)이 배포되었다.

8학년에 대한 데이터가 이미 분석되어 있었기 때문에, 우리는 45개의 4지 선다형 문항에서 얼마나 많은 학생이 각 선택지를 골랐는지 볼 수 있었다. 마거릿은 가장 빈번하게 틀린(즉, 학생이 잘못 고른) 문제를 살펴보도록 우리에게 요청했다. 이때 문제의 내용뿐만 아니라 각 문제에서 학생이 가장 많이 틀린 선택지에도 초점을 맞출 것을 촉구하였다. 학생이 잘못 선택한 것을 검토한다면, 그들이 어떤 이해 측면에서 격차를 보여 주고 있는지에 대해 더 잘 파악할 수 있을 것이다.

우리는 8학년 시험 중 자유 기업 체제를 다룬 23번 문항을 살펴보았다. 왜 정답(기업들이 소비자의 돈을 지갑에서 꺼내기 위하여 서로 경쟁을 벌임)을 고른 학생들의 수에 거의 맞먹는 학생들이 오답(주주에게 이윤을 보장함)을 선택했는가? 그 이유가 문제의 진술 방식에 놓여 있는 것인가? 아니면 자유 기업 제도에 대한 학생들의 이해가 부족한 것인가?

두 가지 고등학교 시험에 대한 항목 분석이 제공하는 정보는 더 적은 것으로 나타났다. 왜냐하면 50개의 각 문항에 대하여 4개의 선택지를 각각 얼마나 많은 학생이 고른 것인지를 보여 주지 않고, 각 문제의 정답을 선택한 학생의 백분율만을 보여 주었기 때문이다.

우리는 세계사 시험에서 25번 문항(19세기 동안 아일랜드에서 대규모 기아를 초래한 주요 원인을 다룬 문제)을 검토하는 데 어느 정도 시간을 할애하였다. 정답은 감자 수확의 실패였다. 그런데 많은 학생이 북아일랜드에서 발생한 신교도와 구교도 사이의 분쟁을 기아의 원인으로 선택한 것 같았다. 왜냐하면 시험을 치르기 조금 전에 그 토픽을 공부했기 때문이다. 아마도 그들은 11학년에서 감자 부족으로 인한 기근에 대하여 더 자세히 배울 것으로 보인다. 그러나 그 이전에 그것을 알지 말아야 할 그럴 만한 이유가 있는가? 어쨌든 주 교육당국은 사회과 교사들이 그 토픽을 가르칠 것을 기대하고 있다. 따라서 우리 학교의 도서관 미디어 센터는 조만간 감자 부족으로 인한 기근에 대한 주 교육 지침서를 입수해야 한다.

앞으로 예정된 회의에서 이것을 어떻게 다룰 것인가의 질문과 관련하여, 각자 (가능하면 현재 담당하고 있는 학년 수준의 시험이 아니라) 세 가지 시험 중 하나에 초점을 맞추기로 합의를 보았다. 마거릿은 문제가 되고 있는 문항의 특정한 내용이나 진술 방식보다는 오히려 학생이 놓치고 있을지 모르는 개념이나 더 큰 이해를 살펴볼 것을 우리에게 요청하였다. 또한 우리 학생들이 틀리기 쉬운 특수한 문항 유형(예: 풍자만화, 화자[speaker] 질문, 표, 그래프)이 있는가? 각자 자세히 검토할 시험을 한 가지씩 선정하였다.

우리는 앞으로 매달 세 번째 화요일에 회의를 개최하기로 합의하였다. 그래서 다음 회의는 10월 16일(화)에 C120호에서 개최될 예정이다. 16일에 만나게 되면, 우리는 세 가지 시험에 따라 세 집단으로 나눌 것이다. 그러면 검토한 시험에서 알게 된 사항에 관해 토의할 수 있을 것이다.

이번 회의는 오후 3시에 폐회하였다.

비중이 높은 책무성을 요하는 시험이 비록 중요하고 공공적이라는 점을 부인할 수 없지만, 우리의 판단에 따르면 적어도 이해와 수행에 기반을 둔 교육적 미션을 고려할 때 그러한 시험이 성공의 가장 견실한 혹은 심지어 가장 적절한 증거는 아니다. 그러한 분석은 필요하지만 충분한 것은 아니다. 매년 발간되는 표준화된 점수 보고서는 기껏해야 쉽게 검사할 수 있는 내용 지식과 기능에 대한 학생 성취도를 일부 제공할 뿐이다. 그리고 외부의 표준화된 시험은 이해와 전이 능력에 대한 충분한 증거를 제공하는 경우가 거의 없다. 게다가 그러한 보고서는 교실과 학교 수준에서 계속적인 실행을 위해 정보를 제공하고 안내를 하는 데 있어서 충분히 세부 사항을 다루지 못하거나 아니면 시간적으로 적당하지 않은 경우가 많다.

외부 시험 결과에 대한 분석에 더하여, 다중 출처(3장에서 기술한 바와 같이, 특히 지방에서 개발된 핵심적인 평가와 학생 작품 모음을 포함하여)에서 나온 학생 수행 데이터를 진행 과정에서 지속적으로 분석하는 일에 교직원이 관여하는 것이 중요하다. 이와 같이 지역 수준에서 이루어진 작업·작품에 대한 진행 과정상의 분석이 학생 성취에 대한 더 포괄적이고 훨씬 더 신뢰할 수 있는 측정 결과를 제공해 준다. 그렇게 함으로써 계속적인 개선을 위해 필요한 단서를 제공한다. Schmoker(2003)는 그 접근 방법에 대하여 다음과 같이 기술하고 있다.

> 교사들은 그들이 설정한 목표를 활용하면서 수업을 개선하고 진행 과정을 평가하기 위하여 정기적으로 회의를 개최할 수 있다. 이때 다른 또 하나의 중요한 출처, 즉 형성평가 데이터를 활용하는 것이 바람직하다. 몇 주 간격으로 혹은 채점하는 각 기간을 통해 수집된 형성 데이터를 활용하여 교사 팀은 성공 수준을 측정하고 그에 따라 수업과 관련된 작업을 조절할 수 있다. 이와 같이 집합적으로 관리되는 형성평가를 통하여 팀은 단기간의 결과를 포착하고 음미할 수 있다. 그리고 어느 분야에서든 이것이 성공을 위해 필수적으로 요청된다 (p. 22).

2~6명의 학년 팀, 학과 팀을 구성하여 교사들이 함께 일하고, 학생의 반응·산출물(작품)·수행을 평가하기 위하여 미리 합의를 본 루브릭을 활용할 것을 권고한다. 〈표 6-1〉에 제시된 일련의 질문은 학생 작품에 대한 검토가 점수나 학점의 차원을 넘어서도록 해 주며, 그렇게 함으로써 교사가 학생 작품의 의미를 더 잘 이해하고, 결과를 향상시킬 것으로 보이는 조정 방안을 계획하는 데 도움을 준다.

그러한 질문에 덧붙여, 우리는 학생 작품을 분석할 때 교사 팀이 활용할 수 있는 조직자를 제공하는 것이 유익하다는 것을 알게 되었다. [그림 6-1]은 중학교 수학을 위해 완성된 조직자의 보기를 제공한다. 여기서 어떻게 주의 깊은 분석의 결과로 분명하게 확인된 취약점이 드러나고,

〈표 6-1〉 학생 작품을 검토할 때 제기할 질문

기술한다.
- 어떤 지식과 기능이 평가되는가?
- 어떤 종류의 사고가 요구되는가?(예: 회상, 해석, 평가)
- 이것이 내가(우리가) 기대한 결과인가? 왜 그런가? 혹은 왜 그렇지 않은가?
- 어떤 영역에서 학생(들)이 가장 잘 수행하는가?
- 어떤 취약점이 명백하게 드러나는가?
- 어떤 오개념이 드러나는가?
- 어떤 놀랄 일이 있는가?
- 어떤 비정상적인 것이 존재하는가?
- 개선이나 퇴보의 증거가 있는가? 그렇다면 무엇이 변화의 원인으로 작용했는가?

평가한다.
- 어떤 기준을 갖고 내(우리)가 학생 작품을 평가하고 있는가?
- 이것이 가장 중요한 기준인가?
- '충분히 좋은 것'(수행 기준)이 얼마나 좋은가?

해석한다.
- 이 작품이 학생의 학습과 수행에 대해서 무엇을 드러내는가?
- 어떤 패턴이 명백하게 드러나는가?
- 이 작품은 어떤 질문을 제기하는가?
- 이 작품은 다른 성취 데이터와 일관성이 있는가?
- 이 결과에 대한 다른 가능한 설명이 있는가?

개선 실행을 확인한다.
- 학습과 수행을 개선하기 위하여 교사의 어떤 실행이 필요한가?
- 학습과 수행을 개선하기 위하여 학생의 어떤 실행이 필요한가?
- 학습과 수행을 개선하기 위하여 학교·학교구에서 어떤 체제적 실행(교육과정, 일정, 집단 편성에서의 변화와 같은 것)이 필요한가?

그다음으로 수행의 부족과 직접 연결된 수업 조정 방안, 즉 특정한 수업 조정 방안이 뒤따르는지에 주목하길 바란다.

학생 작품을 검토하기 위하여 규칙적으로 그러한 질문과 계획 조직자를 활용함으로써, 교사는 폭넓은 목표, 미션과 관련된 목적(이해, 전이, 사고 습관)에 적절하게 초점을 맞추며, 표준화된 시험 점수에만 고착되는

성취 데이터와 학생 작품의 분석에 기반을 둠

- 취약점에 있어서의 어떤 패턴이 눈에 띄는가?
- 어떤 특정한 영역이 가장 많이 개선될 필요가 있는가?

- 문제해결과 수학적 추론이 일반적으로 약하다.
- 학생들이 그들의 추론과 전략 활용을 효과적으로 설명하지 못한다.
- 적절한 수학적 언어가 언제나 활용되지 않는다.

개선을 위해 우리가 어떤 특정한 실행을 할 것인가?

- ☐ 수학적 추론을 요구하는 우리의 '비상례적' 문제에 대한 활용을 증가시킨다.
- ☐ 특정한 문제해결 전략을 명시적으로 가르친다(그리고 규칙적으로 검토한다).
- ☐ 문제해결 전략의 포스터를 개발하고 각 수학 교실에 게시한다.
- ☐ 수학적 추론의 모형을 만들기 위하여 (교사와 학생에 의한) '생각한 것을 크게 말하는 기법'의 활용을 증가시킨다.
- ☐ 기본적인 수학 용어의 '단어 벽(word wall)'을 개발하고 규칙적으로 그 용어를 활용한다.
- ☐ 수학 언어의 설명과 활용을 강조하기 위하여 우리의 문제해결 루브릭을 수정한다.

[그림 6-1] **데이터 중심의 개선 계획 워크시트 샘플(수학)**

것을 피한다. 학생 작품을 검토할 때 교사를 안내하기 위하여 여러 가지 구조화된 프로토콜이 개발되었다(예: Tuning Protocol; Arter & McTighe, 2001; Blythe, Allen, & Powell, 1999; McTighe & Thomas, 2003 참조). 그러한 과정의 규칙적인 활용은 앞에서 언급한 바 있는 '가르치고, 시험 치고, 그런 다음 최상에 대한 희망을 가지라.'와 같은 태도를 교정해 줄 수 있는 대책을 제공한다고 볼 수 있다.

교육과정과 평가 앵커링

3장에서 논의한 바와 같이, '앵커링(anchoring)'은 루브릭 척도에서 각 점수를 나타내는 작품의 예(example)를 선정하는 과정을 가리킨다. '앵커'

로 알려진 이 전형적 사례는 설정된 준거에 기반을 두고 다양한 질적 수준이나 숙달(실력)의 정도에 대한 구체적이고 특정한 실례를 제공해 준다. 앵커는 수행 기반 교육과정의 중요한 구성 요소이며, 그 선정은 학생 작품에 대한 협력적 평가의 자연스러운 부산물이다. 교직원은 직무의 일부분으로서 규칙적으로 앵커 수행을 수립하고, 적절성 측면에서 이 앵커를 검토해야 한다. 또한 각 교사는 학생, 학부모, 동료에게 앵커를 상례적으로 발표해야 한다. 그렇게 해야 우수한 작품이 어떤 것인지에 대한 정보를 모두가 공유할 수 있을 것이다. 최고 수준의 앵커는 종종 '본보기(exemplars)'라고 지칭되곤 한다(뉴욕 주의 그리스 센트럴 학교구에서 확인된, 그리고 3장에서 제시한 글쓰기의 본보기를 상기하라). 앵커링을 위한 특정한 과정은 Arter와 McTighe(2001)의 『교실에서 루브릭 채점하기(*Scoring Rubrics in the Classroom*)』에 제시되어 있다.

교육과정을 위한 앵커를 확인하는 데 교사를 관여시키는 일은 다음과 같은 명백한 이점을 갖고 있다.

- 앵커는 교사가 학생의 작품이나 수행에 대해 판단을 내릴 때 기준과 준거를 이해하고 일관되게 적용하는 데 도움을 준다.
- 앵커링은 수행 기준을 설정하기 위한 기반을 제공한다. 루브릭의 다양한 수준(점수)과 상관관계에 놓여 있는 학생 작품의 본보기를 선정함으로써, 교사와 다른 이해관계자는 '충분히 좋은 것이 도대체 얼마나 좋은 것인가?' 하는 질문에 대하여 더 설득력 있게 답변할 수 있다.
- 루브릭 서술자(descriptor)에 대한 구체적인 실례를 제공함으로써 루브릭에 들어 있는 잠재적으로 모호한 언어('잘 조직된' 혹은 '설득력 있는'이라는 용어와 같은 것)를 예시하며, 이것이 교사와 학생이 효과적인 수행의 질에 대하여 더 잘 이해하는 데 도움을 준다.

- 학년, 학교, 또는 학교구 수준에서 앵커의 모범 예시(본보기)를 수집하고 발표하게 되면, 여러 교사와 학교에서 이루어지는 평가에서 보다 더 많은 일관성을 확보할 수 있다. 더 나아가서 '공적인' 앵커는 교사가 점수와 학점을 학부모와 학생에게 설명할 때 도움을 준다. 분명한 루브릭과 앵커가 가용할 경우, 많은 교사는 채점에 대한 구차스러운 변명이나 쓸데없는 비판이 사실상 사라진다는 것을 보고하고 있다.
- 앵커의 가용성은 특별히 초임 교사에게 유익하다. 왜냐하면 학년·교과 영역에 따라 학생에게 해당하는 수행의 기대 수준에 초임 교사가 직접 접근할 수 있기 때문이다.
- 학생들에게 동기를 부여할 수 있는 분명한 목표를 제공하고, 그들의 노력을 안내하고, 자기평가와 동료 평가에 관여할 때 기준을 더 잘 이해하고 적용하기 위하여 앵커를 수업에서 적절하게 활용할 수 있다.

McTighe와 Emberger(2006)는 그러한 교사 협력의 이점을 다음과 같이 요약하고 있다.

> 협력적 설계와 동료 검토는 교사의 전문성 정신과 전문적 지식, 그리고 집단적 학습의 가치를 인정해 주고 향상시켜 준다. 설정한 기준에 비추어 보면서 학생 작품을 평가하고, 수월성의 모형을 확인하고(앵커링), 필요한 개선 방안을 계획하기 위하여 팀을 구성하여 작업을 하게 되면, 결과에 지향을 둔 양질의 문화를 조성하는 데 도움이 된다.
>
> 수행 평가를 설계함으로써 교사는 내용 기준에 대한 자신의 이해를 향상시키고, 그 기준에 포함된 중요한 아이디어와 과정을 학생

이 실제로 이해하고 있다는 것을 보여 주기 위하여 필요한 증거에 대한 자신의 이해를 향상시킨다. 교사는 교육과정과 평가 사이의 연관성이 더 분명해지고, 가르치는 활동의 초점이 더 명백해지며, 평가가 일관성을 더 많이 확보한다는 것을 발견한다(p. 44).

역할 3: 지속적인 학습자

학교의 미션 중 중요한 한 측면은 평생학습을 위한 능력과 성향을 기르는 일이며, 이 미션은 학생뿐만 아니라 교직원에게도 적용된다고 생각한다. 지속적인 학습은 어느 분야에서든 전문성을 보여 주는 관건이며, 특히 학습에 헌신하고 있는 직업에 대해 적실성을 갖고 있다.

그렇다면 교사는 무엇에 대해 계속 학습해야 하는가? 담당하고 있는 교과, 학생 그리고 미션에 대해 계속 학습해야 한다. 즉, 자신이 원인을 제공해야 하는 학습에 대하여 학습해야 하고, 학습에 대한 원인을 제공했는지의 여부에 대하여, 그리고 더 많은 학습에 대한 원인을 제공하기 위하여 개선해야 할 것이 무엇인지에 대하여 학습해야 한다. 비록 이것이 명백한 것처럼 보일지 모르지만, 독자들이 이 진술을 단지 뻔하고 너무나 당연한 진리라고 가볍게 바라보지 않기를 바란다. 좀 더 정확하게 표현하자면, 정말로 평생학습을 하는 사람은 학습을 중단하도록 하고 자기 변화를 회피하도록 하는 이러저러한 심리적·사회적 압력에도 불구하고 학습을 계속한다. 참 유감스러운 일이지만, 너무 많은 교사를 포함하여, 많은 성인이 편안한 습관과 일상적 관례에 안주하면서 끝내곤 한다. 여기서 Dewey의 신랄한 비평을 약간 바꿔 말하자면, 때때로 20년 경력의 교사가 단지 동일한 1년을 20번 가르친 사람에 불과한 경우가 발생하곤 한다.

직업적 정체를 극복할 수 있는 대책으로 우리는 지속적인 학습이 교사 직무의 명시적이고 기대된 일부분이 되어야 한다는 점을 제안한다. 즉, 교재, 교수 효과성, 그리고 학습에 원인을 제공하는 일을 더 잘 수행하기 위한 방안에 대한 학습이 직무의 일부가 되어야 한다. 더 구체적으로 말하면, 진행 과정에서 이루어지는 교사의 지속적인 학습은 세 가지의 상호 연관된 실행을 통하여 발생하며, 이것은 장학과 평가에서 고려되어야 한다. 그 세 가지 실행에는 (1) 교수·학습에 대한 최근 연구 동향에 정통하기, (2) 전문적 기능의 신장, (3) 실행 연구에의 참여가 포함된다.

교수·학습에 대한 최근 연구 동향에 정통하기

전문가 정신은 전문적 직업인이 해당 분야에서 언제나 새로운 정보와 접촉할 것을 요구한다. 그리고 오늘날 교육자는 가르치는 일에 대한 적실성 있는 연구와 모범 실천 사례에 정통하는 데 도움을 줄 수 있는 자원을 많이 갖고 있다. 예컨대, 대학의 코스워크에 등록한 교사는 전형적으로 현대의 연구 문헌을 접할 수 있는 가능성이 많다. 하지만 다수의 교육자는 공식적인 대학 프로그램에 관여하고 있지 않으며, 따라서 시류에 부응하기 위해서 다른 출처를 필요로 한다. 어떤 교사는 ASCD(Association for Supervision and Curriculum Development)나 교과 영역별 학회와 전문가 단체 혹은 협회에 가입하여 최근의 연구 동향과 모범 실천 사례에 정통하고자 한다. 우리는 물론 이와 같은 회원 가입 활동을 지지한다. 안타깝게도, 그러한 회원 활동은 일반적으로 자발적인 성격을 갖는 것이라서 극히 일부 교직원만이 참여하고 있다. 일부 교사는 주, 지역, 혹은 국가 수준에서 개최되는 학술 회의에 참석하기도 한다. 여기서는 최신의 정보가 발표된다. 그러나 대부분의 교직원은 이러한 기회를 규칙적으로 혹은 폭넓게 이용하지 않는다.

필요한 것은 모든 교사를 위한 현장(on-the-job) 학습, 그것도 설계에 의한 현장 학습이다. 다시 말해, 적실성 있는 연구와 모범 실천 사례에 대한 지속적인 학습은 교사 역할의 규칙적이고 기대된 일부로 현장 혹은 현직에서 실제로 이루어져야 한다. 연구 동아리, 실행 연구, 그리고 개인적인 독서에서 나온 연구 결과의 요약에 대하여 상례적으로 보고하는 것을 교직원에게 기대해야 한다. 이것이 실제로 어떻게 나타날 수 있는지를 보여 주는 다음 사례(실례)를 고려해 보자.

한 중학교 교장이 교직원 회의에서 다음 2년 동안에 걸쳐 혁신적인 '모범 실천 사례'에 대하여 배우고 그것을 갖고 실험할 수 있는 능력에서 수행의 절반을 평가하겠다고 말했다. 교장은 교직원에게 본교를 위해 적절한 분야에서 가장 유망한 것으로 보이는 혁신 사례의 목록을 생각해 보고 제안하도록 요구했다. 그 결과, 목록이 (분화된 수업, 참 평가와 같은 것을 포함하여) 6개로 압축되었다. 그런 다음에 교장은 각 구성원이 다른 2~3명과 함께 가까운 동료가 되어, 6개의 토픽 중 어느 하나에 해당하는 연구 · 개발 동아리를 형성하도록 부탁하였다. 2년 동안 그들의 직무는 학습하고, 시험해 보고, 그들이 학습한 것을 다른 교직원에게 보고하는 일이었다. 이 학교의 교직원들이 보고한 바에 의하면, 이 하나의 실행은 학교의 문화를 극적으로 변화시켰다.

'기대된 지속적 학습'의 아이디어에 의거하여 실행하기 위해서, 학교 행정가와 특히 학교구 수준의 행정가가 적실성 있는 논문과 연구 요약문의 소재를 파악하고 배포하는 일에 대하여, 다른 교직원이 그렇게 할 수 있는 준비가 되어 있지 않았다고 느낄 경우, 처음에는 1차적인 책임을 질 수도 있다. 그런 다음에 학교 행정가와 교사 지도자(학과장, 학년 팀 지도자)가 토의를 주도하고 규칙적으로 일정을 잡은 회의의 일부로서 실험을 제안할 수 있다. 하지만 결국에는 다음과 같은 사정을 이해해야 할 것이다. 즉, 개인과 팀에 해당하는 직무의 일부는 그러한 현직 학습 혹은 현장 학습을 개시하고 관리하는 일이다.

전문적 기능의 신장

지식은 불충분하다. 연구 기반의 교수 기법에 대하여 논문을 읽거나 소개하는 발표 행사에 참석하는 것으로는 교사가 새로운 실천을 성공적으로 이행하는 것을 준비하는 데 충분하지 못하다. '본질적 질문'의 성질과 이득에 대한 기조연설을 단지 청취하는 것으로는 교사가 그에 따라 내용을 '자세히 밝히고', 수업과 평가의 틀을 구성하기 위하여 본질적 질문을 활용하는 것을 준비하는 데 충분한 도움이 되지 못한다. 이해와 더불어 새로운 기능을 적용할 수 있는 능력은 실천, 코칭 그리고 지속적인 뒷받침을 요구한다. 이것은 젊은 학습자뿐만 아니라 성인에게도 마찬가지다.

모든 교사는 그들의 지식과 기능을 신장시키기 위하여 지속적인 전문성 개발에 관여해야 한다. 여러분은 이렇게 생각할 수도 있다. '도대체 누가 그것을 부인할 것인가?' 그러나 전문성 개발로 통하는 모든 것이 교사의 지식과 기능을 신장시킨다는 보장이 없다. 너무나 빈번하게 직원 개발은 어떤 토픽에 대한 발표, 그것도 다수의 청취자가 그냥 앉아서 듣는 발표로 그치고 만다. 전문성 개발에 대한 그러한 이벤트 기반의 접근은 교사가 어떤 토픽을 피상적으로 다루는 것과 유사하다. 상기한 두 가지 경우 모두 학습자(학생 또는 교사)가 지식을 전이시키는 것을 준비하는 데 충분하지 못하다.

직원 학습에 대한 더 포괄적인 접근, 진행 과정에서 이루어지는 지속적인 접근이 이 책에서 개설한 능력을 개발하는 데 필요하다는 것은 명백하다. 국가직원개발위원회(National Staff Development Council)는 전문성 개발 기준(Standards for Professional Development)의 특징을 제시하면서 이점을 다음과 같이 강조하고 있다. "직원 개발은 결과에 의해 추동되어야 하며, 기준에 기반을 두어야 하고, 직무에 깃들어 있어야 한다." 이 점에 대해서 『학습을 위한 장학(*Supervision for Learning*)』의 저자들은 다음과 같이 상술하고 있다.

> 다양한 출처에서 나온 데이터는 여러 가지 중요한 직원 개발 목적을 위해 도움을 줄 수 있다. 첫째, 표준화된 시험, 학교구에서 작성한 시험, 학생 작품 샘플, 포트폴리오, 그리고 다른 출처에서 수집된 학생 학습에 대한 데이터는 학교나 학교구의 개선 목표를 선정하는 데 중요한 투입을 제공하며, 직원 개발 노력을 위해 초점을 제공한다. 데이터 분석과 목표 개발의 이 과정은 수업·교육과정·평가의 영역에서 전형적으로 교사의 전문성과 관련된 학습의 내용을 결정한다 (Aseltine, Faryniarz, & Rigazio-DiGilio, 2006).

비록 공식적인 전문성 개발 프로그램의 총괄 담당은 전형적으로 행정가에게 맡겨지지만, 교사는 지속적인 학습에 관여해야 할 전문적 책임을 떠맡고 있다. 대학원 코스워크 이수, 학교·학교구 직원 개발 경험에의 참여와 같은 전통적인 전문성 신장 활동과 더불어, 교사는 그들의 학습을 향상시키기 위하여 일련의 다양한 방법을 가지고 있다. 여기에는 전문적 독서, 동료 간 코칭과 멘터링 장치, 그리고 개인의 특정한 성장 계획 따위가 포함된다.

직무의 일부로서 실행 연구에 참여하기

독자들은 앞에서 논의한 아이디어를 직원 개발을 조직하는 일은 지도자에게 달려 있고, 교사가 적당하다고 생각하는 개인적인 흥미·관심 영역을 추구하는 일은 개별적인 교사에게 달려 있다는 것으로 해석할 수도 있다. 하지만 우리의 의도는 다음과 같은 점을 주장하는 데 있다. 즉, 실행 연구와 전문성 향상은 모든 사람이 지속적으로 수행하리라고 기대되는 직무의 일부, 각 팀이 떠맡아야 할 의무의 일부, 그리고 개인 각자가 모색하는 개선 계획의 중추가 되어야 한다는 것이다. 다시 말해, 학습에 대한 학습은 선택 사항이 아니라, 직무에 의해서 그리고 계약에 의해서 요청된다는 것이다.

고등학교에서의 학과와 중학교에서의 학년 수준 팀을 고려해 보자. 우리는 학과의 실행 연구와 개입(투입) 보고가 직무상 요청되는 사항이 되어야 한다는 점을 제안하고 있는 것이다. 각 학과는 모든 직원을 위해 1년에 두 번 보고서를 발간해야 한다. 이 보고서에는 프로그램 목표에 대비하여 지역 수준의 평가를 통해 측정된 수행의 강점과 취약점에 대한 기술, 취약한 영역을 향상시키기 위하여 취한 행위, 그리고 장래의 실행 연구를 통해 표적으로 삼아야 할 관심 영역이 포함되어야 한다. 물론 상기 사항의 우선순위는 학과 회의에서 정해질 것이다. 이와 유사하게, 학과나 팀의 각 구성원은 자기 자신의 연구 의제와 결과를 기술한 개인 보고서를 작성해야 할 것이다. 보고서는 무엇이 잘되고 있으며 무엇이 그렇지 않은가에 대하여 학생과 학부모에게서 돌아온 피드백을 포함해야 할 것이다.

개인과 팀이 수행한 연구와 더불어, 우리는 학교와 학교구 수준에서 실행 연구를 추진할 것을 제안한다. 연구는 보다 큰 미션 목표와 더불어 교육과정과 관련된 목표를 표적으로 삼아야 하며, '우리' 학생들과의 경험에 대한 졸업생과 고용주의 피드백을 포함해야 할 것이다. 또한 과거의 학생들이 현재 몸담고 있는 학교교육이나 종사하는 일을 위하여 K-12 학년에 걸친 준비 기간의 효과성에 관하여 그들을 대상으로 조사를 하거나 면담을 수행할 수도 있다.

모형은 개선을 위한 실마리를 제공하기 때문에, 학과는 또한 임무와 프로그램 목표를 충족하는 데 있어서, 모범 실천 사례를 공유하고 거기서 좋은 점을 배워야 한다. 이 모형 단원은 지역 데이터베이스에 탑재되어, 인터넷을 통하여 모든 교사가 이용할 수 있도록 해야 할 것이다. 우리는 일본에서 실시되고 있는 수업 연구(lesson study, 이를 통해 교사 팀은 모형 공부 단원을 다루고 직원 및 동료와 함께 결과를 공유한다)가 시간을 거치면서 교사의 효과성을 제고하는 열쇠가 된다는 것을 알고 있다. 교사의 교수에 대한 국제 비교에서 연구자들은 수업 연구를 왜 일본의 평균 교사가 미국의 평균 교사보다 더 우월한지에 대한 응답으로 바라보고 있다. 이 맥락에서 다음과 같은 사항을 쉽게 이해할 수 있다. 만일 모든 교사가 매년 실행 연구에 참여한다면 미국에서 교수의 질이 유의미하게 개선될 것이며, '모든 문제를 각자 해결하는 것'과 같은 역기능적인 학교 문화가 줄어들 것이다.

그러므로 미국 학교에서 우수한 교사가 부족하다는 것, 그리고 교사 양성 대학에서 준비가 덜 된 교사를 배출한다는 것에 대하여 정책 관련자들이 현재 표명하고 있는 지나친 관심과 비평에 우리는 동의하지 않는다. 연구와 상식에 기초한 견해에 따르면, 직무를 수행하는 과정에서 수행되는 전문적 실행 연구와 스터디 그룹을 통하여 이루어지는 현직 교사 교육이, 예비 교사 교육에서의 개혁 방안을 모색하는 것과 비교할 때, 교수 활동에서 유의미한 장기적 개선을 수반할 수 있는 가능성이 훨씬 더 많다. 여기서 우리는 한편으로 직업적 생애와 다른 한편으로 맥락에서 벗어나 학습을 한 신참이 시간제로 4년간 다닌 대학 생활을 비교하고 있는 것이다. IBM의 관리자가 우리에게 말한 바와 같이, "교육 분야에서 종사하는 여러분은 초임 교사를 일단 일자리에 집어넣고, 문을 닫고, 작별인사를 하고 간다. 우리는 그들에게 8주간의 하계 훈련을 거치게 한 다음 비로소 장비에 손을 댈 수 있도록 한다. 또한 그들은 팀 속에서 일을 하지 않으면 안 된다. 왜냐하면 우리는 그들이 아무리 화려한 공학 학위를 갖고 있다고 하더라도 복잡한 일자리에서 그들 스스로 수월한 수행을 보여 줄 수 있는 준비가 되어 있지 않은 것을 알고 있기 때문이다."

실천적인 측면에서 말하자면, 모든 교사(특히 초임 교사)는 10개월의 일정에 입각하여 일할 것으로 기대해야 한다. 교실 바깥에서 해야 할 일이 그렇게 많은데, 교사의 일정표를 학생의 그것과 동일하게 만드는 것은 이해가 되지 않는다. 변화를 부드럽게 추진하고 효과적으로 비용을 사용한다는 의미에서, 6년에 걸친 기간 동안에 매년 3일의 비접촉 일정을 연간 일장표에 부가할 수도 있을 것이다.

그런데 직무의 일부분으로서 학교의 내적 연구에 대한 우리의 아이디어는 새로운 것이 아니다. Robert Schaefer(1967)는 『탐구 센터로서의 학교(*The School as a Center of Inquiry*)』에서 40년 전에 이 아이디어를 제안했다.

> 우리는 학교를 더 이상 단순히 다른 사회적 단위에서 개발된 문화적 지향 · 정보 · 지식을 분배하기 위한 배급 센터로 생각할 수는 없다. 교수 · 학습의 복합성이 매우 증가하였기 때문에, 학교는 탐구 센터가 되지 않으면 안 된다. 즉, 학교는 지식의 전달자뿐만 아니라 생산자도 되어야 한다(p. 1).

새로운 것은 40년 후에 우리는 이제 학습과 조직 개발의 복합성을 훨씬 더 잘 이해하고 있다는 점이다. 또한 다른 한편으로 책무성의 요구에 대해서도 더 많은 이해를 하고 있기 때문에, Schaefer가 제안했을 때와 비교해 볼 때 상기한 권고가 그 정신에 있어서 덜 '유토피아적'(p. 77)이고 더 현실주의적이며 절실하게 보인다는 것이다.

앞 장에서 우리는 세 가지 교수 활동의 역할, 즉 지식의 제시자, 의미 구성의 촉진자, 전이 수행의 코치에 대해 검토하였다. 이 장에서는 세 가지의 매우 중요한 비(非)교수 활동의 역할, 즉 교육과정에의 기여자, 학습 결과의 분석가, 지속적인 학습자에 관해 논의하였다. 이제 설계에 의한 학교교육을 성취하는 데 있어서 교육 지도자와 그들의 역할에 주의를 기울이고자 한다.

실행을 위한 아이디어

- 독서 스터디 그룹을 구성하여, 『백워드 설계에 의한 이해(*Understanding by Design*)』, 그 짝이 되는 『백워드 설계에 의한 이해 공부 안내서(*UbD Study Guide*)』, 『교수 격차(*The Teaching Gap*)』, 『학생은 어떻게 학습하는가(*How Students Learn*)』를 핵심 텍스트로 활용하여 그룹 독서를 하라. 그 결과와 제안을 교직원들에게 보고하라.
- 1년간 탐구해야 할 한 가지 또는 그 이상의 본질적 질문(학년 수준, 학과, 학과, 프로그램, 학교 구별)을 확인하라. 교사 각자가 질문과 관련된 어떤 활동과 평가를 설계하도록 격려하라. 질문에 대하여 그리고 여러분이 실행한 결과(예: 우리가 어떻게 하고 있는가?)에 대하여 토의할 수 있도록 교직원 회의 시간을 제공하라.
- 학생에게 분명하고 일관된 평가의 틀을 제공하기 위하여 교사와 학년에서 활용할 수 있는, 주 기준과 연결된 핵심 과정, 이해, 수행 과제에 대한 교과 영역 루브릭을 개발하라.
- 교사가 서로 자기가 하고 있는 일(단원 계획, 평가, 루브릭, 코스 매핑

등)을 교류하고, 합의한 설계 기준 기반의 피드백과 지침을 제공하기 위하여 동료 검토 회의 일정을 계획하라.

- '현재 학생 평가(외부 시험과 지역 평가를 포함하여)에서 소홀히 다루어지거나 간과되고 있는 것이 무엇인가'의 질문에 대해 조사하라. 학과와 학년 수준별로 조사 결과를 발표하라. 그런 다음에 우선적으로 고려해야 할 영역을 표적으로 삼고 실행 연구를 고안하라.
- '언제 학생들이 그들의 학습 활동과 작업에 가장 많이 참여하는가? 연구 결과에 입각한 실행과 관련하여 어떤 영역이 가장 시급하거나 절실한가?'의 질문에 대해 조사하라. (무엇이 잘되었는가 그렇지 않았는가, 그리고 그 이유에 대하여 규칙적으로 학생들에게서 피드백을 받으라.)
- 기본적인 오해와 수행 취약점에 대하여 (상기한 수업 연구의 의미에서) 연구 수업을 개발하라. 각 교과 영역에서 교직원의 작업, 연구 결과, 제언을 문서로 요약하여 제시할 수 있도록 하라. 무엇이 잘되고 그렇지 않은지, 그리고 그 이유에 대해서 학생의 피드백을 수집하라.
- 외부 평가(주 시험과 같은 것)와 학생 작품(핵심적 평가와 공통 과제물에서 나온 것)에서 나온 결과를 분석하기 위하여 학년 혹은 학과 집단을 구성하여 작업하라. 취약 영역을 확인하고, 그것을 다루기 위한 특정한 실행을 계획하기 위하여 '데이터 중심의 개선 계획 워크시트'([그림 6-1])를 활용하라.

제 7 장

교육 지도자의 직무는 무엇인가

(비영리 조직의) 리더십의 관건은 '부드럽거나' '착하거나' 순전히 '포용적이거나' '합의를 형성하는' 것에 있지 않다. 가장 중요한 점은 기관의 장기적인 탁월함과 미션의 성취를 위하여, 아무리 어렵거나 고통스럽다고 하더라도, 올바른 결정이 일어나도록 확실하게 하는 것이다.

– Jim Collins, 『좋음에서 탁월함으로의 전환과 사회 부문 (*Good to Great and the Social Sectors*)』

'지도자'와 '지도하다'라는 단어는 리더십이 어떠해야 하는가에 대한 서로 다른 견해를 반영하면서 많은 함의를 지니고 있는 말이다. 그리고 훌륭한 지도자가 갖추어야 할 특성 · 가치 · 행위에 대하여 나름대로 장황하게 설명하고 있는 리더십의 토픽에 대한 수백 권의 책이 출판되었다. 그러나 우리의 견해로는, 교육 지도자에 대한 현재의 저작은 지도자가 존재해야 하는 이유(즉, 교육기관의 미션과 관련된 특정한 목표를 달성하기 위하여 기관을 이끌고 가야 한다는 것)가 아니라, 상당 부분 오히려 너무나 많이 스타일 · 과정 · 투입에 초점을 맞추고 있다. 지도자가 '달성할' 필요가 있는 것에 대한 글보다는, 너무나 많은 책과 논문이 지도자가 어떤 '특성을 갖출' 필요가 있는지에 초점을 맞추고 있다. Drucker(1990)는 다음과 같이 날카로운 지적을 하고 있다.

> 비영리 조직의 경영자들이 나에게 가장 많이 던지는 질문은 '지도자가 갖추어야 할 자질과 특성은 무엇인가?'다. 이 질문은 리더십이 마치 신부 학교(charm school)에서 배울 수 있는 무엇이라고 가정하고 있는 것처럼 보인다. 중요한 점은 지도자의 카리스마가 아니라 지도자의 미션인 것이다. 그러므로 지도자의 첫 번째 직무는 기관의 미션을 철저히 생각하고 규정하는 일이다(p. 3).

사실상 Drucker는 기능(function)의 관점에서 지도자의 직무를 규정하고 있다. "비영리 관리자의 과제는 조직의 미션 진술문을 구체적인 것으로 전환시키려고 노력하는 데 있다."(p. 1) 왜 교육과정을 평가와 분리할 수 없고, 왜 교사의 직무 기술(descriptions)을 결과의 측면에서 명료화해야 하는지에 관해 논의했는데, 이와 유사하게 리더십을 위한 처방은 바라는 교육적 결과에서 추론할 필요가 있다. 결국 사람들을 어디로 '이끌고자' 한다면 구체적이고 가치가 있는 목적지를 갖지 않으면 안 되고, 그것으로부터 나아갈 방향과 접근 방법이 도출된다.

이것은 특히 이 장에서 초점을 맞추고 있는 교육 리더십의 영역에 해당하는 이야기다. 비록 교육장과 교장이 학교교육의 복합적인 자원, 인적자원, 인프라 '산출' 요구를 관리하는 데 더 숙련되었다고 하지만 우리의 생각은 다르다. 즉, 교육과장, 교육과정 및 수업 담당 장학관, 학과장, 수업 팀 지도자, 혹은 교과 영역 조정자 중 효과적인 지도자로서 그리고 필요한 교육과정 개정의 관리자로서 그들의 중요한 역할을 효과적으로 수행하기 위하여 충분히 준비되어 있는 사람은 그렇게 많지 않다. 좀 더 솔직히 말하자면, 학교가 그들의 책무를 제대로 이행하고 비전과 현실 사이의 엄청난 격차를 줄이고자 한다면, 우리는 교육 지도자가 현재 상황의 '관리'보다 오히려 훨씬 더 많은 '리더십'을 필요로 한다고 본다.

우리의 견해는 물론 리더십의 스타일과 철학이 중요하지 않다는 것을 말하는 것이 아니다. 또한 결과가 사람들보다 더 중요하다거나 아니면 비전이 효과적인 실천적 관리보다 더 중요하다는 것을 말하는 것도 아니다. 우리는 단지 교육 리더십에 대한 유용한 개념이 1차적으로 학교가 추구하는 목표, 현재의 결과에 대한 분석, 그리고 바라는 결과와 현실 사이에 존재하는 기존의 격차를 줄이기 위한 의도적인 실행에 대한 명료성에 기반을 두어야 한다고 제안하는 것이다. 요컨대, 어떤 개인의 리더십 스타일이나 특정의 학교 혹은 학교구의 맥락과 관계없이, 교육 지도자는 정말 유일한 하나의 본질적인 질문에 직면하고 있다. 그것은 다름이 아니라 '성취할 미션'이 지도자로서의 나에게 그리고 학교로서의 우리에게 요구하는 것은 무엇인가 하는 것이다.

그래서 특정의 직무 칭호나 지위와 관계없이, 우리는 이 장에서 『설계에 의한 학교교육(*Schooling by Design*)』이 제시한 미션을 실현하기 위하여, 교육 지도자가 미션을 달성하기 위하여 어떤 일을 해야 하는지에 대하여 고찰하고자 한다. 좀 더 구체적으로 말해, 우리는 교육 지도자가 이 책에서 제시한 기본적인 아이디어와 관련된 다섯 가지의 일차적인 직무 기능을 맡을 것을 권장한다. 비록 이 전문적 책무들이 분명히 상호작용함에도 불구하고, 우리는 각 책무의 두드러진 요구 사항을 부각하기 위하여 그것을 구분하여 따로따로 논의하고자 한다. 이 책무들을 함께 고려하면서 실행에 옮긴다면 미션 중심의 그리고 결과에 지향을 둔 학교교육의 문화를 창출하게 될 것이다.

직무 기능 1: 미션 및 학습 원리와 관련된 책임

교육 지도자는 교육기관(개별 학교 혹은 전체 학교구)을 이끌어 가기 위하여 명백하고 고무적인 그리고 실행할 수 있는 미션을 설정하는 데 도움을 주는 매우 중요한 역할을 담당해야 한다. 지도자는 학교교육에 대하여 적절하고 설득력 있는 비전을 가져야 할 뿐만 아니라, 미션을 '자신의 것으로' 만들도록 도움을 주는 데 있어서 이사회 구성원, 직원, 지역사회도 역시 참여시켜야 한다. 예컨대, 새로이 인가를 받은 학교장이 이사진 및 핵심적인 교직원들을 위하여 기획 워크숍을 마련하였다. 그는 참여자들에게 '졸업생을 그려 보자'라는 개회 연습 활동을 안내하였다. 여기서 그들은 본교에서 받은 교육의 결과로서 드러날, 희망하고 믿는 학습자가 도대체 어떤 사람인지에 대한 비전을 그려 보았다. 워크숍 참여자들은 소집단으로 만나서 바라는 지식, 기능, 성격 특성, 그리고 사고 습관의 목록을 작성하였다. 그런 다음에 개별 집단의 목록을 게시하고, 전체 집단이 그것에 대해 토의하였다. 풍부한 대화를 거친 다음에 합의에 도달한 목록이 등장하였다. 여기서 학교의 미션 진술문의 초안이 도출되었으며, 뒤이은 토의, 즉 이상적인 졸업생의 '그림'을 더 잘 실현하기 위하여 학교를 어떻게 조직할 것인가에 대한 토의의 틀이 상당 부분 결정되었다.

학교나 학교구가 기존의 미션을 가지고 있을 때, 교육 지도자는 그것을 활성화하고, 의사결정을 내릴 때 그것을 핵심적인 것으로 만들고, 교직원들과 다른 사람들이 계속해서 학교교육을 위해 그것이 지닌 의미와 함의를 탐구하도록 하는 데 있어서 일차적인 책임을 지고 있다. 한 가지 사례를 들자면, 200여 년의 역사를 갖고 있는 어느 사립학교는 미션의 의미, 학생의 성격 및 분별력에 대한 일련의 가치 있는 목표를 탐구하는 데 다시 몰두하였다. 왜냐하면 그러한 탐구 대상은 교직원 이동과 시험 점수 및 대학 입학의 압력으로 인하여 여러 해 동안 상실되어 있었기 때문이다. 이러한 시도와 노력을 통하여 어떻게 하면 실러버스가 그러한 특성을 반영하고, 평가가 그것을 요구하도록 보장할 것인가에 대하여 열정적이고 실제적인 대화가 이루어졌다.

성공적인 교육 지도자는 미션과 관련된 질문을 직원과 함께 전면에 놓아야 하는 과제에 대하여 일차적인 책임을 지고 있다. 그렇게 함으로써 피상적으로 내용을 다루는 일, 시험 준비, 관습적인 학교교육의 다양한 부차적인 일에 과도하게 주의를 기울여 가장 핵심적이고 중요한 산출을 시야에서 놓치게 되는 위험을 막을 수 있다. 예컨대, 어떤 학교구가 '비판적 사고력을 갖춘 사람'과 '책임 있는 시민'을 기르고자 한다면, 그러한 바라는 결과에 대해서는 논리적으로 여러 가지 질문이 뒤따른다. 비전으로 제시한 이 역량과 성취를 어떻게 교육과정 내에서 명시적으로 다룰 것인가? 각 학년에서 어떻게 그것을 평가할 것인가? 이 바라는 결과가 적절한 주목을 받고 있다는 것을 보여 줄 교실의 관찰 가능한 지표는 무엇인가? 지도자들은 이러한 미션 관련 질문을 실행에 옮길 수 있도록 교직원과 교육 공동체를 반드시 참여시켜야 한다.

분명하고 이해된 미션의 중요성에 더하여, 이 책의 앞부분에서 우리는 수업의 지침을 제시하고 교육적 의사결정을 개인적인 자의적 판단에서 벗어나도록 하기 위해 학습 원리를 채택하는 것이 중요하다는 점을 이미 강조하였다. 더 일반적으로 말해, 교육 지도자의 장기적인 책무는 교직원이 전문가로서 일하도록 하는 것이다. 즉, 그들이 각자 담당하고 있는 교육과정 영역에서 의사결정을 할 때 모범 실천 사례에 밀접하게 연결되어 있으면서 옹호할 수 있는 기준과 원리에 입각하도록 해야 한다. 대부분의 학교는 명시적으로 혹은 상호 합의된 일련의 그러한 교육적 원리를 갖고 있지 않기 때문에, 지도자가 교직원들과 함께 그것을 작성하거나 채택해야 한다. 그러한 실행은 진정한 학습 조직이나 전문성 학습 공동체가 서 있어야 할 토대를 제공한다. (특정한 학습 원리와 관련된 리더십 행위에 대한 제안은 4장을 참조하라.)

직무 기능 2: 교육과정과 관련된 책임

3장과 4장에서 기술한 바와 같이, 조정된 교육과정 · 평가 체제는 설계에 의한 학교교육에서 핵심적인 역할을 수행하며, 따라서 교육 지도자를 위해 높은 우선순위를 차지해야 한다. 이해 기반의 그리고 미션에 초점을 맞춘 교육과정 · 평가 체제를 개발하고 시간이 지나가면서 성련시키는 일을 확실하게 하는 차원에서, 매우 중요한 교육과정 작업에 교직원을 참여시키고 그들을 뒷받침하기 위하여 우리는 다음과 같은 리더십 실행을 권장한다.

기준을 분석하고 자세히 밝히기

북미의 많은 학교와 학교구는 그들이 책무를 지고 있는 주와 지역의 기준을 분석하기 위한 과정을 결여하고 있다. 제대로 설명할 수 없는 일이지만, 수없이 많은 학교에서는 기준이 교육과정, 그리고 특히 평가를 위해 어떤 함의를 지니고 있는지를 교사가 주의 깊게 분석할 수 있도록 회의와 워크숍 시간을 할애하지 않고 있다. 이 작업의 중요성에 대한 명백한 기대와 그것을 수행하는 데 필요한 시간의 배정이 없다면, 교사가 수업을 계획할 때 기준을 건성으로 대충 보고 넘어갈 가능성이 많다. 그리고 그들의 습관적인 수업이나 단원과 조금이라도 관련이 있다고 간주되는 어떤 기준이나 벤치마크(benchmark)를 단순히 '점검하고' 넘어갈 가능성이 많다. 하지만 이때 실제로 기준이 수업을 하는 동안 거의 다루어지지 않거나, 아니면 결코 적절하게 평가되지 않은 상태로 남아 있을 가능성이 많이 남아 있다.

3장에서 논의한 바와 같이, 이해할 가치가 있는 빅 아이디어를 확인하고, 이 아이디어에 대한 학생의 탐구에 필요한 본질적인 질문을 확인하기 위하여, 이해 기반의 교육과정은 기준을 자세히 밝히는 것이 필요하다. 그런 다음에 이 아이디어와 질문은 학년 수준 내에서 그리고 (학문 분야 내에서) 여러 학년을 가로질러 매핑이 된다. 이렇게 함으로써 비로소 교육과정이 개념적으로 풍부한 장치(틀 혹은 뼈대)에 의거할 수 있게 된다. 게다가 학생의 이해에 대한 증거, 그리고 기준에 의해 확인된 학습을 적용할 수 있는 학생의 능력에 대한 증거를 제공하는 데 필요한 기본적인 전이 과제를 확인하기 위한 기반으로서 기준에 대한 면밀한 검토가 이루어진다. 그런 다음에 핵심적인 평가 과제와 루브릭을 선정하거나 개발한다. 이것이 어떻게 수행될 수 있는가를 보여 주기 위하여 우리가 개최한 워크숍에서 한 가지 간단한 사례를 소개하면 다음과 같다.

> 아래 제시한 것은 주 기준이다. 소집단을 구성하여 지역 수준의 기준이 무엇을 요구하고 있는지 그 기준을 분석해 보자. 다시 말해, 이 기준에 대한 타당한 지역 수준의 평가로서 어떤 것이 중요할 것인가? 우리는 학생이 기준을 충족할 수 있는지 여부에 대해 자신 있게 결론을 내리기 위하여 학생 작품에서 어떤 증거를 보아야 하는가? 그리고 그 기준에 대해 매우 많이 통용되고 있는 현재의 평가 문제를 확인하고, 여러분의 분석에 비추어 보면서 그것을 비평해 보자.

기준

대푯값(평균, 중앙치, 또는 최빈치), 이상점(outlier),[1] 편차(범위, 변분), 4분위수, 또는 상황을 분석하거나 문제를 해결하기 위하여 가장 적합한 추정치를 결정하거나 활용함으로써 다양한 맥락의 데이터에서 패턴, 경향, 또는 분포를 분석한다. 통계가 개발된 출처가 되는 샘플(편향, 무선 또는 비무선)을 평가한다.

학생은 시간이 흐르면서 다음 사항을 통하여 인간과 자연과의 상호작용에 대한 이해를 보여 준다.

- 인간의 활동과 기술이 미국과 세계에서 특정한 목적을 위하여 어떻게 환경을 변화시켰는지 기술하기(예: 도시 환경의 개발, 작물의 유전자 조작, 홍수 조절, 재조림)
- 결론을 도출하고 실행을 권고하기 위하여(예: 양자강을 댐으로 막기) 인간의 활동이 자연 환경에 미친 영향과 관련된 정보를 생성하기(예: 현장 연구, 매핑, 면담을 통하여, 그리고 과학적인 도구를 활용하여)
- 미국과 세계에서 자원 활용에 대한 서로 다른 관점을 평가하기(예: 국가 야생 동식물 보호 구역에서 원유를 얻기 위한 천공에 대한 토론)
- 인간과 환경의 상호작용에서 작용하는 다중 요인을 검토하기(예: 인구 규모, 농지, 식량 생산)

이 연습에 관여한 교사는 지역 평가에서 전형적으로 볼 수 있는 단순한 회상 수준의 질문이 아니라, 더 많은 고차적 사고력과 설명을 포함시키기 위해 평가가 필요하다는 것을 신속히 깨닫게 된다. 그러한 분석과

---

1) 역자 주: 변수의 분포에서 비정상적으로 분포를 벗어난 값.

기준을 자세히 밝히는 것은 학교에서 학과나 학년 수준에서 일하는 교사들 혹은 학교구 수준의 교육과정 위원회 구성원으로 일하는 교사들 사이의 협력을 요구한다. 이 작업의 일부는 규칙적으로 일정을 잡은 회의와 전문가 회의에 매우 적합하며, 그에 비해서 더 많은 노력을 기울여야 하는 교육과정 및 평가 설계 작업은 하계에 일정을 잡는 것이 가장 좋을 것으로 보인다. 교육 지도자는 매우 중요한 이 작업을 조직하고, 예산을 반영하며, 모니터링하는 데 대한 책임을 진다.

교육과정 검토 및 문제 조정 · 해결 촉진하기

6장에서 우리는 교사의 다양한 비교수 역할에 관해 기술하였다. 여기에는 교육과정 단원, 코스 매핑, 핵심 평가, 그리고 이와 짝을 이루는 루브릭에 대하여 '비평적 친구'로서 동료 검토를 제공하는 일이 포함되었다. 그런데 설계 기준에 비추어 보면서 지역 수준의 교육과정을 검토하거나 지역 수준의 평가 문제를 자세히 검사하기 위한 공식적인 과정을 갖고 있는 학교와 학교구는 현재 그렇게 많지 않다. 우리가 경험한 바에 따르면, 그러한 과정은 변함없이 교육과정과 평가의 질을 제고하고, 그 결과 학생의 수행을 향상시킨다.

그러한 검토를 조정하는 것은 지도자의 책무다. 여기 하나의 사례가 있다. 교육과정 관리자가 최근 구조화된 동료 평가를 학교구 교육과정 개발 과정에 편입시켰다. 그는 '백워드 설계에 의한 이해'(이하 UbD로 표기함) 기준에 비추어 보면서 다른 사람의 코스 계획안을 서로 검토하도록 하기 위하여 3개의 독립된 교육과정 설계 팀에 대한 일정을 잡았다. 이 과정을 거치는 동안에 그는 풍부한 전문적 대화를 들었으며, 관련된 팀 모두가 도움이 되는 많은 피드백과 안내를 공유할 수 있었다. 그 과정을 따라가면서 관리자는 참여자에게 피드백을 요청하였다. 교사는 동료 평가의 가치를 높이 샀으며, 각 팀은 그들의 교육과정 산출물이 결국 더 효과적이라는 것을 주장하였다. 흥미롭게도 그 이전에 이와 같은 과정에 참여한 적이 전혀 없던 몇몇 중간 경력의 관련자는 왜 그동안 동료 평가가 전문적 작업의 정규적인 부분으로 포함되지 않았는지에 대해 의아한 반응을 보였다. 왜냐하면 이제 그들은 동료 평가가 상당히 유익했다는 것을 알게 되었기 때문이다. 이러한 논평은 우리의 경험과 꼭 들어맞는다. 동료 평가에서 우리가 훈련시킨 수많은 교직원이 우리에게 이렇게 말했다. 즉, 그들이 처음에는 저항을 하거나 두려워했던 것이 이제 전문적으로 만족스럽고 도움이 되는 과정이 되었다는 것이다.

교사가 개발한 수업, 단원, 평가를 다른 사람들로 하여금 비평적으로 검토하게 하면서 서로 공유하는 일은 대부분의 학교 문화와 상치하며, 그 과정이 어떤 사람들에게는 불편할 수도 있다. 따라서 동료 평가를 개시할 때에는 사람들이 설계 기준을 더 잘 이해하도록 하고, 피드백을 편안하게 느끼도록 돕기 위하여 그 과정의 모형을 만들 것을 권장한다. 동료 평가 프로토콜에 대한 상세한 기술과 그 과정을 촉진시키기 위한 제안에 관해서는 『백워드 설계에 의한 이해: 전문성 개발 워크북(*Understanding by Design: Professional Development Workbook*)』(McTighe & Wiggins, 2004, pp. 242-244)을 참조하라.

검토는 교육과정 초안이 작성되면 이루어지고, 문제 조정 · 해결은 일단 교육과정이 실행에 옮겨질 때 한다. 지도자는 학습에서 학생이 처한 어려움에 대한 교사의 관찰, 그리고 그 문제를 다루기 위한 그들의 제안을 체계적으로 기록하기 위한 과정을 수립할 필요가 있다. 많은 경우에, 이 문제 조정 · 해결 작업은 교육과정 위원회 회장과 팀 지도자에게 위임될 수 있다. 그러나 지도자는 그 작업이 잘 수행되고 또한 규칙적으로 수행되도록 확실하게 하지 않으면 안 된다.

직무 기능 3: 결과(격차 분석)와 관련된 책임

위에서 기술한 교육과정 및 평가 작업에 자연스럽게 뒤따르는 일은 결과에 대하여 주의를 기울이는 데 놓여 있다. 다시 말해, 교육과정이 학교교육에서 중요한 '투입'을 가리킨다면, 학습의 관점에서 바라볼 때 그 '산출'은 무엇인가? 여기서 가장 중요한 점을 지적하자면, 미션과 현실 사이의 학습 원리와 교사 실천 사이의, 그리고 중요한 측정에서 바라는 학습 결과와 실제 학생 수행 사이의 불가피한 격차를 확인하고 그것을 줄이기 위한 일을 함으로써, 교육자가 미션과 목표를 지향하여 일해야 하는 것이 본연의 직무라는 것을 그들 모두가 이해하도록 교육 지도자는 확실하게 할 필요가 있다. 따라서 개혁 과정에서 지도자가 고려해야 할 우선순위는 이 격차를 바라보면서 정직을 제도화하고 사전 배려 차원에서 문제해결을 제도화하는 실천 · 정책 · 구조를 마련하고 모형을 만드는 일이며, 교직원이 그 격차를 줄여야 한다는 문제를 주인의식을 갖고 '자신의 것'으로 만들도록 하는 일이다.

미션을 달성하는 데 있어서 우리가 어떻게 하고 있는가에 대하여 우리 자신에게 정직하다는 것은 다름 아니라 지속적으로 초점을 맞춘 그리고 궁극적으로 효과적인 개혁을 실현하기 위한 열쇠다. 조정이 결국에는 원래의 청사진보다 더 중요한 것이다. 여기서 다시 Collins(2001)의 연구 결과를 부각하고자 한다.

> 우리는 '좋음에서 탁월함으로의 전환'을 이룬 회사가 비교 대상이 되는 다른 회사에 비해 더 많은 혹은 더 좋은 정보를 갖추었다는 증거를 발견하지 못했다. 전혀 아니다. 두 회사군 모두 좋은 정보에 사실상 동일하게 접근할 수 있었다. 그렇다면 열쇠는 더 좋은 정보에

있는 것이 아니라, 정보를 무시할 수 없는 정보로 변환시키는 데 있다(p. 79).

이전의 장들에서 우리는 다양한 출처(외부 시험, 지역 수준의 핵심 평가, 학생 작품의 샘플 등)에서 나온 결과를 규칙적으로 검토하는 일이 매우 중요하다는 점에 관해 논의하였다. 우리는 그러한 분석을 위한 사례와 프로토콜을 제공하였다. 필요한 일은 격차 분석을 위해 다른 유익한(하지만 아직 별로 활용이 되지 않은) 무대를 내놓는 것이다. 즉, 무엇이 잘 작용하고 있는지 그렇지 않은지에 대해 학생 · 학부모 · 졸업생 그리고 관련 고객이 제공하는 피드백에 대해 살펴본다.

피드백을 개혁의 핵심으로 만들기

교육 지도자는 설계에 의한 개혁을 달성해야 한다. '설계에 의한' 개혁이란 채택한 실행이 심사숙고한 것이고, 또한 분명하고 옹호할 수 있는 최종 결과에 초점을 맞추고 있다는 것을 의미한다. 단지 설득하고, 요구하고, 희망하는 것으로는 개혁을 달성할 수 없다. 또한 오래전에 작성한 계획에 대한 경직된 이행에서도 역시 성공을 도출할 수 없을 것이다. 그러므로 개혁은 두 가지 역설적인 요소의 공존을 요청한다. (1) 핵심 원리에 대한 확고한 헌신, 그리고 (2) 피드백에 기반을 둔 방향, 접근, 인적자원을 변화시키려는 부단한 의지가 그 두 가지 요소다.

변화의 혼돈 속에서 초점과 신중함을 유지하기 위한 유일한 방도는 분명히 핵심적인 원리에 초점을 맞추고 지키는 일이다. 그것이 바로 미션에 대한 명료성, 이해의 성격에 대한 명료성, 그리고 명시적인 학습 기준의 존재가 그렇게 중요한 이유가 된다. 만약 그렇지 않다면, 의사결정이 충동적으로 혹은 토대가 없이 이루어질 것이다. 그럴 경우, 개혁은 '설계에 의한' 것이 아니라, '육감과 경험에 의해' 또는 '맹목적으로' 혹은 '명령에 의해' 이루어진다.

그러나 어떤 계획도 장래에 필요한 모든 것을 예상할 수는 없다. 우리는 Fullan(2001)의 다음 진술에 동의한다. "변화는 관리할 수 없다. 그것은 이해할 수 있다. 그러나 그것은 통제할 수 없다."(p. 33) 그래서 지도자는 어떤 교육개혁 계획이든 조정의 계획을 포함한다는 것을 확실히 해야 한다. 다시 말해, 피드백을 활용함으로써 교육적 의사결정에 대한 부단한 검토를 요구하고 북돋우는 새로운 구조와 정책이 자리를 잡아야 한다. 교육자는 너무나 오랫동안 목표와 관련된 피드백과 별 관계없이 혼자 일을 해 왔다. 그러한 조정을 위한 계획을 통하여 보다 더 신중하고, 확고하고, 효과적인 자기평가와 자기조정이 이루어지도록 보장하기 위해서 교육적인 작업은 구조화되어야 한다. Jim Collins(2001)는 『좋음에서 탁월함으로(*Good to Great*)』에서 이 점을 다음과 같이 밝히고 있다.

> 탁월함을 향한 비전을 추구하는 것은 아무 잘못이 없다. 결국 좋음에서 탁월함으로 전환하는 회사도 역시 탁월함을 창출하는 일에 착수한다. 그러나 비교 대상인 다른 회사와 달리, 좋음에서 탁월함으로 전환하는 회사는 현실의 엄연한 사실을 알고 탁월함을 향한 계획을 계속해서 정련시킨다(p. 71).

일반적으로 관습적인 학교교육과 학교 개혁의 실패는 단지 좋은 것을 하기 위해 열심히 노력하는 사람이 있으면 모든 것이 잘 굴러갈 것이라는 뿌리 깊은 신념과 연관되어 있다. 진실은 그렇지 않다. 가르치는 일과 같은 것에서 리더십의 수월성은 부단하고 신중한 자기교정의 함수이며, 명백하고 합의에 도달한 목표를 염두에 두고 있다. 동시에 단호하게 피드백을 추구하고, 따라서 6장에서 언급한 바와 같이 현실의 엄연한 사실을 다룬다.

오늘날 학교가 일반적으로 이해된 미션과 그 미션 관련의 기본적인 결과에 명백하고 일관되게 초점을 맞춘다면, 학교를 '학습 조직'이라고 말하는 것은 불필요할 것이다. 그런데 사실상 과거 25년 동안의 학교 개혁은 계속되고 있으며 또한 계속되어야 한다. 왜냐하면 아직도 많은 학교가 '무시할 수 없는 정보'를 직면하려고 하지 않기 때문이다. 그 정보에는 두 가지 종류가 있다. 하나는 얼마나 깊이 그리고 효과적으로 학생이 학습을 하고 참여하고 있는지에 대한 피드백이며, 다른 하나는 학교에서 이루어지고 있는 많은 오래된 실행과 정책이 주어진 미션과 어긋나게 역기능적이라는 것을 제안하는 피드백이다.

많은 학생은 지루해하고, 좌절하고 있으며, 학교가 자신을 어리석게 만든다고 느낀다. 실상이 그렇다면 학교는 주어진 소기의 목적을 달성할 수 없다. 따라서 가장 우수한 학교는 이런 사실을 소홀히 다루지 않는다. 미션에 초점을 맞춘 학교는 왜 학생이 따분하게 느끼거나 우둔하다고 느끼는지 이해하려고 하며, 미션에서 벗어난 행위를 교정하기 위해 필요한 실행 조치를 취한다. 이것이 무리한 것처럼 보이는가? 신시내티 외곽에 있는 인디언 힐 스쿨스(Indian Hill Schools)는 이미 이것을 실행하고 있다. 그들은 일련의 수행 데이터, 고객 및 교사의 피드백을 학교구 웹 사이트에 올려놓고 있다(www.ih.k12.oh.us 참조).

학생과 학부모의 피드백을 얻는 일은 학교 개선에 도움이 되는 정보를 제공하는 데 있어서 매우 유용할 수 있다. 그렇다면 우리는 왜 그것을 상례적으로 추구하지 않는가? 두려움이 가장 주된 이유다. 그러나 잘 나가는 예술가 · 배우 · 운동선수는 피드백으로 성장하고 있으며 그것을 두려워하지 않는다. 그런데 교사는 왜 두려워하는가? 교육 지도자는 이 문제를 헤아리고 해결할 필요가 있다. 교직원이 학습에 저항을 한다면(즉, 피드백을 모으고 그에 입각하여 실행하는 것에 저항을 한다면) 도대체 어떻게 학교가 학습 조직이 될 수 있겠는가? 우선 교직원이 왜 학생과 학부모의 피드백을 종종 구하지 않고 활용하지 않는가에 대해 학습함으로써 시작해 보자. 결과에 대한 두려움 때문인가? 유용한 데이터를 수집하는 방법을 잘 몰라서 그런 것인가? 힘을 잃게 될 것이고 너무나 많은 힘이 고객에게 돌아갈 것이라는 우려 때문인가? 우리는 이 골치 아픈 문제를 알 필요가 있으며, 해결할 필요가 있다.

왜 성가신 일인가? 왜냐하면 우리 모두는 호텔 · 공항 · 병원의 서비스에 대해 불편함을 느끼거나 꼭 물어보고 싶은 질문이 있을 때 우리의 의사를 전달하고 싶기 때문이다. 따라서 교사가 어떻게든지 고객의 피드백에서 벗어나야 한다는 신호를 바깥 세상에 보낸다면, 그것은 위선적이며 빈약한 학습 모형인 것이다. '그러나 때때로 고객은 불만을 품거나 아니면 이해하지 못하거나…….' 우리는 고객이 옳다고 말하지 않았다. 우리는 피드백이 진실이라고 말하지 않았다. 그것은 피드백이며, 이것은 어떤 다른 일련의 데이터처럼 분석하고 평가할 대상이다. Drucker(1990)는 다음과 같이 말한다.

> 결과를 성취하려면 고객에 대한 마케팅을 필요로 한다. (Drucker는 고객의 개념을 "아니라고 말할 수 있는 자"로 정의하고 있다.) 결과의 달성은 내가 마케팅 책무라고 지칭하는 것을 필요로 한다. 이것은 고객을 진지하게 받아들인다는 것을 뜻한다. 그들에게 무엇이 좋은 것인가를 우리가 알고 있다고 말하지 않는다. 그러나 그들의 가치가 무엇인가? 어떻게 내가 그들에게 도달할 것인가?(pp. 55-56)

인터넷은 이 점에서 유의미한 변화를 가져왔다. 따라서 지도자는 이것을 다룰 수 있도록 교직원을 준비시킬 필요가 있다. RateMyTeachers.com과 같은 사이트는 수백만의 학생 포스트를 갖고 있다. 어떤 저자의 지적에 따르면, 그가 한때 함께 가르친 적이 있는 거의 모든 교사는 온라인상에서, 그것도 공적으로 평가를 받고 있다. 그 사이트나 공적인 피드백에 대한 보증을 하지 않으면서, 그는 거의 모든 게시된 언급에 동의하였다. 이러한 동의는 물론 그 교사들과 함께 일하면서, 그리고 그들의 경험에 대하여 학생에게서 나온 유의미한 논평을 들으면서 터득한 경험에 기반을 두고 있다. 물론 보기에 별로 좋지 않은 예외도 있지만, 그것은 어디까지나 문외한의 지적으로 받아들여야 할 것이다. 언제나 데이터는 본체를 떠난 물건과 같다. 동향이 더 중요한 것이다. 그리고 피드백의 모호하지 않은 측면을 추구하고 그에 입각하여 실행에 옮긴다면, 우리는 학생의 존중을 더 많이 기대할 수 있을 것이다. 그래서 지도자는 점잖지만 확고하게 정책이 자리를 잡도록 해야 한다. 그 정책을 통해 교사는 고객에게서 신뢰할 수 있는 피드백을 추구하고 그에 입각하여 실행을 하며, 팀 회의나 학과 회의에서 다른 직원에게 조사 결과를 보고하게 된다.

더 일반적으로 말해, 교직원이 비전과 현실 사이의 격차에 대하여 데이터와 피드백을 수집하고, 간극을 메우기 위한 실행 연구를 제안하고, 그렇게 하려는 시도에 대하여 보고하는 일을 선택 사항이 아닌 의무 사항으로 만드는 일이 지도자의 직무인 것이다. 더 구체적으로 말하자면, 고등학교의 모든 학과와 모든 초등학교 · 중학교 팀은 다음과 같은 질문에 대하여 답변을 해야 한다. 수학 · 쓰기 · 외국어 그리고 다른 교과에서 제대로 작용하는 것은 무엇인가? 무엇이 잘 작동하지 않는가? 그것에 대하여 여러분은 무엇을 해야 한다고 제안하는가? 여러분의 실행 연구에서 어떤 결과가 도출되었는가? 결국 학과장과 팀 지도자의 주요 책무는 결과에 대한 이 규칙적인 검토를 관리하는 데 놓여 있을 것이다. 그 검토에 이어 연구 · 개발, 그리고 개선을 위한 계획 수립이 이어질 것이다. 다시 말해, 교사 지도자를 채용 · 감독 · 평가하는 데 있어서는 일차적으로 이 실행 연구 과정을 직원과 함께 이끌어 갈 수 있고, 학생의 수행을 개선하기 위하여 그 결과를 활용할 수 있는 그들의 능력에 기반을 두어야 할 것이다.

직무 기능 4: 인적자원과 관련된 책임

학과장과 팀 지도자의 역할의 사례가 암시하고 있는 바와 같이, 설계에 의한 학교교육에서 교육 지도자가 떠맡고 있는 직무의 근본적인 측면은 인적자원에 대한 직무 기대를 명료화하고, 미션과 관련된 그리고 결과에 초점을 맞춘 기준에 의거하여 필요한 연수 · 장학 · 평가를 제공하는 일이다. 5장과 6장에서 우리는 교수 역할과 비교수 역할의 양 차원에서 교사의 직무 기능에 관해 각각 기술하였다. 이제는 이 기능이 학교 지도자에 대해 갖고 있는 함의를 검토한다.

고용과 배치

지도자가 조직에 대하여 미칠 수 있는 가장 유의미한 영향 중의 하나는 고용 및 해고와 관련된 의사결정이다. 대부분의 교육자는 교사를 부주의하게 선발할 경우(또는 공석인 교사를 성급히 고용할 경우) 다년간 비효과적인 수행이 발생하고, 이와 더불어 학생의 동기 감소와 학습 결손이 나타난다는 것을 지적한다. 『우선 모든 규칙을 깨라(*First, Break All the Rules*)』(1999)의 저자인 Buckingham과 Coffman, 그리고 Collins(2001), Fullan(2001)과 같은 조직 개혁가들은 모두 "버스에 적합한 사람들을 태우고 적당한 자리에 앉히는 것"(Collins, 2001, p. 41)이 매우 중요하다는 점에 동의한다. 안타깝게도, 많은 공립학교에서는 빈약한 고용이 정년 규정과 노조 보호주의에 의해 더욱 악화되고 있으며, 이로 인하여 비효과적인 교사가 자리를 지키고 있거나 몇 년마다 다른 데로 자리를 옮긴다. 그래서 결국 다른 학교에서 동일한 취약점이 다시 부상하게 된다.

고용에서는 형식이 기능을 뒤따른다. 우리가 관찰한 바에 따르면, 이 책에서 개관한 요소와 관련하여 명료성과 구체성이 부족할 경우, 미션에 초점을 맞춘 채용이 발생할 가능성은 그만큼 더 적다. 이 주장을 뒤집어 보자. 모호하지 않은 학교 미션, 합의에 도달한 학습 원리, 매우 명백한 직무에 대한 기술, 그리고 견실한 교육과정 · 평가 체제가 자리를 잡고 있을 때, 교사와 행정직원을 위한 후보자 대상 평가는 훨씬 더 분명하게 초점을 잡을 수 있을 것이며, 이에 따라 미션에 더 적합한 기능 · 철학 · 기대를 갖고 있는 교사를 채용할 수 있을 것이다.

이 접근의 효과성을 보여 주는 증거는 뉴저지 주의 큰 학교구에서 확인할 수 있다. 장학 · 평가 과정에 대한 포괄적인 정밀검사를 거친 다음에, 그리고 Danielson의 『교수를 위한 틀(*Framework for Teaching*)』(Danielson, 1996, 2007 참조)에서 도출한 새로운 결과 기반 체제를 수립한 다음에, 10여 명의 교직원이 사직서를 제출하였다. 그들 대부분은 행정가가 여러 해 동안 이동시키고자 시도한 교사였다.

마찬가지로, 고용과 관련하여 지도자는 적당한 사람이 핵심적인 직무를 채우기 위해 기다려야 하며, 자격 증명서를 넘어 시야를 넓혀 살펴보아야 한다. 뉴욕 주 롱아일랜드에 소재한 캔들우드(Candlewood) 중학교 교장인 Andy Greene은 교사가 되고자 하는 사람이 목표에서 출발하는 백워드 설계의 개념을 이해하고 있는지를 알아보기 위한 매우 유용한 면담 프로토콜을 개발하였다.

그와 동료들은 교사 지원자에게 그들이 담당할 코스에서 가르쳐야 할 토픽(예: 7학년 역사에서 산업화 혹은 수학에서 분수와 소수)을 선정하고, 졸업 때까지 학생에게 획득시킬 빅 아이디어에 대해 생각한 것을 분명하게 말하도록 요구한다. Andy의 보고에 따르면, 이것은 종종 경험이 적은 지원자들을 난처하게 한다. 왜냐하면 그들은 학생이 무엇을 '할 수 있는' 상태로 졸업하기를 원한다는 말에 의지하기 때문이다. 그리고 그들은 단지 분리된 기능을 열거하는 데 그친다. Andy는 말한다. 아니, 그에 더하여 학생이 내용에 대하여 어떤 통찰이나 빅 아이디어를 갖고 떠나야 할 것인가? Andy는 "우리는 (교사 지원자가) 완벽한 답변을 하지 못할 것이라고 생각한다. 그것은 문제가 안 된다. 왜냐하면 우리가 정말 듣고자 하는 것은 그들이 얼마나 잘 스스로 생각할 수 있는지, 그리고 얼마나 잘 그들이 담당할 교과를 알고 있는지에 관한 것이기 때문이다."라고 지적한다.

빅 아이디어에 대한 토의에 이어 평가에 대한 질문이 제기된다. "자, 이제 그러한 단원을 가르친다고 한다면, 평가할 때 무엇을 찾을 것인가에 대해 말해 보십시오." Andy는 필자가 잘 알고 있는 것에 대해 보고한다. 교사들은 처음에 그 질문이 그들이 활용할 포맷에 대한 것이라고 생각한다. "우리는 그들에게 이렇게 묻는다. 좋아요, 학생에게 에세이를 쓰도록 요청할 수도 있습니다. 그러나 그 에세이에서 무엇을 찾고자 하는 것입니까?" 그런 다음 Andy는 그들에게 에세이에서 세련된 답과 소박한 답 사이의 차이에 대하여 이야기하도록 요구한다. "틀린 것이 아니라 단지 소박하고 지나치게 단순한 것. 이것은 어떻게 나타날까요?" 그리고 이렇게 질문한다. "학습자가 소박한 반응(답변)을 넘어서도록 하기 위해 무엇을 할 것입니까? 덜 세련된 답을 줄이기 위해서 수업에서 무엇을 할 것인가요?"

마지막으로는 지원자에게 필요한 수준별 수업에 대해 사고하도록 요구한다. "우리는 그들에게 교실 프로필을 제공합니다. 학습자의 수는 25명, 3명 혹은 4명은 학습 도움을 받는 아동, 1명은 보통 학급에 참가한 말이 없는 학생, 15명은 정규 학생, 5명은 영재아입니다. 자, 이제 이러한 학급에서 더 많은 학생을 위해 공평하고, 수준을 고려한 성공적인 운영을 위해서는 어떤 일을 할 것입니까?"

Andy는 지원자의 빅 아이디어에 대한 사고를 보기 위한 또 하나의 흥미로운 전략을 갖고 있다. “때때로 나는 그들에게 이렇게 질문할 것이다. ‘당신은 무엇을 처음에, 그리고 왜 그것을 가르칩니까?’ 나는 그들의 코스를 위해 일련의 토픽을 가지고 있다. 각 토픽은 색인 카드에 적혀 있다. 이것은 교과 담당 장학사가 제공해 준 것이다. 나는 그들에게 이렇게 묻는다. ‘이것을 순서대로 놓아 보십시오. 이것을 학습시키기 위해 좋은 시퀀스는 무엇입니까? 당신은 어디서부터 시작할 것이며 그 이유는 무엇입니까?’” Andy는 다음과 같이 논평한다. “우리는 그들의 사고를 보고자 원하며, 그들이 자신이 선택한 시퀀스에 대해 답변을 정당화하도록 합니다.” 그리고 Andy는 우리가 생각하고 있던 것을 말한다. “우리는 정말 힘든 면담을 하는 것으로 잘 알려져 있다. 그러나 결국에는 그것이 우리에게도 좋으며, 그들에게도 좋다. 그들이 우리에게 그렇게 이야기한다.”

채용 과제를 안고 있는 모든 교육 지도자에게, 확인된 미션과 프로그램에 더 적합한 교사를 선발하기 위해 기존의 선발 프로토콜을 주의 깊게 검토하고 필요한 변화를 꾀하라고 권고한다.

사실상 대부분의 독자는 교직원 대다수가 이미 고용이 된 환경에서 일하고 있다. 따라서 적당한 사람을 적당한 자리에 배치해야 할 필요는 핵심적인 리더십 특권이다. 전형적으로 그러한 배치와 관련된 결정은 전통적인 교수 역할보다는 오히려 비교수 의무의 할당에 적용된다. 예컨대, 누가 교육과정 검토 위원회에서 일을 해야 할 것인가? 누가 학생 만족도에 대한 조사를 할 것인가? 그러한 역할을 위해 적당한 사람을 선정하는 일은 개혁 실행의 성공과 실패를 가르는 중요한 계기가 될 수 있다.

습관이나 관료적 타성이 필요한 변화를 방해하는 경우, 영리한 지도자는 새로운 역할, 직무에 대한 기술(descriptions), 그리고 특별 위원회를 고안해 낸다. 한 가지 예를 들면, 학교구 교육과정 조정자가 새로 만들어진 교육과정 작업에 대한 동료 검토를 위하여 (중등 수준에서) 학과 팀 간, (초등 수준에서) 학년 팀 간의 협력 활동을 전개하도록 하였다. 예컨대, 3학년 팀은 4학년 교육과정 지도(map)를, 4학년 팀은 3학년 교육과정 지도를 검토하였다. 중등 음악 교사는 미술과가 개발한 단원 계획을, 미술 교사는 음악과가 개발한 단원 계획을 검토하였다. 그러한 구조화된 협력은 교육과정 산출물의 질을 제고할 수 있으며, 이와 동시에 직원의 동료 의식과 전문성 네트워크를 신장시킬 수 있다.

전문성 개발

학습 조직에서 적재적소에 사람을 배치하는 일은 물론 지도자의 필요한 책임이긴 하지만 그것으로는 충분하지 않다. 직무상 지속적인 전문성 학습과 계속된 직원 개발은 교사와 행정가로 하여금 최근에 진행되고 있는 연구와 모범 실천 사례에 정통할 수 있게 한다. 그 목적을 위하여 성공적인 교육 지도자는 지속적인 학습이 직무의 기대된 일부라는 점을 교직원에게 전달하며, 지속적이고 직무에 깃든 그리고 결과에 지향을 둔 전문성 개발을 위하여 다양한 기회를 마련해 준다. 물론 이것이 이미 많은 교육자에게 이미 친숙한 모임, 즉 획일적이고, 단순히 앉아서 듣는 워크숍 세션을 가리키는 것은 아니다. '설계에 의한 학교교육'은 직원 개발을 위한 토픽과 구조가 목표와 결과 사이의 간극을 메우기 위해 필요한 무엇인가에 의해 결정된다는 것을 함의하고 있다. 예컨대, 외부 시험과 학생 글쓰기 견본에서 나온 성취 데이터가 학생이 설득적인 글쓰기보다 더 효과적인 창의적 글쓰기를 산출한다는 것을 드러낸다면, 그리고 글쓰기 담당 교사가 설득적인 장르를 가르치는 직무를 더 잘 수행하는 데 있어서 도움을 필요로 한다는 것을 드러낸다면, 그러한 필요를 위하여 표적으로 삼은 훈련과 뒷받침이 뒤따를 것이다.

초임 교사는 특별한 주의를 필요로 한다. 왜냐하면 초임 교사는 종종 가장 도전적인 학급과 학교에 배정되기 때문이다. 영리한 교육 지도자는 신중하게 계열화된 신임 교사 연수 프로그램과 멘터링 장치를 통하여 초임 교사를 지원할 필요를 인지한다. 초임 교사를 발전시키기 위해 잘 구안된, 포괄적인 접근 방안이 〈표 7-1〉에 제시되어 있다.

〈표 7-1〉 초임 교사를 위한 연수 프로그램의 예시

초임 교사 연수 교육과정

힌스데일 타운십 고등학교(86학교구)-일리노이 주 힌스데일

교사들은 일리노이 주 소재 학교구에서 처음 4년간 비정규직 트랙으로 고용되었다. 이 기간 동안 힌스데일 타운십(Hinsdale Township) 고등학교(86학교구)에 근무하는 교사들은 4년에 걸친 초임 교사 연수 워크숍에 참여한다. 이 연수 과정의 목표는 모든 교사에게 학생 학습의 효과적인 촉진자가 되기 위해 필요한 기본적인 기능을 갖추도록 하는 데 있다. (정규직 계약 교사들은 그들의 개별 전문성 신장 계획의 일부로 이 워크숍에 참여할 수 있다.)

1~4년차

수업 개선 과정: 각 비정규직 교사는 적어도 정규직 지위를 받기 전에 적어도 12회의 관찰 사이클에 참여해야 한다. 관찰 이전, 관찰, 관찰 이후 과정은 교직원이 개발한 전문성 실천에 포함된 일련의 특징에 의해 안내된다. 3년차와 4년차에는 학과장과 함께 초임 교사 연수 교육과정에 부응하는 개별 전문성 신장 계획을 개발한다.

1년차

멘터링: 학교구에 배정된 각 초임 교사는 학과 소속의 멘터, 그리고 가능하면 학과 내 수업 팀 소속의 멘터에게 배정된다. 각 멘터는 훈련을 받는다. 멘터와 멘티의 관계는 교육과정에 의해 안내된다.

워크숍: 86학교구 1년차 교사를 위한 전문성 개발의 초점은 Robert Marzano[1]가 확인한 '연구 기반 수업 실천'에 지향을 두고 있다. 이 교사 집단은 5일 반(38시간) 동안 워크숍 활동에 참석한다. 이 워크숍은 30년의 연구 결과에 기반을 두고, 효과적인 수업 전략과 학급 관리 전략에 대한 이해를 함양하는 데 목적을 둔다. 교사들은 이 전략을 반영한 수업을 공유한다.

2년차

워크숍: 86학교구 2년차 교사를 위한 전문성 개발의 초점은 Jay MacTighe와 Grant Wiggins(『백워드 설계에 의한 이해』[ASCD])가 설계한 '백워드 설계' 교육과정 개발 틀을 이해하고 적용하는 데 있다. 이 교사 집단은 4일(28시간) 동안 워크숍 활동에 참석

한다. 이 워크숍은 이러한 단원 설계 틀에 대한 이해를 높이고, 해당 학년도 동안 가르쳐야 할 단원을 설계하는 데 목적을 둔다. 가능하면 언제나 교사들은 개발 팀에서 작업을 수행한다.

3년차

워크숍: 86학교구 3년차 교사를 위한 전문성 개발의 초점은 Spencer Kagan[2]이 분명하게 밝힌 '협동 학습' 구조를 이해하고 적용하는 데 있다. 이 교사 집단은 3일(21시간) 동안 워크숍 활동에 참석한다. 이 워크숍은 이 학습 관리 체제에 대한 이해를 기르는 데 목적을 둔다. 교사들은 기법을 활용하고 피드백을 제공한다.

4년차

워크숍: 86학교구 4년차 교사를 위한 전문성 개발의 초점은 '실행 연구'나 '수업 연구'의 전문성 신장 구조를 이해하고 적용하는 데 있다. 교사들은 우선 전문가 촉진자에게서 오리엔테이션을 받고, 그런 다음에 그들의 학과(교과) 내용 영역 내에서 팀을 구성하고, 교직원 촉진자의 장학을 받으면서 해당 학년도 동안에 실행 연구나 수업 연구 프로젝트를 완성한다.

1. Marzano, R., Pickering, D., and Pollock, J. (2004). *Classroom Instruction That Works: Research-Based Strategies for Increasing Student Achievement*. Alexandria, VA: Association for Supervision and Curriculum Development.
2. Kagan, S. *Cooperative Learning*.

출처: Hinsdale Township High School District 86, Hinsdale, Illinois. 허락하에 재인쇄함.

형식화된 전문성 개발과 초임 교사 연수 프로그램에 더하여, 성공적인 교육 지도자는 교사가 교수 · 학습에 대한 현재의 정보에 정통하도록 하기 위해 사전 배려 차원에서 가용한 시간을 활용한다. 여기서 다시 Andy Greene 교장을 소개한다. 이 교장은 정기적으로 연구에 기반을 둔 적실성 있는 수업 실천을 기술하는 일련의 학술지 논문을 선정한다. 이것을 각 교직원에게 배포하여 하나의 논문을 지정하여 읽게 하고, 다음 교직원 회의에서 그것에 관한 토의를 준비하도록 요구한다. 그런 다음에 이 논문들을 요약하고 '직소(jigsaw)' 과정을 통해 그것에 관해 토의한다. (교장의 메모가 〈표 7-2〉에 제시되어 있다.) 그 결과, 교사들은 규칙적으로 예정된 교직원 회의의 일부분으로서 새로운 아이디어를 탐구하고 그 실천

〈표 7-2〉 교직원 회의 메모

메모
수신: 교직원
발신: Andy Greene, 교장
일자: 2005년 2월 1일

우리의 다음 직원 회의는 2월 28일(월) 500 Wing에서 개최될 예정입니다. 이 회의에서 나는 약간 다른 것을 하고자 합니다. 각 교직원은 회의 전에 읽어야 할 논문을 하나씩 받을 것입니다. (배정된 논문은 이 설명서에 첨부합니다.) 아래에 논문과 관련된 몇 개의 본질적인 질문을 제시했습니다. 글을 읽은 다음, 이 질문에 대한 여러분의 생각에 관해 논의할 수 있도록 준비해 주시기 바랍니다.
이 활동을 하는 이유는 두 가지입니다. 첫째, 우리의 미션 · 비전은 우리가 '지속적인 학습자'가 되고, '공유된 가치'를 받아들일 것을 요청하고 있습니다. 둘째, 다음 학년도의 3~8학년 시험 요구 사항을 고려할 때, 우리의 직무를 어떻게 바라보아야 할 것인가와 관련하여, 즉 어떻게 하면 계속해서 '잘' 가르칠 수 있는지, 그리고 주 평가에 대비하여 학생들을 어떻게 준비시킬 것인지에 관하여 우리의 '목소리'를 찾는 일이 필수적으로 요청됩니다. (나는 이것들이 서로 배타적이지 않은 목표라고 생각합니다.)
회의에서 여러분은 6~7명으로 그룹을 지어 개별적으로 맡은 논문에 대하여 보고를 할 예정입니다. 논의된 공통 주제에 대하여 보고할 수 있도록 여러분이 속한 그룹에서 한 사람을 지명해 주기를 부탁드립니다.

해당 논문을 꼭 지참하고 회의에 참석해 주기 바랍니다.

- 어떤 단어나 구가 눈에 들어옵니까?
- 논문은 일차적으로 무엇에 대한 것입니까?
- 어떤 통찰을 얻었습니까?
- 어떤 아이디어를 줄이거나 제거했습니까?
- 논문에 포함된 정보가 어떻게 여러분의 직무에 영향을 줍니까?
- 주어진 아이디어에 대해 어떤 질문 · 관심사를 갖고 있습니까?
- 그 정보가 주 평가 실시의 현실과 어떻게 연결됩니까?

여러분이 속한 그룹에서 제기된 공통 주제에 대해 토의하기 바랍니다.
우리의 공동 사고를 공유하기를 기대합니다.

출처: Andy Greene, Principal, Candlewood Middle School, Dix Hills, New York. 허락하에 재인쇄함.

적 함의에 대해 토의할 기회를 갖게 된다.

보통의 학교 구조는 따로 여타의 자원을 동원하지 않고 쉽게 그러한 활동을 수용할 수 있을 것이다. 당해 학년도에 서너 번 그렇게 초점을 맞춘 교직원 회의에 모든 교사가 참여한 학교나 학교구를 상정해 보자. 게다가 전문적인 학습 공동체를 점점 더 많이 활용한다면, 실행 연구와 수업 연구 프로토콜과 마찬가지로 지속적인 '학습에 대한 학습'을 더욱 신장시킬 것이다.

피드백과 평가

적합한 사람의 채용, 직무 기술의 명료화, 그리고 지속적인 전문성 개발은 하나의 일이고, 그 직무가 잘 수행되도록 보장하는 것은 전혀 다른 차원의 일이다. 이것은 특히 개혁 초기의 단계에 해당하는 것이다. 개혁 초기에는 몸에 밴 태도와 그동안 편안했던 습관으로 인하여 교직원이 학생의 이해를 촉진하고 전이 수행을 위해 코치해야 한다는 그들의 의무를 시야에서 놓칠 수도 있다. 학교 개혁의 특수한 사항에 관계없이, 성공적인 교육 지도자는 공식적 수단과 비공식적 수단을 통하여 규칙적으로 교사의 수행을 평가하며, 직원의 효과성을 제고하기 위하여 도움이 되는 피드백을 제공한다.

공식적인 직무 평가와 관련하여, 우리는 '학습의 장학'을 지향한 추세를 전적으로 지지한다. 교사의 실행과 행동에 고착되기보다, 학습에 초점을 맞춘 장학은 교수의 바라는 결과(즉, 학습자의 이해와 전이에 대한 증거와 함께 목적의식을 갖춘 학습자의 참여)에 집중한다. 그러한 지향은 결과(외부 측정과 지역 수준의 핵심 평가 포함)에 대한 주의를 강조한다. 그러면서 교사의 형식적이고 피상적인 학습 관찰을 하는 시간을 줄인다. 사실상, 개혁 마인드를 가진 지도자의 엄청난 책임과 그들의 노력을 뒷받침하기 위해 이용 가능한 귀중한 시간을 고려할 때, 교장, 교감, 중앙부서 장학관(사)에게 1년에 한두 번 모든 교실에 대하여 공식적인 평가 방문을 요구하는 것이 얼마나 이득이 되는지 우리는 의문을 제기한다. 그 대안으로 이 책에서 제안한 방식으로의 '결과 관리'에 의해 상당히 더 많은 것을 얻을 수 있다고 생각한다. 물론 학습 결과와 다른 증거가 문제가 있다는 신호를 보내면, 행정가는 교사의 실행에 대하여 보다 더 자세히 살펴볼 책무가 있다. 하지만 학습 결과가 긍정적이거나 지속적인 개선을 보여 준다면, 지도자의 시간과 에너지를 여기서 기술한 다른 책무에 기울이게 함으로써 더 생산적으로 활용할 수 있다고 생각한다. (물론 결과를 통하여 자신의 역량이 입증될 때까지 전형적으로 더 많은 안내·지도와 뒷받침을 필요로 하는 초임 교사에 대한 보다 더 빈번한 관찰이 바람직하다.)

계약이 공식적인 관찰을 요구할 때, 그러한 방문을 미션, 합의를 본 학습 원리, 교육과정 목표, 데이터에 기반을 둔 일련의 준거를 가지고 실시할 것을 권고한다. 예컨대, 펜실베이니아 주 소재 뉴 호프-솔버리(New Hope-Solebury) 학교구에서 교사와 행정가로 구성된 위원회는 교실 관찰과 코칭을 안내하기 위하여, 학교구 수준에서 채택한 UbD와 관련하여 일련의 지표에 대하여 합의를 보았다(〈표 7-3〉 참조).

공식적인 평가를 넘어, 많은 지도자는 눈과 귀를 열어 놓고 단순히 '둘러봄으로써' 학교에서 이루어지는 학습을 모니터할 수 있다는 것을 알게 되었다. 도시 소재의 학교에서 경력이 많은 초등 교장인 Kim

〈표 7-3〉 교실 관찰과 코칭을 안내하는 지표의 예시

이해 기반 교실 수업의 관찰 지표
빅 아이디어와 본질적 질문이 학습의 중심을 이룬다. • 빅 아이디어, 본질적 질문, 주 기준 사이의 연결을 교사가 설명할 수 있다. • 빅 아이디어와 본질적 질문을 제시하고 규칙적으로 참조한다. • 학생은 프로그램 기간 전체를 통해서 지속적으로 빅 아이디어와 본질적 질문의 이해로 되돌아온다.

교실 수업과 평가는 WHERETO 요소를 반영한다.

- 학생은 빅 아이디어, 본질적 질문, 수행 요구 사항, 평가 준거에 대한 정보를 제공받는다.
- 빅 아이디어를 학습하고 본질적 질문을 추구하는 데 있어서 학생에게 동기를 부여하고 흥미·관심을 끌기 위하여 '주의를 환기(hooks)'한다.
- 학생은 빅 아이디어 및 본질적 질문과 연결하여 지식과 기능을 탐구한다.
- 학생은 수행 과제와 다른 평가 문제에서 성공을 지향하여 학습한다.
- 학생의 이해에 피드백을 제공하고, 학생 작품을 개선하고, 성취도를 측정하기 위하여 (자기평가를 포함하여) 다중 평가 방법과 수단을 규칙적으로 활용한다.
- 수업 시간을 탐구와 성찰을 위해 활용한다.
- 여러 가지 방식으로 분화된 수업이 이루어지고 있다는 증거가 있다(예: 유연한 집단 편성, 학습 스타일에 대한 주의, 평가 문제·과제에 대한 학생 선정 등).

학생은 여섯 가지 측면을 통하여 이해를 탐구하고 드러낸다.

- (물론 필연적으로 모두가 그런 것은 아니지만) 평가 문제·과제는 학생이 설명, 해석, 적용을 하거나, 관점을 갖거나, 공감하거나, 또는 자기 지식을 가질 것을 요구한다.
- (물론 다 그런 것은 아니지만) 수업 전략은 학생이 설명, 해석, 적용을 하거나, 관점을 갖거나, 공감하거나, 또는 자기 지식을 가질 것을 요구한다.
- 학생은 규칙적으로 자신의 학습이나 작품을 설명하고 정당화한다.

지식을 적용하고 이해를 탐구하고 드러내기 위하여 참 수행이 규칙적으로 활용된다.

- 지식을 적용하는 수행 과제와 다른 평가 문제·과제가 학습·평가 과정의 본질적으로 중요한 일부분을 이룬다.
- 루브릭과 모형·모범적 사례가 규칙적으로 활용되고 학생들과 공유된다.
- 교사는 규칙적으로 학생 작품을 모니터하고, 학생들이 그들의 학습을 개선할 수 있도록 도와주기 위하여 피드백을 제공한다.

교사는 상호작용 수업 전략에 강조점을 두면서 일련의 다양한 교수 기법을 활용한다.

- 교사는 학습의 코치와 촉진자로서의 역할을 담당한다.
- 교사는 학생이 질문을 제기하고, 문제를 해결하기 위한 전략을 개발하고, 다른 학생과 서로 소통할 수 있는 상황을 마련한다.
- 학생들은 그들이 답변을 설명하고, 어떻게 결론에 도달했는지를 보여 준다.

교사는 정렬의 연결을 설명할 수 있다.

- 빅 아이디어, 본질적 질문, 평가 문제·과제, 수업 실행의 분석을 통하여 정렬의 증거가 존재한다.
- 수업 실행을 지원하는 교육과정 매핑을 통해 정렬의 증거를 찾아볼 수 있다.

출처: New Hope-Solebury District, New Hope, Pennsylvania. 허락하에 재인쇄함.

Marshall(2005)은 매우 효과적인 시스템을 개발하였다. 그는 이것을 '5 by 5' 전략이라고 지칭하였다. 매일 그는 5개의 각 교실을 5분씩 방문했다. 잠깐 들르는 이 방문의 목적은 교직원과 함께 수립되었다. 그 목적은 교사를 평가하기 위한 것이 아니라, 실행 중에 놓여 있는 교육과정과 학습자를 관찰할 수 있는 기회를 갖는 것이었다. 그는 잠깐의 방문을 할 때 개인적인 접촉이나 노트를 활용했는데, 이는 그가 관찰한 긍정적인 무엇인가를 보여 주기 위한 것이었다. 문제점을 보았을 때, 그는 관찰했던 것을 점잖게 언급하고, 유용한 피드백을 제공하였다. 학습 중심의 학교를 강조하는 Kim Marshall은 이 '5 by 5' 시스템의 장점에 대하여, 학교구의 요구에 의해 매년 실시해야 하는 형식적이고 피상적인 평가 방문과 비교할 때 '5 by 5' 시스템은 그의 시간을 훨씬 더 효과적으로 활용하게 해 준다고 말하였다.

공식적 수단과 비공식적 수단을 통하여 (과정이 아닌) 결과를 평가하는 일은 지도자로 하여금 교직원의 다양한 강점을 확인하는 데 도움을 주고, 필요한 전문성 개발과 다른 지원을 위한 정보를 제공해 준다. 규칙적인 평가는 또한 필요한 경우 '잘못하고 있는' 사람들을 그들의 편안한 좌석에서 끌어내야 할 필요가 있다는 신호를 보내 주며, 아니면 최악의 상황이 발생할 경우 학습이라고 하는 보다 더 큰 선을 위해 그들이 버스에서 완전히 내리도록 할 필요가 있다는 신호를 보내 준다.

직무 기능 5: 구조 · 정책 · 자원과 관련된 책임

이 책에서 기술한 아이디어가 결실을 맺고 시간을 거치면서 착근된다면, 그것은 교육 지도자가 그 아이디어의 실행 가능성과 지속 가능성을 확보하기 위하여 필요한 구조가 자리를 잡도록 했기 때문일 것이다. 여기서 '구조'란 정확히 무엇을 의미하는가? 그것은 리더십을 발휘하는 위치에 있든 교직원 위치에 있든 상관없이 학교가 기능을 잘 수행하도록 해 주는 정책, 의사결정과 거버넌스 기제(메커니즘), 조직의 상례(routine), 스케줄, 인센티브 그리고 자원을 뜻한다. 솔직히 말해, 적절한 구조가 자리를 잡게 되면, 학교의 성공이나 방향은 더 이상 개인적인 측면에 의존하지 않는다. 중요한 인물이 떠날 수도 있지만, 학교는 미션을 성취하는 데 있어서 여전히 효과적인 상태로 남아 있을 것이다. 다시 말해, 좋은 구조는 이전 장들에서 분명히 밝힌 우리의 철학(즉, '개인적인 것이 아니라……')을 구현하는 것이다.

우리와 함께 여기까지 온 독자는 교육 지도자의 핵심적인 직무는 새로운 구조와 정책을 수립하는 것(그리고 낡은 구조와 정책에 새 활력을 주는 것)이라고 우리가 주장을 하더라도 그렇게 놀라지 않을 것이다. 물론 그 구조와 정책은 위에서 기술한 교육과정 · 평가 · 격차 분석 체제를 떠받치고, 이 과제가 지속적으로 그리고 잘 수행되도록 뒷받침하기 위해 필요한 유인책과 자원을 제공하기 위한 것이다. 비록 '설계에 의한 학교교육'을 지원하기 위하여 필요한 많은 다양한 구조와 정책에 대해 많은 것을 쓸 수는 없지만, 여기서는 두 가지 쟁점에 집중하도록 하겠다. (1) 학교에서 가장 귀중한 상품인 시간을 현명하게 활용하고, 그 현명한 활용이 미션과 이해 기반의 목표를 지원할 수 있도록 하는 방안, (2) 결과 기반의 팀과 학과를 수립하고 뒷받침하는 일이 그것이다.

학교 개혁의 일차적인 자원은 돈이 아닌 시간이다. 도처에서 우리는 동일한 우려의 목소리를 듣고 있다. 즉, 교사는 수업과 평가를 설계하기 위하여 함께 작업하고, 학생 작품을 살펴보고, 결과에 대해 토의하고, 학습에 원인을 제공하는 더 좋은 방안을 계획할 시간이 부족하다고 불평을 토로한다. 우리는 이 과제를 성취하기 위하여 설계에 의한 방안에 충분한 시간을 반영해야 한다는 직무상 요구에 동의한다. 교육 지도자가 인식 측면과 실질적 측면에서 큰 변화를 가져오려면, 우선적으로 미션과 목표와 관련된 학교의 우선순위에 더 잘 부응하는 시간 활용을 해야 한다.

그룹이 회합을 가질 수 있도록 새로운 시간을 찾는 일은 물론 하나의 도전이다. 그것은 창의적인 사고와 정책적 기능(skill)을 요구한다. (왜냐하면 대부분의 경우 '새로운' 시간을 찾는다는 것은 그 이전의 '오래된' 시간을 빼앗는 것을 뜻하기 때문이다.) 몇몇 학교에서 수행한 것을 바탕으로 몇 가지 제안을 하겠다. 다음의 아이디어들은 새로운 시간의 활용뿐만 아니라, 새로운 인적 활용도 포함하고 있음을 주목하라.

- 매달 한 번 미리 정해진 날에 교직원 절반이 전체 교직원을 대신한다. 두 그룹으로 나누고, '특정 분야'를 담당하고 있는 교사는 대그룹 활동을 계획한다.
- 교사는 '결과 지향의' 실행을 위해 매월 1시간을 쓴다. 그 시간은 교직원 · 학과 · 팀 회의 등을 위해 필요한 것이다.
- 학교는 매달 하루 늦게 시작하고 빨리 끝나는 방식을 도입한다.
- 각 학년 팀 혹은 학과 팀에게 1주일에 2시간씩 가용한 시간을 배당한다. 그 팀에 배정된 시간 때문에 생기는 공백을 다른 팀, 행정가, 자원 전문가, 교생, 혹은 대체교사가 대신 담당한다.
- 5일간의 하계 작업을 계약의 일부로 넣는다. 5년 동안, 매년 1일씩 늘린다.
- 비계약 직원은 매주 2시간을 더 근무하게 하고, 휴가 때 3일을 더 준다.
- 지속적으로 근무할 수 있는 대체교사를 학년당 1명씩 채용한다.
- 학년도를 재조직한다. 한 달에 2번 반일(半日) 일정의 일과표를 계획한다. 다른 수업 일에 5분을 더한다.
- 교사들이 점심시간이나 예정된 회의 시간에 모임을 갖는다.

- 교사가 1년에 3번의 반일을 확보할 수 있도록 특정 그룹학습 프로그램(Project Adventure와 같은)의 제공자가 회의 시간을 준다.
- 1일 순회 대체교사가 학년/학과 팀을 위해 자유 시간을 제공한다.

결과에 초점을 둔 백워드 설계 방식에서 시간에 대해 생각을 할 때에는 앞에서 제기한 질문을 고려해야 한다. 우리의 미션과 목표를 고려할 때, 어떻게 해야 우리의 시간을 함께 가장 잘 활용할 수 있는가? 현재의 시간 활용이 직무를 가장 효과적으로 그리고 효율적으로 수행하게 해 주는가? 확인된 과제를 성취하기 위하여 우리는 얼마나 많은 '새로운' 시간을 필요로 하는가? 대부분의 학교가 연간 대략 24시간에 해당하는 일정을 직원 회의와 팀 회의에 할당하고 있는데, 대부분의 학교구가 전문성 개발을 위해 배당한 2~4일을 계산하지 않고 있다는 것은 흥미로운 일이다. 현실적으로, 대부분의 학교는 교육과정 및 평가 설계, 그리고 학생 성취에 대한 협력적 탐구에 투입할 수 있는 시간으로 연간 40시간 이상을 쓸 수 있다.

요컨대, 여기서의 쟁점은 훨씬 '더 많은' 시간이나 다른 자원을 어떻게 확보할 것인가에 관한 것이 아니다. 오히려 우리가 이미 갖고 있는 기존의 시간을 보다 더 현명하게 활용할 필요가 있다. 현명한 시간 활용은 교육과정 작업과 격차 분석을 위해 자유롭게 활용할 수 있는 시간에 대하여 단지 새로운 스케줄을 개발하는 것으로는 불충분하다는 것을 암시한다. 우리는 매일 1시간의 팀 계획 시간을 확보한 팀이 귀중한 그 결과물을 제대로 내놓지 못한 채 한 해를 마감하는 사례를 개인적으로 여러 번 목격하였다. 그렇다고 하여 그 팀의 작업이 초점이 없거나 시간을 낭비했다는 것을 의미하는 것은 아니다. 여기서 지적하고자 하는 것은, 우리가 논의한 '계획'은 단지 시간을 더 많이 확보했다는 이유만으로 이루어지지 않는다는 것이다. 오히려 지도자가 성취해야 하는 것은 수행 기반의 산출물에 초점을 맞춘 시간을 활용하는 일, 즉 '계획'이나 '직원 회의' 시간을 활용함으로써 추구한 결과를 명료화하는 것이다.

『성공한 사람들의 7가지 습관(*The Seven Habits of Highly Effective People*)』에서 Covey(1989)가 지적하고 있는 바와 같이, 많은 사람은 (직업 생활과 개인 생활 양쪽 모두에서) '시급한' 것과 '중요한' 것 사이의 차이에 대하여 혼란스러워하며, 중요한 것을 소홀히 다루는 경향이 있다. (Covey는 그가 제시한 행렬에서 예방, 계획, 관계 구축의 활동이 '중요하지만 시급하지 않은' 4분면의 핵심에 놓여 있음을 확인한 점에 주목하기 바란다.) 우리가 생각하기로는, 교육자가 중요한 것에 더 잘 초점을 맞추기 위한 유의미한 방안은 명백하게 규정된 수행과 결과 목표를 통해서 찾을 수 있다. 그 수행과 목표는 바로 교육자로 하여금 가용한 시간의 활용에 대한 책임을 지게끔 하는 것이다. 다시 말해, 교직원들은 '더 많은' 시간을 받는 대가로, 시간 활용과 관련된 수행과 산출 목표에 동의하지 않으면 안 된다.

한 가지 사례를 살펴보자. 학습 결과에 대한 지속적인 검토(격차 분석)와 실행 연구가 교직원의 삶에서 핵심적인 요소가 되도록 보장해야 한다는 필요를 고려할 때, 각 학과와 학년 팀은 다음과 같은 업무를 담당해야 한다.

> 집단 구성원으로서 여러분의 일차적인 직무는 매년 여러분이 종사하는 영역에서 학생의 수행을 분석 · 연구 · 개선하는 일이다. 당해 학년도 동안 여러분은 미션과 기준에 비추어 보면서 학생 성취와 진행 상황을 지속적으로 모니터하고, 연구와 개입을 제안하고, 여러분의 조사 · 연구 결과를 다른 사람에게 보고할 것이다. 무엇이 잘 작동하고 있으며 무엇이 그렇지 않은가? 더 많은 성공을 거두기 위해서는 우리가 무엇을 해야 할 것인가? 매년 두 번 여러분은 다른 직원을 위해 문서로 작성된 보고서를 낼 것이다. 그 보고서에서 여러분은 현재

성취의 패턴, 잘 작동하고 있는 것과 그렇지 않은 것에 대한 최근의 조사·연구 결과를 진술할 것이고, 또한 그 결과에 기반을 두고 여러분의 실행 계획을 진술할 것이다. 게다가 학교 수준에서 가능한 변화, 즉 여러분 팀의 목표를 더 잘 성취하는 데 필요하다고 생각되는 변화(예: 교육과정, 평가, 수업, 자원 활용, 일정 계획 등에서의 변화)를 제안할 것이다.

그러한 지침은 시간이 걸릴 뿐만 아니라, 새로운 구조의 창출(특별 위원회, 우선순위가 높은 학업의 취약점에 각자 초점 맞추기와 같은 것)이나 아니면 친숙한 구조의 개편(학과와 학년 회의를 성취 결과와 학생 작품의 분석에 초점을 맞추도록 하기, 교육과정·평가 체제와 수업에서 필요한 변화를 권장하기)을 필요로 할 수도 있다. 그것은 매월 직원 회의를 결과 분석과 개선을 위한 아이디어 공유에 할애하는 것과 같이 단순할 수도 있다. 이때 물론 일차적으로 이메일을 통하여 공지하거나 이와 관련된 '행정 사항'을 활용할 수도 있다. 일반적인 원칙은 명백하다. Marshall McLuhan이 언급한 것을 바꿔 말하면, '회의는 메시지다.' 회의가 대개 토픽을 '다루는 데' 기반을 두기보다는 결과에 더 초점을 맞추게 될 때, 지도자는 미션을 더 효과적으로 지원하기 위하여 자원과 구조의 활용을 제도화하기 시작하는 것이다.

유효한 시간 활용을 위한 산출 지향의 기대에 대한 다른 사례를 소개하면 다음과 같다.

- 10월까지 각 교사는 (다른 한두 명의 동료와 함께) 미션 관련의 수행 쟁점에 기반을 둔 개별 학습 계획과 실행 연구 프로젝트를 수립할 것이다.
- 봄까지 각 학년의 팀은 학부모와 학생에 대한 조사를 설계하고, 조

사를 실시하고, 조사 결과에 입각하여 실행한 다음, 3월 교직원 회의에서 보고할 것이다.

- 학년 말까지 고등학교의 각 학과는 학생 수행에 대하여 문서로 작성된 보고서를 발간할 것이다. 이 보고서에서 강점과 취약점을 부각하고, 취약한 부분에서 무엇을 개선할 것인지 그 실행 계획을 제안할 것이다.
- 학기 말까지 각 학년 팀은 함께 학생 작품을 채점하고, 작품의 질에 대한 의견의 불일치가 있을 경우 그것을 탐구하고, 학점을 부여하는 데 있어서 교사 간 일관성을 제고하기 위한 시스템을 가동할 것이다.

그러한 산출 목표는 바라는 결과와 현재의 수행 간의 격차를 줄이는 데 기여할 수 있는 가능성이 훨씬 더 많다.

비전과 현실 간의 격차에 대한 분석이 직무와 역할의 핵심적인 쟁점이라는 것을 확실히 하기 위해서 다른 어떤 구조를 개발할 필요가 있는가?

중등학교의 경우, 전통적인 교과에 의해 조직된 학과에 더하여, 미션과 주 기준과 관련된 핵심적인 간학문적 목표(예: 효과적인 소통, 비판적 사고, 문제해결, 평생학습)를 중심으로 다른 일련의 학과나 위원회를 조직할 수 있다. 이 위원회의 직무는 그 목표를 더 효과적으로 반영하기 위하여 지역 수준의 교육과정과 평가를 연구하고, 목표에 대한 평가 결과를 분석하고, 수행을 개선하기 위한 방안을 제안하는 일이 될 것이다. (이것은 1장에서 논의한 앨버노 대학의 모형과 유사하다. 이에 따르면, 각 교직원이 두 가지 상임 위원회에서 역할을 수행하는데, 하나는 학과와 관련되며 다른 하나는 역량과 관련된다.)

학교 방문 평가 이전에 자체 평가 작업의 수행이 우리가 옹호하고 있는 것에 부응하는 사례가 될 수 있다고 많은 사람이 우리에게 말해 주었다. 하지만 그 작업은 겨우 5년 혹은 6년마다 이루어지며, 대개 실사 위원회에게 단지 잘 보이기 위하여 수행되곤 한다. 재인증을 위해 개발된 그 특별 위원회를 왜 제도화하지 않는가?

앞서 언급한 바와 같이, 주 기준이 지역 교육과정과 평가에서 요구하는 것이 무엇인지 철저하게 분석한 교직원은 그렇게 많지 않다. 그러한 분석은 매년 학년 수준의 팀과 학과에게 요구해야 할 결과물이 되어야 한다.

각 교직원 팀에게 프로그램, 학년 수준, 졸업생을 대상으로, 다음 수준을 위해 그들이 얼마나 잘 준비가 되었는지에 대하여, 조사할 것을 요구해야 한다. 게다가 교직원에게 이전에 그들이 가르쳤던 학생들이 제기한 평가 요구, 그리고 그 요구에 비추어 그 학생들이 성공한 정도를 보고하도록 요구해야 한다.

이와 같은 사례를 통해 제안된 근본적인 원칙에 유의할 필요가 있다. 그러한 위원회 작업은 능동적인 교직원들의 참여와 더불어, 직무 수행의 일부로 실행 보고서의 산출을 요구한다는 점이다. 그러한 '결과 지향적인' 작업은 선택 사항인 현재 시스템과는 달리 직무상 수행해야 할 요구 사항이 된다.

직무 기능 6: 문화와 관련된 책임

교육 지도자들이 가장 지속적으로 영향을 미치는 것 중의 하나는 협력적이고 개방적인 탐구의 문화와 풍토를 수립하고 유지하려는 그들의 시도와 노력에 기인한다. 즉, 그것은 학교를 학습 조직의 한 모형으로 만드는 것이다. 비록 학교 문화와 그 중요성에 대해 많은 거론이 있었음에도 불구하고, 우리는 이제까지 이 책의 정신을 반영하여 그 용어에 대하여 보다 더 결과에 기반을 둔 관점을 제시하고자 한다.

예컨대, Deal과 Peterson(1999, p. 116)은 긍정적인 학교 문화의 일반적인 준거를 다음과 같이 확인한 바 있다.

- 학생과 교사 학습에 초점을 맞춘 미션
- 역사와 목적에 대한 풍부한 감각
- 모두를 위한 양질(quality), 성취, 학습을 낳는 동료 의식, 수행, 개선의 핵심 가치
- 학습과 성장을 겨냥한 학생과 교직원의 잠재력에 대한 긍정적인 신념과 가정
- 실천을 개선하기 위하여 지식, 경험, 연구를 활용하는 강력한 전문성 공동체
- 긍정적인 소통의 흐름을 장려하는 비공식적 네트워크
- 연속성과 개선 사이에서 균형 감각을 발휘하는 공유된 리더십
- 핵심적인 문화적 가치를 강화하는 의식(rituals)과 의례
- 성공을 기리고 명성을 날린 사람을 인정하는 이야기
- 즐거움과 긍지를 상징하는 물리적 환경
- 모두에 대한 존중과 돌봄에 대하여 폭넓게 공유된 감각

비록 이것이 보기에 멋진 목록이긴 하지만 원인과 결과를 혼동하지 않는가 하는 점에 유의하기 바란다. 이 요소 중 많은 것은 상관관계를 맺고 있는 것이지, 효과적인 문화의 원인은 아닌 것이다. 다시 말해, 건전한 문화는 이러한 특징을 반영한다. 그러나 이러한 요소를 제도화하려는 시도나 노력이 건전하고 효과적인 결과 기반 문화의 원인이 될 것이라는 명제를 도출하기 힘들다. 예컨대, 미션 중심의 초점이 없다면, '즐거움과 긍지를 상징하는 물리적 환경'과 '모두에 대한 존중과 돌봄에 대하여 폭넓게 공유된 감각'은 별 의미가 없을 것이다. 다시 말하면, 이러한 특징

이 존재한다면 학교는 일하기에 좋은 멋진 곳일지 모른다. 그러나 그 특징이 필연적으로 더 효과적인 학습으로 나아가지 않을 수 있다. 현재 관습적으로 성공적이라고 인정받는 학교가 많이 있다. 그러나 이 학교들이 비록 Deal과 Peterson의 준거를 충족할지는 모르지만, 우리가 『설계에 의한 학교교육』에서 제시한 비전에 부응하는지의 여부에 대해서는 의문의 여지가 남아 있다.

따라서 우리는 교육 지도자의 직무가 학교의 문화를 확실하게 미션에 초점을 맞추도록 하는 것이라고 주장한다. 이러한 맥락에서 바라볼 때, 다음에 제시하는 문화 규범은 결국에는 학교의 구조에서뿐만 아니라, 일상적인 조직 생활의 사회적 행위와 인간관계적 행위에서도 반영되어야 한다.

- 장기적인 미션 관련의 목표에 초점을 맞추기('내가 다룰 내용을 커버하기만 하면 된다.'와 대조적인 입장)
- 결과에 기반을 둔 접근(단지 좋은 의도나 열심히 하는 일과 대조적인 입장)
- 다중의 출처에서 규칙적으로 탐색된 피드백(다양한 평가나 고객에게서 들어오는 피드백을 회피하는 것과 대조적인 입장)
- 바라는 결과에서 출발하는 '백워드' 기획(해결과 실행으로의 도약과 대조적인 입장)
- 장기적인 목표 지향(응급 처치와 대조적인 입장)
- 작업, 산출물, 결과의 투명성(방문객이나 유용한 정보를 제공해 주는 교사·학생 작품에 대해 불편하게 생각하는 것과 대조적인 입장)
- 탐구에 대한 초점과 새로운 접근에 대한 개방성('이것이 우리가 늘 하던 방식이다.'와 대조적인 입장)
- 협력적 스타일('나 홀로 해결하는 사람'으로서의 교사와 대조적인 입장)
- 삶의 방식으로서의 조정('우리가 이 계획을 개발했으며, 이제 우리가 이

것을 완수하지 않으면 안 된다.'와 대조적인 입장)

교직원을 이러한 방식으로 일하는 세계에 정치(定置)하고, 그래서 그 이득을 볼 수 있도록 하는 것이 여기서는 도전적인 과제로 남아 있다. 다시 말해, 목표는 사람들의 가치 · 신념 · 태도를 변화시키는 것이 되어서는 안 된다. 오히려 더 중요한 목표는 직무와 관련된 그들의 행동을 변화시키는 것이어야 한다. 바로 여기서 더 좋은 태도가 더 용이하게 그리고 더 자유롭게 뒤따를 것이다.

학습 조직이 되기

교직원들로 하여금 이러한 방식으로 생각하고 느끼게끔 하는 일은 학교를 진정한 학습 조직, 혹은 최근의 문헌이 건전하고 책무성을 갖춘 기관을 가리켜 부르는 '전문성 학습 공동체'로 만들기 위한 장기적 전략을 필요로 한다. Schaefer(1967)는 40년 전에 이 점을 잘 지적하였다.

> 새로운 지식에 대한 우리의 필요뿐만이 아니라 교사의 지적 건강에 대한 우리의 책임도 학교를 탐구 센터로 간주해야 한다는 것을 암시하고 있다. 분배적 기능에만 집중함으로써 학교는 교사 정신의 충만한 힘을 효과적으로 해방시키는 것이 아니라 오히려 가두어 둔다(p. 2).

우리가 제안하는 많은 과제는 교육 지도자가 정규적 · 공식적 기반에서 학습에 대한 학습의 모형을 만들고, 초대하고, 궁극적으로 요구해야만 비로소 달성할 수 있다. 즉, 직무 기대의 공식적인 일부로서 그렇게 해야 할 뿐만 아니라, 지속적으로 사람들을 배우도록 초대하는(그리고 기대하는) 의식 · 상례 · 경험을 수립함으로써 비공식적인 방식을 통해서도 그렇게 해야 한다. 교육 지도자의 핵심적인 직무는 학교가 학습 조직의 모형이 되지 않으면 안 된다는 것을 분명하게 하고, 실제로 그렇게 만드는 데 있다. 관련된 상세 정보는 Senge 등(2000), Dufour와 Eaker(1998), Lewis(2002), Darling-Hammond(1997)를 참조할 수 있다.

그러나 다른 대부분의 중요한 생활 영역에서와 마찬가지로, 여기서 우리가 추구하는 행동을 모형화하는 것은 필수적인 요건이다. 교육 지도자는 개혁 과정에서 사려 깊은 탐구, 학습 모형을 만들어야 한다. 결론과 응급 처치로 도약하는 것보다는, 오히려 교육 지도자는 주의 깊은 진단과 가능한 다중 해결책에 대한 개방성이 언제나 실행을 위한 전제 조건이라는 것을 보여 주어야 한다. 달리 표현하면, 지도자의 직무는 해결책을 제시하는 것이 아니라, 질문을 제기하고 문제에 대한 사려 깊은 분석을 요구하는 것이며, 그렇게 함으로써 관련된 당사자나 참여자 모두가 '자기 것으로 간주할 수 있는' 해결책으로 나아갈 수 있다.

너무나 많은 교육 지도자가 교직원들이 심지어 존재하는지조차 몰랐던 문제에 대한 처방으로 비약을 하곤 한다. 그 결과, 우리는 끊임없이 교사의 다음과 같은 질문을 듣게 된다. '도대체 왜 우리가 교육과정 매핑(mapping)을 하고 있는가? 그리고 그것이 UbD와 어떻게 관련되는가?' 교사가 연관성을 보지 않는 한 우리가 그 연관성을 바라보는지의 여부는 그렇게 중요하지 않다. 그리고 만일 교직원이 학생 수행의 약점과 교육과정 틀 구성에 대해 심사숙고(진단)하지 않았다면, 우리가 왜 그 처방(매핑, UbD와 같은 것)을 선택했는지 그 교직원은 결코 이해할 수 없을 것이다. 이것은 교수에서 학생의 오개념 문제와 유사하다. 교직원 이해에 목적을 두는 것보다는 오히려 지도자는 성급함이나 소박함 때문에 너무나 종종 단순히 교직원에게 '정보를 제공하거나' 아니면 개혁의 세부 사항을

'커버하는' 데 그치고 만다.

가장 우수한 교사와 마찬가지로, 가장 성공적인 교육 지도자는 '커버' 하려는 성급함에 저항을 한다. 왜냐하면 지도자는 교직원이 진실로 개혁을 위한 필요성, 그리고 따라서 어느 특정의 제안된 해결책의 현명함을 이해하는 일이 매우 중요하다는 것을 이해하고 있기 때문이다. 지도자는 직원 구성원이 이해에 기반을 둔 공통된 진단에 도달하도록 해야 한다. 그런 다음, 지도자의 도전은 교직원이 어떤 진단을 주인의식을 갖고 '자기 것으로' 간주할 수 있도록 하는 일이다. 그렇게 함으로써 나중의 처방이 자연스럽고 정당한 상식으로 보이게 될 것이다. 다시 말해, 지도자는 교직원뿐만 아니라 본인 자신도 역시 정말로 학습하고 있다는 것을 확실하게 하지 않으면 안 된다.

> 다시 말하면, 우리는 학습에 숙달되어야 한다. 변화하는 상황과 요구 사항에 반응하면서 우리의 제도(기관)를 변형시킬 수 있어야 할 뿐만 아니라, '학습하는 체제'인 제도를 창출하고 개발하지 않으면 안 된다. 즉, 자체의 지속적인 변형을 가져올 수 있는 능력을 갖춘 시스템을 만들어 내고 발전시켜야 한다(Schön, 1983, p. 28).

학생을 설득하고 그들에게 많은 내용을 전달한다고 해서 그들이 수업의 의미를 파악하고 그것을 현명하게 적용하도록 할 수 없는 것과 마찬가지로, 설득과 정보만으로는 이러한 이해를 성취하지 못할 것이다. 그래서 새로운 직무 역할과 기능을 친숙하게 만들고 습관적인 일이 되도록 보장하기 위해서는 새로운 구조와 지원 정책이 요구되는 것이다.

개혁은 개혁가를 넘어서서 지속되는 적이 거의 없다. 이것은 학교교육과 학교 변화에 대한 수많은 글에서 확인할 수 있는 사실이다. 따라서 '지속 가능성'은 설계에 의한 학교교육을 이행하는 데 목적을 둔 지도자의 장기적인 '전이' 목표를 가장 잘 요약하고 있다고 볼 수 있다.

이 장에서 논의한 리더십 요소의 모든 것은 지속 가능성을 염두에 두고 있다. 우리가 이 책에서 개관한 방식으로 조직된 학교의 장기적인 실행 가능성은 다음과 같은 사항을 요구한다. 미션에 대한 명료성, 미션에서 도출한 교육과정과 평가, 격차 분석에 강조점을 둔 결과 초점, 미션을 지원하기 위한 채용 · 장학 · 훈련, 미션을 작동하게 만드는 구조와 정책, 그리고 미션 중심의 모든 실행을 강화시키는 문화.

교육 지도자의 직무는 이 모든 과제를 개인적으로 수행하는 것(혹은 심지어 어떻게 하는지를 아는 것)이 아니라, 그 과제가 달성되도록 보장하는 것이다. 우리는 초인적인 지도자나 독재적인 관리자를 추구하지 않는다. 교장이 명령을 하거나 독단적으로 학교를 변형시켰던 날은 지나간 지 이미 오래다. 우리가 찾고 있는 것은 어떤 직무가 수행될 필요가 있는지를 이해하고 그 직무를 완수하는 데 있어서 교직원을 참여시키는 방도를 생각해 내는 교육 지도자다.

설계에 의한 학교교육의 계획

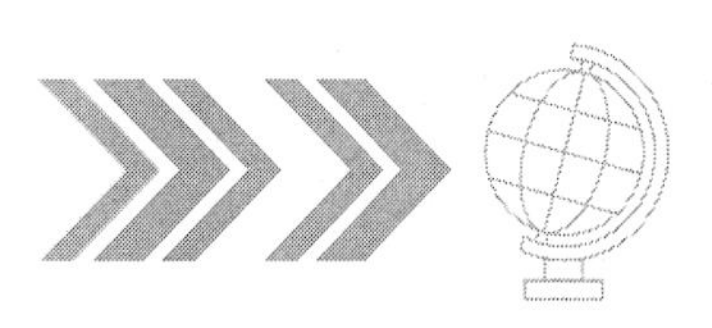

제8장

학교 개혁을 위해 백워드 설계를 어떻게 적용해야 하는가

내게 나무를 벨 여섯 시간이 주어진다면, 네 시간은 도끼를 갈 것이다.

– Abraham Lincoln

이전 장들에서 우리는 학교의 미션 및 학습 원리와 관련된 핵심 아이디어들을 개략적으로 살펴보았다. 그리고 결과 중심의 교육과정이 어떤 모습을 띠어야 하는지도 서술하였다. 그런 다음에는 핵심 역할과 과업 서술이 함의하고 있는 것이 무엇인지 고찰하였다. 이 장을 시작하면서 우리는 미션을 포함하고 있는 바라는 성취와 현실 간의 간극의 해소를 위한 계획 수립의 과정을 탐구한다. 장기적 목표를 달성하기 위해 우리는 어떻게 학교 변화의 과정에 접근해야 하는가? 보다 수월한 성공을 위해서 우리의 실행을 안내할 수 있는 전략은 무엇인가?

인생의 모든 행보(교육을 포함하여)에서 성공한 사람들은 그들이 성취하고자 하는 것에 대한 명확한 비전을 가지고 있을 뿐만 아니라, 그들의 목표를 이루기 위한 수단에 관해서도 전략적으로 생각한다. 애석하게도, 대부분의 교육자는 유난히 바쁘고, 전통적인 계획은 흔히 단기적인 실행에 집중되기 때문에 전략은 자주 도외시된다. 다양한 사람(교직원, 학생, 학부모)만큼이나 그 요구가 매우 많음을 고려해 볼 때, 그리고 오늘날의 불가피한 위기를 생각해 볼 때, 심사숙고를 통한 전략의 수립이 반작용적 · 반사적 반응이나 충동적인 실행 요구를 줄여 준다. 즉각적인 압력이 없어도 실행 지향적인 교육자들은 종종 실행의 타당성을 비평하기 위한 메커니즘 또는 조정을 위한 메커니즘 없이 목표를 확인하고 재빠르게 실행을 제시하는 경향이 있다. 학교교육의 속도 감소가 의심스럽기는 하지만 우리는 전략적 사고가 우리의 에너지와 실행을 집중시키기 위한 힘이라는 것을 확신한다. 전략을 갖는다는 것은 일련의 목표로부터 계획되고 약속된 행동으로 나아간다는 의미다. "'이것이 우리가 여기에 있는 이유다.'라는 진술은 결과적으로 '이것은 우리가 그것을 하는 방법이다. 그것을 하는 기간이다. 누가 책임을 져야 하는가다. 다시 말해, 우리가 책임을 져야 하는 일이다.'라는 진술이 된다."(Drucker, 1990, p. 142)

우리가 전략에 기반을 두고 직접 교직원이나 동료와 일할 때 우리는 전략을 존중하고 장기적 목표를 성취하기 위해 다양한 전술, 예를 들어 양질의 단원 계획에 대한 직원 이해를 증진시키는 UbD의 스터디 그룹 조직하기와 같은 전술을 활용한다. 자신의 재능과 다른 사람들의 그녀에 대한 존중을 기반으로 하여, 수는 연구회의 지도자가 될 수 있다. 개별적인 실행은 실패할 수도 있겠지만, 결국 연구회는 성공할 것이다. 연구회가 대다수의 교직원이 행하는 방법들을 변화시키는 데 한계를 가질 수 있겠지만 전략은 확실할지도 모른다. 물론 그 전략은 사람들이 가지고 있는 현재의 습관 때문에 사람들을 만족시키지 못할 수도 있고 미션과 의무와 결부된 더 나은 전략을 알게 할 수도 있다.

그러므로 군사, 스포츠, 혹은 계약 협상에서 전략, 전술과 개별 실행을 구분하는 것이 유용한 것처럼 이러한 구분들은 학교 개혁에서 중요하다. 이것은 특히 교육 지도자들이 단기 전술과 처방(전문성 학습 공동체, 참 평가, 교육과정 매핑)을 추구하려는 유감스러운 유혹을 가지고 있는 경우에 그렇다. 이 경우, 그들은 개혁에 대한 장기적 목표를 달성하도록 전술이 바르게 작동하는지 여부를 판단하는 리더십을 허용하거나 선택을 정당화하는 전반적인 전략도 없이 그러한 유혹에 사로잡힌다. 최근 몇 년간의 학교 개혁 실패는 전술이 계속해서 빗나가서가 아니라, 효과적으로 계획하고, 전술을 타당하게 택해서 조정하고, 전략과 목표에 유념하여 재빠르고 단호하게 반응하는 지역적이고 일관되며 장기적인 전술이 없었기 때문이라고 보는 것이 더 유용할 것이다.

개혁을 위한 전략과 전술

전략(strategy)이라는 말은 현재 운동 경기, 정치학, 기업 계획 등에서 광범위하게 쓰이고 있으나 원래는 군사적인 용어다(운동 경기, 정치학, 기업 계획은 모두 전쟁의 문명화 버전이다). 군대라는 의미가 불쾌감을 준다면 '사람들이 조직적으로 하는 운동과 그 활동을 개발하는 기예'라는 옥스퍼드 영어 사전의 보다 광범위한 정의에 초점을 맞추어도 된다. 전략은 '전투에서 부대를 다루는 기술'이라는 의미인 전술(tactics)과는 구분된다. Drucker(1990)가 비영리 기관의 변화에 대해 이야기했을 때 이 용어를 채택하게 된 심경의 변화가 교훈적이다.

> 나는 한때 '전략'이라는 말을 쓰는 것을 반대했다. 그 말이 지나치게 군대를 연상시킨다고 생각하였다. 그러나 점차 생각이 바뀌게 되었다. 왜냐하면 많은…… 비영리 기관에서 계획은 지적인 연습이기 때문이다. 당신은 계획을 선반 위, 잘 정돈된 책 속에 넣어 둔다. 모든 이들은 계획했음을 미덕으로 생각한다. 하지만 그것이 실제적인 작업이 될 때까지 당신은 아무것도 하지 않는다. 반면에 전략은 실행에 초점을 맞춘다……. 전략은 당신이 희망하는 무엇이 아니다. 전략

은 당신이 수행해야 하는 어떤 것이다(p. 59).

전략은 어떻게 교직원을 조직하고 자원을 활용해야 하는지를 말해 줄 뿐만 아니라, 구체적인 결정 시점과 장애물에 직면했을 때 어떻게 행동해야 하는지를 알려 준다. 광범위한 전략으로부터 '경기 계획'이 도출된다. 물론 그 경기 계획은 바라는 장기적 목표를 지향하여 우리를 움직이게 하는 전술을 포함하고 있다(예: UbD 역량을 갖추기 위한 교직원 훈련, 미션 관련 목표를 반영한 채점 및 기록 시스템의 구성). 결국 우리는 전략과 전술로부터 도출되는 구체적인 실행이 필요하다.

그렇다면 무엇이 학교 개혁과 관련되는 전략인가? 그것은 다음의 질문에 답하는 것이다. 미션 성취라는 장기적 결과를 산출하려면 단기적인 개혁에 대한 의사결정을 해야 하는데, 그 결정을 위한 최상의 원칙은 무엇인가? 전략은 불가피한 실패를 피하도록 해 주고 세부 내용을 놓치는 것을 막도록 해 주는 데 있어서 매우 중요한 것이다. 예컨대, 이 책에서 우리는 학교교육에서 미션을 존중하기 위한 핵심 전략은 이해와 전이에 초점을 맞추도록 교육과정을 상이하게 작성하는 것임을 논의하고 있다. 전략은 학교 구성원들로 하여금 그들의 직무를 더 잘 이해하도록 해 주고 일상 업무와 의무가 어떻게 장기적 목적에 부합되는지를 이해하게 해 준다. 전략은 대체로 미션과 그것이 함의하고 있는 것을 고려할 때 불일치와 비논리적 습관을 근절하는 것으로 정의될 수 있다.

그러므로 전략은 추상적인 아이디어가 아니다. 전략은 지속적으로 미션을 염두에 두고 그것을 주도적으로 실현하기 위한 방식이다. Drucker(1990)는 "훌륭한 의도가 산을 움직이는 것은 아니다라는 속담이 있다. 불도저는 가능하다. 비영리적인 관리에서, 미션과 계획은 (만일 그것이 전부라면) 좋은 의도다. 전략은 불도저다. 전략은 당신이 하고 싶은 것을 성취로 전환시켜 준다……. 그것은 당신이 여러 자원을 통해 획득할 필요가 있는 것이 무엇인지, 결과를 얻기 위해 무엇을 할 필요가 있는지를 알려 준다."(p. 59)라고 언급하였다. 전략은 부과된 목적을 성취하기 위해 정치적 · 인적 · 물적 자본을 통합된 방식으로 결집시키려는 구체적이고 공적인 약속이다.

축구 코칭과 관련된 이러한 구분의 간단한 실례가 있다. 중학교 이상 수준의 축구는 전형적으로 골이 적게 나며 대다수의 득점이 수비의 치명적인 실수로 인해 난다. 그래서 유소년 축구 코치로서 내 전략은 수비에 집중하는 것이었다. 아동의 시각을 고려한 전략은 외곽 공격을 강화함으로써 수비 실수를 최소화하고 항시 서로서로를 커버하는 것으로 요약할 수 있다. 우리의 연습은 이러한 전략을 염두에 두고 공격보다는 수비에 더 많은 시간을 집중하였고, 수비수들은 필드에서의 지원을 위해 열심히 노력하였으며, 따라서 그들은 상대 팀의 돌파를 최소화하는 수비 위치를 이해하였다. 또한 상대 선수의 실수 유발 방법을 알게 되었으며 위험 지역에서 공을 빠르고 결정적으로 처리할 수 있게 되었다. 그 전략으로 인해 우리 팀의 우수하고 빠른 선수들은 공격보다는 수비에 기용되기를 바라기도 했다. 전술적으로 그 전략은 최소 4명의 선수를 후방에 배치하고 필드 중앙의 공간을 늘 고립시키도록 하며 자발적으로 사이드라인을 포기하는 것이었다. 경기는 각본대로 진행되는 것이 아니기 때문에 공격을 늦추는 몇몇 다른 전술을 포함하고 있는 이 아이디어가 우리가 하고 있는 방식의 골자였다. 실제 경기와 같은 상황에서 이루어진 연습 경기를 통한 훈련과 피드백은 전술과 전체 전략을 강화하였다. 우리는 현실성이 없는 고립된 사이드라인 훈련을 거의 하지 않았다. 전략은 있었지만 경기 계획이 결코 고정 불변이지는 않았다. 팀은 성공적이었다(우리는 리그 우승을 하였고 이듬해에는 2위를 하였다). 우리 팀은 뛰어난 재능을 가진 선수들이 없었음에도 불구하고 이러한 성취를 거두었기 때문에 주목을 받았다.

이 사례는 네 가지 측면에서 우리에게 시사점을 제공해 주고 있다. (1) 모든 사람의 사고를 안내할 수 있는 강력하면서도 명확하고 투명한 전략을 반드시 갖추고 그 전략으로부터 모든 개별적인 의사결정과 구체적인 실행을 도출한다. (2) 항상 가장 중요한 위치에 가장 적합한 사람들을 배치해서 그들의 장점을 발휘하게 하고 목표와 전략에 비추어 단점을 최소화한다. (3) 실행의 제어가 피드백과 전략적 원칙에 기초한 '조정 계획'의 방법을 배워야 하는 선수들(예: 직원, 실행자, 학습자)에게 달려 있다는 것을 명확히 한다. (4) 불필요한 연습(단순한 활동, 미션과는 분리된)을 최소화하고 실제 경기와 유사한 상황(예: 꾸준한 도전과 미션과 관련된 문제해결)을 극대화해서 선수들이 기술과 전략적 사고를 참된 맥락 내에서 적용하는 것을 학습하도록 한다. 요컨대, 확실하면서도 완전히 이해할 수 있는 전략이 없으면 승리할 수가 없다. 또한 코치가 아닌 선수들이 실행할 수 있는 전략이 아니고서는 이길 수 없다. 그것이 어떤 조직이든 직원들은 경솔하게 실행하기보다는 어떻게 장기적 목적을 실행 가능하게 할 것인지에 대한 분명한 이해를 기반으로 조정할 준비를 해야만 한다. 목표를 향한 경로에 있어서의 뜻밖의 일, 장애물, 딜레마 그리고 부적절한 자원들을 피할 수 없기 때문에 조정할 준비가 되어 있어야 한다.

미션을 성취하기 위한 전략적 원칙

우리는 이전의 장에서 학교교육을 건축처럼 생각할 필요가 있다고 언급하였다. 비전이 필요하지만 그것으로는 충분하지 않다. 청사진은 비전을 가능성과 전략적인(초점을 둔, 효과적인, 조화로운) 실행으로 전환시키는 데 필요한 문서다. 개혁의 과정도 그렇다. 임의적인 변화나 전술을 가지고 무턱대고 뛰어드는 것 대신, 우리는 체계적으로 계획을 수립하기 위한 전략과 일관되게 개혁을 실행하기 위한 전략을 제의한다. 우리는 어떤 학교의 개혁도 세부 내용과는 상관없이 다음의 세 가지 원칙에 기초를 두어야 한다는 생각을 하고 있다. (1) 미션이 요구하는 것을 면밀히 분석하여 그 미션과 프로그램 목표를 기반으로 백워드 방식으로 계획한다. (2) 비전과 현실 간의 간극을 좁힌다. (3) 계획의 시작부터 조정까지 그 계획이 제자리를 잡게 한다(즉, 조정을 위한 계획). 각 아이디어를 간략히 고찰해 본 다음, 더 자세히 알아보자.

'성취할 미션'을 기반으로 백워드 방식으로 계획한다. 이것은 상식이며 전략이라는 말의 정의와 조화된다. 전략은 승리(성취할 미션), 성공적인 개혁을 기반으로(현재 상황과 자원을 염두에 두고) 백워드 방식의 고려를 통해 강구된다. 백워드 설계가 교육과정 설계를 위해 잘 작동된다면, 백워드 설계는 학교교육의 설계에도 적용되어야 한다. 그것은 결국 내용과는 상관없이 좋은 계획을 수립하고 실행하기 위한 일반적인 접근 방법이다. 사실 이 책은 백워드 설계의 논리를 추구한다. 미션을 성취하기 위한 정합성을 갖춘 계획된 실행 없이는 목적을 성취할 수 없기 때문에 우리는 학교 미션의 본질을 검토했고 교육과정과 평가 시스템을 기술하였다. 그런 다음에는 효과적인 수업과 효과적인 리더십은 명확한 미션과 그것을 달성하기 위한 교육과정이 없이는 끝없는 불일치가 일어나기 쉬운 무의미한 문구에 불구하기 때문에 직무 내용을 고찰하였다.

마찬가지로, 교육개혁은 겨냥하고 있는 목표에 대해 명확한 비전을 갖는 범위에서, 그리고 장기적 목표에 대한 경과를 평가하는 메커니즘을 갖는 정도 내에서 성과를 거둘 수 있다. 분명한 비전을 개발하는 데 세심한 주의를 기울여야만 한다. 그리고 일관성 있고 효과적인 개혁의 실행 계획 수립을 안내할 '성취할 미션'의 지표들을 개발하는 데 많은 관심을 기울여야 한다.

비전과 실제 간의 간극을 좁히기 위해 부단히 노력한다. 개혁의 원동력은 우리가 성취하고자 하는 지점 대비(versus) 우리가 위치한 곳을 파악하는 데서 생겨나는 내재적 동기다. 그 변화 과정은 바라는 결과와 비교하여 우리가 어디에 위치하고 있는지에 대해 확실하고 유용한 정보를 모으는 동안, 직원들에게 성취할 미션의 지표와 모형의 개발에 도전하도록 하는 것에 초점을 맞추게 된다. 그러므로 개혁의 과제는 늘 간극을 좁히는 데 두게 된다. 그러나 많은 교육자는 성취하고자 하는 것 대비 현재의 위치를 정확하고 정직하게 설명하는 것에 대해 별로 인정하려 들지 않는다. 간극을 기꺼이(심지어 열정적으로) 발견하고 탐구하는 것에 대한 메커니즘과 인센티브는 학교 구성원의 경험을 통해 강화된다. 어떤 변화 전략도 이것을 확실히 해야 한다. 습관을 변화시키는 것이 어렵다는 것을 고려할 때, 학생들뿐만 아니라 성인들에게도 적당한 인센티브가 제공되어야 한다.

조정 계획을 수립한다. 그리고 적시에, 효과적으로 조정하기 위해 적극적으로 피드백을 활용할 적소 시스템을 갖춘다. 어떤 교육자도 미래를 예측할 수 없고 개혁의 여정에서 어떤 장애와 마주치게 될지 아무도 모른다. 그러므로 적시의 피드백을 근거로 하여 계획을 조정하는 위원회를 설립하는 것은 약점을 드러내는 것이 아니라 매우 중요한 실행으로 여겨야 한다. 우리는 이것을 겸손의 원칙이라고 일컫는다. 원래의 계획은 부적절할 가능성이 크다. 우리는 예기치 못한 문제들 속으로 뛰어들기 쉽다. 위대한 초기 계획보다 더 필요한 것은 적시에 그리고 효과적인 기반을 가지고 하는 조정 계획이다.

그 조정 계획은 처음부터 바로 시작된다. 누가 준비되어 있고 의지가 있으며 할 수 있는지, 그리고 어떤 현실적인 필요와 가능성이 학생의 성취에 관여하게 되는지를 검토하기 위한 전략적 계획을 수립하기 전에 많은 양의 자료를 수집해야 한다.

설계에 의한 학교교육에서의 실행 가능하고 성공적인 개혁 전략을 어떻게 개발할 것인지에 대하여 세 가지 원칙을 중심으로 보다 자세히 살펴보자.

학교 개혁을 위해 백워드 설계를 적용하기

교육과정 체제의 기술에서 언급했듯이, 교사와 교육과정 위원회는 교육과정을 백워드 방식으로 설계할 때 다음의 3단계를 고려할 필요가 있다.

- 1단계: 바라는 결과를 확인한다. 학생들이 알아야 하고 이해해야 하고 할 수 있어야 하는 것은 무엇인가? 어떤 내용이 이해할 만한 가치가 있는가? 어떤 '영속적인' 이해가 요구되는가? 요컨대, 미션은 우리에게 학생의 학습에서 무엇을 성취시키도록 요구하고 있는가? 1단계에서는 전이와 여타의 학습 목표를 고려해야 한다. 우리는 학습자의 사고 습관이 되어야 하는 '추구해야 할 이해'와 '본질적 질문'의 형식으로 몇몇 우선순위의 틀을 만든다. 미션과 관련된 전이의 성취를 위한 선행 요건과 우리의 의무를 염두에 두고 지식 목표와 기능 목표의 틀을 구성한다. 이 설계 과정의 첫 번째 단계는 성취라는 말로 표현되는 명확한 우선순위를 필요로 한다.
- 2단계: 수용 가능한 증거를 결정한다. 학생들이 바라는 결과들을 성취하고 있는지를 어떻게 알 수 있는가? 학생의 이해와 능숙함의 증거로 무엇을 수용할 것인가? 백워드 설계에서는 수업과 활동을 설계하기 전에 설계자가 자신을 '평가자처럼 생각'할 필요가 있다. 따라서 바라는 학습(1단계에서 확인된)이 성취되고 있다고 입증할 필요가 있는 평가 증거를 미리 고려해야 한다.
- 3단계: 학습 경험과 수업을 계획한다. 학생들은 효과적으로 수행하고 바라는 결과를 성취하기 위해 어떤 지식과 기능을 필요로 하는가? 목표 달성을 위하여 가장 적합한 활동, 시퀀스, 자원은 무엇인가? 우리는 명확하게 확인된 결과, 이해의 적절한 증거를 염두에 두

고 가장 적절한 수업 활동을 생각한다. 늘 결과를 염두에 두게 되면 매력적이고 효과적인 수업이 전개된다.

학교교육과 개혁의 문제에 있어서도 개혁을 계획하는 데는 사소한 변수가 있지만 논리적으로 백워드 설계의 3단계 과정을 밟아야 한다.

- 1단계: 바라는 결과를 확인한다. 개혁 주도자들은 1단계에서 장기적 미션과 프로그램 목표 측면에서 특정의 개혁 목표를 설정한다. 장기 목표와 관련된 구체적인 단기 목표와 명세 목표를 확인한다. 다음과 같은 질문을 할 필요가 있다. 교직원들이 이해하기를 바라는 것은 무엇이고 실제로 무엇을 인정하기를 원하는가? 성취 목표와 관련하여 그들이 직면해야 하는 본질적 질문은 무엇이고 그것을 가지고 어떤 일을 해야 하는가? 효과적으로 바라는 개혁을 실현하기 위해서는 어떤 새로운 지식과 기능이 필요한가?
- 2단계: 수용 가능한 증거를 결정한다. 개혁자들은 2단계에서 구체적인 실행 계획을 설계하기 전에 먼저 '평가자처럼 생각'해야 한다. 백워드 설계에서는 바라는 결과가 성취되고 있다는 것을 보여 줄 필요가 있는 증거에 관해 주의 깊게 생각할 것을 요구한다.

  이 접근 방식은 실행 계획이 완료되면 종국에 해야 하는 어떤 것으로서의 사정과 평가에 관한 사고의 관행을 벗어날 것을 제안하고 있다. 결말쯤 하는 평가 계획의 수립 대신에, 백워드 설계는 목표와 관련된 증거와 지표를 기반으로 처음부터 피드백 계획을 바로 개발하도록 요구한다. 이것은 목표를 성취하는 도중에 현명한 조정을 할 계획이 필요하기 때문에 매우 중요하다. 우리는 명확하고 적절한 증거를 염두에 둘 경우에만 향상 정도를 판단할 수 있고, 실행의 변경이 필요한 때를 알게 된다. '어떻게 실행되었는가를 알기' 위해 결과를 기다리는 것은 너무 늦다.

그러므로 개혁자들은 평가자들의 질문을 할 필요가 있다. '우리가 바라는 결과들을 성취하고 있는지를 어떻게 알 수 있는가?' '우리가 성공하고 있는지 여부를 어떻게 알 것인가?' '교직원의 이해와 능숙함의 증거로 무엇을 수용할 것인가?' 처음부터 목표와 관련된 기준점을 설정하기 위해서는(목표와 현실 간의 간극을 측정하기 위해서는) 어떤 자료가 필요한가? 어떻게 그동안의 향상 정도를 확인할 것인가? 어떠한 피드백 시스템을 통해 목표를 성취하기 위한 계획에 맞추어 적시의 조정을 할 것인가? 이러한 질문과 그것에 대한 답변은 현명한 계획 수립을 하기 위한 핵심이면서 목표와 학습 원칙의 이해를 명확히 하기 위한 것이다.

- 3단계: 목표를 성취하기 위한 실행 계획을 수립한다. 명확하게 확인된 결과와 목표에 대한 적절한 증거를 염두에 두고, 이제 실행 계획을 수립할 때다. 몇 가지 핵심 질문이 백워드 설계의 이 단계에서 고려되어야 한다. 교직원들이 바라는 결과를 효과적으로 수행하고 성취하기 위한 지식과 기능을 갖추도록 하려면 어떤 전문성 개발 활동과 지원이 이루어져야 하는가? 누가 다양한 실행을 담당해야 하는가? 어떤 시간표를 작성할 것인가? 목표를 달성하기 위해 어떤 자원이 필요한가? 전체적으로 계획은 정합성을 갖추고 있는가? 계획의 세부 내용(전술과 실행의 선택, 활동 순서, 자원 등)은 바라는 결과, 구체적인 증거를 확인한 후에 결정되어야 한다. 아울러 합리적인 계획을 수립하는 데 필요한 기준 자료를 수집한 후에 결정해야 한다.

우리는 지도자들이 백워드 설계를 학교 및 지역의 계획 수립에 적용하도록 돕기 위해서 학교 개혁을 위한 백워드 설계 교육과정 계획 템플릿을 개발하였다(〈표 8-1〉 참조). 템플릿은 백워드 설계 요소들을 고려하는

〈표 8-1〉 학교 개혁을 위한 백워드 설계 템플릿

1단계: 바라는 결과	
목표: 개혁을 위한 우리의 비전은 무엇인가? 계획의 결과로 무엇을 성취하기를 원하는가?	
이해: 목표의 충족을 위해 교사, 행정가, 학부모, 정책 입안자, 여타의 사람에게 필요한 이해와 태도는 무엇인가?	본질적 질문: 우리는 어떤 본질적 질문을 통해 교수, 학습, 결과, 변화에 관한 개혁 활동을 안내받아야 하는가?
지식: 기능: 교사, 행정가, 정책 입안자, 학부모, 학생은 비전을 현실로 만들기 위해 어떤 지식과 기능을 갖추어야 하는가?	
2단계: 평가 증거	
직접적인 증거: 성공의 증거로 무엇을 포함시킬 것인가? 단기적, 장기적 진전을 관찰할 수 있는 핵심 지표는 무엇인가?	간접적인 증거: 어떤 여타 자료(성취 간극, 교직원 이해, 태도, 실행, 조직 능력)가 수집되어야 하는가?
3단계: 실행 계획	
어떤 장 · 단기 실행을 통해 목표를 성취할 것인가(교육과정, 평가, 수업, 전문성 개발, 정책, 자원 배분, 직무 평가 등에서)? 바라는 결과를 성취하기 위한 전략은 무엇인가? 누가 책임을 맡을 것인가? 어떤 자원이 필요한가?	

질문을 포함하고 있다.

백워드 설계를 '백워드'로 만드는 것은 무엇인가

계획 수립을 위해서는 백워드 설계가 이치에 맞지만 학교와 지역의 빠듯한 일정 때문에 그 논리를 항상 따를 수는 없다. 게다가 개혁자들이 백워드 설계의 수칙을 지키지 못하게 되면, 우리가 『백워드 설계에 의한 이해』(Wiggins & McTighe, 2005)에서 언급한 교사 계획의 '쌍둥이 과실

(twin sins)'을 낳게 된다. 첫 번째 과실은 아마도 '활동 지향성'(목표 관련의 결과로 이끄는 데 실패한 전문성 활동)으로 부를 수 있을 것이다. 우리는 이 문제점이 전문성 개발의 날과 협의회에서 드러날 것이라고 생각한다. 교직원들은 거기에 충실히 참여하나 명확한 장기적 목표 또는 겨냥하고 있는 후속 조치가 없다. (베테랑 교직원이 "이것 역시 지나갈 거야."라고 탄식하는 말을 자주 듣는 것이 놀랍지 않은가?)

두 번째 과실은 '피상적' 교수와 유사하다. 교직원들은 실행하지 않거나 혹은 실행에 대해 책임지지 않고도 새로운 정책, 계획, 프로그램에 관해 정보를 제공받는다. 그들은 계획 또는 프로그램이 왜 필요한지, 그 논거는 무엇인지, 장기적인 측면에서 무엇을 함의하고 있는지 이해를 해야 하지만, 그 이해에 대한 도움을 받지 못하고 단지 '여기에서 우리는 무엇인가를 하고 있다.'고 말한다.

학교 개혁과 관련된 문제점의 핵심은 결과와 과정 사이의 혼란이다. '무슨 목적으로?'라고 묻기 전에 어떤 결정을 할 것인지, 무슨 연구를 수행할 것인지, 지지층의 말을 어떻게 들을 것인지 등을 결정하는 데 많은 시간을 들이고 있는 위원회를 보는 것은 드문 일이 아니다. 바라는 결과는 무엇이고 그 대답은 과정에 어떤 영향을 미치는가? 어느 편인가 하면, 최종 목표를 동의하기 전에 과정에 집중하는 것이 '백워드'다. 그것은 마치 청사진이 도출되기 전에 계약자에게 업무 계획에 대해 물어보는 것과 같다.

이 문제에 대한 광범한 예가 있다. 1980년대 후반과 1990년대 초, 몇몇 주는 모든 학교에 사이트 기반의 의사결정 과정을 지시하였다(학교가 해야 하는 의사결정의 종류에 대한 조언은 없었다!). 좀 더 최근에, Douglas Reeves(2006)는 학교 개선 계획에 대한 연구를 수행하였는데 계획 수립 시 필요한 형식의 복잡성과 학생의 성취 간에는 반비례 관계가 있다는 것을 발견하였다. 이에 대한 Reeves의 논평은 우리의 경고와 맥을 같이 한다. "계획은 효과적일 수도 있고 필요할 수도 있으나, 계획이 목표를 대체할 때 전체의 사업은 그르치게 된다."(p. ix) 우리가 옹호하는 백워드 설계의 접근은 이러한 잠재적 문제점들을 피하는 것을 의미한다.

일례

뉴욕 시 교육위원회 산하 9지역의 맨해튼과 브롱크스의 자치구에는 100개가 넘는 학교가 있고 10만 명 이상의 학생들이 재학하고 있다. 지역의 지도자들은 백워드 방식을 활용한 계획을 인정하면서 교사들에게 수업 계획을 수립할 때 UbD 과정을 활용하도록 권장한다. 교실 활용 외에, 그 과정은 리더십 계획 수립을 위한 가치가 입증되었다. 그 지역에서는 학교 행정가들이 당해 학년도 학교 목표를 개발할 때 활용할 틀로서 설계에 의한 학교교육 템플릿을 채택해 왔다. 학교 목표를 개발하기 위해 백워드 설계를 활용한 첫해 9지역의 부교육감인 Alan Dichter 박사는 그가 목도한 것을 다음과 같이 말하였다.

> '백워드 설계' 접근은 계획 수립과 평가를 중심으로 우리가 원하는 습관을 개발하는 데 도움을 준다. 특히 우리가 원하는 것과 하는 것 사이의 연결을 보증한다. 이것은 지나치게 단순해 보일지도 모르지만, 우리는 경험을 통해 그것이 그렇지 않다는 것을 알게 된다.

학교 수준에서 백워드 설계를 활용하는 것과 더불어, 지역 교육청 직원들은 지역 내에서 통합적인 전문성 개발을 계획하기 위해 그 템플릿 버전을 사용한다. 이러한 백워드 설계의 다면적 활용은 전체 시스템을 가로질러 그것의 효과성을 강화한다. 교사들은 학교 행정가들의 실천을 주시할 것이고 학교 행정가들은 지역의 지도자들이 동일한 계획 수립 과정을 활용하는 것을 지켜볼 것이다.

비전과 현실 간의 간극을 해소하기

우리가 지금까지 논의했듯이, 근본적으로 개혁 전략은 비전과 실제 간의 간극에 대한 지속적인 실행과 평가에 따라 달라진다. 비전이 없다면 변화를 생각할 수 있는가? 간극 없이 변화가 있을 수 있는가? 간극이 자신에게 관심을 불러일으키지 못하거나 개인적으로 받아들일 만한 것이 못된다면 변화를 생각하게 되는가? 우리는 변화, 특히 습관의 변화는 큰 노력을 요하며 매우 어렵다고 가정한다. 그러므로 반드시 변화의 이유가 설득력 있게 제시되어야 하고 지원 시스템도 우리에게 긍정적인 동기를 부여해야 한다.

그러나 이전에 주장했듯이 자발적으로 기꺼이 믿음과 행동 간의 불일치를 마주하는 교육자들은 드물다. 많은 사람이 불일치의 존재를 부인하거나 그것에 대해 저항한다. 따라서 단지 아동들을 위해 더 잘할 수 있다는 인식이 학교교육의 습관을 변화시킬 충분한 동기가 된다고 가정하는 것은 순진한 일이다. 인간의 동기화에 대한 연구에 의하면 그 반대가 진실이다. 습관을 바꾸는 것은 과거로의 회귀와 저항의 공산을 가지고 있는 고통스럽고도 어려운 일이다. 우리는 면밀한 인센티브 시스템을 통해 내적 · 외적 동기를 개발해야 한다. 적어도 학교에 대한 현재의 접근이 무수하게 의욕을 꺾고 있지는 않은지 숙고해야 한다.

조정을 위한 계획

백워드 설계의 활용 외에, 비전과 현실 간의 간극의 해소를 위한 진전 정도를 정기적으로 평가하도록 전략적인 개혁가들을 격려해야 한다. 필요할 경우, 계획을 조정하도록 장려해야 한다. 이와 관련된 원리에 의하면, 우리는 처음부터 목표와 관련된 증거와 지표에 관한 피드백 계획을 수립할 필요가 있다. 목표를 성취하는 도중에 현명한 조정을 위한 계획을 수립할 필요가 있기 때문에 이것은 매우 중요하다. 우리는 계속적인 평가 증거를 통해서만 진보 정도를 잴 수 있고 실행의 변경 시기를 알게 된다.

계속적인 평가와 조정의 아이디어가 이 책의 독창적인 아이디어는 아니다. 사실 PDSA(Plan, Do, Study, Act) 사이클은 1930년대에 Walter Shewhart(1934)가 소개하였다. 오늘날 Shewhart 사이클은 Deming과 다른 사람들이 보편화한 지속적인 개선과 질 관리에 대한 가장 현대적인 접근법으로 인용되고 있다. PDSA 사이클은 단순하지만 강력한(그리고 어느 정도 반직관적인) 백워드 설계의 논리를 제안하는 아이디어다. 3단계에서 우리는 실행이 바라는 결과를 성취해 가고 있다는 것을 확인하기 위해 실행의 효과를 검토한다. 그것이 효과적이지 않다면 우리는 계획한 실행을 수정하게 된다(코스의 중간 지점을 수정한다).

육상 코치들은 자연스럽게 모든 게임과 전 시즌에서 이 사이클을 적용한다. 코치는 시즌 전에는 면밀하게 구성한 플레이북을 활용하지만 시즌 중의 결과를 기반으로 상대편에 따른 구체적인 경기 계획을 수립하기도 한다. 공들여 구상한 최상의 경기 계획에도 불구하고 경기를 하는 동안의 조정은 불가피하다. 코치는 계획을 하지만 본질적으로 예측할 수 없는 것에 대응하기 위해 조정 계획을 수립한다. 성공 여부는 사려 깊은 계획의 수립뿐만 아니라 적시에 효과적인 조정을 어떻게 하는가에 달려 있다.

따라서 개혁 지도자들은 직원들이 바라는 결과의 성취를 위해 지속적으로 평가하도록 도와줄 필요가 있다. 목표에 대한 피드백은 (조기에 그리고 자주) 모토가 되어야 한다. 그것은 우리가 '해야 하기' 때문이 아니라 자기기만, 침체, 그리고 성공적이지 못한 미션의 성취를 피하는 최상의 방법이기 때문이다.

그렇다면 어떻게 이 원리들을 개혁을 위한 계획의 안내를 위해 활용할 수 있는가? 이 질문에 답하기 위해 구체적인 전술, 그리고 백워드 설계의 3단계에 의해 구성된 실행을 탐구한다.

제 9 장
학교 개혁에서 바라는 결과는 무엇인가

결말을 마음속에 그리고 시작하는 것은 목적지에 대한 분명한 이해를 가지고 시작하는 것을 의미한다. 어디로 가고 있는지를 알아야 우리가 지금 어디에 있는지 더 잘 이해하고 우리가 딛는 발걸음이 늘 옳은 방향으로 향하고 있는지를 알게 된다.

– Stephen Covey, 『성공하는 사람들의 7가지 습관 (*The Seven Habits of Highly Effective People*)』

학교 개혁의 1단계에서 우리는 미션이 내포하고 있는 비전, 목표 설정, 목표의 논거를 강조하는 것과 아울러 미션이 함의하고 있는 바를 분석하고 명확히 한다. 우리는 교직원과 여타의 사람(정책 입안자, 학부모, 학생 등)이 계획과 관련된 논거와 실행을 수용하기 위해 이해할 필요가 있는 것은 무엇인지를 고려한다. 또한 우리가 제안한 개혁에 대한 사고와 성찰을 촉구하는 데 활용하는(그리고 몇몇 핵심적인 '틀림없는 사실'을 계속 보도록 하는) 본질적 질문을 만든다. 이 질문은 계획이 앞으로 진행됨에 따라 계속 고려하게 되는 질문이다. 마지막으로, 우리는 교직원들이 실행 계획을 성공적으로 이행하는 데 필요할 구체적인 지식과 기능을 확인한다.

미션과 관련한 개혁 목표

1단계의 핵심은 학교의 미션 성취와 관련해서 개혁 목표가 타당하고 실현 가능하며 영향력이 큰지 확인하는 것이다. 그러한 검증은 개혁 과정에서 목표를 설정하는 데 정보를 제공해 주고 안내하기 위한 것이며, 세 가지의 상이한 분석이 필요하다. 다음의 3개의 질문을 중심으로 분석 틀을 만들 수 있다.

- 미션은 무엇을 함의하고 있는가?
- 주 기준이 함의하고 있는 것과 같은 중간 목표와 의무는 무엇인가?
- 미션과 관련하여 가장 긴급한 요구, 결함 그리고 기회는 무엇인가?

이상하게도, 우리는 교직원들이 개혁을 위한 노력에 시간을 집중하거나 개혁을 하는 동안 위와 같은 질문을 명료히 하는 것을 거의 보지 못하였다. 예컨대, 우리는 대부분의 학교가 의무로 주어진 기준을 자세히 읽고(특히 기준이 지역 평가를 위해 시사하는 바가 무엇인가 하는 측면에서) 핵심 기준을 수행하는 데 있어서 그 격차를 줄이기 위한 시스템을 갖추고 있지 못한 것을 납득하지 못한다. 학부모와 학생들뿐만 아니라 학교 자체적으로 학생들이 기준 측면에서 어떻게 수행하고 있는지 보고하는 시스템을 갖추어야 하는데 그러한 학교가 거의 없다는 것은 더욱 이상하다. 의무화된 기준에 피드백을 주기 위한 내적, 외적 보고 체계를 적용하고 있지 못한 것은 얼마만큼 학교교육이 관습에 묶여 있는지를 보여 주는 또 다른 지표다.

역사와 수학에 대한 다음의 2개의 주 기준을 검토해 보라.

9~12학년의 교육적 경험은 학생들이 ~하는 것을 확실하게 할 것이다.

- 헌법 원리를 둘러싼 역사적 이해와 현대의 갈등을 적용한다.
- 지역, 주, 국가, 정부 각각의 역할을 통해 역사적이고 현대적인 갈등을 분석한다.
- 미국 헌법 설계가 어떻게 정부 부서의 힘을 점검하고 균형을 맞추려고 의도했는지 설명한다.

모든 학생은 수학적 아이디어와 수학 및 수학적 모형화가 다른 학문, 그리고 삶에서 하는 역할과의 상호 연관성을 이해함으로써 수학을 다른 학습에 연결시킬 것이다.

이들 기준이 지역 교육과정 집필과 수업에 따른 지역 평가에 요구하는 것은 정확히 무엇인가? 그리고 어떻게 이들 기준이 교육과정 구성 작업과 부서별 미션 진술문에서 적절히 다뤄져야 하는가? 주 기준에 관한 중간 목표가 어떻게 설정되어야 하는가? 이 목표들이 더 큰 전략적 계획에 어떻게 맞춰질 수 있는가? 이러한 핵심적 질문에 대한 적절한 답을 가지고 있는 학교는 거의 없다.

보다 일반적으로, 학교 개혁을 위한 특정한 방향을 결정하는 것은 지도자에 의한 최초의 탐구가 고도의 보강 조치와 미션 비판으로 변화하기를 요구한다. 다음 질문은 개혁에서 가장 수확이 많은 분야를 확인하도록 도와준다.

- 학생 성취를 개선하는 데 가장 잠재력이 있는 곳은 어디인가?
- 비전과 현실 사이에 가장 명백하고 교정할 수 있는 차이가 있는 곳은 어디인가?

- 어느 분야에서 학생 수행 약점을 가지고 있는가?
- 빨리 도전에 들어가야 할 수행 약점에 대해 직원들에게 매우 신뢰성 있는 자료는 어디에 있는가?

개혁의 최초 목표는 물론 공유될 비전, 실재하는 격차, 해결해야 할 우선적인 문제를 합의하는 것이다. 이 질문들에 대한 좋은 대답의 결여는 대중에게 주요 개혁 노력을 발표하는 것이 시기상조임을 말한다.

비 전

앞의 장들에서 언급했듯이, 우리는 미션이 성취되고 개혁 목표가 달성되었을 때 보게 될 것, 즉 비전을 확인할 필요가 있다. 교실에서 일하는 개별적 교사든 더 큰 교육청에서 모든 직원과 함께 일하는 수업 지원 장학사든, 어떤 개혁가든지 미션이 성취된다면 학습이 어떻게 보일지, 제안된 개혁이 성취된다면 학교교육이 어떻게 보일지에 대한 강력한 비전을 개발해야 한다. 비전은 미션, 학습 원리, 교육과정 틀이 실제로 의미하는 것이 무엇인지에 대한 세부 사항과 영감을 제공한다. 그것은 우리가 현재의 상황을 벗어나도록 하는 강한 강화를 제공한다. 그것은 또한 우리가 수집할 가장 적절한 증거와 2단계에서 우리에게 줄 피드백을 확인하도록 한다.

다시 말해, 우리는 비전이 순전히 환상적이고 불가능한 꿈이라고 말하고 있는 것이 아니다. 오히려 비전은 개혁이 성공적이라면 우리가 보게 될 것들을 대표한다. 우리의 비전(그리고 이로부터 나온 목표)은 갈망하는 생각이나 임의적인 것이 아니다. 그것은 학교 공동체 구성원이 목표가 가치 있고 할 만한 것이며 비전과 현실 사이에 격차가 있다는 것을 알게 하고 격차를 줄이게끔 한다. 직원들이 무엇이 될 수 있고 무엇이 되어야 하는지의 비전을 가지기까지는 변화할 필요가 없고 정말로 그들의 학습을 확장하고 그들의 실행을 제련할 뿌리 깊은 의무가 없다. 비전과 현실의 격차는 제도적 개선과 개인적 변화를 위한 힘든 작업에 중요한 내적 강화를 제공한다.

그러므로 중요한 리더십은 심지어 가장 관습에 얽매인 학교 공동체 구성원일지라도 해 놓은 일에 대해 학습과 학교교육에 가치를 부여하기 위해 더 나은 방식이 항상 있고, 반드시 그렇게 해야만 하는 덕목이 있음을 이해할 수 있도록 장려하는 것이다. 이전 장들에서 우리가 언급했듯이, 직원이 진실로 비전과 결과에 비추어 지역 학교교육이 갖는 현재 어려움의 현실을 보유하지 못한다면 그들은 그러기 전까지 중대한 변화를 만들기 위한 강화를 얻지 못한다.

그러므로 1단계에서 우리는 지적, 도덕적으로 미션에 의해 정의된 명확하고 구체적이고 강력한 비전과 몰개성화된 현행 학생 수행의 부적절함에 대해 진술되거나 암시된 설명을 확립할 필요가 있다. 이 비전과 '격차 분석'은 보다 구체적인 목표와 그것을 달성하기 위해 목표에 집중된 행동의 개발을 이끈다. 이것이 중요 전략이다.

한 가지 예로, 4장에서 논의된, 학습 전이를 주요 목표로 보는 학습 원리와 관련된 비전을 고려하라. 만약 전이에 대해 초점을 두는 것이 진정 존중된다면, 우리는 다음을 볼 수 있을 것이다.

- 학생들의 이해를 증명하는 실제적 수행, 즉 지식과 기능을 전이하는 능력을 토대로 한 지역 평가의 명확한 우선순위
- 결과를 개선하기 위해 계획에 따라 평가 결과와 학생 활동 분석에 전념하는 직원 회의와 전문가 주간
- 주요 전이 결함을 둘러싼 행동 연구(수업 연구 등)를 지휘하는 학업

부서와 성적 팀

- 학생 약점 영역을 다루는 직원을 지원하는 데 목표를 둔 개별화 전문성 개발
- 기준에 근거한 성취를 문서화하고, 높은 기준을 향한 진보에 보상을 주고, 학습자들의 작업 습관과 심성을 묘사하는 성적 산출, 보고 시스템

이 비전의 세부 사항은 결코 의도나 효과의 문제가 아니다. 이것은 존중되어야 할 학습 원리의 구체적 그림이다(상상일지라도). 이들 요소는 개혁되어야 할 명백한 목표와 현재 상태의 평가뿐만 아니라 변화에 대한 더 좋은 강화를 제공하기에 충분히 명세적이고 믿을 만하다.

이제 1단계(바람직한 결과)와 그들을 성취하기 위해 관련된 전술을 고려함으로써 백워드 설계 전략을 더 밀접하게 들여다보자.

목 표

목표는 우리가 향해 가는 미션과 특정한 비전에 비해 현재 실제로 어디 서 있는지 분석함으로써 나온 실현 가능하고 적절한 중간 목표다.

그것에 대한 내용 기준과 평가는 비전과 현실 사이의 격차 분석을 형성하여 목표를 구성하는 중요한 기능을 한다. 학교 개선을 위한 많은 중요한 목표는 현재 성취 결과 및 실행과 비교해 기준이 학습 원리와 결합하여 무엇을 요구하는지 살펴봄으로써 잘 세워질 수 있을지도 모른다. 실제로, 기준 학습을 더 잘 부각하는 방식으로 최초의 비전과 격차 분석을 확립하는 것이 정책적으로 현명하다.

그러나 기준은 미션 성취를 위한 도구이지 미션의 본질이 아니기 때문

에, 우리는 비전과 수반 목표가 기준 이상으로 확장될 필요가 있다는 것을 다시 강조한다. 예컨대 건강과 체육 교육 기준이 보다 협소하게 교과 특수 지식과 기능(영양에 대한 사실, 운동 기능 등)에 집중하고 있고 동반되는 기준 시험이 훨씬 더 협소하게 커다란 척도의 형식 안에서 쉽게 평가될 수 있는 것에 초점을 두는 반면, 지역교육청 미션은 평생학습자, 체력이 튼튼한 개인, 책임감 있는 시민의 발달을 요구할지도 모른다.

권고와 팁

우리는 학교나 지역교육청을 위한 목표 계획이 기본적인 다섯 가지 척도를 충족하는 방식으로 구성되기를 권장한다. 목표는 다음과 같아야 한다.

- 학생들의 학습 성취를 개선하는 데 직간접적으로 분명히 기여해야 한다.
- 설정된 학습 원리를 반영해야 한다.
- 신뢰성 있는 성취 자료(시험 결과, 학생 작품의 질, 교실 관찰 등)에 근거하여 요구에 반응해야 한다.
- 평가 가능해야 한다. 즉, 직원들에게 유용하고 풍부하며 행동을 초래하는 피드백을 제공할 수 있어야 한다.
- 우리가 상상할 수 있는, 개혁 비전에서 주어진 영향력이 큰 활동을 가져와야 한다.

〈표 9-1〉은 설명과 함께 그렇지 않은 목표와 대조하여 이들 척도를 충족하는 목표의 예를 제시한다. 덧붙여 목표 수립을 위한 세 가지 팁을 제시한다. 더 나은 목표 진술이 목표에 대한 근거를 명쾌하게 요약함에

〈표 9-1〉 효과적으로 구성된 목표 대 문제 있는 목표

목표	효과적인	문제 있는	해설
직원 사기를 높인다.		V	너무 광범위함; 학생들이 학습을 개선하는 데 직접적으로 연결되지 않음; 무엇을 평가해야 할지 명백하지 않음.
모든 직원이 '단원 연구' 팀에 참여할 것이다. 팀은 학습을 개선시키기 위해 어느 수행이 가장 개선할 필요가 있고 어떤 설계된 접근과 수업이 가장 그럴듯한지에 대한 분석에 근거하여 구체적 교수 개선을 검토하고 실행할 것이다.	V		구체적임; 학습 개선에 명백히 초점 맞춰짐; 평가 가능함.
교과 외 특별활동 참여를 증가시킨다. '약식 연습' 체크리스트와 절차를 실행한다.		V	구체적이고 평가 가능하나, 성취 자료나 학생들의 학습에 밀접하게 연결되지 않음.
읽기에서의 성 격차를 다루기 위해 차별화된 교수와 모든 과목 분야 수준을 만족시키기 위한 평가 전략(모든 학습자의 성공적인 미션을 함축적으로 나타내는)의 사용을 증가시킨다.	V		구체적이고 학습 개선에 초점을 둠; 교사 설계 조사를 통해 그리고 학생 피드백으로부터 평가 가능함.

주목하라. 사실 어느 행동 계획이든 미션에 관련된 근거와 미션과 현실 간의 핵심 격차에 기초해야 한다. 교육에서 종종 개혁가들은 신중한 진단이나 다른 타당한 가능성들 사이에서 해결책을 선택한 이유를 제시하지 않고 해결책을 속단하기 때문에 이 명료성은 중요하다.

우리의 일반적인 권장 사항에 덧붙여, 목표 설정의 세 가지 팁이 더 있다.

- **주 기준과 관련된 '골디락스(Goldilocks)' 문제를 주의하라**. 앞서 논의했

듯이, 몇몇 개혁 목표는 너무 포괄적이거나(예: '성취 달성') 너무 협소하게 미션 관련 목표와 멀리 있는 하위 기능에 초점을 둔다(예: '3학년 학생들은 주간 철자 시험에서 85퍼센트 이상을 성취할 것이다.'). 그 사이에 있는 딱 적당한 목표는 평가 가능한 방식으로 나타날 필요가 있다.

- **결과(바라는 학습 성취)와 수단(거기에 이르기 위한 행동) 사이의 구별에 주의하라**. 예컨대, '우리 고등학교에서는 4×4단 일정을 확립할 것이다.'는 중요한 구조적 행동이 될지도 모르지만 그것을 지지할 근거인 관련된 목표로의 명쾌한 연결은 없다. 사실, 수업과 평가 실행에서의 변화 없이 일정의 변화만으로는 중요한 성취 달성을 산출하지 않을 것 같다. 다시 말해, 소위 목표라 하는 이것은 비록 그렇게 들릴지라도 목표로서의 그것의 정의가 제공되지 않아 왔으므로 진짜 목표가 아니다. 진술은 목적이 없다. 어느 것이든 가치 있는 목표 진술은 미션 관련 결과뿐만 아니라 'Why?' 질문을 다룬다.
- **목표 수립에서 제멋대로의 최저 기준을 주의하라**. 우리의 목표가 지역 시험에서 80퍼센트의 통과율을 달성하는 것이라면 이것은 제멋대로의 성공 측정에 근거한 목표 진술이다. 그러지 않고 왜 100퍼센트의 목표로 하지 않는가? 아니면 실제의 결과가 80퍼센트라면 정말로 우리가 기뻐하고, 81퍼센트라면 스릴을 느끼고, 79퍼센트라면 찍소리 못하는가? 현실적으로 말해서, 측정 오류의 차이는 점수 차이보다 더 크다! 이 근거 없는 한도의 사용은 또한 역사 에세이에서 훌륭한 답안이 네 개 이상의 각주를 가지고 있고 근거가 형편없는 답안은 오직 두 개 이하의 각주를 가지고 있다고 말하는 것과 같다. 쟁점이 뒷받침의 질이라는 것이 아니다. 목표는 제멋대로인 양을 언급하지 않고 '측정 가능한' 용어로 만들어져야만 한다는 것이다. (이것이 근대 품질 관리의 아버지인 Deming이 다음을 핵심 원칙으로 언급한 이유다. 할당량을 제거하라.)

초기 목표 진술('우리 고등학교에서는 4×4단 일정을 확립할 것이다.')을 변경하는 방법 중 하나는 그 근간이 되는 기본적 질문을 고려하는 것이다. 예컨대, '어떻게 우리가 더 많은 학생이 중요한 학습 목표를 달성하도록 돕기 위해 존재하는 시간을 가장 효과적으로 구조화할 수 있을까? 어떻게 다양한 일정 선택이 합의된 학습 원리에 근거하여 학생들의 성취를 지원할까?' 그러면 우리의 변경된 목표가 마침내 다음과 같이 보일 것이다.

목표: 다음 해가 되기까지, 학생들이 그들의 학습을 더 잘 전이할 수 있도록 더 깊이 학습하게 돕는 일정이 고안된다.

원래의 표현보다 덜 구체적일지라도(구체적인 행동은 아직 권장되지 않았기 때문이다. 그것은 3단계에서 이루어진다), 재진술된 목표는 제안된 개혁의 목적을 직접적으로 말해 주고 마음속의 명확한 마지막 결과 없이 행동으로 치닫는 것을 피한다. 목표로부터, 우리는 보다 구체적인 목표(하위 목표)를 구성할 수 있다.

5월 12일까지, 숙고, 논의, 직원에 의한 투표를 위해 두 가지 다른 일정(연구에 근거한)이 준비되도록 한다.

미션과 요구와 밀접한 목표에 초점 맞추기

학생들의 글에서 수사의 질보다 기계적인 오류를 표적으로 하는 것이 더 쉬운 것처럼, 개혁에서도 상대적으로 덜 중요하지만 구체적인 목표에 초점을 두는 것이 더 쉽다. 전략에 대해 우리가 말했듯이, 성공을 위한 열쇠는 당신의 소중한 시간을 장기 목표, 요구, 자원과 관련하여 영향력 높은 행동에 현명하게 쓰는 것이다. 그러기 위해 당신은 미션과 관련된 기회와 요구를 분석하기까지는 목표에 전념하지 말아야 한다. 안타깝게도, 학교 지도자들은 자주 이러기를 실패한다.

교육과정 매핑에 관련된 이 흔한 시나리오를 생각해 보라. 학교 교장은 교육과정이 개선될 필요가 있고 그렇게 하는 것이 학생 수행을 개선시킬 것이라 확신한다. 왜냐하면 그들은 모든 이의 교실에 가고, 모든 이가 같은 교육과정 우선 사항들에 초점을 두지 않은 것처럼 보기 때문이다. 그래서 그들은 바람직한 결과, 즉 모든 직원들이 이번 해 교육과정 매핑을 작성한다는 목표를 세운다. 목표 진술은 다음을 말한다. '연도가 끝날 때까지, 전체 교육과정 매핑이 작성되고, 우리가 어떠한 차이나 불일치를 검토해 나갈 것이며, 이러한 문제들을 다룰 계획을 개발해 나갈 것이다.' 직원 구성원들은 교과 분야와 학년 수준 내외에서 차시, 단원 그리고 코스가 반드시 수평적으로 그리고 수직적으로 정렬되도록 하며 한 해를 보낸다. 교사들은 자신들의 매핑을 완성하기 위해 열심히 일한다(때때로 사적으로 모든 작업이 그럴 만한 가치가 있는지 투덜댈지라도). 한 해의 마지막에, 교장과 직원은 작성된 교육과정 매핑의 일관성을 평가한다. 그들은 여러 내용의 통합 강화를 보장하기 위해 몇 가지 주제를 이동시킬 계획에 대해 동의한다. 많은 교사는 같은 건물에 있는 또 다른 사람이 하고 있는 것을 더 잘 알게 해 준다는 점에서 매핑이 유용했다고 느낀다. 성공!

잠깐 살펴보자. 미션과 관련하여 그 노력의 바람직한 결과가 정확히 무엇이었는가? 그리고 그 질문에 대답하기 위해 우리는 다른 질문에 대한 답을 가질 필요가 있다. 왜 매핑을 핵심 도구로 사용하는가? 그러면 장기 학생 수행 목표와 관련된 근거를 가지고 개혁 목표를 보다 신중하게 진술해 보자. '연도의 마지막까지 학생 경험이 보다 일관성 있고 초점 맞춰지도록 하고, 핵심 수행 목표와 관련된 평가에서 그들의 수행이 충분히 개선되도록 교육과정은 충분히 일관성을 갖출 것이다.' 음, 계획 절

차 중 어떤 것도 매핑 작성의 우선순위를 약속하기 위해 교장의 예감이 테스트 받도록 하지 않았다. 처음부터 학생 수행에서 중요한 개선에 핵심 장애인 교육과정 비일관성을 정의하기 위한 증거가 수집되지 않았다. 교장은 문제를 이해하기 전에 해결책을 속단한다. 게다가 그들은 전술의 효과성을 측정하지 않았다.

아마도 더 높은 영향력을 가진 목표는 지역 평가의 질을 개선시킬 것이다. 그런데 전국의 대부분의 맵에서 볼 수 있듯이, 맵은 매핑이 이루어지는 과정 동안에는 평가에 대해서 많은 관심과 생각이 주어지지 않는다는 점을 드러낸다. 교사들은 우리에게 어떤 증거를 그들이 수집하거나 어떻게 그들이 학생 작품을 평가할 것인지에 대해 말해 주지 않은 채 그들의 단원과 코스를 위한 평가 세로단에서 단순히 '퀴즈' 혹은 '프로젝트'를 목록화했다. 결국 한 해 동안 매핑 작성 작업이 다른 모든 전문가적 개발이 설 자리를 없게 만들었음에도 불구하고 그 과정 중에 현재 그리고 결과적인 학생 수행이 한 번도 고려되지 않았다. 교사들은 매핑 작성이 시작될 때 학생 수행 자료의 기준점을 검사하지도 않았고 매핑 작성의 결과로서 학생 작품의 질이 개선되었는지 검사하지도 않았다.

안타깝게도, 이와 같이 학생 수행이 단순히 직원이 더욱 철두철미하고 일관성 있는 매핑을 설계했기 때문에 눈에 띄게 개선된 것은 아닌 듯하다. 교육과정이 상당히 분열되고 일관성이 없고 불필요한 이상, 매핑은 그것 자체로 그리고 보다 신중한 진단의 결여 속에서 미션과 연관된 영향력이 높은 행동이 아니다. 교육과정에 일관성이 없더라도 함께 작업하는 성인들(아동 그리고 학생 작업을 제외하고)이 직접적으로 학생 수행 결과를 분석하고 요구되는 조정을 확인할 때보다 훨씬 큰 효과를 산출할 것이라는 것은 명백하지 않다.

이 문제는 울적하게도 학교 개혁에서 흔한 것이다. 교육자들은 종종 학생 수행 개선과 미약한 연결을 가지고 계획에 따른 해결책을 속단한다. 왜 미약한가? 목표가 미션과 기준과 관련하여 개선된 학생 수행(산출물)이기 때문이다. 개혁 노력이 완전히 성인들에 의해 지시될 때, 우리는 결과가 투자된 시간과 다른 자원들을 정당화하지 않을 것임을 예측할 수 있다. 이것이 우리가 현재 성취 결과에 비해 목표 예비 분석을 하고 격차를 줄이기 위해 영향력 높은 행동을 고려하길 권장하는 이유다. 요컨대, 처방 이전에 신중한 진단이 필요하다.

교사가 아닌 학생이 미션을 달성하는 사람인 핵심 활동가라는 원칙을 잊지 말라. 그러므로 학생 활동과 그것의 질이 분석할 핵심 산출물이고 많은 경우에 가장 영향력 높은 분야일 것이다. 개혁가들은 핵심 목표와 결손에 관련된 학생 학습과 수행 수준 개선에 가장 직접적으로 목표를 두는 개혁을 하는 데에 그들의 제한된 시간을 사용해야 한다. 그러면 우리의 시나리오 속에서 어떤 종류의 목표가 세워졌어야 했는가? 여기 몇 가지가 있다.

- 교육과정은 일관되어야 하지만 교사의 성적 부여는 매우 일관성이 없어서 큰 문제다. 그래서 '성적을 매길 때, 모든 교사는 한결같이 학교 미션뿐만 아니라 주 기준에 근거하여 동의에 의해 구성된 척도를 적용할 것이다.'
- 문제가 되는 것은 활동 수준에 대한 학생의 자각이기 때문에, '우리는 선이수제(Advanced Placement: AP) 훈련과 주 전체 쓰기 평가에서 교사들이 훈련받았던 것과 같은 방식으로, 학생들이 주 기준과 교육청 목표에 비춰 학생 활동을 신뢰할 수 있게 점수를 매기도록 훈련시킬 것이다.'
- 평가에서 일관성과 유효성의 결여는 그 평가가 존재하는 교육과정의 일관성 결여보다 틀림없이 더 나쁘다. 그래서 '우리는 지역 평가가 주 기준과 학교 미션의 타당한 측정이 되도록 평가의 질을 관찰

하고 개선할 것이다.'

이러한 목표들은 그들이 학생 수행 수준을 더욱 직접적으로 겨냥하고 있으므로, 언급되었던 경우에 교육과정 매핑보다 더 큰 영향력을 가질 듯하다.

이 해

1단계의 이 부분에서, 지도자들은 직원들과 다른 구성원들(정책 입안자, 학부모, 학생 등)이 개선 계획을 사려 깊게 실행하기 위해 필요할 이해를 고려한다. 교실에서의 이해를 위한 교수처럼, 핵심은 설계에 의해 직원들이 변화할 필요와 새롭게 제안된 지시의 가치를 깨닫도록 돕는 것이다.

학교, 교육청 그리고 주 수준의 지도자들은 전형적으로 교육적 개혁의 필요성을 이해하고 현재 실행에 대한 그것의 영향력을 예상해 왔다. 그러나 직원들은 자료를 검토해 오지 않았거나 변화의 필요성을 알아차리지 않았는지도 모른다. 직원들과 구성원들이 특정한 학교 개혁과 그들의 작업 실행에 대한 이유를 이해하는 데 실패한 것이 잘 의도되고 요구된 계획을 방해해 왔다. 우리는 모든 교수진이 이해하지 못하거나 형성에 관여하지 않은 개혁에 대해 최소한으로만 순응하는 태도나 수동적이고 공격적인 반항을 나타낸 것을 목격해 오지 않았는가? 그러므로 성공적인 지도자는 직원들이 실행(예: 루브릭 사용)을 조정할 것을 기대하고 구조적 변화(예: 일정 변화)를 만들기 전에 이해를 구축할 필요성이 있다는 것을 알아차린다. 사실 우리의 시나리오에서 보인 것처럼, 교육에서 개혁가들의 성급함은 너무 자주 그들이 진단과 목표 분류 행동을 건너뛰고 해결책(새 교재 시리즈, 변경된 일정, '최신' 가동 주제, 새로운 차시 계획안 양식)으로 내닫도록 이끈다.

이제 우리는 〈표 9-1〉에서 계획 도구의 근거로서 UbD 템플릿과 이해에의 강조가 왜 그렇게 적절했는지 더 잘 안다. 비전은 오직 직원들이 그들 스스로 변화의 필요, 어떠한 비전의 적절성, 그리고 열띤 개혁 작업의 중요성을 이해하도록 설계에 의해 도움 받는 정도로만 실현될 수 있다. 즉, 명확한 비전은 직원들이 그들 스스로 '알기를' 돕는 이해이지 우리의 목표나 이유가 자명한 것처럼 부여하는 정보가 아니다. 그래서 이해를 위해 학생들을 가르치는 것처럼, 지도자들은 직원들을 정보를 하달받고 관리되는 일꾼이 아니라 이해하도록 존중되는 학습자로 대해야 한다.

우리가 지도자들이 통솔할 수 없다거나 주요 비전을 가질 수 없다는 이야기를 하는 것이 아님을 알라. 또 우리가 반대의 이야기를 하는 것도 아니다. 비전이 교수진 합의로부터 나오도록 하라(행정 지도자 없이 오직 관리자만 있도록). 두 가지 관점 모두 결함이 있다. 과정의 방침이 비전보다 더 중요하다고 추정되기 때문에 어떤 접근도 효과를 가질 수 없다. 우리는 논의를 객관화하는 객관적 학습 원리의 중요성에 대한 이야기에서 우리가 언급한 것처럼, 누가 비전을 제공하고 변화를 요구했는지에 상관없이, 우리 편을 찾는 것이 아니라 가치 있는 결과를 위해 힘을 합치고 있기 때문에 이해에 근거하여 이 제안된 방향이 논리적이고 그러한 비전(그것의 저자에 상관없이)을 갖는 것이 혼란과 갈등을 최소화하는 유일한 길이라는 합의가 도출되어야 한다고 이야기하고 있는 셈이다.

이해의 여섯 가지 측면

미션, 비전 그리고 목표에 대한 더욱 심오한 이해가 직원들에게 주어지는 것이 개혁을 지속하기 위해 중요하다면, 지도자들은 『백워드 설계에 의한 이해』(Wiggins & Mctighe, 2005)에서 상세히 논의된 이해의 여섯 가지 측면을 고려하도록 장려된다. 실제로 각 측면의 용어들은 어떻게 변화가 해석되어야만 하는지에 대한 유용한 지침을 즉각적으로 제공한다.

- 미션, 비전, 개혁 목표에 대해 직원들이 설명할 수 있어야 하는 것은 무엇인가?
- 비전과 현재 현실 사이의 격차를 확인하기 위해 직원들이 해석할 수 있어야 하는 정보와 자료는 무엇인가?
- 그들이 학생들과 하는 작업에 대한 어떤 종류의 적용이 직원들을 더욱 효과적인 학습 코치로 만드는가?
- 직원들이 더 잘 이해하고 요구된 변화를 수용하기 위해 어떤 관점의 변화가 필요한가?
- 우리가 미션을 더욱 존중한다면 서로에 대해, 학습자에 대해, 학부모에 대해, 운영위원에 대해 어떤 공감을 할 필요가 있는가?
- 변화를 억제하는 편안한 관습과 맹점을 극복하기 위해 어떤 자기 이해가 중요한가?

이들 질문은 전문가적 개발에 직접적인 영향력을 가진다. 이러한 종류의 이해를 성취하기 위해 요구되는, 직원들이 배워야 할 접근은 무엇인가? 어떻게 우리가 전문가적 개발이 단지 정보에 관한 것이나 기술을 향한 것이 아니라 초점을 맞춘 결과를 낳도록 할 수 있는가?

오해 예측하기

경력 있는 교사들은 학생들이 특정한 주제에 대해 흔히 예측 가능한 오개념(예: 분수와 나누면 언제나 더 작은 수가 나오게 될 것이라는 믿음)을 품는다는 사실을 유념한다. 이 인식은 그들이 그러한 오해를 위한 설계로써 그것에 맞서는 것을 가능하게 한다. 새로운 지식은 선행 지식 위에 세워지기 때문에, 가르칠 때 그러한 오해를 다루는 것의 실패는 지식 격차와 장래의 학습 문제를 야기할 수 있다.

이와 같이, 경력 있는 지도자들은 직원들과 부모 혹은 운영위원 같은 다른 이들이 사실상 학습 원리를 오해(예: "학생들이 모든 기본 원리를 숙달할 때까지 어떻게 학습을 적용하길 기대될 수 있는가?")하고 있거나 제안된 개혁에 대해 오해(예: "만약 우리가 상대평가하지 않으면 어떻게 엄정성을 유지할 수 있는가?")하고 있음을 알아차린다. 〈표 9-2〉는 직원들의 잠재적 오해의 몇몇 예시를 보여 준다.

개혁가가 그러한 오해에 대해 예상하고 대면하는 것에 실패하면 직원들이 요구되는 개혁에 전념하지 않거나 완전히 저항할 수 있다. (우리는

〈표 9-2〉 잠재적인 교직원 오해의 예시

학습 원리	잠재적 오해
이해는 주어질 수 없다; 그것들은 학습자들이 스스로 그 힘을 볼 수 있도록 획책되어야 한다.	그래서 나는 학생들이 모든 것을 스스로 '발견'해야 하고 교사들이 절대로 강의할 수 없다고 추측한다.
교수는 개별화될 때 가장 효과적이다.	그래서 지금 여러분은 내가 ELL 학생과 특수반 학생, 영재 학생을 포함한 모든 학생들 각각을 위해 개별화할 것을 기대하는가?
학교 개혁	**잠재적 오해**
교육과정 팀은 각각의 코스에서 다루어질 빅 아이디어와 본질적 질문들을 확인하기 위해 주 성취 기준을 '분석(unpack)'할 것이다.	나의 학문적 자유가 사라질 것이다. 나는 더 이상 가르칠 수 있는 때에 반응할 수 없을 것이다.
부서와 학년 팀 내 교사들은 일련의 핵심 수행(전이) 과제와 공통 루브릭을 그들의 평가 일부로 사용하는 것에 동의할 것이다.	주 시험은 선다형 항목을 주로 사용할 것인데, 그러면 우리는 학생들을 평가하기 위해 그냥 같은 형식을 사용하면 되지 않는가?

예측 가능한 오해와 직원들과 다른 이들의 염려에 맞서기 위한 실행 전략을 다음 장에서 논의할 것이다.)

연결 짓기

오늘날의 '과중된 판'의 세계 속에서 그러한 이해의 한 가지 중요한 측면은 직원들이 시작에서부터 반복적으로 얼마나 다양한 계획과 프로그램이 연결되는지 확인하도록 돕는 것을 포함한다. Pennsylvania, New Hope의 관리자와 교육과정 책임자는 몇 년 전 그들이 고용될 때 이 요구를 알아차렸다. 그들은 지역교육청의 활동 중심, 그리고 진도 나가기식 교수의 만연을 다루기 위한 교육과정 개혁 프레임워크로서 UbD를 사용하기를 원했다. 동시에 그들은 다른 효과적인 프로그램과 지역교육청의 계획(그것들의 도입에 선행한 것을 포함하여)을 인정하고 그것들이 UbD와 어떻게 연관되는지 보여 주기를 원했다.

연결을 소통하는(그리고 '좀 더 새로운 것이 나왔다.'의 애통함을 최소화하려고 시도하는) 수단으로서 그들은 시각 자료를 만들고 교육청 전 직원에게 제시하였다([그림 9-1]). 자료는 다섯 가지 주요 계획인 교육과정 매핑, Marzano의 『학업 성취 향상 수업 전략(*Classroom Instruction That Works*)』(Marzano et al., 2001), 국가 수준 학교 평가 연구로부터의 자료 주도적 학교 개선 계획 과정, 교사 관찰의 기초로서 Charlotte Danielson의 교수 프레임워크(Danielson, 1996, 2007), 그리고 지역교육청에서 인기 있고 성공적인 프로그램인 즉각 반응하는 교실을 지원하는 기본적 요소로서 UbD를 묘사한다. 자료는 전체 직원과 교육위원회에 세 가지 중요한 것을 알려 준다.

- 이들은 지역교육청의 장기적 주요 계획이다.

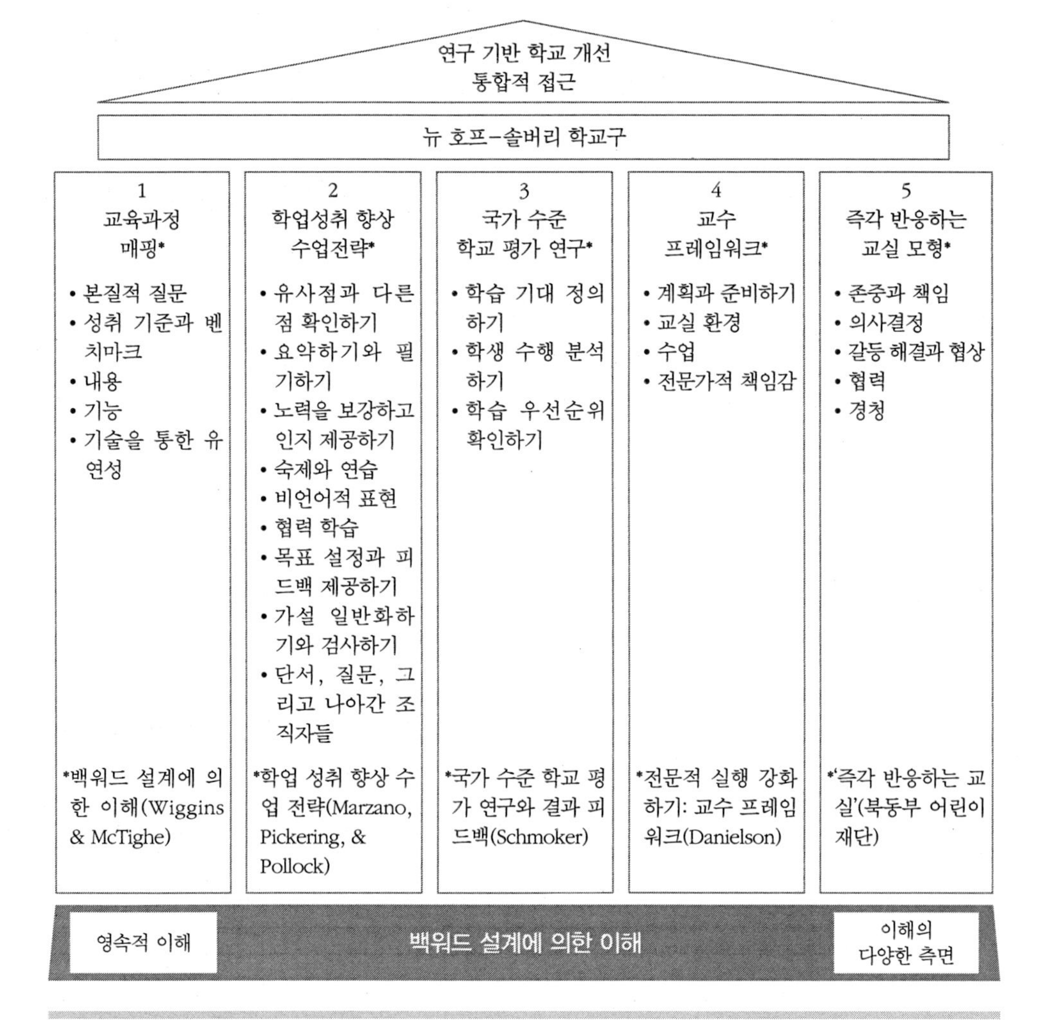

[그림 9-1] **프로그램과 계획의 연결**

출처: From New Hope-Solebury School District, New Hope, Pennsylvania. 허락하에 각색함.

- 이들 계획은 연결되고, 상호 지원하며, 의미 있는 학습을 강화하는 우리의 전체적 목표를 지향한다.
- 우리는 새로이 출현하는 모든 교육적 행사에 달려들지는 않을 것이다.

세 번째 것은 특히 학교와 교육청이 경험해 온 '이달의 주요' 교사 연수 혹은 다음 해의 새로운 것을 적절히 지원하지 않거나 중단되는 '이번 해의 새로운' 개혁과 관련된다.

여러분이 이 특정한 시각 묘사(혹은 심지어 확인된 개혁 요소)의 반향을 일으키든 아니든 간에, 우리는 여러분이 명백히 나타나는 프로그램 우선순위에 대한 더 큰 전략과 그것이 어떻게 더 큰 목적으로 연결되는지 고려하기를 청한다. 물론 이 전략에 따른 변형은 다양한 프로그램과 계획이 서로 어떻게 맞아 들어가는지에 대한 그들만의 묘사를 찾는 것에 직원을 포함시킬 것이다.

본질적 질문

개혁에 요구되는 직원 이해를 구축하는 중요한 방법은 질문에 관해 개혁을 구성하는 데 있다. 다음을 고려하라. 만약 특정 개혁 계획 혹은 프로그램이 '정답' 혹은 '해답'을 묘사한다면, 그것이 어떤 질문에 대해 대답하는가, 혹은 그것이 어떤 문제를 해결하는가? 교육과정 설계에 적용될 때, 본질적 질문들은 내용을 '밝혀내는', 즉 학생들의 사고와 중요 아이디어에 대한 상황을 고무시키는 것으로 여겨진다. '설계에 의한 학교교육(schooling by design)'에서도 그러한 질문은 비슷한 의도를 지닌다. 변화 요구에 대해 생각하는 것에 직원들을 끌어들이고 만연한 관습적 실행과 검사되지 않는 표준을 사용하는 것에 대한 반성을 촉진시키는 것이다.

다음은 초등학교 교장이 본질적 질문을 효과적으로 사용한 예다.

몇 년간 교장은 교직원들이 본질적 질문을 그들 수업에 포함하도록 장려해 왔다. 그 결과 주요 아이디어를 둘러싼 사고와 학습에 초점을 맞추기 위한 본질적 질문들이 대부분의 교실에 게시되었다. 그는 그러고는 '말한 것을 실천'하고 본질적 질문을 사용하는 것이 학생들뿐만 아니라 전문적인 직원들에게도 유용할 것으로 판단했다. 그 목적을 달성하기 위해 그는 신학기 교수진 최초 회의에서 다음의 본질적 질문을 게시하는 것으로써 새 학년도를 시작했다. "사람들은 우리가 진정으로 성취 기준을 근거로 하는 학교라는 것을 어떻게 알 것인가?" 질문은 생동감 있는 논의를 촉발했고 몇 가지 구체적인 아이디어를 이끌어 냈다. 실행된 한 가지 아이디어는 중요한 내용 성취 기준을 용지에 인쇄하고 이들을 복도에 게시하는 것을 포함하고 있었다. 그럼으로써 사람들이 학교 안을 걸어 지나갈 때 그들은 두드러지게 전시된 성취 기준에 주목할 것이었다. 그러고는 현행 교육과정과 평가가 그 성취 기준을 적절히 다루는 정도에 대한 대중과의 대화를 가지는 것이 타당하다고 받아들여지게 되었다.

본질적 질문의 한 가지 특성은 그것이 개정될 수 있고 또한 그래야만 한다는 것이다. 실제로 교장은 그 해의 다음 교사 연수일에 직원들에게 질문을 다시 시작하도록 청했다. 그는 그들의 사고를 다음과 같이 유도했다. '좋다. 우리는 복도에 핵심 성취 기준을 게시해 왔고 사람들은 학교를 방문했을 때 그것들을 볼 수 있다. 그러나 우리가 그 성취 기준을 가르치고 있는지 혹은 우리 학생들이 실제로 그것들을 배우는지 사람들이 어떻게 알 것인가?' 이 원래 질문의 자극적 확장은 새로운 아이디어를 이끌어 냈고 그중 하나는 동의되었다. 다음 달 중에 각 학년 협의회와 '특수반' 교사는 한 가지 이상의 성취 기준 학습을 나타내 주는 학생 작품 예시를 몇 가지 선택할 것이었다. 이것들은 팀 구성원들에 의해 협력적으로 선택되고 다가오는 직원회의 때 발표될 것들이었다.

몇 주 뒤, 직원들은 그들의 학생 작품 협력 예시를 공유하였고 활발한 지원 협의가 동반되었다. 회의로부터 몇 가지 중요한 질문들이 도출되었다. "다양한 성취 기준의 학습으로 여겨지는 것으로서 우리가 팀 내에서, 그리고 팀을 아울러 동의할 수 있는 것이 무엇인가? 그 작품이 얼마나 좋아야 하는가? 예컨대 3학년 학생들의 읽기와 5학년 학생들의 쓰기가 얼마나 좋아야 충분한가?" 이들 질문들은 성취 기준의 의미, 그것들을 학습했음을 증명하기 위해 필요한 증거의 종류, 그리고 다양한 학년 수준에서의 적절한 성취 기준 수행에 대한 진척된 대화를 부채질했다.

이 이야기는 직원들과 본질적 질문을 사용하는 것의 잠재력을 보여 준다. 이 경우에 질문 하나("사람들은 우리가 진정으로 성취 기준을 근거로 하는 학교라는 것을 어떻게 알 것인가?")가 일의 효과성과 결과 개선을 위해 필요한 조정에 대한 교사들의 1년어치 반성에 불을 지폈다. 그것이 교육 전문성의 본질 아닌가?

본질적 질문을 이와 유사하게 사용하는 데 관심 있는 개혁가들을 위해 우리는 교육적 개혁의 다양한 측면과 관련된 추가적 예시를 제공한다(〈표 9-3〉). 지도자들이 직원들과 그러한 질문을 사용하는 것은 주요 학습 원리의 이해를 반영한다.

〈표 9-3〉 교육자를 위한 본질적 질문

비전과 신념

- 우리(우리 팀, 학교, 지역교육청, 공동체)는 어느 정도로 공통되는 전망을 공유하는가?
- 교수와 학습에 대한 교육적 신념이 있다면 우리는 어떤 것을 갖고 있는가? 대답이 의미하는 것은 무엇인가?
- 학습에 대한 어떤 가정이 우리의 교수와 평가 실행을 이끌어 가는가? 우리의 정책, 우선순위 그리고 행동이 이들 신념을 반영하는 정도는?
- 우리는 우리의 신념을 어떻게 잘 실현할 수 있는가?

기준

- 우리가 '기준에 근거한' 학교/지역교육청인지 사람들이 어떻게 아는가? 학습 기관인지는? 미션을 잘 이행하는지는?
- 교실에서 관찰 가능한 지표는 무엇인가? 학교에서는? 지역교육청에서는?
- 우리가 우리의 작업(예: 교육과정, 평가, 수업, 전문성 개발, 직원 평가)을 하는 데에 어느 정도로 '말한 것을 실천'하고 미션에 근거한 성취 기준과 척도를 사용하는가?

교육과정

- 미션을 더 잘 성취하고 그저 다루기의 나쁜 관행을 극복하기 위해 교육과정이 어떻게 계획되어야 하는가? 교재는 자료로서의(실러버스가 아닌) 기능을 어느 정도로 수행하는가?
- 우리의 교육과정이 어느 정도로 일관성 있고 일직선으로 나란한가?
- 우리의 교육과정이 어느 정도로 이해를 강조하고 끌어내고 있으며, 어느 정도로 그것이 모르는 사이 이해의 학습을 방해하고 있는가?

평가

- 우리가 어떻게 하고 있는가? 이 질문에 대답하기 위해 어떤 증거가 필요한가?
- 학생들이 정말로 '빅 아이디어'를 이해했다는 것을 우리가 어떻게 알 것인가?
- 우리는 가치를 두는 모든 것을 평가하고 있는가? (혹은 단지 가장 쉽게 검사되고 성적 매겨질 수 있는 것들만을 평가하는가?)
- 우리가 평가하지 않고 있어서 '소외되는' 중요한 것들은 없는가?
- 우리의 평가가 단지 그것을 측정하는 것이 아니라 얼마나 잘 학습을 촉진하는가?

수업

- 우리의 수업이 얼마나 매력적이고 효과적인가?
- 현재 수업이 어느 정도로 연구와 모범 운영 사례를 반영하는가?
- 우리는 과목을 '하는' 데에 학생들을 어느 정도로 참여시키는가? 몇 퍼센트의 시간 동안?
- 우리는 효과적으로 모든 학생에게 접근하는가? 모든 종류의 학생들에게? 누가 학습하지 못하고 있으며 왜 그런가?

전문성 개발

- 우리의 전문성 개발 실행은 어느 정도로 성인 학습에 대한 연구를 반영하는가?
- 우리의 직원들은 전문성 개발을 어떻게 보고 있는가?
- 우리의 전문성 개발 실행은 어느 정도로 '결과 지향적'인가?
- 우리의 전문성 개발은 적절히 개별화되어 있는가?

과정 변화

- 교육적 변화에 대해 우리가 믿는 것은 무엇인가? 이들 신념은 얼마나 공유되는가?
- 다양한 계획이 얼마나 연결되고 일관되게 보이는가?(별개의 것 혹은 추가적인 것으로 보이는 것과 대조적으로)
- 우리는 어떻게 더 똑똑하게 그리고 더 효과적으로 작업할 것인가?

정책, 구조, 문화

- 우리의 정책, 구조, 문화는 학습에 대한 우리의 신념을 얼마나 반영하는가?
- 학습을 강화하기 위해 우리가 어떻게 재구성할 수 있는가?

- 우리의 정책이 보내는 메시지는 무엇인가?
- 우리의 직원 평가 과정은 효과적인가?
- 우리는 얼마나 계속적인 개선의 문화를 가지고 있는가?
- 기존의 어떤 요소가 이 개혁을 지지하는가? 어떤 요소가 변화에 저항하는가?
- 우리의 지도자는 개선에 필요한 정직한 피드백을 어떻게 받을 수 있는가?
- 우리의 성적 매기기와 보고 체계는 얼마나 명확하고 정확하게 소통하는가?
- 자원(시간, 돈, 시설, 기술과 같은)이 학습을 최적으로 진전시키는 데 쓰이는가?
- 여러분은 우리 학교에 자녀를 보내고 싶은가? 왜 그렇거나 혹은 왜 그렇지 않은가?

이해는 아이디어의 힘에 대한 학습자의 깨달음이다. 이해는 주어질 수 있는 것이 아니라 학습자들이 그들 스스로 그 힘을 확인할 수 있도록 구성되어야 한다.

이 원리는 지도자들이 직원들에게 바람직한 개혁에 대해 단순히 알려주거나 행동을 지시할 수 없다는 것을 우리에게 상기시킨다. 만약 의미 있고 지속되는 개혁을 실현하려면 그들은 교육적 변화의 필요성에 대한 이해를 일구기 위해 시간을 들여야만 한다.

지식과 기능

1단계의 지식과 기능 부분은 직원들이 효과적으로 목표된 개혁이나 프로그램을 실행하기 위해 알고 할 수 있어야 할 필요가 있는 것을 명시한다. 이러한 요구를 결정하는 것은 종종 적절한 전문성 개발을 계획하는 근거로서의 몇 가지의 진단 평가를 필요로 한다. 이 사고의 백워드 설계 방식은 전문적 개발에 대해 우리가 몇 년간 봐 온 학교 혹은 지역교육청 위원회가 '주제'를 결정하는 것, 중앙부처 인사가 회의에 참석하여 그녀가 좋아하는 무언가에 기초한 주제를 선택하는 것, 호평받는 연설가가

지정된 날짜에 한해 유효했던 것보다 질적으로 다른 접근을 나타낸다.

이 장에서 우리는 1단계의 주요 측면을 탐색하였다. 그것들은 바람직한 결과에 대한 전망과 현재 현실 사이의 격차 분석에 근거한 학교 혹은 지역교육청의 목표를 확인하는 것, 격차를 다루기 위해 직원들과 다른 이들에 의해 요구되는 이해를 결정하는 것, 개혁과 관련된 본질적 질문을 만드는 것, 그리고 필요한 지식과 기능을 명시하는 것들이다. 이들 1단계 요소를 처리함으로써, 지도자들은 행동에 초점을 맞추고 바라는 결과를 알아차리기 위해 필요한 명확성과 목적을 세울 수 있다. 이제 우리는 10장에서 백워드 설계의 핵심 단계로 가서 1단계의 바라는 결과의 증거를 산출하는 데 요구되는 평가의 종류를 고려할 것이다.

실행을 위한 아이디어

- 당신의 학교구, 학교, 혹은 팀의 광범위한 목표와 수행 문제를 확인하라. 1단계 학교 개혁 템플릿(8장의 〈표 8-1〉)을 사용하여 보다 예리하게 제안된 개혁과 관련한 바라는 결과, 직원 이해 추구, 본질적 질문, 그리고 요구되는 지식과 기능을 확인하라.
- 기존의 학교 혹은 학교구 목표를 이 장에 제시된 다섯 가지 기준(341쪽 참조)으로 리뷰하라. 척도를 충족하도록 목표 진술을 수정하라.
- 당신의 학교구, 학교 혹은 팀의 목표나 수행 문제를 확인하라. 목표나 직원들과 논의할 문제에 대해 그들이 요구를 명확히 하고 그것을

다루기 위한 아이디어를 일반화할 수 있도록 한 가지 이상의 본질적 질문을 공식화하라.

- 더 큰 미션을 지지하기 위해 어떻게 현재 프로그램과 주요 계획이 연결되는지에 대한 그래픽 표현양식을 개발하라. 대안적으로, 그들이 연결을 어떻게 보는지 나타내기 위해 각각의 직원들(교사와 관리자 모두)에게 어떻게 현재 프로그램과 주요 계획이 연결(혹은 그것의 결여)되는지에 대한 그들의 표현양식을 개발하기를 요청하라. 다양한 표현양식과 그들의 영향을 공유하고 논의하라.

제 10 장
어떠한 증거를 수집할 것인가

피드백은 챔피언의 아침식사다.

– Ken Blanchard

비영리 기관은 단지 봉사만을 하지는 않는다. 최종 수혜자가 단순히 사용자가 아닌 행위자가 될 수 있기를 원한다. 봉사를 통해 인간의 변화를 꾀한다. 그러한 의미에서 학교는 예컨대 Proctor & Gamble과는 매우 다르다. 학교는 습관, 비전, 헌신을 창출한다……. 단순히 공급자가 아니라 수혜자의 일부분이 되고자 한다. 이것이 일어나기 전까지, 그 비영리 기관은 어떤 결과도 갖지 못한다. 단지 좋은 의도만 가질 뿐이다.

– Peter Drucker

백워드 설계의 2단계에서 우리는 초점을 학교교육의 바라는 결과와 개혁의 목표로부터 '평가자처럼 사고하는 것'으로 전환한다. 미션과 특정의 목표가 달성되었음을 결정하는 데 필요한 증거는 무엇인가? 계획의 성공적인 실행은 어떠한 모습으로 나타날 것인가? 우리는 바라는 결과가 성취되었다는 것을 어떻게 알 것인가? 어떤 지침을 통해 우리는 우리의 진보 과정을 평가할 것인가? 지도자는 세부적인 실행 계획(3단계)을 수립하기 전에 2단계에서 이러한 질문들을 고려해야 한다.

우리가 교사들에게 두 단계의 초안을 완료하기 전에 차시 및 학습 활동의 개발을 서두르지 말 것을 당부했듯이, 개혁자들도 실행으로 바로 돌진하는 것을 피해야 한다. 백워드 설계에서는 목표를 확실히 '겨냥'하지도 않고, '준비'도 하지 않은 채 총을 '발사'하고자 하는 본능을 둔화시키고자 한다. 성공적인 문제해결자들이 먼저 해결책을 고려하지 않고 시간을 들여 주의 깊게 문제를 정의하듯이, 성공적인 개혁가 역시 구체적인 실행 계획을 수립하기 전에 목표와 필요한 평가 증거를 명료히 할 시간을 갖는다. 이와 같은 신중한 접근은 매우 중요한데, 처음 계획이 불가피하게 도중에 바뀔 수 있기 때문이다. 그러므로 성공적인 개혁을 위해서는 자기평가와 자기조정의 과정을 미리 개발하는 것이 어떤 개혁이든 간에 필수적이다.

우리는 왜 시간을 들여 특히 평가해야 할 많은 개혁 작업이 있는데 평가자처럼 생각해야 할까? 2단계에서 평가 질문을 거치는 데는 두 가지의 이점이 있다. 첫째, 필요한 정보를 결정하는 것은 우리의 목표를 명료화하는 데 도움이 된다. 일반적인 결과 진술문(예: '수업은 보다 학생 참여적이어야 한다.')을 쓰는 것과 '학생 참여적인 수업'이 어떠한 모습인지 그리고 어떻게 참여의 수준을 믿을 만하고 유용한 방식으로 측정할 것인지를 정확하게 구체화하는 것은 다른 이야기다. 모든 것은 평가를 통해 알게 된다. 추상적인 광범위한 목표는 우리가 보기를 원하는 관찰 가능한 지표나 성공을 계량해 줄 양화 가능한 측정치에 합의할 때에만 구체화된다. 두 번째 이점은 방금 언급했듯이 우리가 진보하고 있는지를 주기적으로 확인하고 결과에 따라서 계획을 수정하는 것의 중요성과 관련된다. 따라서 명료한 평가 증거는 총괄평가 이상을 지지한다. 평가는 우리의 처음 행동과 지속적으로 수행하는 행동을 안내해 주어야 한다. 훌륭한 코치가 경기를 시작할 때 무엇이 잘되고 있고 그렇지 않은지 운동선수들이 보이는 능력에 따라 연습과 경기 계획을 수정하듯이, 숙련된 지도자는 끊임없이 자기를 평가하고 점검하고 자신의 행동 계획을 수정한다. 물론 항상 목적을 염두에 두고 한다.

교사의 이해를 목표로 하는 경우를 살펴보자. 어떠한 지속적이고 구체적인 피드백이 우리가 학습 원칙의 깊은 이해를 향해서 제대로 된 길을 가고 있는지 말해 주는가? '제대로 된 길'이라는 것은 왜 이러한 방식의 사고가 중요한지를 암시한다. 여러분이 숲 속을 걸어 저 멀리 있는 목적지에 도달하고자 한다면, 계획 하나만으로는 여러분이 가고자 하는 그곳에 도착하기 힘들다. 아마도 나침반과 지형도에 의지하여 지금 어디에 있고 어느 곳으로 가야 하는지에 대한 피드백을 계속 필요로 할 것이다. 여러분이 교사의 이해를 목적으로 한다고 할 때 여러분의 나침반과 지형도는 무엇인가? 등산은 정확하게 어디에서 시작하는가? 여러분이 목적지를 향해 꾸준히 나아가고 있다는 것을 확실하게 하기 위해 여러분이 지속적으로 점검하는 지표와 표시는 무엇인가? 이것이 바로 2단계에서 주의 깊게 생각해야 할 부분이다.

다음의 Center for What Works라는 비영리 기관에서 제시한, 여타 비영리 기관들이 자신의 수행을 향상시킬 수 있도록 도와주는 안내문을 살펴보자. 변화의 첫 세 단계 모두 평가 기반이다.

1. 준비하기

조직의 준비도를 평가하기: 여러분의 조직은 개선을 위해 준비되어 있어야 하고 개선에 전념해야 한다.

개선을 위한 요구 파악하기: 여러분의 조직 내에서 변화의 추구를 위해 내적 · 외적 요구를 파악한다.

질에 대한 전념: 벤치마킹에 대한 지속적 전념이 반드시 위원회, 직원, 공동체로부터 나와야 한다.

벤치마킹 팀 만들기: 가능하면 팀을 만들어 벤치마킹 과정을 관리해야 한다.

벤치마킹 계획 쓰기: 목표, 범주, 전략, 목표 도달 방법 등을 포함한다.

2. 무엇을 향상시킬 것인지 분석하기

어느 부분이 향상되어야 하는지 결정하기: 여러분의 조직 내에서 성공을 정의하는 것들을 개선하고자 하는 것을 선택한다. 먼저 영향력이 있는 4개의 주요 영역(경영 효과성, 지속 가능성, 공동체 참여, 프로그램 수행)에 초점을 맞춘다. 그다음에 영역을 선택하고 그 영역에 대해 임팩트 목표(impact goal)라고 불리는 구체적인 목표를 설정한다.

핵심 결과물을 확인하기: 핵심 결과물은 조직이 그 임팩트 목표를 달성할 수 있게 해 준다. 임팩트 목표와 핵심 결과물은 함께 성공 방정식을 만든다.

수행 측정치를 첨부하기: 수행 측정치는 일반적으로 양적이며 목표 달성까지 얼마나 남아 있는지를 보여 준다.

3. 수행을 측정하기

최적의 것을 측정하기: 구체적이고 측정 가능하며 믿을 만하고 결과 지향적이며 시간의 틀에 있는 측정치를 추구한다(American Strategic Management Institute에서 차용).

기준 정보를 수집하기: 기관이 어떠한 정보를 이미 추적하고 있는지를 그 정보의 신뢰도와 함께 파악한다.

피드백을 수집하는 접근을 시작점부터 생각하는 이유는 우리는 종종 우리의 '등산'이 실제로 어떠한지를 잘 모르고 있기 때문이다. 평가와 행동 전에 목표를 확인하는 일이 논리적이지만, 실제로는 수행하면서 목표를 명료화한다. 건설업자의 설계도는 고객과 계약자로부터의 즉각적인 피드백에 근거하여 수행이 이루어지고 심지어는 구체적인 기초공사를 시작하기 전에 이루어지기도 한다. 그리고 일단 공사가 진행되면, 그 설계도는 물리적인 장애나 예상하지 못한 상황으로 인해 다시 한 번 수정을 거친다. 교육에서는 이것이 특히나 더욱 그러하다. 우리가 제안한 안이 미션의 요구에 비추어 구체적인 그림이 그려지기 시작할 때 적합하지 않은 것으로 판명날 수도 있기 때문이다. 따라서 항상 조정을 위한 계획(3단계)이 주기적으로 일어나는 적절한 피드백(2단계)에(때로는 안타까운 현실적 사실들이나 예기치 못한 어려움에 부딪혀서) 근거해 이루어져야 한다.

미션과 관련된 중요한 증거

Peters와 Waterman(1982)은 20년 전에 『수월성 추구(*In Search of Excellence*)』에서 "오래전에 조직 이론가인 Mason Haire는 '측정되는 것은 이루어진다.'고 말했다. 그는 무엇인가에 측정치를 부여하는 것이 일이 되게 만드는 것에 상응한다고 보았다. 이것은 경영의 관심을 그 영역에 집중한다."(p. 268)라고 언급하였다.

우리는 특히 전통적인 학교 평가와 미션이 요구하는 것 사이에 간극이 있는 상황에서 이에 전적으로 동의한다. 우리가 미션 기반의 목표와 학생들의 깊이 있는 이해를 평가하지 않는다면 혹은 평가하기 전까지는 학교는 별로 변화하지 않는다. 이것은 외부 전문가가 매년의 수행을 주 시험이나 지역의 시험을 통해서 검사하는 방식과 상관없이 적용된다. 우리가 지속적으로 논의했듯이, 교육자들이 주의 심사 기능을 조직의 목적에 대한 보다 직접적이고 강력하며 믿을 만한 측정치의 필요와 혼동한다면 심각한 오류를 저지르는 것이다. 책무성에 대한 주 정부의 피상적인 접근을 단순히 흉내 내기보다는 정말로 중요한 것을 측정하는 지역 평가 시스템을 설계해야 한다.

스냅사진이 아닌 앨범처럼 생각하기

평가자처럼 생각한다는 것은 우리의 노력이 성공했음을 보여 주는 일련의 증거를 생각하는 것을 의미한다. 사실 효과적인 평가는 다양한 정보원(단 한 개의 스냅사진이 아닌 앨범)으로부터 타당한 정보를 종합하는 것과 관련된다. 모든 평가는 오류를 내재하고 있기 때문에 여러 측정치를 사용하는 것이 이러한 부정확함을 경감시킨다.

여러 가지 측정치의 '앨범'의 한 예로 일리노이 주에 있는 세인트 찰스(St. Charles) 지역 학교가 개발한 지역 평가 시스템의 요소들을 살펴보자([그림 10-1]). 지도자들은 매년 실시되는 표준화된 시험은 지역 수준에서의 어떤 학습에 대한 스냅사진만을 제공한다는 것을 파악하고, 학교구의 목표에 근거하여 학생의 수행에 대한 보다 온전한 그림을 보여 줄 수 있는 부가적인 증거를 수집할 계획을 교육위원회에 제시하였다. 그림에서 지역 평가들의 요소가 학생의 이해, 전이, 사고 습관의 증거(표준화된 시험만으로는 획득할 수 없는 증거)를 드러내기 위한 프로그램(초석이 되는) 수행 평가와 학생 작업의 포트폴리오로 특징지어진다는 것을 주목하라.

효과적인 평가는 그 측정치를 목표와 대응시켜 우리가 타당한 추론을 할 수 있게 한다. 사실적 지식의 획득이 기대되는 결과라면 객관식 퀴즈와 시험이 적절한 평가치를 제공해 줄 것이다. 하지만 우리의 미션과 프로그램 목적이 의미 파악과 학습한 것을 새로운 상황에서 효과적으로 적

[그림 10-1] **학생 학습의 지표**

출처: Community Unit School District 303 adapted from St. Charles Community Schools. St. Charles, Illinois. 허락하에 사용함.

용하는 능력이라고 할 때, 기억에 의존하는 다지선다형 문제로는 충분하지 않다. 여기서는 지식과 전이의 증거에 대해서 자세하게 다루지는 않고 단지 이러한 목표들이 이해의 여섯 가지 증거(설명하기, 해석하기, 적용하기, 다른 관점에서 보기, 공감하기, 자기 지식 입증하기)를 통해서 드러나는 그러한 종류의 증거를 요구한다는 것만 말하고자 한다. (타당하고 신뢰성 있는 증거를 수집하기 위한 다양한 평가 접근에 대한 보다 많은 내용은 *Understanding by Design*, Wiggins & McTighe, 2005 참조)

주의할 점: 중요한 것이 아닌 측정하기 쉬운 것을 평가하는 것

다중의 평가치들을 고려할 때 주의하라고 말하고 싶은 것은 교육기관과 개별 교육자들 모두 중요한 것보다는 측정하기 쉬운 것을 측정하는 문제에 쉽게 빠질 수 있다는 것이다. 다음에서 제시하는 환경 문제 영역에서 일어난 예는 이러한 문제를 잘 보여 준다.

> Nature Conservancy는 지난 50년간 명확한 미션을 가지고 있었다. 그 미션은 '전 세계에 분포된 희귀종들의 서식지를 보호하여 다양한 동식물을 보존하는 것'이며 이 Conservancy의 역사 대부분에 걸쳐서 초점을 둔 것은 '서식지를 보호하는 것'이었다. 매년 이 기관은 자선기금을 더 많이 받았고 보호하고자 하는 영역도 더 넓어졌다. 이러한 측정치는 대체로 '돈과 땅'으로 알려졌다. 이것은 명확했고 추적하기도 쉬웠다. 해를 거듭할수록 보호해야 할 땅의 넓이는 기하급수적으로 증가했다. 1999년에 6,600만 에이커였고 기금 역시 많이 들어와 1999년에 매년 들어오는 돈이 7억 7,500만 달러였다.
>
> 겉으로 드러나는 이러한 성과에도 불구하고 Conservancy 매니저들은 돈과 땅이 자신들의 미션을 달성하기 위해 조직의 진보를 측정하는 적절한 측정치가 아니라는 것을 깨달았다. 결국 그 조직의 목표는 땅을 사고 돈을 많이 거두는 것이 아니었다. 그들의 목표는 지구상에 있는 생명의 다양성을 보존하는 것이었다. 이 기준에 비추어 보면, 매해 조직의 성과는 부족했다. 사실 이 기관의 보호 영역 안에 있는 종은 줄어들었고, 멸종 비율은 6,500만 년 전 공룡을 쓸어버렸던 그 엄청난 멸종의 시기 때만큼이나 높았다(Sawhill & Williamson, 2001, pp. 100-101).

아마도 이러한 상황은 학교에서 더 심할 수 있다. 학교에서 주로 사용되고 있는 측정치들은 지나치게 간접적(예: 출석률)이거나 지나치게 시기적절하지 않고 수행에서 조금 나아진 것(주 시험 성적과 같은 것)에 별로 신경 쓰지 않는다. 이 둘 가운데 어떠한 것도 학교의 장기 미션의 중요한 측면을 드러내지 않거나 우리에게 목표들과 관련된 중요한 피드백을 제공하지 않는다. 많은 개별 교사는 같은 실수를 범한다. 단순한 퀴즈를 만들고 점수를 합산하며 그것들의 평균을 내고 그에 따라 등급을 매긴다. 사실 그들 수업의 목적이 지식과 기능을 회상시키는 것이 아니라 전이임에도 불구하고 그렇게 한다. 그리고 '평균'을 내는 것은 우리에게 장기 목표를 향해 꾸준히 진보하고 있는지를 말해 주지 않는다.

측정치를 명료화함으로써 목표를 명료화하기

우리가 언급했듯이 1단계의 목표들을 명료화(어쩌면 변경)하기 위해 평가자처럼 생각하는 것이 매우 중요하다. 이것이 실제에서는 어떻게 나타나는가? 9장에서 기술한 지나치게 열심인 교육과정 매핑(curriculum mapping)의 예를 다시 들어 보자. 이 경우, 교장은 학생들의 수행과 교사들이 개발된 교육과정을 사용하는 것에 관한 정보를 수집하여 문제를 분석하기 전에 바로 해결책(교육과정 매핑)으로 돌진했다. 교장은 교실들을 몇 번 방문한 후에 교사들이 교육과정 목표나 시간표를 공유하고 있지 않다는 결론을 내렸다. 어떻게 보다 나은 사전평가가 그 목표를 향상시키고 궁극적으로는 개혁의 결과를 개선시킬 수 있었을까?

첫째, 교육과정 매핑을 짧은 기간(예: 9월 동안)에 사용할 시험용으로 개발해 보고 그 문제가 교장이 걱정하는 것만큼이나 심각한 것이었는지를 살펴보는 것이다. (사실 이것은 Heidi Hayes Jacobs를 비롯하여 교육과정 매핑을 옹호하는 여러 사람이 제안한 것이다.) 둘째, 교사, 학생, 학부모를 대상으로 간단한 설문을 하여 프로그램에서 겹치는 부분과 비는 부분을 걱정하고 있는지 파악하는 것이다. 위의 두 가지 분석 결과에 비추어 교장과 수석교사는 전면적인 매핑의 가치를 평가하는 데 있어서 보다 나은 위치에 있게 되었을 것이다. 어쩌면 그 설문 결과는 학생의 수행과 관련하여 그보다 더 급한 다른 문제들이 있음을 드러내었을지도 모른다.

그 분석으로 되돌아가 이런 질문을 할 수도 있다. '문제'가 정확히 무엇인가? 진단한 것을 어떻게 하면 가장 명료하고 철저하게 장기적인 학습목표로 표현할 수 있을 것인가? 다음의 대안적인 문제 진술문들을 생각해 보자.

- 문제: 교사들은 '같은' 단원을 어떻게 가르칠 것인가에 대하여 다른 것들을 강조한다. 따라서 학생의 수행이 교사별로 매우 다르게 나타나는 것이 당연하다.
- 문제: 교사들은 수업을 계획할 때 교과 간 통합과 연결을 고려하지 않게 되기 때문에 학생의 수행은 전이 측면에서 약화된다.
- 문제: 교사들은 교육과정 틀에 익숙하지 않아 수업 계획과 평가가 종종 목표를 벗어난다.
- 문제: 현재의 교육과정은 모든 학생의 작업을 학습의 우선순위에 초점 맞추고 있지 않다. 따라서 장기 목표가 단원 계획에 충분히 반영되어 있지 않다.

이와 같은 진술문은 매우 다른 문제들을 드러낼 뿐 아니라, 가정을 점검하고 초점을 행동 계획에 맞추기 위해서 다른 사전평가를 요구한다. 몇 주에 걸친 정보 수집과 목표 명료화가 있었더라면 그 결과는 학기 말에 보다 효과적이었을 것이다.

고객과 교직원으로부터 얻은 피드백의 가치

우리는 이 예시에서 교사, 학생, 학부모에게 설문 조사하는 것을 평가의 부분으로 제안하였다. 여전히 의아한 점은 왜 대부분의 개혁 노력은 고객의 설문 조사 결과에 따르지 않는가 하는 것이다. 우리의 예전 동료가 말한 간단한 사례가 있다. 그는 매주 금요일마다 자신의 고등학교 학생들에게 정사각형 색인 카드에 적힌 다음과 같은 질문에 답하게 하였다. 앞면에는 '이번 주에 효과가 있었던 것은 무엇이었는가? 왜 그러한가?', 뒷면에는 '이번 주에 제대로 되지 않은 것은 무엇인가? 왜 그러한가?'라는 질문이 적혀 있었다. 그는 그 답들을 재빨리 적고 월요일에 일반적인 패턴을 찾아내고 자신의 실러버스나 수업 방법을 그 학생들로부터 얻은 피드백에 따라 수정을 가하였다.

다음은 중학교 수학 교사가 자신의 학생들로부터 같은 종류의 피드백을 얻기 위해 질문하였을 때 얻은 응답이다.

- 효과가 있었던 것은: 선생님이 개념을 가르쳐 주고 난 다음 그 예를 제시해 주었을 때
- 그렇지 않았던 것은: 선생님이 같은 문제를 푸는 두 가지 방식을 알려 주었을 때. 헷갈렸다!
- 효과가 있었던 것은: 선생님이 칠판에 예를 제시하고 시간을 충분히 들여서 설명할 때
- 그렇지 않았던 것은: 선생님이 설명할 시간이 없었을 때, 그리고 잘 풀리지 않고 궁지에 몰렸을 때 다른 누군가에게 물어볼 수 없었을 때
- 효과가 있었던 것은: 선생님이 칠판에 예를 제시하고 그것을 그림으로 그려서 보여 주었을 때
- 그렇지 않았던 것은: 내 머릿속으로 수학을 할 때. 왜냐하면 나는 문제를 이해하고 해결할 때 항상 그림으로 그려 보거나 글로 써 봐야 하기 때문이다.
- 효과가 있었던 것은: 우리가 수업 시간에 문제에 대한 답을 점검하

고 그것들을 검토하였을 때

- 그렇지 않았던 것은: 선생님이 우리가 말을 하는 것에 대해서 화를 냈을 때. 하지만 우리는 수학에 대한 이야기를 하고 있었던 것이다.
- 효과가 있었던 것은: 선생님이 좋은 예를 제시하고 우리의 질문에 대답해 주었을 때
- 그렇지 않았던 것은: 교과서. 지시문이 명료하지 않고, 같은 종류의 문제가 너무도 많고, 뒷면에 있는 정답들이 때로 도움이 되지 않을 때

이제는 행정가들이 교사들에게 교육과정, 전문성 신장, 교사 회의에 관해서 이와 비슷한 방식의 지속적인 설문 조사를 한다고 생각해 보자. 우리는 그것으로부터 획득한 정보가 긍정적인 변화를 낳을 것이라고 예측한다.

〈표 10-1〉에서는 보다 포괄적인 가능한 증거의 원천들을 종류별로 제시하였다. 물론 행정 지도자들은 미션과 특정 개혁 목표들에 적절한

〈표 10-1〉 자료의 다양한 원천을 고려하기

	양적	질적
외부	• 주의 성취도 시험 __________ __________ • 국가의 표준화 시험 __________ __________	• 구성 집단들(예: 학부모, 사업가, 지역사회 인사) 대상 설문 조사 • 학교 승인 사항 • 방문객(비평적인 친구, 파트너 대학)의 구조화된 관찰
내부	• 주의 성취도 시험(공통 시험 등) • 주요 수행 과제 • 학생의 작업 • 성적 분포 • 졸업/자퇴율 • 기타: __________	• 학생 대상 설문 조사 • 교사 대상 설문 조사 • 행정가 대상 설문 조사 • 지역사회 대상 설문 조사 • 구조화된 관찰(예: 교실 방문) • 기타: __________

측정치들을 파악할 수 있어야 한다.

학교 개혁 템플릿(8장의 〈표 8-1〉)에서 2단계가 두 부분(직접적인 증거와 간접적인 증거)으로 나뉘어 있음에 주목하라. '직접적인' 증거란 장기간의 학습과 학생 성취(즉, 학교 개선의 궁극적인 목표)를 의미한다. '간접적인' 증거는 관련된 목표의 증거(예: 교사의 수업 실천에서의 변화)를 말한다. 예컨대, 우리는 교사가 학생들의 학습 스타일, 흥미, 배경 경험에서의 다양성을 고려하여 학생 맞춤형 수업을 보다 많이 적용하기를 원한다. 이 목표의 증거로는 교사가 교실에서 사용하는 맞춤형 수업의 전략을 조사한 내용과 실제로 수업하는 것을 관찰하는 것이 될 수 있다. 그러한 증거는 간접적인 증거에 해당한다. 왜냐하면 목적(보다 많은 학생을 위해 향상된 학습)과 대비되게 수단(교사의 행동)에 초점을 맞추고 있기 때문이다.

요즘의 학교 개혁 노력과 그와 관련된 평가는 대개 다양한 방법—구조(블록타임제 같은), 프로그램(모든 학생을 위한 성공이라는 프로그램과 같은), 전문성 개발(모여서 책을 공부하는 것과 같은), 교육과정(매핑하는 것과 같은), 수업 실제(협동학습 같은)—에 지나치게 집중한다. 물론 그러한 개혁들은 학교 개선이라는 엔진을 위한 연료가 된다. 하지만 그러한 방법들을 목적과 혼동해서는 안 된다. 우리가 주의를 기울이지 않으면 이러한 행동은 그것들의 생명을 잃게 하고 사실상 보다 큰 미션에서는 빗나갈 수 있다. 학교에서 교사들의 90퍼센트가 모여서 『교실에서 일어나는 일(*What Works in Classrooms*)』이라는 책을 함께 공부하는 것은 대단한 성취다. 하지만 '무엇이 효과적인가'에 대한 아이디어가 학생의 성취도를 높이고 그것을 보여 주는 증거를 수집할 수 있을 때에만 그렇다. 오늘날 교육 지도자들은 교사들에게 우리가 기대하는 결과물, 즉 향상된 학습을 끊임없이 상기시켜 줌으로써 수단과 목적 간의 혼동을 부단히 경계해야 한다.

성공의 관찰 가능한 지표들

특정 미션과 관련된 개혁 목표들은 수치화할 수 있는 자료에 더해서 보다 질적인 증거를 필요로 한다. 명확한 하나의 방법은 '측정 가능한 지표들'을 설정하는 것이다. 다시 말해, 우리는 개혁 아이디어들이 성공적으로 실행되고 있는 교실, 학교, 학교구를 방문할 때 무엇을 보고 듣기를 기대하는가? 〈표 10-2〉는 그러한 지표들을 파악하고 사용하는 데 유용한 형식을 제공한다. 이 특정한 예는 UbD를 틀로 삼은 교사의 계획(즉, 주의 교육과정 문서를 가지고 백워드로 설계하는 것)을 지원하고, 주의 교육과정 문서에 포함된 빅 아이디어들을 가르치고 평가하는 것을 지원하기 위해서 개발되었다.

표의 형식을 잘 살펴보자. 왼쪽 칸에는 1단계의 기대되는 결과에 근거한 관찰 가능한 지표들을 설정했다. 오른쪽 칸에는 우리가 바꾸기를 원하는 그와 반대되는 실제들(혹은 현재의 현상)을 열거했다. 표의 가운데에는 연속선을 그려 넣어 우리가 현재 어디에 있는지를 사전 평가할 수 있게 해 주고, 우리의 실행 계획(3단계)의 발전을 안내하게 해 준다. 그런 다음에 우리는 같은 연속선을 이용하여 그 길을 따라서 우리의 진보를 관찰 기록한다.

그 연속선은 보다 상세화될 수 있다. 사실 어떤 학교와 학교구는 매우 정교한 발달적인 루브릭을 만들거나 혁신의 지형을 만들어 교사가 보다 일관성 있게 평가할 수 있게 하였다. 이 예는 특정한 교육과정 개혁(UbD)을 강조한 것이지만, 이 형식과 과정은 어떤 학교나 학교구의 개혁안에도 적용될 수 있다.

〈표 10-2〉 관찰 가능한 지표의 연속선

UbD 요소: 여러분의 학교를 평가해 보라.		
여러분의 학교에서 이해 중심 교육과정의 개혁 요소들에 따른 교실 실제를 분석할 때 다음의 연속선을 이용하라.		
1. 학습 활동들이 내용 기준을 명료하게 다룬다.	--------	1. 학습 활동들이 내용 기준을 거의 다루지 않는다.
2. 기준에 맞추어 가르칠 때 교과서는 여러 자료 중의 하나로 사용한다.	--------	2. 교과서가 주요한 수업 자료다(교과서가 학습 계획의 기능을 한다).
3. 수업과 평가가 빅 아이디어와 본질적 질문을 탐색하는 데 초점 맞추어져 있다.	--------	3. 수업은 주로 내용을 훑고, 활동하는 것 혹은/그리고 고부담 표준화 시험을 대비하는 것으로 이루어진다.
4. 내용 기준에 있는 빅 아이디어를 학생들이 이해하였는가를 여섯 가지 측면을 이용한 복잡한 과제를 통해서 평가한다.	--------	4. 평가는 주로 퀴즈와 사실적 지식 및 단편적 기능을 평가하는 시험으로 이루어져 있다.
5. 교사가 학생의 결과물/수행을 평가할 때 이미 알려진 준거, 수행 기준과 모형에 근거하여 평가한다.	--------	5. 학생들은 자신의 작업이 어떻게 평가되는지 모른다. 우수한 작업에 대한 모형을 본 적이 없다.
6. 학생들은 이미 설정된 준거에 따라 주기적으로 자신의 작업을 스스로 평가한다.	--------	6. 학생들은 이미 설정된 준거에 따라 주기적으로 자기평가하지 않는다.
7. 교사는 주기적으로 정답이 없는 열린 질문을 한다. 질문들은 탐구와 이해의 방향을 정하고 심화시키는 역할을 한다.	--------	7. 대부분의 교사 발문은 수렴적이고 답을 유도하거나 학생들이 배워야 할 지식으로 향한다.
8. 학생들은 지속적인 형성평가에서 얻은 피드백에 따라 재고하고 자신의 작업을 수정할 기회를 주기적으로 갖는다.	--------	8. 형성평가가 거의 이루어지지 않는다. 학생들은 피드백에 따라 재고하고 자신의 작업을 수정할 기회를 갖지 못한다.

개혁을 위한 맥락을 평가하기

경험 있고 분별력 있는 지도자들은 행동으로 바로 나아가기 전에 자신의 학교 개혁 노력에 영향을 미칠 법한 현존 요인들을 평가하는 것의 중요성을 인식하고 있다. 다음에서는 교직원을 평가하고 맥락적 요인을 평가하고 가능한 문제들을 예견하기 위한 3개의 실제적인 도구를 제시하고자 한다.

교직원을 평가하기

기대되는 결과(1단계)를 명료히 하고 성공의 증거를 확인하는 것(2단계)은 학교 개혁의 계획에서 반드시 요구되는 '선불(front-end)'이다. 하지만 교육 지도자들은 그러한 결과로 생기는 실행 계획을 이행하는 사람들에 대해서도 생각해야 한다. 이전에도 언급했듯이, 우리는 모든 기관의 변화가 준비도 평가에서 시작해야 한다고 주장한다. 이러한 목적을 위해서 지도자들이 학교의 교직원들이 개혁을 추진할 준비가 되어 있는지, 필요한 변화를 착수할 의지가 있는지, 그리고 그러한 개혁안을 성공적으로 실행할 수 있는 능력을 갖추고 있는지 평가하기 위해 사용할 수 있는 틀을 제안하고자 한다. 실제로 지도자들은 교직원의 몇 퍼센트가 매트릭스의 아홉 가지 범주에 해당하는지를 추정한다(〈표 10-3〉 참조).

이러한 평정은 교사 설문, 관찰, 혹은 이전의 행동에 따른 예측을 통해서 결정될지도 모른다. 이러한 평정이 성격상 너무 주관적이라면, 가능하면 개인보다는 리더십 팀(교장과 교감)이 이러한 교직원 평가를 수행하여 신뢰도를 높일 수 있다. 매트릭스에 퍼센트를 기록하고 나면, 지도자는 이것이 주는 시사점을 감안하여 계획에 넣는다. 예컨대, 한 학교에서

〈표 10-3〉 교직원 평가

지시문: 다음 9개의 범주 각각에 해당하는 교직원은 몇 퍼센트인지 쓰시오.

	준비되어 있음	의지가 있음	능력이 있음
매우 그러함			
아직은 그러하지 않음			
가능성이 거의 없음			

대부분의 교직원이 준비가 되어 있고 능력이 있으나 의지가 없다면, 대부분의 교직원이 준비되어 있고 의지가 있지만 능력이 갖추어져 있지 않은 학교와는 매우 다른 리더십이 요구된다. 전자의 경우에는 대다수의 저항자를 처음부터 맞닥뜨리는 것보다는 소규모의 개방적인 마음을 가지고 있는 자원 교직원들로부터 시작하는 것이 좋다. 후자의 경우에는 의지를 가지고 있는 교직원들이 필요한 지식과 기능을 갖출 수 있도록 지원하는 전문성 개발에 초점을 맞추어야 할 것이다.

아마도 여러분은 교직원 평가를 위한 매트릭스를 사용하는 것이 주는 또 다른 이점을 인지했을 것이다. 이 매트릭스는 설계에 의해 교직원 맞춤형 전문성 개발이 이루어질 수 있게 해 준다. 성공적인 교사가 학생들의 다양성에 부합하여 자신의 수업을 다양화하듯이, 전략적인 지도자는 획일화된 교직원 개발의 전통이 결과 지향적인 학교 개선과 배치된다는 것을 이해한다. 교직원 연수를 (기대되는 결과와 부족한 수행에 비추어) 그들의 필요에 맞춘다면, 전문성 개발의 자원이 가장 효과적이고 효율적으로 사용될 수 있다.

그리고 교육과정의 목표와 관련하여 종단적인 루브릭을 옹호했던 것처럼, 학교 변화와 관련하여 그와 비슷한 루브릭이 있어야 한다고 생각한다. 다행스럽게도, 우리는 여기서 그 기구를 다시 만들 필요는 없다. 관심에 기초한 교육과정 실행 모형(Concerns-Based Adoption Model: CBAM)은 잘 알려진 장기적인 측정 시스템이며 연구에 의해서 타당화된 것으로 태도와 역량에 따라서 개혁으로 향하는 진보를 평가하는 모형이다(Hord, Rutherford, Huling-Austin, & Hall, 1987 참조).

맥락적 요인을 평가하기

학교 개혁은 진공 상태에서 일어나지 않는다. 사실 현존하는 많은 요인이 우리의 행동 방향에 영향을 미친다. 우리에게 친숙하면서도 유용한 분석적 도구인 역장분석(力場分析, force-field analysis)를 사용하여 다양한 요인이 계획된 변화가 일어나는 것을 어느 정도로 돕는지를 평가하고 변화에 저항하는 힘을 파악할 수 있다. 〈표 10-4〉는 교육의 여러 가지 범주를 담고 있는 역장분석을 제시한다. 물론 행 안에 있는 것은 학교, 학교구, 기관의 수준에서 특정한 상황에 맞게 바꿀 수 있다.

〈표 10-5〉는 학교구가 UbD를 교육과정 개혁의 틀로 삼는 것과 관련된 지원 요소와 저항 요소의 예를 보여 준다.

전략적인 지도자들은 조력(assisting forces)이라는 순풍의 돛을 달고 그와 동시에 맞닥뜨릴 수밖에 없는 저항을 찾아내어 항해할 수 있도록 개

〈표 10-4〉 개혁을 위한 상황을 평가하기: 역장분석

지시문: 다음의 매트릭스를 사용하여 계획한 개혁을 도와주는 힘과 저항하는 힘을 평가하라.

	조력(+)	저항(−)
교육과정		
평가		
수업		
전문성 개발		
자원		
정책		
기타:		

〈표 10-5〉 완성된 역장분석의 예

	조력(+)	저항(−)
교육과정	• 모든 내용 영역에서 교육과정 매핑이 완성되었다. • 개념적 이해를 강조하는 '문제 기반' 수학 시리즈를 채택하였다.	• 지역 교육과정에 '질 통제'가 부재하다. • 상호 평가의 경험이 없다.
평가	• 몇 명의 교사는 수행 과제와 루브릭을 사용한 경험이 있다. • 초등 국어와 중등 미술에서 포트폴리오를 사용하고 있다.	• 교육위원회와 지역사회는 주 시험 성적에 집착한다. (다른 증거는 가치 있게 여기지 않는다.) • 고등학교에서 기계로 채점하는 방식의 시험이 대부분이다.
수업	• 글쓰기 과정에서 동료 수정 및 재작업이 빈번하게 이루어진다. • 과학 시간에 5E를 틀로 삼아 수업한다.	• 초등학교에서 수업의 대부분이 '활동 기반'이다. • 중등학교에서 수업이 '진도 나가기' 지향적이다.
전문성 개발	• 여러 교사가 RESA를 통해 '실행 연구' 프로젝트에 시범적으로 참여한다. • 초등학교에서 자발적으로 수업 연구회가 조성된다.	• 교사 재교육의 날에 일회성 행사가 이루어져 왔다. • 대부분의 교직원이 '이것 역시 곧 지나갈 것이다.'라는 태도를 갖고 있다.
자원	• 개혁 활동을 지지하는 신청 가능한 연구비가 꽤 있다(예: Goals 2000). • 모든 학교에 인터넷을 언제든 할 수 있는 컴퓨터들이 갖추어져 있다.	• 방학 기간 중 설계 작업을 지원하는 예산이 편성되어 있지 않다. • 교사 평가 과정이 '결과 초점'이 아니다.
정책	• 주에서 학교구에 지역 수준에서 내용 기준을 평가할 '여러 개의 측정치'를 개발할 것을 요구한다.	• 개인과 팀이 아이디어를 실험하고 공유하고 작업을 협력하에 평가하는 것에 대한 인센티브가 없다. • 설계가 공공성을 띠어야 한다는 요구가 없다.
기타:		

혁의 균형을 잡는다. 이러한 실천은 교사로 하여금 과거와 현재의 교육안 및 프로그램 사이의 가시적인 연결성을 볼 수 있게 해 준다. 저항에 부딪혔을 때, 현명한 지도자는 자신의 통제 밖에 있는 힘(주의 책무성 조건과 같은)과 직접적인 영향을 미칠 수 있는 힘(수업에 대한 집단적 실천과 같은)을 구별한다. 그리고 자신의 에너지와 자원을 그에 맞추어 사용한다.

예견할 수 있는 염려(그리고 오해)

경험이 많은 교사는 학습자에게 어떠한 부분이 어려울지(예: 분수의 나눗셈)를 예상할 수 있다. 특정 개념들의 경우, 교사는 어떤 학생들은 '무거운 물체가 빨리 떨어진다.'와 같이 예측할 수 있는 오개념을 가지고 수업에 임한다는 것도 안다. 교사는 이러한 예측 가능한 지식으로 무장했을 때 그러한 문제 영역에 적극적으로 대응할 수 있다. 경험 있는 교육지도자도 이와 마찬가지의 능력을 가지고 있다. 즉, 예측 가능한 오개념(예: "우리는 주 시험에 대비해야 하기 때문에 그것을 할 수 없어.") 혹은 새로운 개혁안에 대한 교사들의 염려(예: "이건 시간이 너무 많이 걸려.")를 파악할 수 있다. 따라서 지도자는 필요한 개혁에 대해서 있을 법한 오해 혹은 이의 제기를 예측할 수 있어야 하고, 쉽게 부딪히게 될 '맞아. 하지만……'이라는 말에 반응할 수 있는 준비가 되어 있어야 한다.

다음의 예는 지도자들이 2개의 두드러지는 개혁안(UbD와 맞춤형 수업)을 도입했을 때 생길 수 있는 우려들이다.

- 이것은 시간이 너무 많이 걸린다. 우리는 커버해야 할 내용이 너무 많다.
- 개별화 수업을 하기에는 학생 수가 너무 많다.
- 나는 모든 학생에게 적용해야 할 기준이 있기 때문에 수업을 다양화

할 수 없다.

- 이것은 너무 많은 것을 요구한다. 나는 내가 가르치는 모든 것에 이것을 적용할 수는 없다.
- 교육과정을 개발하는 것은 나의 일이 아니다. 게다가 우리는 이미 교과서를 가지고 있다.
- 우리는 주 시험에서 학생의 성취도에 대해 책임을 져야 한다. 몇몇 학생은 이 시험에 통과하지 못할 수도 있다.
- 나의 전공은 특수 혹은 영재 교육이 아니다.
- 나는 이미 이러한 것들을 해 왔다. (나를 그냥 내버려 두었으면 좋겠다.)
- 이건 단지 올해의 새로운 일이다. (조금만 기다리면 유행처럼 곧 지나갈 것이다.)

이것들이 주는 시사점은 단순명료하다. 거의 모든 교육적 변화는 교직원, 학부모, 정책 입안자들의 우려를 가져오기 때문에 지도자는 당연히 그러한 우려를 예견하고 그에 대한 신중한 반응을 준비해야 한다. 잠재적인 반대를 예견하지 못하면 당혹스러운 상황을 만날 수 있다. 예컨대, 교사나 교육위원들이 어려운 질문을 해서 지도자가 설득적인 답을 하지 못하는 경우가 생길 수 있다. 그러한 전략은 설계에 의한 '평가자처럼 사고하기'의 가치에 대한 또 다른 좋은 예다.

실행을 위한 아이디어

- 개혁을 위한 비전과 관련된 일련의 구체적이고 관찰 가능한 지표들 (예: 다양한 교과에서 학생들의 비판적 사고를 가르치는 것)을 개발하라. 이러한 지표 목록을 사용하여 실제화할 수 있는 현 수준을 평가하고

나서 그러한 지표가 실제로 일어날 가능성을 높이기 위해 계획을 수립하라.

- 2개 혹은 그 이상의 측정치로부터의 평가 결과를 해석하기 위해 학년 팀, 교과 팀, 혹은 학교 개선 팀과 함께 일하고 구체적으로 개선이 필요한 부분을 확인하라.
- 교사에게 특정 주제와 기능에 대해서 학생들과 '무엇이 효과적이고 그렇지 않았는지' 기법을 사용하게 한다. 그런 다음에 학년 팀 및 교과 팀과 만나 발견한 패턴과 그것이 수업에 주는 함의에 대해서 논의하라.
- 프로그램이나 개혁안을 전적으로 실행하기 전에 행정가와 교사로 이루어진 리더십 팀이 관심에 기초한 교육과정 실행 모형(CBAM)을 해 본다. 그리고 그 결과를 활용하여 교사들에 대한 프로파일을 작성하고 다음 단계에서 적합한 행동이 무엇인지를 도출하라. (CBAM에 대한 정보는 Hord et al., 1987을 참조하라.)
- 학생, 학부모, 교직원에게 설문 조사를 하여 개혁의 필요성, 프로그램의 효과, 자원을 배분함에 있어서의 우선순위, 혹은 학생의 성취를 높이기 위한 그 외의 노력들에 대한 그들의 인식에 대한 질적인 자료를 수집하라. 설문 결과를 가지고 실행을 위한 시사점이 무엇인지 논의하라.
- 행정가와 교사로 이루어진 리더십 팀은 구체적인 프로그램이나 개혁안을 실행하기 위한 계획을 세우기 전에 교사들이 얼마나 준비되어 있고 의지가 있으며 능력이 있는지를 분석하라(〈표 10-3〉 참조). 그리고 그 결과를 분석하여 그 함의에 따라 실행 계획을 논의하라.
- 실행 중인 개혁안의 진보 정도에 대한 대대적인 평가를 실시하라. 그 결과에 따라 구체적으로 잘못된 점을 중간 지점에서 파악하라.
- 행정가와 교사로 이루어진 리더십 팀은 구체적인 프로그램이나 개

혁안을 실행하기 위한 계획을 세우기 전에 역장분석(〈표 10-4〉)을 실시하라. 그것이 행동 계획에 시사하는 바를 논의하라.

- '주로 하는 질문들' 문서를 만들고 배포하여 개혁의 노력을 시작할 때 예측 가능한 우려와 오해를 드러내라.

제 11 장
우리는 어떠한 실행 계획을 수립해야 하는가

무언가 더 나은 것을 마음속에 품을 수 있는 한…… 그것이 존재하도록 분투하거나 그것을 위한 방법을 분명히 하지 않는 한 나는 편안할 수 없을 것이다.

– George Bernard Shaw

이전 장들에서 우리는 학교 미션, 교육과정 개혁, 학습 원칙들, 새로운 일과 관련된 정책들 및 조직의 기구들과 관련된 핵심 아이디어들을 개관하였다. 현재의 실제와 학습의 미션과 원칙들을 구현하는 비전 간의 격차를 줄이기 위한 계획 절차도 요약하였다. 또한 장기 목표에 충실하고 개혁에서 성공의 더 큰 가능성을 보장하기 위해 목표 설명과 평가 틀의 개혁 과정을 논의했다. 나머지 질문은 다음과 같다. 우리는 성공하기 위한 특정의 실행 계획에 어떻게 접근해야 하는가?

교육과정 설계나 개혁은 모두 비슷한 절차를 거친다. 교육과정 설계의 3단계에서는 학습 활동과 수업을 위한 계획의 수립에 전념한다. 학생들은 의도된 지식, 기능, 이해(1단계에서 확인된)를 개발하고 새로운 상황에 전이시키는 것을 포함하는 그들의 학습 증거(2단계에서 결정된)를 제공하는 것이 필요할 것이다. 동일한 논리는 설계에 의한 학교교육에도 적용된다. 즉, 명확한 바라는 결과(1단계)와 평가 증거(2단계)는 의도한 개혁들을 유발시키기 위해 필요한 실행 계획의 수립을 안내한다(3단계).

분명히, 지역에서 하는 특정의 실행은 목표, 요구, 문화와 같은 구체적인 맥락과 관련될 것이다. 그럼에도 불구하고 우리는 학교 개혁의 실행 계획을 수립하기 위한 8개의 일반적이고 전술적인 지침을 제공할 수 있다.

학교 개혁의 실행 계획을 수립하기 위한 지침

1. 처방하기 전에 진단하라. 어떠한 실행(새로운 정책, 구조, 프로그램)도 반드시 현재의 결과와 장기 목표에 대한 자연스러우면서도 적절한 반응이 되어야 한다. 우리가 언급한 바와 같이, 많은 개혁자는 교직원들이 문제점을 제대로 이해하기도 전에 해결책을 향해 성급히 달려든다. 프로그램을 구입하거나 누군가의 접근 방법을 채택하기 위한 결정은 최종 의사결정이 되어야 한다.

그러므로 여러 쟁점에 대한 합의된 이해를 도출하기 전에 『백워드 설계에 의한 이해』나 이 책에서 제시한 교육과정 틀을 채택해서는 안 된다. 그리고 현재의 수행과 필요와 관련된 신뢰할 수 있는 정보를 가지고 그 초점을 정당화할 수 있을 때까지는 특정한 진단을 하면 안 된다. 요컨대, 진단이 이루어지고 그것이 함의하고 있는 바를 이해할 때까지는 처방을 하지 말아야 한다.

2. 재능과 흥미로 진행하라. 사전 평가를 통해 여지없이 드러나듯이 교직원들은 학교 개혁을 위해 요구되는 익숙한 일상생활과 편안한 습관을 변화시킬 의지도, 준비도 부족한 편이다. 개척자 비유를 적용하면, 어떤 교직원은 신나고 용감한 개척자인 반면에 또 다른 교직원은 소심하면서도 무엇을 할까 망설이는 정착자다.

그러므로 높은 찬사를 받고 있는 책인 『좋음에서 탁월함으로(*Good to Great*)』(2001)에서 Jim Collins가 한 현명한 충고에 귀를 기울여 적절한 인재들을 버스에 태우고 적합한 좌석에 앉혀야 한다. 필요한 개혁을 추동할 능력을 가진 재능 있고 열정적인 동료들을 표적으로 삼고 용기를 불어 넣으라. 필요하다면, 적절한 인재들에게 적합한 역할을 주기 위해 새로운 역할과 구조를 만들라.

학교 혁신을 이끌기 위해서는 '모든 조직은 동료들을 장악할 수 있는 소수의 영향력 있는 사람들이 있어야 한다.'는 말을 이해할 필요가 있다. ('E. F. Hutton이 말할 때, 사람들은 듣는다.'는 광고를 상기해 보라.)

따라서 변화의 과정에 대한 리더십은 단지 '직위 권력(position power)'을 가진 사람들이나 그들의 의지에 있는 것이 아니라, 존경받는 교직원들(학교나 학교구의 'E. F. Hutton')의 손에 달려 있음이 분명하다.

3. 불가피한 '네, 그렇지만……' 반응에 대해 주의하여 계획하라. 제안된 개혁들에 관해 예상할 수 있는 오해나 반대들을 고려하라. 염려를 예상하는 데 있어 실패와(그 염려가 문제를 만듦에 있어서 정당할 수도 있고 근거 없는 걱정일 수도 있지만) 반대에 대처하지 못함이 많은 계획을 어긋나게 만들어 왔다.

그러므로 '네, 그렇지만……' 같은 반응들을 확인하고 신뢰할 수 있고 지속적인 반응들을 만들어 내기 위하여 리더십 팀으로 충족하라. 일반적이고 예견할 수 있는 질문들과 대답으로 제작된 대화(dialogue)를 출판하고 계획을 추진하는 동안에 학교나 학교구 웹 사이트에 자주 묻는 질문 부분(FAQ)을 개발하고 확대하자.

4. 장려책을 적절하게 세우라. 학교를 개혁하는 것은 현재의 상황을 유지하는 것보다 어려우므로 학교를 개혁하는 것이 성공했을 때 보상을

받아야 한다. 그러므로 개혁의 작업에는 반드시 내적 보상과 외적 보상이 모두 뒷받침되어야 한다. 개혁을 위한 노력을 하게 만드는 내적 자극은 아마도 혁신 팀의 일부가 되는 것과 필요한 변화들을 성공적으로 착수시키고 지속시키기 위한 자원을 얻는 것에 대한 참가자들의 감정에서 기인할 수 있다. 외적인 보상들은 규제받지 않는 시간, 비서직의 지원, 봉급, 전문가 회의 참석을 위한 출장 지원을 포함한다. 제공된 장려책들의 종류에 상관없이, 그것들은 결과 중심임을 확실히 하자. 개혁 계획은 성과를 위해 필요한 계획들을 수립하기 위해 초기의 노력과 열정, 부적당한 지원에 대해 너무 많은 것을 제공해 왔다.

그러므로 Deming의 충고를 따르자. 동기부여로써 두려움을 몰아내라. ('두려움을 몰아내는 것'은 Deming의 품질 관리 원칙들의 14개 항목 목록에서 기본적이며 자명한 이치다[Deming, 1982, p. 24ff].) 제공되는 보상의 대부분은 '소비된 시간들'이나 직원의 '업무 시간'뿐만이 아니라 제품/수행 기준들에 따라 판단되는 품질을 향상시키는 일의 마지막에 제공된다.

5. 변화를 향해 작업하는 동안 혼란을 최소화하라. 무엇보다도, '혁신'을 하는 데 적합한 '시설'을 만들라. 교육개혁의 과정에서 들은 흔한 비유는 '우리는 비행기가 날고 있는 동안 비행기를 다시 제작하려고 노력한다.'다. 이 비유는 적절하게 학교를 변화시킬 때, 학교를 유지하는 것의 긴장과 외견상의 불가능성을 묘사한다. 하지만 우리는 변화의 최적의 균형과 시설을 재모형화하는 견해를 포함한 안전성을 묘사하는 데 다시 한 번 건축학의 은유를 적용하기 위해 더욱 적합한 비유를 생각한다. 개혁자들이 그들의 업무를 수행할 때, 나날의 일상은 반드시 지속되어야만 한다. 그러므로 우리의 계획은 도처에서 변화가 일어나는 동안에도 혼란을 최소화하기 위해 분투해야만 한다. 긴장 상태를 이겨 내기 위한 핵심은 비전을 위한 계획뿐만이 아니라 혼란에 대한 사전의 계획이 있음을

확실히 하는 것이다. 계획가들은 '건축가와 같이 생각하기'뿐만 아니라 '계약자와 같이 생각하기'를 해야 할 필요가 있다. 왜냐하면 계약자는 시설에서 거주하는 고객들을 위한 전체적인 변경 절차 업무를 만들어야 하기 때문이다.

그러므로 가능한 한 사는 데 적합하도록 변경하라. 학교의 지도자들은 개혁하고 재건축하는 열성이 학교의 효율적인 운영을 방해하지 않도록 조심해야만 한다. 확실히, 성공적인 개혁에는 구상 중인 변화들에 대해 작업할 때 방해를 최소화하고, 기대하지 않은 사건들이 일어날 때(그들이 분명히 할 때) 공식적인 계획들을 빠르게 조정하기 위한 전략이 필요하다.

6. 여러분이 설교하는 것을 실행하고 모범을 보이라. 효율적인 지도자들은 직원이 바라는 변화들을 고안한다. 예를 들어, 교사들이 학생들을 위해 학습 단원들을 계획할 때 백워드 설계의 3단계를 사용하도록 요청한 교장은 직원 회의나 위원회 업무를 계획할 때 동일한 방법을 사용할 수 있다. 사람들은 여러분이 그들에게 하도록 요청하고 있었던 것이 매우 명확할 때 그들의 에너지를 더욱 집중할 수 있을 것이다. ('당신의 행동은 너무 크게 말해서 사람들은 당신이 말하는 것을 듣지 못한다.'는 격언을 상기해 보라.) 더 많은 사람은 그들이 개혁을 신뢰하고 진지하게 여길수록 개혁 지도자들이 설교하는 것을 연습하는 모습을 본다.

모델링 과정에 추가하여, 지도자들은 이해 기반의 단원 설계안, 교육과정 맵, 진단평가, 공통점수 루브릭, 등급 산출 프로토콜, 보고서처럼 분명히 눈에 보이는 개혁의 산출물을 제공해야 한다. 어린 학습자들뿐만 아니라, 성인들도 기대되는 것이 무엇이고 그것이 어떠해야 하는지 알아야 할 필요가 있다. 모형에 따라, 우리는 모형들을 성취하는 방향으로 피드백을 제공하기 위하여 자기평가와 동료 평가 과정을 권고한다.

그러므로 여러분은 직원들이 추구하는 학습 모형에 참여하도록 하기 위해 바라는 결과가 분명하게 눈에 보이는 사례를 제공하며, 과정과 산출물 모두 향상시키기 위해 의도적으로 피드백을 제공해야 한다.

7. 크게 생각하고, 작게 시작하며, 빠른 승리를 위해 가라. 우리는 이를 '아이오와와 뉴햄프셔 주요 전략'이라 부른다. 대통령이 되려고 하는 미국 대통령 후보자들과 같이, 만약 여러분이 지지세를 모으고 많은 시간과 노력이 드는 일을 성공하려고 한다면, 여러분은 예비 선거에서 조기 승리를 해야 한다. 조기 승리는 능력뿐만 아니라 자신감을 불러온다. 반대로, 시작 단계에서 실패나 실수가 따른다면 지지세를 얻는 것은 매우 어렵다.

이 아이디어는 또한 '엔지니어링 프로토타입' 전략으로 여겨질 수 있다. 애플의 아이팟과 같은 매우 성공적인 제품의 제조 과정에 대해 생각해 보자. 애플사는 단지 백만 개의 아이팟을 제작하고 피드백을 기다린 것이 아니었다. 그들은 몇 개의 서로 다른 프로토타입을 제작했고 작은 규모의 테스트 및 소비자 포커스 그룹들로부터의 피드백을 통하여 아이팟을 완성시켰다. 유사하게, 첫해 희망하는 교사들로 구성된 소규모 팀에서 5개의 훌륭한 UbD 단원을 설계하는 것은 (주저하거나 마지못해 참가한 구성원들을 포함한) 전 구성원을 압박하여 95개의 부실한 단원과 5개의 훌륭한 단원을 빨리 만들어 내는 것보다 장기적으로 보면 더 이득이 될 것이다.

그러므로 최상의 동기가 부여된 사람들을 활용하여 작은 규모의 시제품을 착수시킴으로써 중요한 개혁을 시작하라. 이미 그 방법을 활용하는 집단과 시작하라. 모든 사람이 인정하고 개선이 필요한 수행 분야에 초점을 맞추라. 사례를 만들고 후속 조치를 알아내는 데 도움을 주는 시제품으로부터 얻은 통찰력을 활용하라. 작은 규모에서 시작하여 구성원이 더 큰 목적과 목표의 가치에 관해 합의에 도달하기까지는 범위를 넓히지 말라.

주의할 점: 이 권고를 고려하여, 지도자들은 시험적인 사용에 고착되어 전체의 실행 결과를 볼 안목을 잃지 않도록 주의해야 한다. 다시 한 번, 개척 시대의 개척자들(낯선 지역을 먼저 구축하고 위험을 감수하며 정착민들이 따를 수 있는 길을 만드는)과 유사한 시험 집단을 생각하라. 우리는 교육개혁자들의 용기와 끈기를 기리기는 하지만, 우리의 장기 목표는 전 직원이 개혁된 학교의 새로운 영역에 '자리 잡도록' 하는 것이다.

8. 모든 사람이 힘들지 않고 더 현명하게 일하도록 도우라. '우리 모두는 우리 중 누구보다 똑똑하다.'는 격언에 주의를 기울이라. 스터디 그룹들을 만들고 팀들로 하여금 계획하고 이끌며 필요한 개혁들을 수행하도록 설계하라. 교사들이 단원을 설계하고 학생의 수행 결과를 검토하고 개선 조치를 계획할 때, 팀에서 일하는 교사를 격려해 주라. 협력적인 팀워크를 위한 구조(스케줄 조정 같은)를 만들라. 그리고 요구가 있을 때 팀에게 추가적인 도움을 제공하기 위해 지원 인력을 배정하라.

대규모의 변화가 진행되기 전에 도구, 자원, 지원하는 기본 체제를 마련해야 한다. 3장에서 교육과정 재구성에 대해 논의한 것처럼, 여러분은 문제해결 가이드와 '교육과정' 개혁과 동시에 지원 시스템을 개발해야 한다. 유사하게, 새로운 소프트웨어 프로그램에 수반되는 지원을 생각해 보라. 사용자에게 사용 지침서, 설명서, 자주 하는 질문들과 사전에 개발된 템플릿이 제공된다.

목표한 개혁에서 직원들을 돕기 위해 '더 현명하게 일하도록' 기술을 사용하는 방법을 고려하라. 예컨대, 교육과정 팀과 구성원에게 UbD 형식으로 개발된 수천 개의 단원을 포함하고 있는 웹 사이트인 Understanding by Design Exchange(http://ubdexchange.org)를 제공하라. 효율적인 전략들과 자원들을 공유하기 위하여 '좋은 아이디어'의 온라인

데이터베이스를 구축하라. 24시간 접속을 위해 온라인으로 변화와 관련된 연수를 게시하라. 그러한 조치들은 당신이 진정으로 개혁 여정을 따라 그들을 지원하기를 바란다고 직원들에게 전달될 것이다.

이렇게 계획은 협력을 조성하고, 시간을 절약하는 기술들을 사용하며, 편안한 습관들과 일상들에 도전할 수도 있는 변화들을 시작할 때, 도움이 되는 지원을 모든 참여자에게 제공한다.

계획 조직자와 체크리스트로서의 WHERETO

『백워드 설계에 의한 이해』에서, 우리는 두문자어 WHERETO(Wiggins & McTighe, 2005, pp. 197-198; McTighe & Wiggins, 2004, p. 214 참조)에 근거해 3단계의 학습 계획을 발전시키기 위한 조직자를 제안한다. 각 문자는 이해를 위한 효율적인 교수의 중요한 요소를 참고하므로 학습 경험을 계획할 때 교사들 및 교육과정 위원회가 고려해야만 한다. WHERETO는 또한 중요한 요소들을 반드시 포함시키도록 하기 위해 교수 계획들을 검토하기 위한 체크리스트로서의 기능을 한다.

우리는 『백워드 설계에 의한 이해』와 마찬가지로 이 책에서도 백워드 설계 절차를 동일하게 사용하고 있기 때문에 동일한 WHERETO 요소들에 근거해서 주요 활동들의 틀을 수립한다. 다음은 학교 개혁을 계획하는 데 적용된 두문자어의 각 요소에 대한 고려 사항들이다.

W 우리는 어디로(where) 향하는가? 우리는 지금 어디에 있는가? 우리는 어디로부터 왔는가? 다음은 무엇인가? 구성원들이 이해하도록 도우라.

H 첫 업무가 자극적인 것이 되도록 함으로써 구성원 및 다른 사람들(예: 교육위원회)의 관심을 유발(hook)하라. 다른 방법으로는 외적 동기뿐만 아니라 내적 동기로 흥미를 끌어서 관심을 집중시키라.

E 새로운 아이디어를 탐구(explore)하고 적절한 지식과 기능들을 구성원들이 갖추도록 하라.

R 오래된 관행들 및 이슈들과 문제들을 보는 방식들을 다시 생각(rethink)하라.

E 자기평가(그리고 수정)가 기준이 되도록 지속적으로 평가(evaluate)하라.

T 업무를 강점들, 요구 및 구성원들의 흥미에 맞게 조정(tailor)하라(예: 교직원의 발전 정도에 따라 차이를 두라).

O 바라는 결과들을 성취할 것 같은 최대의 계열적인 사건들로 업무를 조직(organize)하라.

우리는 어디로 가고 있으며 왜 그러한가? 학교 개혁 계획들은 때때로 연결되지 않은 퍼즐 조각들과 같이 일반 직원으로부터 나온다. 그렇지 않으면, 지도자들은 관련성을 보여 주기 위하여 합심하여 노력을 한다. 일부 직원은 올해의 계획이 다른 진행 중인 일들과 어떤 관련이 있는지에 대한 감각을 가지고 있다(심지어 관계들이 변화의 매개체로 분명해 보일 때). 그러므로 연결들이 분명하고 '우리가 그들에게 정보를 제공했고, 그들은 지금 그것을 얻었기' 때문이라고 가정하지 말라. '얼마나 최신이고, 현실적인 것이며, 제안된 미래 업무가 모두 개념적으로 함께 알맞은지' 보여 주기 위해 생생한 그래픽으로 된 자료를 개발하는 데 시간을 투자하라.

9장의 [그림 9-1]에서 보여 주는 '건물' 그림은 좋은 사례다. 어떻게 두 개 또는 그 이상의 프로젝트들이 상호 보완적인 방법들로 동일한 요구에 실제로 반응하는지 분명한 본질적 질문 아래 업무의 틀을 계획한다. 요약하면, 이를 단지 정보의 문제로서가 아닌 이해의 문제로서 다루라.

진지한 생각과 전문적으로 격려하는 활동들을 통하여 직원들의 관심을 유발하고 유지하라. 직원들이 새로운 학교 프로젝트에 대해 진정으로 자극되고 흥분한 것을 언제 마지막으로 보았는가? 수년에 걸쳐 우리는 일반적으로 반대 상황을 보아 왔다. 직원은 보통 그 안에서 그들이 역할을 할 수도 있는 제안된 변화와 관심이 있고 흥미로운 역할에 의해 '관심이 끌리는 것'이 아니라 개혁을 '건네받는다'. 그 결과, 직원의 기대치는 전형적으로 매우 낮다. 새로운 모험이 시작될 때 기대감으로 흥분하기보다 눈동자 굴리기가 더 일반적이다. 마음을 움직이고 진지한 생각을 하게 하며 깊은 흥미, 의욕 및 직원들의 믿음에 깊게 호소하는 도입을 시도하는 것은 잃을 것이 적고 얻을 것이 많은 일이다. 프로젝트의 활동 계획으로 착수시키기 전에 직원들의 동기를 유발하기 위한 시간을 보냄으로써, 정통한 개혁 지도자들은 이 계획이 다르다는 것, '이것이 또한 흘러가지 않을 것'이라는 점을 매우 분명하게 만든다.

주의할 점: 우리는 지도자들에게 직원들의 '관심을 유발하는 것'을 실현하는 것은 사치스러운 오프닝 이벤트를 의미하지 않는다고 경고한다. 너무 많은 개혁은 많은 비용이 들고, 아무 곳에도 이끌지 않으며, 아무런 결론을 내지 않고 냉소를 불러일으키는 폭죽과 같은 첫날을 시작하게 만든다. '관심을 유발하는 것'에 의해, 우리는 고무시키고 시간이 지남에 따라 그들의 전문적인 흥미를 유지하는 것을 의도한다.

여기에 그 사례가 있다. 우리는 일반적으로 학습자와 같이 그들의 경험을 분석하게 만듦으로써 UbD의 아이디어를 바탕으로 직원들의 관심을 유발하기 위해 설계된 연습을 활용하여 훈련을 시작한다. 연습은 세부분으로 되어 있다.

1. 첫째, 우리는 참가자들에게 학습자로서 겪었던 잘 설계된 학습 경험을 회상하고, 무엇이 그 상황/과제/활동을 그토록 효과적이고 호감이 가도록 만들었는지에 관해 써 보도록 요청한다.
2. 우리는 참가자들에게 그들의 의견들을 소집단들 안에서 공유하도록 요청한다. 모두의 의견을 공유한 후, 우리는 그것을 일반화하도록 요청한다. 내용과 상관없이, 가장 잘 설계된 학습자 경험들이 공통적으로 가지고 있는 것은 무엇인가?
3. 그룹의 응답들은 공유되고 모두가 볼 수 있도록 기록된다. 그런 후, 우리는 다른 그룹들의 응답들을 보여 주고 공통의 패턴들을 작성한다. 가장 빈번한 응답들은 분명한 목표들, 흥미 있는 도전들, 사용된 다양한 방법, 직접 해 보는 일, 지속적인 평가와 피드백, 진실한 임무와 수행에 초점을 둔 언급을 포함한다.

이런 관심을 유발하는 활동의 결과로, 참가자들은 UbD가 단지 상식을 구현한다는 것을 '발견'한다. 왜냐하면 응답들은 우리나 여러분의 것이 아닌 그들의 것이다. 그것은 '그들의' 비전과 훨씬 더 관련 있다. 우리는 UbD가 어떻게 그 비전을 영예롭게 하는지 보여 준다.

이 활동은 쉽게 일반화되고 전이된다. 예를 들면, '최고의 교사' 또는 '최고의 평가'(여러분이 집중하고 싶은 이슈가 무엇이든지)를 '최상으로 설계된 학습 경험'으로 대체하는 것이다. 우리는 그러한 활동들을 '비전' 관심끌기로 특징지었다.

동기를 유발하는 대안적인 유형은 '격차 관련'으로 분류될 수 있다. 그 사례로서, 우리는 구성원들에게 이해와 전이 수행의 결손을 확인하기 위해서 학생 작품들을 주의 깊게 살펴보도록 요청할 것이다. 다시 한 번,

결과 분석은 외부인의 것이 아닌 그들의 것이다. 그것은 누군가의 열변이 아닌 요구의 직접적인 증거다.

그러므로 비전(예: 규율, 핵심 아이디어의 오개념, 숙제를 하는 것의 실패에 관한)과 관련된 피할 수 없는 현실을 반영하는 생생한 사례들, 사례 연구들, 자료 세트들을 찾는 데 시간을 들이라. 그리고 문제의 범위와 가능한 해결책들을 연구하기 위해 직원을 위한 후속 조치 계획들을 개발하라. 그러한 접근들은 직원들의 흥미를 유발하는 것뿐만 아니라, 시간이 지나도 그들의 흥미를 유지하는 핵심이다. 물론 무언의 메시지는 분명하다. 우리는 우리에게 있는 문제가 직원에 의해 해결될 필요가 있음을 심각하게 고려한다.

새로운 아이디어들을 탐구하고 바라는 개혁에 요구되는 기능들과 자원들을 가지도록 직원들을 준비시키라. 이는 분명하게 들린다. 물론 사람들이 논의가 되고 있는 개혁에 다가가기 위해서는 새로운 기능들이 필요할 것이다. 하지만 학교나 학교구가 새로운 기능을 현재 처한 상황에 자신감 있고 적절하게 적용, 즉 전이할 수 있도록 사람들을 훈련하는 데 자금, 시간, 직원을 투입하는 일은 드물다. 너무 빈번하게, 전문적인 개발은 지나치게 복사된 복사본과 같이, 전형적으로 경험의 효과를 약화시키는 '인식' 수준에서 중단되거나 '교육자 양성' 모형에 의존한다. 확실히 많은 개혁은 아이디어들이 빈약해서가 아니라 아무도 요구되는 변화들을 성공적으로 이행할 충분한 능력을 갖추고 있지 않기 때문에 사라진다.

어떠한 개혁은 다음과 같은 질문으로부터 백워드로 설계되어야 한다. 모든 교사를 능숙하고 이를 하는 데 편안하도록 만들기 위해 무엇이 사용될 것인가? 우리가 책 전반에 걸쳐 언급한 바와 같이, 전통적인 직원 능력 개발은 이 질문을 다루는 데 희망이 없다. 왜냐하면 훈련은 반드시 지속되어야 하고 업무에 내재되어야 하기 때문이다. 실제로 그것은 많은 경험과 피드백, 새로운 접근에 대한 팀 지원, 지속적인 기회들, 논의가 되고 있는 능력들을 향상시키기 위한 장려책에 대한 안전한 공간을 보장하는 것을 의미한다.

다시 생각하고 수정하라. 주장하건대, 우리가 아동에 대해 이야기하고 있든지 성인에 대해 이야기하고 있든지 간에, 이해를 위한 가르침의 가장 중요한 부분은 우리가 이해했다고 생각한 것이 무엇인지 다시 생각하는 것에 대한 필요다. 우리는 두 가지 방법을 의미한다. 개혁의 계획은 반드시 시작으로부터 가정해야 한다. 다시 생각하고 조정하는 것은 총체적으로 발생할 것이고, 그러므로 피드백 모음과 조정 과정은 시작으로부터 계획되었다. 하지만 우리는 12장의 습관들에 관한 논의에 의해 제안된 더욱 깊은 인지 및 정서적인 감각에서 '다시 생각하는 것'의 중요성을 강조한다. 어떤 중요한 개혁은 교육자들이 만약 단지 좋은 것이 아닌 훌륭한 교사가 된다면, 지속적이고 깊이 있는 우리의 습관들을 질문할 수 있도록 설계되어야 한다.

그러므로 변화를 위한 모든 계획은 형식적 학교 환경의 설계에 의해서는 좀처럼 발생하지 않는 신중한 직원 '메타인지'인 의식 있는 자기반성과 솔직한 자기평가를 위한 정규적인 기회 속에서 세워져야 한다. 우리는 그들이 일부 제대로 기능을 하지 않는 습관들로 인해 그들이 얼마나 깨닫지 못해 왔는지를 알아차릴 때, Plato의 '동굴의 비유'와 Andersen의 '벌거숭이 임금님'(장기간의 UbD 연수에서 우리가 사용하는 글들)의 주의 깊은 읽기와 논의에 의해 충격을 받은 교사들을 보아 왔다. 우리는 교사들이 그들의 학교에서 그들을 위해 하지 않은 것이 무엇인지 묘사하는 현재와 과거의 학생들과의 비디오테이프로 녹화된 대화와 대면할 때 유사한 자기분석을 보아 왔다. 요컨대, 엄연한 사실들을 대면함으로써, 우리는 어려운 문제들을 물어보고, 학교가 전형적으로 우리 모두로부터 숨기는 퉁명스러운 응답을 고려하도록 자극되었다.

하지만 '다시 생각하기와 수정하기'는 또한 관대한 의미를 가지고 있다. 결국 우리는 지속적으로 학생들에게 '글쓰기는 수정이다.'라고 말하고, 그들이 이 아이디어의 힘을 경험하도록 하기 위하여 글쓰기 과정을 소개한다. 유사하게, 우리는 우리가 원하고 기대하고 '초안'을 가치 있게 여기는 개혁에 관해 명확히 해야 한다. 아무도 바로 완성되는 것을 기대하지 않는다. 훌륭함은 점진적 향상을 거쳐 연속적 접근에 의해 성취된다. 그러므로 UbD 개혁에서 우리는 첫 번째 세 개의 단원은 실천적인 초안으로 고려되어야 하고, 우리가 얼마나 멀리 왔는지 검토하기 위해 첫 번째 초안들로 되돌아볼 때 둘째나 셋째 해에 우리는 성공할 수 있다고 분명히 밝힌다. 그러나 그러한 과정은 항상 마음에 인내심을 유지하는 지도자뿐만 아니라 지지하는 기관, 정책, 장려책들을 필요로 한다.

개혁에 대한 비전에 반하여 우리가 진행하려 할 때, 우리의 개인 및 팀의 업무를 평가하자. 성공의 목표와 비전에 대한 정기적인 자기평가를 교직원에게 요청하는 것은 드물지만 그렇게 하는 것이 필수적이다. 자기평가와 자기조정은 성인들이 문제에서 이슈, 진단, 해결책을 가지고 이해하는 유일한 방법이다. 결과적으로, 우리는 지도자들이 학습 조직 안에서의 업무의 핵심 부분으로서 (개인적인 교사들에 의해, 팀들에 의해, 부서들에 의해, 그리고 전체로서의 구성원에 의해) 공식적으로 작성되고 구두로 자기평가되는 것들과 활동 계획들에 대해 직원에게 일상적으로 문의하는 것은 중요하다고 생각한다.

홍미, 경험, 재능, 교직원의 준비가 되어 있는 수준들에 맞도록 (개인의 필요에 맞추어) 개혁의 업무를 맞추라. 개혁 노력은 모든 이가 똑같이 준비되어 있고, 의지를 보이고, 할 수 있다고 그릇되게 간주하는 포괄적인 지시를 매우 빈번하게 포함한다. 대부분의 교육자는 학생들이 그들의 사전 지식, 홍미 그리고 선호하는 학습 방법에서 현저한 차이를 보인다고 인식한다. 따라서 차별화 수업은 모든 학생이 학습을 최대화하도록 도와주기 위한 '기본적인' 교육 방법으로 보인다. 반어적으로, (그것이 일반적인 업무나 제안된 개혁의 노력이든지) 교실에서 차별화를 전파하는 어떤 학교와 학교구에서 우리는 종종 성인들과 같은 생각을 적용하는 것의 실패를 목격한다.

개혁가들은 교직원이 준비가 되어 있는지, 흥미 및 요구되는 변화와 관련된 다양한 과제를 주의 깊게 살펴볼 수 있는 능력을 평가하는 것을 권장한다. 사전평가 정보가 알려지면, 지도자들은 직원의 다양성을 다루고 사용 가능한 자원을 가장 효율적으로 사용하기 위해 적절하게 전문성 신장, 위원회 임무, 장려책, 학교 개혁의 다른 측면을 조정할 수 있다.

업무를 현명하게 조직하라(순서). 변화의 주도자, 노예처럼 교과서를 따라가는 교사들처럼, 때로는 개혁이 만들어진 가정과 본질적 질문을 다시 논의하기 위한 요구가 없다고 가정하여 활동 계획을 추진한다. 우리는 책을 통하여 만들어진 항목(백워드 설계를 활용하고, 피드백을 위한 기회를 만들며, 수정을 계획하고, 구성원들의 의도적 반영을 격려하는 것)들을 이행하기 위해 더욱 정교한 조직과 개혁 조치들의 순서화를 추천한다.

[그림 11-1]은 우리가 마음속에 가지고 있는 시퀀스의 종류를 요약한다. 피드백 고리가 그림에서 두드러진 특징을 이루는 것에 주목하라. 사실 우리가 논의했던 것과 같이, 유용한 피드백이 적시에 조정하기 위하여 수집되고 분석되었다는 확신을 위해 지도자들이 절차와 구조를 확립하는 것이 중요하다. 계획한 과정을 통하여, 비전, 목표, 전략에 관하여 현재의 가정들을 제고하기 위한 기회들을 만들어야 한다. 그러한 분석적인 역할은 아마도 리더십 팀 또는 대표적인 조정 위원회가 착수할 수 있다. 누가 관련되었는지에 상관없이 피드백 수집과 분석은 반드시 주의 깊게 조직된 활동 계획의 분명한 부분이어야만 한다.

그림의 밑에 더 작은 활동—피드백—조정 고리는 더욱 근본적인, 또 다른 조정의 종류가 필요함을 설명한다. 우리가 피드백에 근거하여 계획을 진행할 때, 우리의 계획을 수정하는 것뿐만 아니라, 우리는 비전에 대

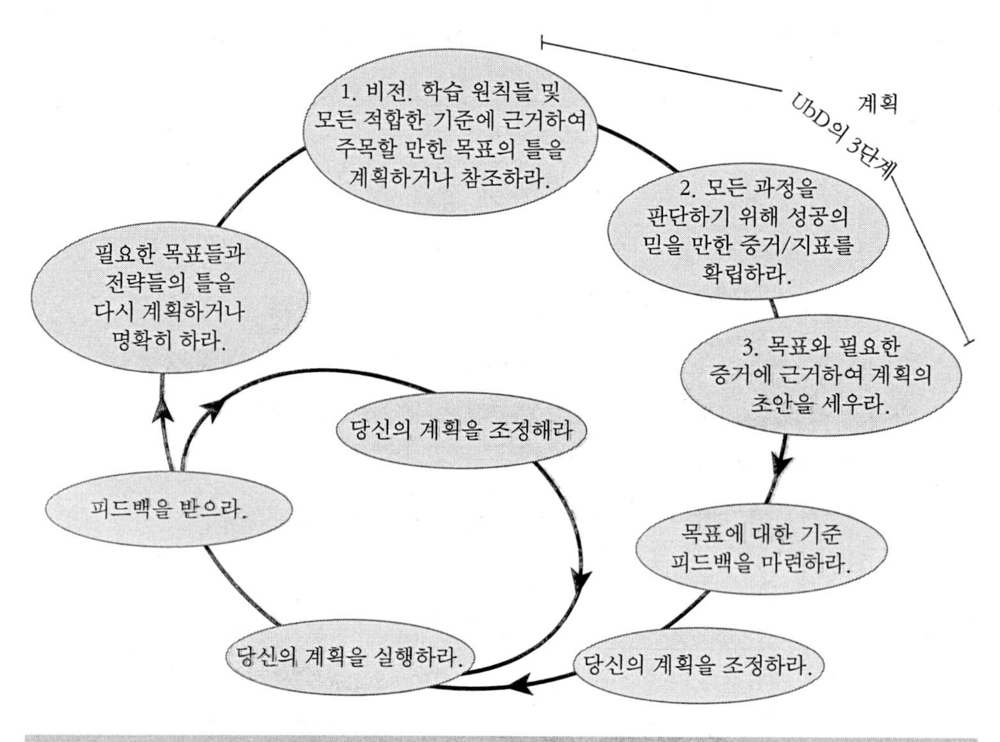

[그림 11-1] **개혁의 임무를 조직하기 위한 시퀀스**

한 근본적인 가정들과 우리가 업무에서 몰두될 때 어떻게 가장 잘 그것을 깨닫는지를 다시 찾아야 할 필요가 있을 것이다. 효과적인 개혁가들은 일반적으로 임무가 달성되었을 때 그들이 시작한 가장 기본적인 가정(어디로 진행하고, 무엇을 수행하며, 무엇을 하지 않고, 무엇이 학습인지 아닌지, 무엇이 리더십인지 아닌지에 대한)이 변화되어야 함을 발견한다.

다른 말로 표현하자면, 엑셀 스프레드시트에서 '논리적으로' 보이는 연속적인 숫자는 순진한 대학 1학년 신입생의 4년 과정 등록 계획이 논리적이라는 것과 같은 방식에서만 '논리적일' 뿐이다. 그것은 정연하지만, 정보를 가지고 있지 않다. 우리는 새로운 여정을 시작하기 전에 우리가 알아야 하는 모든 것을 이해하고, 성취하고 되는 것을 바랄 수도 있음을 가정한다.

그러므로 개혁 조정 위원회 또는 그것의 동등함은 지속적으로 프로젝트의 목적들과 부합하고 실제를 염두에 두고 과정과 방향으로 무엇이 변화되어야 할 필요가 있는지에 대해 세심히 살펴보도록 해야 한다.

우리가 처음에 언급한 바와 같이, 개혁의 세부 사항들은 특정한 장소에 기인한다. 우리는 많은 개혁 노력에서 간과되는 경향이 있는 계획 목적들에 대해 더욱 일반적이고 전략적인 고려 사항들을 강조하는 것을 시도했다. 그것은 모두 세 단계의 논리에 관한 훈련으로부터 전해 내려온다. 당신이 바라는 결과, 1단계의 내포된 요구들에 대하여 개발 및 테스트되지 않았던 사건들을 계획하기 위하여 유혹을 피하라. 그것은 또한 일반적인 전문성 신장의 측면에서 계획을 반대하는 것으로 내려온다. 반면에, 직원의 학습에서 당신의 접근법을 개발하고 테스트하기 위해 4장의 학습 원리를 활용하라. 어떤 특정한 개혁의 궁극적인 목표는 미션과 학습에 관한 직원의 지속적인 학습으로부터 자연적으로 발달하는 미래의 개혁에서 그들의 역할을 이해하는 능력을 가지는 것이다. 그때 우리는 학교교육뿐만 아니라 설계에 의한 학교 개혁이 이루어질 것이다.

제 12 장
우리가 직면해야 하는 습관에는 어떤 것들이 있는가

다시 살펴보면, 죄수를 석방시키고 잘못을 깨닫게 하면 자연스럽게 어떤 일이 벌어질지 보게 될 것이다. 우선, 그를 자유롭게 해 주고 일어나게 해서 그에게 불빛을 보고 그 불빛을 향해 걸으라고 하면 그는 아주 심한 고통을 느낄 것이다. 눈부심으로 인해 그는 괴로울 것이며 그림자(어두운 과거)를 보아 왔던 이전의 상태 때문에 현실을 볼 수 없게 될 것이다. 그는 그에게 말하고 있는 누군가를 상상할 테고, 그가 이전에 보았던 것은 환상이었다는 것을 알게 될 것이다. 그러나 이제 어떤 존재에 가까이 다가가 그의 눈을 실재에 돌리게 될 때, 그는 비로소 좀 더 명확한 비전을 갖게 된다. 그의 대답은 무엇일까?

—Plato, '동굴의 비유', 『국가론(*Republic*)』

우리는 자신이 늘 하던 버릇대로 안다고 말한다.

—John Dewey, 『인간의 본성과 행동(*Human Nature and Conduct*)』

많은 교사가 심층적인 이해가 그들이 추구하는 목표라고 말하고 있음에도 불구하고 학교가 좀처럼 그러한 결과를 산출하지 못하는 이유는 무엇인가? 우리는 이 문제를 수십 년 동안 생각해 왔지만 어떤 면에서는 아직도 미스터리로 남아 있다. 그리고 전통적 교수에 대한 개혁이 왜 끊임없이 실패했는가를 이해할 때까지는 아무리 문서상의 계획이 잘 설계된다고 하더라도, 우리는 학교교육의 개선에 대한 희망을 가질 수 없다.

그러므로 학교 변화의 계획에 대한 '논리적' 접근을 하기 위하여, 우리가 말한 것과 행동하는 것의 차이에서 개혁이 어떻게 전략적으로 고려되어야만 하는가에 대해 오랫동안, 열심히 현실적으로 생각해 볼 필요가 있다. 개혁을 추진하면서, 우리가 이해를 추구하고(학생이나 교사에게서) 그것을 위한 계획을 말하는 것으로는 충분치 않다. (우리가 그것이 가치가 있다고 주장함에도 불구하고) 규칙대로 이해를 하는 데 실패함은 아마도 우리가 변화의 심리를 잘못 이해하였다는 것을 보여 준다.

우리가 이 책의 처음 부분에 언급하였듯이, 우리가 자주 언급하였던 교육적 목적은 학교의 핵심 구조인 교육과정, 평가, 등급 매기기, 직무 분석표에 대해 가르치고 배우는 것을 매일 시작하는 데 있어 자주 실현되지 못한다. 이와 같은 중요한 조직 요소는 이해를 위한 것이 아니라 낮은 수준의 회상과 기능을 위한 것이다. 사실 우리는 우리의 목표를 약화시키는 세계에서 자신도 모르게 일하고 있다.

그러나 우리가 얼마나 우리의 이상을 실행하는 데 실패하였는지를 충분히 설명하지는 않는다. 왜 교수는 어려운 상황임에도 불구하고 평상시보다 더 효과적으로 되지 않을까? 왜 학교는 모든 사람이 그들에게 그렇게 하기를 원하고 있는데도 계속해서 나아지지 않을까? 사회적인 통념은 우리에게 교사들의 미비한 준비, 학생들의 다양한 성장, 학교행정의 융통성 없는 요구 조건, 교과서와 시험의 악영향과 학교의 역기능적 관리 방식 체제를 다시 고려해 보게끔 요구한다. 거의 모든 사람이 시간이 부족하다고 지적한다!

우리의 견해로는, 이러한 대답이 핵심 사항으로서 철저한 검토에 의하여 뒷받침되는 것은 아니다. 목적이 없고 효과적이지 못한 교수의 문제는 학급 수가 적고, 외부의 장애물이 없으며, 잘 교육된 교사들이 있고 토론을 충분히 할 수 있는 많은 시간이 있는 우수한 사립학교들에서 발견된다. 이는 교수들이 그들이 원하는 대로 가르치는 완전한 자유가 있으며 준비 시간을 많이 갖고 수업 시수는 적은 몇몇 명문 대학에서도 발견되고 있다. 또한 (지역 곳곳에 있는) 좋은 교수의 본보기가 되는 학교에서도 발견된다. 그러나 좋은 실행은 확산되지 않으며 종종 도움이 되지 않기도 한다. 이는 교사 업무량이 적고 매일 직원이 사용하는 시간의 자유를 가진 학교에서도 나타난다.

조직을 연구하는 연구자들(Argyris, Senge와 다른 사람들)은, 제도 안에서 오래된 '장애물'이 우리의 문제에 대해 도울 수 있는 방법에서 우리가 대처하지 못하도록 금지하였다. 예를 들면, Senge(1990)는 하나의 조직에서 일곱 가지의 '학습의 문제점'을 확인하였다(『제5의 학문[*The Fifth Discipline*]』에 대한 참고 페이지에 요약했음).

1. 나는 내 직위가 있다: 이 상황은 우리가 정체성을 가진 상태에서 우리의 직업에 대하여 혼란이 있을 때 일어난다. 그리고 우리는 '그 위치의 경계에 대한 제한'에서 우리가 책임을 지는 것을 보게 된다. 4학년 교사들은 준비가 안 된 6학년들이 어떻게 되는지를 보지 못한다. 과학 교사는 학생의 작문 실력에 대해 평가하거나 배정할 책임을 지지 않는다. 미션을 잃은 것이다. "조직에 있는 사람들이 오직 그들의 직책에만 집중하고, 모든 직책이 서로 상호작용하여 생산되는 결과에 대하여 거의 책임감을 지지 않는다."(pp. 18-19)

2. 잘못은 외적 요인에 있다: 우리는 무언가 잘못되면 자신 외의 누군가나 무언가에게 비난을 하는 경향이 있다……. 몇몇 조직은 금계에 대한 이러한 경향을 계속 부추긴다. "당신은 그것이 학생들이건, 위원회 임원이건, 학부모건, 주나 연방 정부 직원 혹은 TV나 비디오게임이건 상

관없이 비난할 외적 요인들을 항상 찾고 있다."(p. 19) 우리의 좁은 역할 안에 갇혀 있고 피드백에서 무시하여 우리는 결국 많은 불행한 결과가 학교교육에서 야기되었다는 사실을 모르게 된다.

3. 환상에 대한 책임: 가끔 '사전에 미리 대비'한다는 것은 그것을 해결하기보다 훨씬 더 많은 문제를 만들어 낸다. 이는 상황을 완전히 분석하여 '조치를 취함'을 의미하는 것이다. Senge는 주장한다. "너무 자주, 자발성은 가장한 반응성이다……. 만약 우리가 단순히 더 공격적으로 '외부의 적'과 싸운다면, 우리는 반응하는 것이다. 진정한 자발성은 어떻게 우리가 우리의 문제에 대처하는지를 보면 알 수 있다."(p. 21)

4. 사건의 고정: "우리는 일상을 일련의 사건(event)으로 보도록 조건화되어 있고, 모든 사건에 대해 우리는 분명한 이유가 있다고 생각한다."(p. 21) 그러나 문제의 실제적 원인은 사건에 직접적으로 연결되어 있지 않으며 하나의 사건으로 설명하기에는 너무 복잡한 대체로 느리고 점진적인 과정에서 나온다. "만약 우리가 사건에 초점을 맞춘다면, 우리가 할 수 있는 최선은 사건이 일어나기 전에 사건에 최적으로 반응할 수 있도록 사건을 예측하는 것이다. 그러나 우리는 오래 지속되는 문제를 다룰 해결책을 창출하는 것을 배울 수는 없다."(p. 22)

5. 삶아진 개구리의 우화: Senge는 이 점을 설명하기 위해 확장된 은유를 사용한다. 만약 당신이 개구리를 끓는 물에 넣는다면, 개구리는 즉시 물에서 나오려 할 것이다. 그러나 개구리를 서서히 끓일 차가운 물에 넣는다면, 개구리는 물 안에 남아 있을 것이고 솥에서 기어 나올 수 없을 때까지 열로 인해 점점 더 몸을 가누지 못하게 될 것이다. "왜 그런가? 개구리의 생존을 위한 위험 감지 내부 기관은 오랜 시간에 걸쳐 영향

을 미치는 느리고 점차적인 변화가 아닌, 환경의 급격한 변화에 맞게 설계되었기 때문이다."(p. 22) 우리는 오랜 기간의 시간에 걸쳐 일어나는 잠재적인 영향과 가벼운 연결을 잘 깨닫지 못하는 경향이 있다. 이는 특히 교사의 영향과 대부분의 교사가 인식하여 계획을 세우는 기간보다 긴 기간에 걸쳐 학습이 일어나는 학교에서 사실로 나타난다. 이는 다수의 코치가 모든 시즌의 개인 연습을 용이하게 하면서, 전체 팀의 경기를 결코 보지 않는 것과 비슷하다.

6. 경험을 통한 학습에 대한 망상: Senge는 주장한다. "대부분의 영향력 있는 학습은 직접적인 경험에서 나온다." 그러나 "우리는 각자 '학습 시야'을 가지고 있으며, 우리의 유효성을 측정하는 시간과 공간에 대한 시야의 넓이가 있다. 우리의 행동이 우리의 학습 시야를 넘어서는 결과를 나타낼 경우, 직접적인 경험에서 배우는 것은 불가능하다."(p. 23) 대부분의 중요한 결정이 우리의 직접적인 경험을 넘어서는 요소를 포함하기 때문에, 핵심은 이 요소들에 대해 통찰력을 제공하지 못한다. 이를 해결하는 전통적인 방법은 문제를 요소로 분리하여 그 부분들을 위임하는 것이지만, 요소들이 서로 간에 고립되어 '다루어지기 때문에' 전체는 놓치게 된다. 그래서 우리는 실제 교육과정에 문제가 있을 경우, 현재의 교육과정에서 아이들에게 더 많은 '협력 학습'이 필요하다고 말한다.

7. 관리 팀에 관한 신화: 전체적으로 일하기보다, 리더십 팀은 주로 팀을 위해 분투하지만 결코 다루어지지 않는 근본적인 차이점을 숨기는 '화합하는 팀의 모습'을 보여 준다. "이미지를 유지하기 위해 그들은 반대 의견을 억누르려고 노력한다. 심각한 의구심을 가진 사람들은 공공연히 의구심을 표현하기를 꺼리며, 공동의 결정은 약화된 절충안이다……. 또는 한 사람의 견해는 집단에게 억지로 떠맡겨진다." 만약 진정한 의견 충

돌이 있다면, 이것은 재빨리 개인화되고, "비난 섞인 태도로 표현되고, 양극화되고, 전체로서의 팀이 배울 수 있는 방식의 가정과 경험 사이의 근본적인 차이를 밝혀내는 데 실패한다". 불행한 결과는 학습의 조직적인 실패인데, "Argyris는 학습을 할 수 없도록 하는 데 믿을 수 없을 만큼 능숙한 사람이 가득한 '숙련된 무능'이라 명명했다"(p. 25).

Senge의 큰 요지는 '시스템 사고(systems thinking)'가 역할에서 이 모든 필연적이지만 전형적인 숨겨진 힘을 알기 위해 필요하다는 것이다. 그렇지 않으면, 우리는 이유도 이해하지 못한 채 반복해야 하는 불운을 갖게 된다. 이 책과 이전 책에 나온 우리의 언어를 활용하기 위해, 우리는 오해를 예측해야 하며 학생들에게 우리가 행해야 하는 것처럼 우리의 약함에 대처하고 계획을 세워야 한다. 이것이 우리가 직무 분석표를 바꾸고, 새로운 정책을 개발하고, 분쟁 조정 지침을 설계하고, '적응 계획을 세우는' 이유다.

첫 번째 문제에 관해, 우리는 이전 장에서 언급했듯이 핵심은 지금보다 더 비개인화되기 위해 교육이 필요한 것이다. 학습 원칙, 이미 설계된 기준에 대한 교육과정의 재검토, 학습 결과에 대한 주의, 행동 연구 전략이 이 과정의 문제를 극복하는 데 도움이 될 것이다. 그렇지 않으면 두 번째 문제(다른 사람을 비난하고 외부 세계를 강요하는)는 사업 세계에서 보다 더 나빠질 것이다. 그리고 사실 비난 게임은 학교, 특히 고등학교 직원에게는 고질적인 것이다. '학생들이 ……하기만 한다면 …… 학부모가 ……하기만 한다면 …… 중학교 교사가 ……하기만 했다면 …….' 세 번째 문제는 우리가 해결책을 제시하기 전에 문제를 신중히 진단할 수 없거나 진단하기를 원하지 않기 때문에, 종종 '준비, 발사, 목표'라 불린다. 네 번째와 다섯 번째, 여섯 번째 문제는 특히 학교교육과 관련이 있는데, 소수의 교육자만이 이후 행동과 학습 활동에 나타나는 장기적인 영향을 알고 있다는 사실이다. 일곱 번째 문제는 단순한 과목 지식을 공유하는 이상의 미션을 가지고 명예롭게 하지 못한 것과 학교 지도자들이 모든 사람의 관점에서 '이해를 하도록 하는' 임무에 실패한 것으로 학교 과목 영역의 실패를 설명한다. 모든 근본적인 학교의 개혁은 Senge나 다른 사람들이 강조한 문제들을 언급할 필요가 있다.

습관, 악과 선

그러나 이 중요한 문제를 '장애물'이라 부르는 것은 우리가 직면하기에 결정적이라고 생각하는 무엇인가를 숨기고 있다. 그것들을 '장애물'이라 부르는 것은 그들이 우리가 되기를 바라는 것에 대한 정말로 완곡한 어법이다. 우리가 언급하고 있는 것은 나쁜 습관만큼이나 잘 설명된다.

우리는 시설과 개인의 전문적인 변화에 대한 대안적 가정을 고려해야 할 때라고 생각한다. 우리는 많은 사람은 더 나아지기를 원한다고 말하지만 자신도 모르게 필요한 변화를 하기 위한 습관 타파 행동으로부터 멀어지게 하는 사실들에 대면해야 한다. '체제(system)'와 보이지 않는 원인과 영향을 생각해 보는 것에는 분명한 장점이 있고, 우리가 너무 적은 주의를 꽤 뚜렷한 것—교수의 나쁜 습관, 시험, 채점, 구식 자기탐구 분석을 통해 해결 가능한 학교와 관련된 문제의 토론, 변화를 위한 약속, 습관을 깨기 위한 힘든 작업—에 준다고 생각한다.

교수와 학교교육의 개혁에 관계된 문제는 아마도 교수와 학교교육의 개혁에 대한 우리 자신의 저항에 대면하는 방법의 발견을 상상하는 것이 나을 것 같다. "우리는 적을 만났고 그 적은 바로 우리다."는 Pogo의 유명한 말이다. 만약 그가 옳다면 어떨까? 마지막으로 순진한 말, 가식, 학교 외부의 힘에 대한 지속적인 불평, 여러 세기에 걸쳐 개혁하고자 한 이

전의 시도들을 몹시도 괴롭혔던 '좋았던 옛날'에 대한 낭만주의 없이 우리는 우리 자신의 문제에 직면해야 한다.

그렇다, 여러 세기 동안이다. 목적 없는 교수와 우리 행동의 장기적 영향을 직면하고 싶어 하지 않는 꺼림은 표준화된 학교교육, 시험, 교과서보다도 앞선다. 심지어 산업혁명과 소위 학교의 공장 모형보다도 앞선다. Comenius는 1632년 다음과 같이 썼다.

> 우리는 교육이 거짓이 아니라 사실을 표면적이 아닌 전체적으로 가르친다고 약속한다. 다시 말해, 사람은 다른 사람의 지식이 아니라 자신의 지식으로 지도받아야 하며, 다른 사람의 의견을 단순히 읽거나 외우고 반복해서는 안 되며, 사물의 본질을 꿰뚫고 그가 배운 것을 사용하고 진정으로 이해하는 습관을 획득해야 한다(Comenius, 1632/1910, p. 82).

140여 년 전 Spencer(1861)가 기술한 내용을 소개한다.

> 가게에서, 사무실에서, 그의 가족이나 재산을 다스리면서, 은행이나 철도의 감독으로 일하면서 말은 진부하며, 여러 해에 걸쳐 획득한 지식의 도움은 매우 적다. 너무 적어서 대부분이 그의 기억에서 사라진다……. 우리의 학교 과정은 거의 전부 사라지고, 이렇게 우리는 우리 삶에 가장 가까운 것을 발견한다(p. 2).
>
> 전체적으로 무턱대고 외우는 잔인한 체제(문자에 영혼이 희생되는 체제)가 만연한다. 결과를 보라……. 시험을 한 번 통과하면, 책을 제쳐 놓는다. 획득한 더 거대한 부분들은…… 곧 기억에서 사라진다. 남는 것은 대부분 (경작되지 않은 지식의 적용 기술과 같은) 불활성인 것이다. 그러나 관측의 축적이나 독립적인 사고는 작은 힘만을 갖고

있다(p. 30).

20여 년 전에 Goodlad(1984)는 이제까지 행한 가장 철저한 학교교육의 연구에서, 우리 모두가 알고 있으나 부인하고 있는, 학교에서 무엇을 관여하고 관여하지 않는지를 설명하였다.

> 그 과목을 듣는 1/3 이상의 중학교, 고등학교 학생들이 '매우 재미있다'라고 평가한 유일한 과목은 예술, 직업 교육, 체육 교육과 외국어 교육이었다(p. 232).
>
> 학교에서 가장 빈번하게 발견되는 교실 수업을 적은 퍼센트의 학생들이 좋아한다는 것은 특히나 고통스러웠다(p. 233).
>
> 학생들은 학습에 관해 어떻게 인식하고 있을까? 우리는 [학생들에게] 학교 과목 중에서 배운 가장 중요한 것을 적어 달라고 요청했다. 대부분의 평범한 학생들은 사실 또는 주제를 열거했다……. 지적인 힘을 획득했다는 깨달음을 암시하는 응답은 눈에 띄게 보이지 않았다(pp. 233-234).

우리가 주최한 워크숍 참석자들은 어떤 작업이 진정한 학습을 야기하는지에 대한 질문에 대한 학생들의 맹점을 보여 주고 있다. 우리는 '당신이 경험한 가장 잘 설계된 학습의 특징은 무엇인가?'라는 질문에 대해 8,000개 이상의 응답을 얻었다. 분명한 학습 목표, 위험을 감수할 만한 안전한 조건, 도발적인 도전과 질문, 다양성과 선택, 다양한 피드백 기회, 적응과 같은 답이 반복해서 나타났다. 그러나 우리가 응답자들의 학교에서 교수와 학습을 살펴보니, 우리는 그러한 실행을 정규적으로 볼 수 없었고 교사나 교수자에게서 이상과 현실 사이의 깊은 불일치와 진술된 믿음과 행동의 언급에 대한 절박함을 느낄 수 없었다.

다시 말해, 지역의 개혁을 이끄는 동기 부여자로서 현실과 비전 사이의 차이를 살피는 것이 대단히 논리적이고 상식적임에도 불구하고, 이 차이를 살피고 행동하는 것은 근본적으로 어려우며 모든 학교의 개혁 계획은 이 역학을 고려하여야 한다. 우리는 비전과 현실 사이의 차이를 '보기'만 할 수는 없다. 왜냐하면 우리 대부분은 이 차이를 '보기'만 하지는 않을 것이기 때문이다. 비록 우리가 그렇게 할지라도, 우리는 우리가 가치 있다고 말하는 것과 실제로 행하는 것 사이의 모든 불일치를 보는 것에 저항한다. 우리는 그것을 외면하는 방법을 발견하고, 그것의 존재를 부인한다. 불일치를 부인하는 것은 혼란과 더 나쁜 상태와 어리석은 요구를 피하는 방법처럼 보인다.

그렇다면 심리학 용어로 우리는 부인 상태라고 할 수 있다. 우리는 교수 과정의 변화에 대한 자기의식적인 싸움의 관점에서 변화에 '저항'하지 않는다(비록 그것이 때로 진실일지라도). 우리는 깊은 심리학적 관점에서 변화에 '저항'한다. 우리는 심지어 저항하고 있다는 것을 깨닫지 못한다. 왜냐하면 우리는 우리의 관점에서 문제를 설명해 내기 위해 우리가 들어가는 깊이를 쉽게 보지 못하기 때문이고, 현재의 상황을 합리화하기 때문이다. 우리는 변화의 필요를 보지 못하고 저항을 보지 못한다.

만약 우리가 지식과 기능의 부족을 반영하는 어떤 것 대신에 강력한 습관에 기반을 둔 무언가로 효과 없는 학교교육을 재정립하면 어떻게 될까? 만약 모든 장기적으로 성공적인 학습(학교 미션을 목적으로 하든 평생 전문성 신장을 목적으로 하든)이 새로운 지식이나 기술을 더하기 위한 것만큼이나 행동과 마음의 새로운 습관을 얻기 위한 것이라면 어떨까?

우리는 우리의 습관과 우리의 두려움이 우리의 이상을 능가하기 때문에 학교교육의 개혁이 거의 일어나지 않는다고 제안한다. 우리는 이론상으로 변화를 원할 수도 있지만 우리의 습관을 방해하는지에 대한 이해가 부족하고, 깊은 상태의 습관을 살펴볼 의지가 부족하고, 습관의 변화를 지지해 줄 계획이 부족하다. 그리고 학교 변화 주도자는 습관을 변화시킬 수 있고, 변화의 두려움을 극복할 수 있고, 어떻게 학습이 정말로 일어나는지를 존중하는 우리의 당황스러운 무능에 맞서기 위한 안전한 환경을 모두에게 제공하는 계획을 거의 제안하지 않는다.

다른 사람들과 마찬가지로 교사도 일반적으로 생각 없는 과정—다른 성인으로부터 고립되어 상황을 악화시키고 비평적인 친구들과 고귀한 의도의 굳건한 믿음을 믿는—의 힘을 보지 못한다. Argyris와 Schön(1974)은 다음과 같이 말했다.

> 누군가 특정 상황에서 어떻게 행동해야 하는지를 물었을 때, 대개 그가 주는 대답은 그 상황에 대해 그가 옹호하는 이론에서 나온 행동이다. 이것은 요청에 의해 다른 사람과 의사소통할 때 그가 믿고 있는 이론에서 나오는 행동이다. 그러나 실제 그의 행동을 지배하는 이론은 이 이론의 실제적 사용이다(pp. 6-7).

그러므로 나쁜 습관 대신 새로운 습관을 개발하려고 힘쓰는 개인의 변화를 어렵게 하는 것을 방해하는 것과 같은 방식으로 학교 개혁의 계획을 생각해 보는 것이 아마도 나을 것 같다. 사실 학교의 익숙한 구조와 '진도 나가기식 교육'은 우리의 이상에도 불구하고 우리에게 대부분의 시간에 정해지고 생각 없는 방식의 응답을 야기한다. 교육개혁의 진수는 나쁜 습관을 찾아내고 7장에서 다루었던 Collins(2001)가 '현실의 잔혹한 요소'라고 불렀던 것을 대변하기 위한 것이다.

나쁜 습관의 범위

인스턴트 음식을 먹거나, 담배를 피우거나, 모든 대화에서 항상 빈정대는 것과 같은 나쁜 습관의 '범위'에 대해 생각해 보자. 사소한 일을 들춰내는 끝없는 퀴즈를 내는 것은 나쁜 습관이다. 상대 평가를 하는 것, 목적의식이 있고 일관성 있는 실러버스 대신에 교과서의 페이지에 의존하는 것 등 끝없이 많다.

우리가 '범위'는 한낱 나쁜 습관이 아니라고 말하기까지, 그것은 많은 교사에게 중독이었다. 우리는 나쁜 결과에도 불구하고 그것을 집요하게 계속한다. 우리는 그것이 모든 집단에게 교수와 학습을 보람 없게 한다는 사실에도 불구하고 공격적으로 그것을 방어한다. "오, 제발! 결국에는 우리도 그 방식으로 배웠어." 독자들이여, 우리와 함께 잠시 더 머물러 달라. 방어적인 반응이 반응의 약한 조각처럼 여러분을 치는 것처럼 보이는 것은 아닌가? 예를 들어, 우리가 교수에 있어서 비생산적인 습관을 재고하기 위해 중독을 부르는 익숙한 12단계의 프로그램을 바꾸었을 때 맞추어진 것을 보라.

- 우리는 문제가 있다는 것을 인정한다. 우리는 외부의 목적 없이 페이지 순으로 교과서를 통과하는 행진에 중독되었다.
- 우리는 우리의 미션으로 '더 높은 힘'을 찾는다.
- 우리는 이 목표를 공공연히 실행한다.
- 우리는 이 목표에 위배되는 '두려움 없는 재고'를 실행한다.
- 우리는 우리의 지난 과오의 천성을 다른 교육자와 학생들에게 인정한다.
- 우리는 단순한 '교수'가 아닌 배움을 위해서 우리의 직업의 천성에

대한 '영적인 깨달음'을 얻는다.

여기에 도덕적인 비난은 없다. 우리는 경구를 회상한다. '개인적인 것은 없다. 그러나…… .' 우리 각자가 진정한 정의가 없는 행동을 깨닫는 것은 쉽다. (합리화 없이 우리는 하루도 살 수 없기 때문에 성별보다 합리화가 더 중요하다고 진술한 영화 〈새로운 탄생[The Big Chill]〉에서의 재미있는 대사를 기억하라.) 모든 교육자는 열심히 노력한다. 그것은 큰 문제가 아니다! 그러나 Winston Churchill이 말했던 것처럼, "'우리는 최선을 다하고 있다.'고 말하는 것은 소용이 없다. 당신은 필요한 일에서 성공해야 한다." 우리의 고귀한 작품인 교육을 미화하고자 하는 우리의 욕망 때문에, 우리는 먼저 황제는 종종 옷이 없어도 자랑스럽게 행진해야 한다는 잔혹한 사실에 직면해야 한다.

셀 수 없는 학교 규율들은 그것들이 분명히 학습을 방해한다는 사실(우리가 눈가리개를 제거하거나 우리의 일에서 재치 있게 도와주기만 하면 깨달을 수 있는 사실)에도 불구하고 수십 년간 계속되었다. 다음을 고려해 보자.

- 학생들이 필수적인 이전 자료를 배우는 데 실패했는지 여부와 관계없이 하나의 '속도'로 나가고, 교과서를 실러버스로 취급하는 것
- 학습자의 사전 지식을 더 잘 이해하기 위한 사전 테스트의 실패와 교수 전의 준비성
- 우리 목표에 대한 '안전성'(즉, 비밀과 '잡았다[gotcha]') 시험(우리의 목표를 성취하게 할 수 없게 만들 것 같은)
- 예측 가능하게 지겹고 수동적이고 귀납적인 교육학적 접근법(예를 들어 끝없는 문제 풀이와 각 장 끝내기, 낮은 수준의 질문지)
- 학습자의 학습 목표 도달에 필요한 시간 대신에 학기별 또는 연도별로 계획된 과정

- 형성평가의 모든 점수를 기록하여 기말 성적에 반영하여 수행 초기 시도 시 학생들이 위험 부담을 가지도록 하는 것
- 좀 더 최근의 수행을 기반으로 하기보다는 수학적 수단으로 계산된, 성장의 부과로 결과를 낸 성적 매김의 고정
- 학습의 불가피한 가변성을 무시한 융통성 없는 속도로 지도

우리는 동의하지만 거절한다. 우리는 일반적으로 문제를 깨닫고 있지만 우리의 이 잔혹한 사실을 우리의 교실과 학교의 탓으로 할 수는 없다. 다시 말해, 우리는 모든 나쁜 습관을 부인하고 있다. 여러 세기 동안 우리는 무엇이 관계가 있고 이해를 위한 효과적인 학습이 어떤 것인지 알고 있지만, 우리가 거기로 가려는 것을 막고 있는 시간이 지나도 변하지 않는 과정에 맞서지 않고 있다.

아마도 여러 세기에 걸친 변화를 위한 교수의 빈번한 실수를 처리하는 더 현명한 관점은 교사가 가려지고 강하고 불행한 (고립의 힘, 대집단의 아이들을 통제할 필요성, 지속적인 피드백의 결핍, 전통의 무게로 더 나빠진) 습관을 움켜쥐고 있다고 말하는 것이다.

나쁜 습관의 조력자인 교과서

교과서는 이 나쁜 습관들의 강력한 조력자다. 교과서의 물질적인 무게는 지적 무게의 신호다. 그러나 전형적인 교과서는 목적 없는 정보의 개요서이자 교과서 밖의 연습 이상을 제공하지 못한다. 이것은 백과사전, 사전, 요리책 또는 야구 규칙서처럼 단지 철저하게 '논리적인' 순서로 나눈다. 상식은 우리에게 영어를 배우기 위해 사전을 페이지 순서로 꿰는 것이나 야구를 하는 방법을 배우기 위해 규칙서를 외우는 것이 어리석다

는 것을 알려 준다. 내용의 순서 목록을 훑고 자신만의 가설을 만들지 않고 그것을 시험한다고 해서 여러분이 첨단 과학자가 될 수 없는 것과 마찬가지로, 요리법의 개요서를 읽는 것이 여러분을 좋은 요리사로 만들 수 없다. 목적(그러므로 교과서의 목적 있는 사용)은 사용자나 교수자가 제공해야 한다. 다시 말해, 수행 목적을 획득할 방법을 배우기 위해 교과서가 참고되어야 한다. 그러나 날이면 날마다 많은 교육자가 이러한 상식에 눈먼 채로 남아 있다.

사물을 이 방식으로 볼 때 문제를 더 불행하게 보이도록 만드는 것은 소수의 전국적인 교과서가 독특한 미션과 우리 학교나 학교구의 지역적 목적은 말할 것도 없고 특정한 주의 표준에 맞춰 쓰였다는 사실이다. 만약 우리의 학교가 '시민의식 향상'과 역사 학습의 '비판적인 사고'의 강조를 추구한다면, 어떤 교과서도 우리의 조건에 맞지 않을 것이다. 게다가 대부분의 교과서는 전국적인 시장을 사로잡기 위해 쓰였고 주 선정 정책에 의해 세 개의 큰 주(캘리포니아 주, 텍사스 주, 플로리다 주)에서 받아들여지고 있다. 그러므로 교과서가 그 주들의 방대한 표준 문제를 논급하기 위해 분투한다면(여러분이 다른 47개 주에서 살고 있다면 교과서에 배타적으로 의존하는 어리석음에 신경 쓸 필요도 없고) 전체 교과서를 가르쳐야 한다는 것은 더더욱 말이 되지 않는다.

요약하면, 교과서는 실러버스가 아니며 결코 그것이 되어서도 안 된다. 상식은 우리에게 교과서가 전화번호부나 컴퓨터 사용 설명서와 같은 매우 제한적인 자료라는 것을 알려 준다. 왜냐하면 교과서는 통합된 수행을 야기하거나 학습을 새로운 상황으로 전이시키도록 설계되는 경우가 드물기 때문이다. 그러나 어디서든 교사는 책을 가르치는 습관에 빠져 있다. ('페이싱 가이드'를 포함한) 교육과정의 대다수는 교과서를 맞추기 위해 설계되었다. 소수의 지역 선정 과정이 전이와 관련된 분명한 미션과 관련된 목적을 고려하여 교과서를 살핀다. 그리고 소수의 학문 부서와 프로그램이 지역 목표를 고려하여 어떤 장은 무시하고 어느 장을 강조할지에 대한 지침을 발표한다. 그래서 우리가 교과서에 중독되었다고 말하는 것은 과장이 아니다. 모든 필수적이고 강력한 개혁 계획은 교과서를 사용해야 할 것인가 대 어떻게 우리가 교과서를 사용할 것인가에서 남을 의식하게 만듦으로써 잔혹한 현실과 맞서게 될 것이고, 그것은 우리에게 책에 대한 수동적인 의존에 대해 더 자각하게 되는 셀 수 없는 기회를 제공할 것이다.

진정한 개혁은 이러한 현실에 맞서는 것(전략, 감정적인 지지, 습관을 변화시키기 위한 계획)에 의존한다. 이전 장에서 언급한 것처럼, 학교교육에서 우리는 다른 종류의 직무 분석표와 지속적으로 새로운 습관을 요구하는 작업 장소를 필요로 하고 지지 구조와 그것을 얻기 위한 장려책을 제공한다. 이러한 방식으로 문제를 살펴보면 마침내 이전에 언급했던 퍼즐을 설명할 수 있을 것이다. 즉, 가르치고 학교교육을 하는 더 나은 방법이 있으나 그것을 행하는 데 영구히 실패할 것을 우리가 아는 것이 어떻게 가능한지를 알게 된다.

사람이 학습하는 방법 그리고 역설적으로 저항하는 학습

우리의 도발적인 관점은 실제로는 연구에 의해 지지된다. 학습, 학생의 오개념, 인지 요법, 습관의 형성과 파괴, 비슷한 결론을 향한 모든 관점의 분배된 이론에서의 현대 문학. 사고와 행동의 습관은 주지의 사실로 쉬운 변화에 저항한다. 제도는 방어적이고 제대로 기능하지 않는 상호작용과 실행에 눈 멀어 있다.

Freud, Piaget, Gardner와 같은 다양한 사상가는 우리 행위의 의미 만들기의 '부정적인' 면은 (특히 새로운 의미가 소중하게 여기는 믿음에 의문을 던질 때) 우리가 새로운 이해에 저항하고 옛 의미를 고집스럽게 계속한다는 것을 깨달았다. 우리는 현재의 마음과 행위의 습관을 이성적인 결정의 결과라고 믿으려고 하고, 믿을 만한 사람들과 교과서, 밝혀진 경험이 그것이 비이성적이라는 것을 보여도 비생산적인 의미에 얽매인다.

그러나 이러한 현대의 이론은 단지 2,000년 전의 Plato의 이론의 이형이다. 우리는 너무 쉽게 익숙한 편안함으로 돌아가기 위해 열심히 찾는 동안 새로운 것에 의해 '눈이 먼' 것을 느낀다. '자유로운' 사상가들은 자신의 의지에 반하여 빛으로 '거칠게 상승하여' '끌려' 올라간다. 이해는 시간뿐 아니라 심각한 의문과 불확실함에 대면하여 고집스럽게 계속하는 능력이 필요하다. 우화 속의 화자인 Socrates는 그의 청자에게 이야기가 교육의 진정한 본질에 관한 우화라는 것을 상기시키는 것으로 결론짓는다.

> 그러나 그때 만약 내가 옳다면 그들이 장님의 눈에 빛을 넣는 것과 같이 이전에 거기에 없었던 영혼에 지식을 넣을 수 있다고 말하는 교육의 특정 교수들이 틀린 것이다.
>
> 그는 그들이 의심 없이 이것을 말한다고 응답했다.
>
> 반면, 우리의 논쟁은 힘과 학습의 능력은 영혼에 이미 존재한다는 것을 보여 준다. 그리고 전체 몸을 움직이지 않고 눈을 어둠에서 빛으로 돌릴 수 없는 것처럼, 지식의 교수는 전체 영혼의 움직임을 돌려야만 가능하다(Plato의 『국가론[*Republic*]』).

모든 학습자는 너무 쉽게 익숙함에 안주한다. 영화 〈끝없는 사랑(Teachers)〉의 유명한 장면을 회상해 보면, '디토'가 교실에서 죽었지만 아무 문제도 없었다. 학생들은 그날의 학습지를 가져가서 고분고분 완성하고, 나갈 때 그의 책상에 그것을 가져다 놓는 과정을 반복했다. 또는 『쇼핑몰 고등학교(*The Shopping Mall High School*)』(Powell, Farrar, & Cohen, 1985)의 중심 메시지를 상기해 보라. 교사와 학생은 학습을 비용으로 하더라도 서로 간에 도전하지 않는다는 '조약'에 암묵적으로 동의하고 있다.

한 명의 어른이 다른 어른들로부터 떨어져 한 방에 일년 내내 있게 되면, 그 교실은 '지적인 동굴'로 생각될 수 있다는 것이 요지를 지나치게 확장한 것은 아니다. Socrates의 동굴의 거주자와 같은 교사는 교과서 범위, 끝없는 학습지, (비록 연관이 있을지라도) 목적 없는 활동이 그림자 이름 짓기의 교육적 버전이라고 보았을 때 이해할 수 있는 저항을 한다. 이는 그들이 멍청하거나 폐쇄적인 마음을 가졌기 때문이 아니라 그들의 직업에 대한 개념이 도전받게 되면 (특히 우리가 혼자일 경우) 내면적 고통, 혼란, 인내의 상실, 통제의 상실을 처리하기가 매우 어렵기 때문이다. 사실 우리가 교과서와 전형적인 교육과정의 틀을 빼앗으면 혼란으로 보이는 것 이외의 대안은 무엇인가? 그것이 모든 습관의 변화에 대한 느낌이다. 새로운, '더 나은' 습관은 어색하게, 익숙지 않게, 유용하지 않게 느껴지고, 우리의 오랜 습관이 옳고 편하게 느껴진다. 그래서 (우화에서와 같이) 처음에 우리가 새로운 습관이 더 나쁘다고 말하는 것에는 이유가 있다. 우리는 '빛에 의해 눈이 멀었고' 이전보다 잘 보지 못하고 덜 효과적으로 행동한다.

변화 만들기

그러면 다음의 질문을 스스로에게 해 보자. 어떤 습관을 고쳤으며, 그 습관을 고치기 위해 여러분은 무엇을 했는가? 여러분은 어떤 개인적인 습관을 고치고 싶으나 고치지 못하였는가? 무엇이 그것을 어렵게 만들었는가? 다른 사람들은 어떻게 그 습관을 고쳤는가? 우리는 어떻게 성공적인 습관과 성공적이지 못한 습관의 차이를 설명할 수 있으며, 습관에 관한 연구는 우리에게 무엇을 가르치고 있는가?

AARP의 뉴스레터에서 발견한, 특별히 성숙한 어른들을 위해 쓰인 습관에 관한 연구의 요약을 살펴보자(Wadman, 2005).

변화하는 방법

어떻게 오래 사용한 습관의 포기에 착수할 수 있을까? 행동 변화 전문가는 일반적으로 18세에서 88세까지의 행동 변화를 위한 몇 가지 조언에 동의한다. 다음은 우리가 50세 이상에 적당하도록 그것을 개선한 것이다.

- 왜 변화하기를 원하는지 알아낸다. (나는 손녀의 결혼식에서 춤을 추고 싶다는) 내적 동기가 (주치의가 몸무게를 줄이라고 했다는) 외적 동기보다 더 낫다. 그러나 시작은 겉치레 목적도 가능하다.
- 당신의 인생 경험을 당신의 이점으로 사용하라. 당신이 변화하기 위해 했던 시도와 왜 그것이 실패했는지의 목록을 작성하라. 그러고 나서 당신이 배운 것을 적용해 보라. 지난 50년간 8시 이전에 일어나지 못했다면 아침 6시에 운동하겠다는 계획은 세우지 말라.
- 시작 날짜가 포함된, 중단을 위해 작성한 계획을 개발하라. 자세하게 적을수록 더 좋다. '나는 몸무게를 줄이고 싶다.'라고 적지 말자. 대신에 '나는 2월 1일을 시작으로 6개월간 한 달에 2파운드씩 몸무게를 줄이겠다.'고 적으라. 행동 변화 전문가인 Charles Stuart Platkin은 습관 변화를 위한 계획은 우리 딸의 결혼식을 위한 계획에 적은 것처럼 세부적으로 주의 깊게 모든 시간을 착수해야 한다.
- 옛 행동을 새 행동으로 대체하라. 운동은 담배나 간식의 훌륭한 대체물이다. 도덕적이지 못한 대체물이라도 분명히 나쁜 습관보다 낫다. Dena Jansen이 담배를 끊었을 때, 그녀는 라스베이거스

에 살고 있었다. 그녀는 손으로 무엇을 해야 할지 몰랐다. 그래서 그녀는 그 후 몇 주를 카지노에서 보냈다. 그녀는 "만약 그만큼의 돈을 절약할 수 있다면 기계에 넣을 수 있다는 것을 알게 되었다." 고 말했다.

- 완벽함이 선의 적이 되게 하지 말라. 만약 20파운드를 빼려고 노력하는 것이 당신을 마비시킨다면 작게 시작하라. Baylor의 John Foreyt에 의하면 하루에 20분씩 걷는 것은 하루에 100 이하의 칼로리(마요네즈 1테이블 스푼에 해당한다)를 소모시키지만 일반적인 사이즈의 사람이 1년간 20파운드를 빼게 한다.
- 도움을 받으라. 함께하는 친구나 가족은 대부분의 성공적인 행동변화에 비판적이다. 당신의 가까운 사람들에게 당신이 무슨 계획을 세우고 있으며 당신의 행동에 어떤 영향을 줄 것인지를 알게 하라. 반대로, (배우자를 포함한!) 당신의 노력을 과소평가하는 데에 관심이 있는 사람들을 멀리하라.
- 장애물을 예측하라. 레스토랑 테이블에 빵 바구니가 왔을 때 무엇을 할 것인지 계획을 수립하라. 산책하거나, 야채 메뉴를 주문하거나, 다른 사람들에게 서빙한 후에 바로 치우도록 웨이터에게 요청한다.
- 방해물을 예상하고 그로 인해 하지 않아서는 안 된다. 당신이 미끄러진 다음 날의 계획을 세우라.
- 실패하도록 계획하지 말라. 11월 말은 1,200칼로리 다이어트를 시작할 최적의 시간은 아니다.
- 노력을 멈추지 말라. 대부분의 사람이 첫 번째 시도에서 변화에 성공하지 못한다. Cedars-Sinai의 Wilkins는 "당신이 성공하는 것이 세 번째, 네 번째, 다섯 번째일지 알 수 없으니 결코 포기하지 말라."고 말한다.

우리는 이 기사를 우리의 학교 개혁 필요에 쉽게 적용할 수 있다.

- 우리가 왜 변화하고 싶어 하는지 알아내라. (나는 아이들이 '아하'를 성취하는 것을 보는 기쁨을 경험하고 싶다는) 내면의 동기는 (나의 계획된 팀은 『백워드 설계에 의한 이해』를 읽는다는) 외부의 동기보다 더 낫다. 그러나 시작으로, 외적인 목적도 가능하다.
- 여러분의 인생 경험을 여러분의 이점으로 사용하라. 여러분이 변화하기 위해 했던 시도와 왜 그것이 실패했는지의 목록을 작성하고 교사로서의 방법을 변화시키라. 그러고 나서 여러분은 조금씩 배운 것을 적용하라. 1년간 1단원도 재작성하지 않았다면 6단원을 바꾸는 계획은 세우지 말라.
- 시작 날짜가 포함된, 중단을 위해 작성한 계획을 개발하라. 자세하게 적을수록 더 좋다. '나는 목적 없는 진도 나가기를 그만두고 싶다.'라고 적지 말자. 대신에 '나는 전기 회로에 관한 단원이 이해를 반영하는 전이 과제로 끝나기를 원한다.'라고 적으라.
- 옛 행동을 새 행동으로 대체하라. 본질적 질문이나 도발적인 문제로 수업을 조직하는 것은 목적 없는 진도 나가기의 훌륭한 대체물이다. 도덕적이지 못한 대체물이라도 분명히 나쁜 습관보다는 낫다. 비록 빅 아이디어에 약간의 접점으로 연관되어 있을지라도 한 단원의 시작을 연관성이 높은 게임이나 비디오로 시작하라.
- 완벽함이 선의 적이 되게 하지 말라. 만약 모든 단원을 바꾸려고 노력하는 것이 당신을 마비시킨다면, 작게 시작하라. 각 단원의 한 수업을 본질적 질문에 초점을 맞추면 1년 후에는 결국 다른 교실이 될 것이다.
- 도움을 받으라. 함께하는 친구나 가족은 대부분의 성공적인 행동 변화에 비판적이다. 여러분의 가까운 사람들에게 여러분이 무슨

계획을 세우고 있으며 여러분의 행동에 어떤 영향을 줄 것인지를 알게 하라. 반대로, (여러분이 함께 시간을 보내는 동료를 포함한) 여러분의 노력을 과소평가하는 데에 관심이 있는 사람들을 멀리하라.

- 장애물을 예측하라. 책의 페이지를 따라 진도를 나가는 것이 낙오하는 것처럼 느껴질 때 무엇을 할 것인지 계획을 수립하라. 예를 들어 그 장의 요약본 혹은 개요를 준비하거나, 교과서의 중요하지 않은 부분을 뛰어넘거나, 학생들이 다운로드 하도록 팟 캐스트에 읽을거리를 요약하라.
- 방해물을 예상하고 그로 인해 하지 않아서는 안 된다. 당신이 미끄러진 다음 날의 계획을 세우라.
- 실패하도록 계획하지 말라. 2월 말은 새로운 수업을 시작할 최적의 시간은 아니다.
- 노력을 멈추지 말라. 대부분의 교사가 첫 번째 시도에서 그들의 교수 방법의 변화에 성공하지 못한다. '당신이 성공하는 것이 세 번째, 네 번째, 다섯 번째일지 알 수 없으니 결코 포기하지 말라.'

한 사람의 인생에서의 습관 변화에 관한 책인 『선을 위한 변화(*Changing for Good*)』에서, Prochaska, Norcross와 DiClemente(1994)는 (많은 통제된 의학 연구 데이터를 가지고) 만약 우리가 변화 중인 우리의 단계를 깨닫고 (성공적인 자기변화와 그들이 통과하고 있는 단계에 대한 주의 깊은 연구를 기반으로 하여) 우리가 그 단계에 적합하게 대응한다면, 우리의 성공 기회가 증가할 것이라고 주장한다. 그들의 접근법은 현재 비만과 약물 중독에 관한 전국적 작업에 있어 최고의 실천으로 여겨진다. 그들의 연구는 한 사람이 되풀이하여 나선형으로 통과하는 행동 변화를 6단계로 구분한다.

- 사전 고찰
- 고찰
- 준비
- 행동
- 유지
- 제거

그들의 접근법의 성공의 열쇠는 단계가 진행됨에 따라 인내하고 기술이 단계에 민감하다는 것을 깨닫는 것이다. "효과적인 자기변화는 적당한 순간에 적당한 일을 하는 것에 달려 있다……. 한 단계에서 효과적인 방법이 다른 단계에서 비효과적이거나 해로울 수도 있다."(p. 59)

예를 들어, 준비 단계의 사람이 준비가 되기 전에 중요한 행동을 하도록 격려받으면, 그들의 성공 기회는 낮아지고 그들의 계속하고자 하는 의지는 위태로워진다. (이는 전문성 신장에서 자주 있는 문제다.)

> 준비 단계의 사람들이 행동을 취하고, 행동하기 위한 준비가 된 것처럼 보일지라도, 그들이 반드시 그들의 양가성을 해결한 것은 아니다. 그들은 여전히 행동하는 것이 그들의 최선이라고 스스로에게 확신을 줄 필요가 있을지도 모른다……. 이 마지막 순간의 해결은 필요하고 적절하다(p. 43).

> 변화와 행동을 동일시하는 전문가가 멋진 행동 위주의 변화 프로그램을 설계하고 극소수가 등록하거나 많은 수의 참가자가 잠시만 머물고 나가는 것에 쓰라리게 실망했다(p. 44).

더 일반적으로, Prochaska 등은 흔하게 볼 수 있는 두 가지 부조화 사례를 인용한다. 자기인식이 모든 성장에 선행해야 한다고 가정하는 자기 변혁가(그리고 치료사)('그들은 자신을 더 많이 앎으로써 행동을 수정하려고 한다.')와 행동에 옮기는 것이 필요한 모든 것이라 가정하는 사람들('그들은 인식 없이 행동을 수정한다.')이다(p. 59).

역으로, 사전 고찰 단계에서 사람들의 주요 행동은 다르지만 좀 더 나아지도록 일을 하도록 하는 모든 의견에 대한 그들의 방어적인 행동을 깨닫도록 돕는 것이다. 우리가 많은 교사가 그들의 교수에 대한 관점에 문제가 있다는 것을 깨닫지도 못한다고 주장했기 때문에, 사전 고찰 단계에 있는 사람들에게 하는 전문가의 조언을 살피는 것은 유익하다. 그들은 사람들이 문제를 품고 그것에 대해 자각하기 시작할지, 아니면 그들이 하는 식으로 행동하기 위해 의식 있고 합리적인 선택을 할지 결정하도록 돕는 간단한 세 가지 질문을 제공한다.

> 당신의 행동 양식을 논의하는가? 심사숙고 전의 사람들은 대개 그들의 문제 행동에 관해 방어적이다. 당신은 사람들에게 자신들의 일에나 신경 쓰라고 하는가 아니면 그들의 염려에 감사하는가?
>
> 당신은 당신의 행동에 관해 잘 알고 있는가? 심사숙고 전의 사람들은 그들의 [교사로서의 행동과 그들의 방법이 야기하는 문제들]에 관해 알기를 피한다. 당신의 행동에 관한 기사를 볼 때 페이지를 넘기는가? 혹은 흥미를 가지고 그 기사를 읽는가?
>
> (당신의 행동이 교실에서 그리고 성과에서 불거질 때) 당신은 그 행동의 결과에 대한 책임을 기꺼이 지려 하는가? 심사숙고 전의 사람들은 이러한 결과를 생생히 상상하는 것에 불편함을 느낀다. (학생 참여와 성취 단계에서 반영되는) 당신의 행동의 단기적, 장기적 결과를 인식하는가? …… 심사숙고 전의 사람들은 그들 행위의 부정적 결과에 대해서 좀처럼 책임을 지려 하지 않는다…….

> 이 세 가지 질문에 대한 당신의 응답이 당신에게 특정 행동이 문제인지 아니면 선호되는지를 인식할 수 있는 좋은 분별력을 줄 것이다. 당신이 방어적이 아니라 당신 행동의 결과와 (학생들에게 미치는) 장기적 영향을 잘 알고 있고 인식하고 있다고 솔직히 말할 수 있다면 아마도 그 행동은 선호되고 있는 것이다. 그러나 우리 대부분처럼 당신이 이 질문들 중 한 가지 이상의 질문에 답을 하지 못한다면 심사숙고 전 단계에 있는 것이다(pp. 78-79).

흥미롭게도 이 연구는 잘 알려진 학교 변화의 CBAM(관심에 기초한 교육과정 실행 모형)(예: Hord et al., 1987 참조)의 핵심 개념과 유사하다. 시작부터 교사의 관심을 얻을 필요를 강조하고, 변화하기 기대되는 사람들의 태도로부터 혁신 실행 평가를 분리하고, 종적 루브릭과 사례 연구에서 변화는 장기적이고 복잡하다는 사실을 명확히 함으로써, Hord와 동료들은 심리학적으로 좀 더 수준 높은 변화 과정의 견해를 위해 30년 동안 끊임없이 논의해 오고 있다. 그들은 교육에서 장기적인 변화를 평가하는 것뿐만 아니라 촉진시키기 위한 무수한 방법을 제안해 왔다. 우리는 독자들이 수십 년의 경험을 통해 검증된 이 중요한 연구를 검토하기를 강력하게 추천한다.

이런 종류의 분석은 더 진전되어야만 한다고 생각한다. 지속적인 변화를 성취하기 어렵게 만드는 개인적인, 특히 제도적인 나쁜 습관들을 처리할 필요가 있다.

제도적인 나쁜 습관의 타파를 향해

너무나 자주, 교육개혁은 새로운 프로그램 또는 교육 실습 시행의 관

점에서 다루어진다. 우리는 대안적 관점을 제안한다. 학교 개혁을, 깊이 안착되어 직업 기술, 시간 사용, 관리 절차, 그리고 정책에서 반영되는 것처럼 때때로 작용하지 않는 무의식적인 조직적 습관을 타파하는 도전으로 생각하라. 우리는 현재 시스템과는 매우 다른 동기, 기회, 일과 그리고 보상을 제공해 주는 새로운 학교 구조를 개발할 필요가 있다. 우리가 살던 추종과 습관에 얽매인 문화를 대체할 수 있는 학습 조직을 개발할 필요가 있다.

스스로 자각하고 끊임없이 불일치에 대한 필수적인 질문을 함으로써 변화의 과정을 시작할 수 있다. "우리가 그것을 왜 해야 하는 거죠?"와 같이 교직원 회의나 팀 회의 시 거의 나오지 않는 질문이 그런 필수적인 질문이다. 우리가 제안해 왔듯이 개인적인 역효과를 초래할 뿐만 아니라 시대를 초월한 많은 제도적인 관행은 결코 멈추거나 멈추기를 고려하지 않은 습관들이다. 그에 반해, 학습 조직은 현실과 이상 사이에 어떤 모순도 의식적으로 자기검증할 수 있도록 전념한다. Argyris와 Schön(1978)이 기술했듯이, "학습은 우리가 실수를 탐지하고 그 실수를 교정했을 때 발생한다……. 실수는 의도와 결과 사이의 부조화다." 또한 Argyris(1993)는 교육 연구는 좀처럼 그러한 실수와 어떻게 실수를 처리하는지를 보려고 하지 않는다고 지적한다(p. 28ff).

Barr와 Tagg(1995)는 Argyris의 개념과 '우리의 정신을 우리의 심장이 있는 곳에 놓을' 필요성을 언급하면서 그들이 용어를 붙인 '교수 패러다임'이라는 것으로부터 '학습 패러다임'으로 이동하는 고등교육에서의 개혁의 필요성에 관한 유명한 논문에 다음과 같이 썼다.

> 그러한 재구조화가 필요하다는 것은 의심할 여지가 없다. 우리가 고등교육을 원한다고 말하는 것과 고등교육의 구조가 제공하는 것 사이에 격차가 결코 더 커지진 않았다. Chris Argyris와 Donald

> Schön이 만든 구분을 사용하기 위해서는 우리의 옹호되는 이론과 사용되는 이론 사이의 차이점은 걱정되리만큼 현저해진다. 독자들이 기억해 낼 '옹호되는 이론'은 그들의 행동을 설명하기 위해서 사람들이 제공하는 일련의 원리다. 사람들 또는 그들의 조직이 실제로 어떻게 행동하는지로부터 추론할 수 있는 원리가 그들의 '사용되는 이론'이다. 현재, 교수 패러다임은 사용되는 이론이나, 교육자 대부분에게 옹호되는 이론은 한층 더 학습 패러다임의 구성 요소들을 닮아 있다. 어떻게 정신이 작용하는지 그리고 어떻게 학생들이 배우는지에 관해 우리가 더 많은 것을 발견할수록 우리가 말하는 것과 행동하는 것 사이의 차이는 더 커진다. 그래서 우리 대다수가 우리가 믿고 있는 것과의 차이가 점점 더 커지는 시스템에 의해 더욱더 속박되는 듯이 느낀다. 21세기에 필요한 대학을 세우기 위해(우리의 정신을 심장이 있는 곳에 놓고, 행동과 신념을 재결합하기 위해) 우리는 의식적으로 교육 패러다임을 거부하고 학습 패러다임을 기초로 우리가 행동하는 것을 재구조화해야 한다(p. 16).

그래서 지도자들은 수동적인 태도를 자아내는 가장 최소한의 가능성과 함께 변화에 대한 요구와 변화의 가치를 나타내는 데 가장 큰 잠재적 영향을 가지고 있는 내부 불일치의 가장 가망이 있는 예를 찾기 위해서 구성원들과 함께 작업해야만 한다. 우리는 그러한 영역으로 전문성 개발의 개혁을 제안하는 바다.

전문성 개발의 개혁

교직과 같은 전형적인 연수 교육은 새로운 방법과 새로운 정보에의 노출이 학습자를 변화시킨다고 추정한다. 설상가상으로 새로운 실습에의 약간의 '노출'이 전환의 원인으로 충분하다고 암묵적으로 추정된다! 그것을 이행하기 위해 새로운 실습이 개선을 위한 것이라는 나쁜 습관에 대항하는 시도를 거의 하고 있지 않다. 구성원들에게 우리의 실행 중 약간은 결점이 있다는 것을 시사하는 형태는 극히 나쁜 형태로 간주된다. 그런데 주위에서 조심스럽게 이야기함으로써 어떤 습관이 변한 적이 있는가? 깊이 안착되어 때때로 작용하지 않는 무의식적인 습관을 타파하는 도전으로서 개혁을 바라보는 것은 우리로 하여금 전문성 개발(또는 직전 연수)이 왜 종종 비효율적이었는지, 그렇게 비효율적으로 남아 있을 것 같은지 알 수 있도록 도와준다. 어느 누구도 그러한 주장에 놀라거나 불쾌해지지 않는다는 것이 우리의 전문성에 있어서 친숙하게도 한탄스럽다.

우리는 떳떳한 비평과 함께 새로 시작할 수 있다. 과거의 좋은 결과와 상관없이 전문성 개발은 학교에서 우리가 추구하는 변화를 본떠서 만들어야 한다. 우리가 직면한 엄연한 사실은 문제를 단지 정보와 기술의 부족이라고 추정한다면 교육과 변화로의 많은 종래의 접근이 실패를 하지 않을 수 없다는 것이다. 뿌리 깊은 습관은 결코 그러한 '연수'에 의해 타파될 수 없다. 그랬다면 학교는 오래전에 변화되었을 것이다. 어느 누구도 더 이상 담배를 피우지 않고, 홧김에 아이를 때리지 않았을 것이다.

앞 장에서 논의해 왔듯이, 전문성 개발은 단순히 일련의 사건과 예정된 산물이 아니라 더욱 습관에 초점을 맞추는 업무여야 한다. 학습에 대한 학습이 예견되고 평가되는 업무의 일부라는 것과 업무 현장에서 보상되어야 한다는 것이 더욱 명백해져야만 한다. 팀에서 코칭과 정신적인 지원과 함께 천천히 반복적으로 새로운 실행을 하기에 충분한 시간이 할당되어야 한다.

20년 전에 Schön(1983)과 다른 사람들이 지속적인 학습이 조직의 활력과 성공에 핵심이므로 건강한 현대적 조직은 학습의 장려를 위해 설계되어야만 한다고 단언했다.

> 다른 말로, 우리는 학습에 능숙해져야 한다. 우리의 상황을 탈바꿈하기 위해서뿐만 아니라 변화하는 상황과 요구 조건에 응할 수 있도록 해야만 한다. 우리는 '학습 시스템', 즉 그들 자신의 지속적인 변화를 초래할 수 있는 시스템인 기관들을 만들고 개발하여야 한다(p. 28).

Peter Senge(1990)에 따르면 학습 조직은 다음과 같이 정의된다.

> 사람들이 지속적으로 그들이 진심으로 희망하는 결과를 창조할 수 있도록 그들의 능력을 확장할 수 있는 곳, 새롭고 확장적인 사고 양식이 육성되는 곳, 공동의 염원이 자유로워지는 곳, 사람들이 전체를 같이 볼 수 있도록 지속적으로 학습할 수 있는 곳(p. 3).

'교사로서의 지도자'는 '가르치는' 사람들이 비전을 성취하는 방법에 관한 것이 아니다. 모든 사람에게 학습을 장려하는 것에 관한 것이다. 그런 지도자들은 조직 개발 체제의 이해와 비전 공유를 통하여 사람들을 돕는다(Senge, 2003). 이런 상식적인 책임감의 인정은 진리에의 약속을 잃어버린 다른 재능 있는 교사들의 일반적인 몰락에 있어서 유일한 해결책일 수 있다. "진리에의 약속은…… 우리가 제한하거나 현실을 보는 것으로부터 우리 자신을 속이는 방법을 근절시키려는 끈질긴 의지를 의미한다."(p. 148) 그런데 교사가 고립되고 공정한 피드백으로부터 단절되어, 시달리고, 집단 탐구와 자기평가를 보상해 주지 않는 조직에서 일할 때, 왜 그런 불운한 행동이 우리를 놀라게 하는 걸까?

공유적 탐구에의 전념은 Darling-Hammond, DuFour와 다른 이들이 최근 몇 년 동안 설명한 것처럼 교사 학습 공동체에 관한 현대 문헌의 중심에 있다. (전국교육연수협회[National Staff Development Council] 사이트 www.nsdc.org/standards/learningcommunities.cfm, 그리고 남서부 교육개발연구소[Southwest Educational Development Laboratory, 1997] 사이트 www.sedl.org/change/issues/issues61.html을 참조하라.) 6장의 비교직 현장 연구 책임감에 관한 우리의 초점을 돌아본다. 그런데 우리는 심리학적으로 순수할 수가 없다. 체제 관련 사각지대에 관한 Senge의 경고에 주의해야 할 뿐만 아니라 40여 년 전의 Schaefer(1967)의 경고를 간과해서도 안 된다.

> 어떤 변화에도 중요한 것은 학교관리자의 충분한 재임 보장과, 혹은 학교가 본래 겸손하게 성공적이라는 것을 공공연히 인정하는, 그야말로 충분한 용기다……. 필요로 하는 모든 것이 처음과 동일한 것처럼 행동하기를 멈추면 더 많은 [사실, 학습 자료, 기금, 시간]이 주목할 만한 시작을 제공하게 될 것이다. 그러면 극복할 첫 번째 장애물은 어느 학교가 탐구[연수와 학습으로의] 중심이 되기를 원한다면, 우리가 얼마나 모르는지에 대한 두려움을 받아들이는 것이다(p. 60).

더 최근에 Argyris(1993)는 조직에서 개인의 방어적인 일과들이 매우 강하고, 거의 눈에 띄지 않고, 전형적으로 언급되지 않고, 더욱이 협상의 여지가 없는 것처럼 다루어지고 있다는 것을 경고했다(우리가 추가할지도 모르는 중독처럼).

> 교육적 비효율성을 교정하는 방법에 관한 문헌상의 충고는 추상적이고 동떨어져 있다. 방어적 활동과 단지 기술된 결과를 결합하는 방법에 주어진 충고가 거의 없다. 그들은 무시되고, 그들이 무시된다는 사실 또한 무시된다……. Brodsky 문서에서처럼, 교사들은 종종 그들이 얼마나 교묘하게 방어적 일과를 창조하는지, 교사들이 방어적

> 일과를 줄이려고 노력할 때 얼마나 교묘하게 통합하는지, 얼마나 교묘히 다른 사람들을 비난하는지, 얼마나 교묘히 위에 언급한 모두를 거부하는지 잘 인식하지 못한다(pp. 30-32).

우리는 이런 현상을 지난 25년 동안 반복적으로 보아 왔다. 더욱 뚜렷하게도, 심지어 교사들이 학생들의 불충분한 성과를 인정할 때도 너무나 많은 교육자가 그들의 변화를 가져올 힘이나 능력을 가지고 있다는 확신의 부족을 표현한다. 경험은 실제로 많이 변화하는 사람이 거의 없는 학교 운영 방식에서 나오는 체념을 많은 교사들이 느끼도록 방조한다. 그래서 당황이나 실패에 대한 진짜 두려움이 너무나 강해 우리로 하여금 공공연히 두려움을 인정하게끔 한다. 그러나 그런 체념론은 습관 변화의 반대다.

요약하자면, 대부분의 학교는 역설적으로 학습 조직의 나쁜 사례가 되어 왔고, 더 심화된 학습을 야기하는 방법에 관한 무지를 인정하는 첫 번째 중대한 단계를 취하는 것을 두려워해 왔으며, 안락한 실습의 어떤 비평도 표준이라는 것에 대한 방어성을 가진 검증되지 않고 저절로 계속되는 일과에 전형적으로 고착되어 왔다. 그리고 전형적 직업 조건은 문제를 사주한다. 교사 개인은 지속적인 작업 요건과 지속적인 질문에 대한 헌신을 보여 주는 규범과 변화에 대한 개방성에 의해 지속적으로 요청되기보다는 오직 '가르치도록' 요청받기 때문에 행동하는 학습자의 약한 모형이다.

그래서 학교 지도자들과 전문성 개발 프로그램이 학교가 본보기로 삼지 않는 개인의 어떤 것을 요구하지는 않는 것이다. 전문성 개발은 진정으로 학습에 관한 본질적인 질문과 문제에만 기초해야 한다. 더 많은 학습자가 더 잘 배우기 위해서 무엇이 필요한가? 언제 그들의 문제가 되고, 언제 우리의 문제가 되는가? 어떤 실습을 실행하고 어떤 실습을 실행하지 않는가? 누가 가장 성공하고 왜 그런가? 그런 탐구로부터 전문성 개발이 현장 연구와 연수를 통틀어 드러날 수 있다.

그러므로 관리자가 우리가 설명하고 있는 일종의 질문자, 즉 습관 도전자이자 습관 파괴자가 되어야 하고, 우리의 가장 중요한 질문과 요구를 탐색하는 것이 보장되고 지지되는 구조 및 상황 개발을 위해 직원들과 함께 일해야만 한다. 그것이 지도자로 하여금 전문성 개발뿐만 아니라 모든 구성원이 중심이 되는 직업 책임감으로서 의무와 실행 사이에 제도적 모순을 근절시킬 수 있도록 노력하게끔 책임을 지게 한다.

결국 이것이 Covey(1989)의 『성공하는 사람들의 7가지 습관』의 초기 메시지였다. 첫 번째 습관은 수동성과 비난의 문화를 극복하는 것(상황을 앞서 주도하는 것)이다. 점점 더 주도적이고 효율적으로 변화하기 위한 핵심은 약속을 하고 지키는 것이다.

> 또는 목표를 세우고 성취하는 것이다. 우리가 약속을 하고 지킬 때, 아무리 작은 약속이라도 우리는 우리에게 자기조절과 용기, 더 책임감을 받아들이는 힘의 인식을 제공하는 내면의 진실성을 확립하기 시작한다……. 우리 스스로에게 약속을 하고 지키려는 힘은 효율적인 기본적 습관을 개발할 수 있는 본질이다(p. 92).

우리가 많은 학교에서 보는 수동성과 체념론에 대한 유일한 해결책은 작용하지 않는 변화에 대한 헌신과 실제 문제를 잘 다루는 것으로부터 올 수 있는 효능감이다. (그 문제가 아무리 작은 것이라도 상관없다.)

그래서 미흡한 전문성 개발에 대한 주요 해결책의 하나는 아이러니컬하게도 모든 교사가 학생의 성취도와 관련하여 수행하는 데 있어 약점을 목표로 하는 현장 연구 계획의 실행에 대해 매년 개발하고, 계획에 따라 행동하고, 보고서를 내도록 기대하는 것이다. 처음에 그 작업은 집단을 이루어 함께 하는 것이 더 도움이 된다고 느꼈다면 작은 팀이나 친구와 함께 할 수 있었을 것이다. 그러나 시간이 지남에 따라 메시지는 간결해졌다. 우리는 배워야 한다, 우리는 배울 수 있다, 우리는 변할 수 있다, 우리는 실제로 학교교육을 좀 더 좋게 변화시킬 수 있다. 우리가 이 작업에서 효능감을 경험하지 않는다면 학교는 그것의 목표를 달성하지 못할 것이다.

다행히도, 최근 몇 년 동안, 일본 교과 수업, 관리상의 참관, 학생 수업 팀, 전문적인 학습 지역사회 공동체와 '세부 조정 협약'의 이용 등과 같은 많은 성공적인 접근법은, 좀 더 효과적이 되기 위하여 (개인이나 기관 단체나) 학교 구성원들이 비효과적인 관습을 버리는 데 도움을 주었다. 본질과 과정에서 다른 점이 있다 하더라도, 각각의 접근법에는 여러 가지의 공통점이 있다. 학습과 그에 따른 향상된 실행, 행동을 이끄는 구조화된 과정, 전문적 공동 작업 연구와 장기간 오리엔테이션 등과 연관된 명확한 목표들이 있다. 습관을 변화시키고 학교 문화를 변화시킨다는 것은 그와 같은 사전 대책을 요구한다.

실행을 위한 아이디어

다음의 방안들은 현재의 상황에 대한 도전과 발전하는 새로운 기관의 습관에 대해 4개의 폭넓은 단계로 구성하였다.

1. 문제 자각하기

- 불균형(불안정)의 시작: 미션과 신념이 상충하여 조화하지 못하는 상황에서 실천과 정책을 정확히 발견한다(차등적 접근 방법과 성적표와의 부조화와 같은).

- 가장 안전한 '엄연한 사실'과 맞서기(불만족스러운 일반적 결과와 같은)
- 부적절함을 드러내는 데이터 사용(성취도 결과, 학생에 대한 조사와 같은)

2. 강력한 대안 제공

- 모범이 되는 수업이나 단원, 학생의 학습과 교육실습에 대하여 수집하고 전달하고 논의한다.
- 교직원이 비전이 있는 활동에 관여한다(졸업 사진, 최고의 설계와 같은).
- 미션에 기초한 학교를 위하여 능력에 대한 비전을 요약 설명하고, 데이터와 연구에 기초한 정책 지침서를 쓴다(예: 교과 영역 담당 위원회는 설명서를 개발하고 그들의 프로그램 내에서 전반적인 미션을 명확하게 설명하기 위한 계획을 세운다).
- FAQ(자주 묻는 질문들)에 대해 명확하고 강렬한 대답을 개발하고, 많은 사람이 '예, 그러나……' 하는 것은 개혁을 쉽게 지연시킨다. (예: "예, 그러나 우리는 주의 시험을 위하여 가르쳐야만 합니다.")
- 머리와 심장을 모두 끌어당기라(예: 전 학생에게서 받은 진심 어린 편지를 참고하라).
- 제안된 비전이 현재의 새로운 계획과 어떻게 연결되는지 보여 준다(단지 또 다른 부가물이 되기보다는).

3. 필요한 변화를 지지하기 위해 지원하고 협동하는 문화를 창조하라.

- 미리 사전 대책을 강구하여 설명하라(설계에 의하여).
  - 끊임없는 의사소통(말이나 행동)으로 예측할 수 있는 불편함(내부 반발심)(예: '개인적인 일은 없으나……')
  - 뒤로 미루다－직원, 학생들, 부모들(예: '예, 그러나……')
  - 실행하기
- 조사하기 위하여 연구 팀에 있는 모든 사람이 참여하는 계획표를 개

발하고, 계속되는 성취도에 대한 문제와 다른 확인된 필수적 요구에 대하여 보고한다.

4. 필요한 변화를 지지하기 위하여 구조, 역할, 자원을 확립하라.

- 새로운 직무 해설서를 작성하라(6장 참조).
- 필수적 요구에 대한 분석, 개인 관심사, 그리고 직원의 피드백을 기본으로 하는 차별화된 전문성 개발을 시도하라.
- 미션과 프로그램 목표를 간직할 수 있는 교육과정, 단원, 수업에 대한 설계를 위하여 새로운 템플릿을 만들라.
- 목표에 대한 유용한 자원을 명확하게 할당하라.
- 좀 더 현명하게 일하기 위하여 도구들과 자원들을 확인하고 제공하라(UbD Exchange를 구독하는 것처럼; http://ubdexchange.org/ 참조).

참고문헌

Adler, M. J. (1982). *The Paideia proposal: An educational manifesto.* New York: Macmillan.

Adler, M. J. (1984). *The Paideia program: An educational syllabus.* New York: Macmillan.

Alverno College. (2001a). *Ability-based learning program: The biology major.* Milwaukee, WI: Publisher.

Alverno College. (2001b). *Ability-based learning program: The history major.* Milwaukee, WI: Publisher.

American Council on the Teaching of Foreign Languages. (1998). *ACTFL performance guidelines for K-12 learners.* Available: www.actfl.org/

American Council on the Teaching of Foreign Languages. (2003). *ACTFL integrated performance assessment manual.* Available: www.actfl.org/

American Psychological Association. (1995). *Learner-centered psychological principles: A framework for school redesign and reform.* Washington, DC: APA.

Argyris, C. (1993). *Knowledge for action: A guide to overcoming barriers to organizational change.* San Francisco: Jossey-Bass.

Argyris, C., & Schön, D. (1974). *Theory in practice: Increasing professional effectiveness.* San Francisco: Jossey-Bass.

Argyris, C., & Schön, D, (1978). *Organizational learning: A theory of action perspective*. Reading, MA: Addison-Wesley.

Arter, J., & McTighe, J. (2001). *Scoring rubrics in the classroom: Using performance criteria for assessing and improving student performance*. Thousand Oaks, CA: Corwin Press.

Aseltine, J., Faryniarz, J., & Rigazio-DiGilio, A. (2006). *Supervision for learning: A performance-based approach to teacher development and school improvement*. Alexandria, VA: Association for Supervision and Curriculum Development.

Barendsen, R. D., et al. (Comps.). (1976). *The American Revolution: Selections from secondary school history books of other nations*. Washington, DC: U.S. Department of Health, Education, and Welfare.

Barr, R., & Tagg, J. (1995, November/December). From teaching to learning—A new paradigm for undergraduate education. *Change*, 13-25.

Black, P., Harrison, C., Lee, C., Marshall, B., & Wiliam, D. (2004, September). Working inside the black box: Assessment for learning in the classroom. *Phi Delta Kappan, 86*(1), 9-21.

Black, P., & Wiliam, D. (1998, October). Inside the black box: Raising standards through classroom assessment. *Phi Delta Kappan, 80*(2), 139-148.

Bloom, B. S., Englehart, M. D., Furst, E. J., Hill, W. H., & Krathwohl, R. R. (Eds.). (1956). *Taxonomy of educational objectives: The classification of educational goals: Handbook I, cognitive domain*. New York: David McKay.

Blythe, T., Allen, D., & Powell, B. (1999). *Looking together at student work*. New York: Teachers College Press.

Bounds, H. M., Rucker, S. M., Kaase, K., Couey, J. M., Chapman, C., & Guy, M. (2007). *Mississippi mathematics framework 2007*. Mississippi Department of Education. Available: www.mde.k12.ms.us/ACADAD/Curriculum/Math/

pdfs/MF07(finalcorrections).pdf

Brandt, R. S. (1998). *Powerful learning.* Alexandria, VA: ASCD.

Bransford, J. D., Brown, A. L., & Cocking, R. R. (Eds.). (1999). *How people learn: Brain, mind, experience, and school.* Washington, DC: National Academy Press.

Bransford, J. D., Brown, A. L., & Cocking, R. R. (Eds.). (2000). *How people learn: Brain, mind, experience, and school* (expanded ed.). Washington, DC: National Academy Press.

Bruner, J. S. (1971). *The relevance of education.* New York: Norton.

Buckingham, M., & Coffman, C. (1999). *First, break all the rules: What the world's greatest managers do differently.* New York: Simon & Schuster.

Burton, G. M., Maletsky, E. M., Bright, G. W, Helton, S. M., Hollis, L. Y., Johnson, H. C., et al. (1998). *Math advantage I.* New York: Harcourt Brace.

Clark, R. (2003). *Building expertise: Cognitive methods for training and performance improvement* (2nd ed.). Washington, DC: International Society for Performance Improvement.

Collins, J. C. (2001). *Good to great: Why some companies make the leap-and others don't.* New York: HarperBusiness.

Collins, J. C. (2005). *Good to great and the social sectors: A monograph to accompany Good to Great.* Boulder, CO: Author.

Comenius, A. (1910). "Great didactic." In Kessinger reprint of M. W Keating Oxford edition. Chapter XII 2, 82. (Original work published 1632)

Commission on Public Secondary Schools. (2005). Standards for accreditation for high schools, middle/high schools, and K-12 schools. *New England Association of Schools and Colleges.* Available: www.neasc.org/cpss/standards_2005.pdf

Cooper, J., & Robinson, P. (2000). Getting started: Informal small-group strategies in large classes. In *New directions for teaching and learning, no.*

81 (pp. 17-24). San Francisco: Jossey-Bass.

Costa, A. L., & Kallick, B. (2000). *Discovering and exploring habis of mind.* Alexandria, VA: Association for Supervision and Curriculum Development.

Covey, S. R. (1989). *The seven habits of highly effective people: Restoring the character ethic.* New York: Simon & Schuster.

Danielson, C. (1996). *Enhancing professional practice: A framework for teaching.* Alexandria, VA: Association for Supervision and Curriculum Development.

Danielson, C. (2007). *Enhancing professional practice: A framework for teaching* (2nd ed.). Alexandria, VA: Association for Supervision and Curriculum Development.

Darling-Hammond, L. (1997). *The right to learn: A blueprint for creating schools that work.* San Francisco: Jossey-Bass.

Deal, T. E., & Peterson, K. D. (1999). *Shaping school culture: The heart of school leadership.* San Francisco: Jossey-Bass.

Deming, W. E. (1982). *Out of the crisis.* Cambridge, MA: MIT Press.

Detterman, D., & Sternberg, R. (Eds.). (1993). *Transfer on trial: Intelligence, cognition and instruction.* Norwood, NJ: Ablex.

Dewey, J. (1916). *Democracy and education: An introduction to the philosophy of education.* New York: Macmillan.

Drucker, P. (1990). *Managing the non-profit organization.* New York: Harper.

DuFour, R., & Eaker, R. (1998). *Professional learning communities at work: Best practices for enhancing student achievement.* Bloomington, IN: National Educational Service/ASCD.

Elmore, R. F. (2002, January-February). The limits of "change". *Harvard Education Letter* Available: www.edletterorg/past/issues/2002-jf/limitsofchange.shtml

Elmore, R. E. (2004). *School reform from the inside out: Policy, practice, and performance.* Cambridge, MA: Harvard University Press.

Erickson, L. (2002). *Toward concept-based curriculum and instruction: Teaching beyond the facts.* Thousand Oaks, CA: Corwin Press.

Erickson, L. (2007). *Concept-based curriculum and instruction for the thinking classroom.* Thousand Oaks, CA: Corwin Press.

Fullan, M. (2001). *Leading in a culture of change.* San Francisco: Jossey-Bass.

Gardner, H. (1991). *The unschooled mind.* New York: Basic Books.

Gardner, H. (1999). *The disciplined mind: What all students should understand.* New York: Simon & Schuster.

Georgia Department of Education. (2007a). Curriculum frequently asked questions. Retrieved May 12, 2007, from www.georgiastandards.org/faqs.aspx#q4

Georgia Department of Education. (2007b). English language arts standards. Retrieved May 12, 2007, from www.georgiastandards.org/english.aspx

Gilbert, T. E. (1978). *Human competence: Engineering worthy performance.* New York: McGraw-Hill.

Goodlad, J. (1984). *A place called school.* New York: McGraw-Hill.

Gragg, C. I. (1954). Because wisdom can't be told. In M. P McNair (Ed.), *The case method at the Harvard Business School: Papers by present and past members of the faculty and staff.* New York: McGraw-Hill.

Hirsch, E. D., Kett, J., & Trefil, J. (1988). *Cultural literacy: What every American needs to know.* New York: Vintage Books.

History-Social Science Curriculum Framework and Criteria Committee. (2005). *History-social science framework for California public schools kindergarten through grade twelve.* California Department of Education. Available: www.cde.ca.gov/re/pn/fd/documents/hist-social-sci-frame.pdf

Hord, S. M., Rutherford, W. L., Huling-Austin, L., & Hall, G. E. (1987). *Taking charge of change.* Alexandria, VA: Association for Supervision and Curriculum Development.

Howe, B. (Ed.). (1999). *Soccer: How to play the game: The official playing and coaching manual of the United States Soccer Federation.* New York: Universe Publishing.

Hunter, M. (1971). *Teach for transfer.* El Segundo, CA: TIP Publications.

Lewis, C. (2002). *Lesson study: A handbook of teacher-led instructional change.* Philadelphia: Research for Better Schools.

Light, R. (1990). *The Harvard assessment seminar: Explorations with students and faculty about teaching, learning, and student life* (vol. 1). Cambridge, MA: Harvard University.

Light, R. J. (2001). *Making the most of college: Students speak their minds.* Cambridge, MA: Harvard University Press.

Marshall, K. (2005, June). It's time to rethink teacher supervision and evaluation. *Phi Delta Kappan, 86*(10), 727-735.

Martin, M., Mullis, I., Gregory, K., Hoyle, C., & Shen, C. (2000). *Effective schools in science and mathematics: IEA's Third International Mathematics and Science Study.* Boston: International Study Center, Lynch School or Education. Boston College. http://nces.ed.gov/timss/

Marzano, R. J. (2003). *What works in schools: Translating research into action.* Alexandria, VA: Association for Supervision and Curriculum Development.

Marzano, R. J., Pickering, D. J., & Pollock, J. E. (2001). *Classroom instruction that works: Research-based strategies for improving student achievement.* Alexandria, VA: Association for Supervision and Curriculum Development.

Massoud, M. R. F. (n.d.). Advances in quality improvement: Principles and framework. QA Brief. Quality Assurance Project. Available: www.reproline.jhu.edu/english/6read/6pi/pi_advances/pdf/pi_advances.pdf

Mazur, E. (1997). *Peer instruction: A user's manual.* Upper Saddle River, NJ: Prentice Hall.

McKeough, A., Lupart, J., & Marini, A. (1995). *Teaching for transfer: Fostering generalization in learning.* Mahwah, NJ: Erlbaum.

McTighe, J., & Emberger, M. (2006, Winter). Teamwork on assessments creates powerful professional development. *Journal of Staff Development, 27*(1), 44.

McTighe, J., & Thomas, R. (2003, February). Backward design for forward action. *Educational Leadership, 60*(5), 52-55.

McTighe, J., & Wiggins, G. (2004). *Understanding by design: Professional development workbook.* Alexandria, VA: Association for Supervision and Curriculum Development.

Mursell, J. (1954). *Successful teaching: Its psychological principles* (2nd ed.). New York: McGraw-Hill.

Nater, S., & Gallimore, R. (2005). *You haven't taught until they have learned: John Wooden's teaching principles and practices.* Morgantown, WV: Fitness Information Technology.

New Jersey Department of Education. (2004a). Introduction. In New Jersey core curriculum content standards. Available: http://education.state.nj.us/cccs/?_intro

New Jersey Department of Education. (2004b). *New Jersey core curriculum content standards for social studies.* Available: www.nj.gov/njded/cccs/s6_ss.htm

New Jersey Mathematics Coalition. (1994, September). *Mathematics to prepare our children for the 21st century: A guide for New Jersey parents.* Available: http://dimacs.rutgers.edu/nj_math_coalition/frameworldstandards/std_vision.html

Newmann, F. M., Bryk, A. S., & Nagaoka, J. K. (2001). *Authentic intellectual work and standardized tests: Conflict or coexistence?* Chicago: Consortium on Chicago School Research.

Perkins, D. (1992). *Smart schools: Better thinking and learning for every child.*

New York: Free Press.

Perkins, D. (1993, Fall). An apple for education: Teaching and learning for understanding. *American Educator, 17*(3), 8, 28-35.

Peters, T. J., & Waterman, R. H. (1982). *In search of excellence: Lessons from America's best-run companies.* New York: Harper & Row.

Powell, A. G., Farrar, E., & Cohen, D. K. (1985). *The shopping mall high school: Winners and losers in the educational marketplace.* Boston: Houghton Mifflin.

Prochaska, J. O., Norcross, J. C., & DiClemente, C. C. (1994). *Changing for good: The revolutionary program that explains the six stages of change and teaches you how to free yourself from bad habits.* New York: Morrow.

Reeves, D. (2003). *Making standards work.* Englewood, CO: Advanced Learning Press.

Reeves, D. (2004). *Accountability in action: A blueprint for learning organizations* (2nd ed.). Englewood, CO: Advanced Learning Press.

Reeves, D. (2006). *The learning leader: How to focus school improvement for better results.* Alexandria, VA: Association for Supervision and Curriculum Development.

Resnick, L., Hall, M. W., & Fellows of the Institute for Learning. (2001). *The principles of learning: Study tools for educators* [CD]. Pittsburgh, PA: Institute for Learning, Learning Research and Development Center, University of Pittsburgh.

Rosenstein, J. G., Caldwell, J. H., & Crown, W. D. (1996, December). *New Jersey mathematics curriculum framework.* New Jersey Mathematics Coalition and the New Jersey Department of Education. Available: www.state.nj.us/njded/frameworks/math/math.pdf

Russell, J. (2003, September 13). On campuses, handhelds replacing raised hands. *Boston Globe.* Available: www.boston.corn/news/nation/

articles/2003/09/13/on_campuses_handhelds_ replacing_raised_hands/

Sagor, R. (2000). *Guiding school improvement with action research.* Alexandria, VA: Association for Supervision and Curriculum Development.

Sawhill, J., & Williamson, D. (2001). Measuring what matters in nonprofits. *McKinsey Quarterly, 2.* Available: www.mckinseyquarterly.com/article_abstract_visitor.aspx?ar=1053

SCANS (Secretary's Commission on Achieving Necessary Skills). (1991). *What work requires of schools.* Washington, DC: U.S. Department of Labor.

Scarsdale High School. (n.d.). *Philosophy and goals of social studies department.* Available: http://scarsdaleschools.k12.ny.us/hs/social/social.html

Schaefer, R. J. (1967). *The school as a center of inquiry.* New York: Harper & Row.

Schlechty, P. (1997). *Inventing better schools: An action plan for educational reform.* San Francisco: Jossey-Bass.

Schlechty, P. (2001). *Shaking up the schoolhouse: How to support and sustain educational innovation.* San Francisco: Jossey-Bass.

Schlechty, P. (2002), *Working on the work: An action plan for teachers, principals, and superintendents.* San Francisco: Jossey-Bass.

Schmoker, M. (1996). *Results: The key to continuous school improvement.* Alexandria, VA: Association for Supervision and Curriculum Development.

Schmoker, M. (2003, February). First things first: Demystifying data analysis. *Educational Leadership, 60*(5), 22-24.

Schmoker, M. (2006). *Results now: How we can achieve unprecedented improvements in teaching and learning*. Alexandria, VA: ASCD.

Schön, D. A. (1983). *The reflective practitioner: How professionals think in action.* New York: Basic Books.

Senge, P. (1990). *The fifth discipline: The art and practice of the learning organization*. New York: Doubleday/Currency.

Senge, P. (2006). *The fifth discipline: The art and practice of the learning organization* (rev. & updated ed.). New York: Doubleday/Currency.

Senge, P., Cambron-McCabe, N., Lucas, T., Smith, B., Dutton, J., & Kleiner, A. (2000). *Schools that learn: A fifth discipline fieldbook for educators, parents, and everyone who cares about education*. New York: Doubleday.

Shepard, L. A. (1989, April). Why we need better assessments. *Educational Leadership, 46*(7), 4-9.

Shewhart, W. (1934). *The economic control of quality of manufactured products.* New York: Van Nostrand. Cited in Massoud, M. R. F. (n.d.), Advances in quality improvement: Principles and framework. *QA Brief.* Bethesda, MD: Quality Assurance Project.

Sizer, T. (1984). *Horace's compromise: The dilemma of the American high school.* Boston: Houghton Mifflin.

Southwest Educational Development Laboratory. (1997). Professional learning communities: What are they and why are they important? *Issues ... About Change, 6*(1). Available: www.secll.org/change/issues/issues61.html

Spencer, H. (1861). What knowledge is of most worth. *In Education: Intellectual, moral, and physical.* New York: Appleton. Reprinted by Adamant Media, 2006.

Tomlinson, C. A. (1999). *The differentiated classroom: Responding to the needs of all learners.* Alexandria, VA: Association for Supervision and Curriculum Development.

Tomlinson, C. A., & Eidson, C. C. (2003). *Differentiation in practice: A resource guide for differentiating curriculum, grades 5-9.* Alexandria, VA: Association for Supervision and Curriculum Development.

Tyler, R. W. (1950). *Basic principles of curriculum and instruction: Syllabus for Education 360.* Chicago: University of Chicago.

Wadman, M. (2005, January and February). Breaking free: Dropping bad habits after 50. *AARP: The Magazine.* Available: www.aarpmagazine.org/health/Articles/a2004-11-17-mag-breakingfree.html.

Weimer, M. (2002). *Learner-centered teaching.* San Francisco: Jossey-Bass.

Wiggins, G., & McTighe, J. (2005). *Understanding by design* (2nd ed.). Alexandria, VA: Association for Supervision and Curriculum Development.

찾아보기

인명

내용

저자 소개

Grant Wiggins는 뉴저지 주의 호프웰에 있는 참교육회(Authentic Education in Hopewell, New Jersey) 회장이다. 그는 하버드 대학교에서 교육학 박사학위를 받았고 아나폴리스에 있는 성 요한 대학교(St. John's College in Annapolis)에서 학사학위를 받았다. Wiggins는 교육개혁의 여러 가지 문제에 대하여 학교, 학교구, 주 수준 및 전국 수준의 교육 관련 부서의 자문위원으로 활동하고 있다. 그는 또한 컨퍼런스와 워크숍을 개최하고 주요한 학교 개혁 이슈에 관한 인쇄 및 온라인 자료를 개발하고 있다.

Wiggins는 Jay McTighe와 공동 집필한 *Understanding by Design* 및 *Schooling by Design* 등으로 잘 알려져 있다. *Understanding by Design*(UbD)은 전 세계적으로 사용되는 교육과정 설계 관련 서적으로서 수상을 한 바 있는 매우 성공적인 프로그램이며 자료다. 그는 또한 UbD가 스며 있는 10여 권 이상의 교재 프로그램을 출판한 Pearson Publishing의 공동 저자다. 그의 작업은 Pew Charitable 신탁과 Geraldine R. Dodge 재단 및 국립 과학 재단의 지원을 받았다.

Wiggins는 20년 동안 세계적으로 영향력 있는 개혁 주도—예를 들면, Ted Sizer의 본질적 학교 연합, 국제 대입시험 프로그램, 고급학습과정 프로그램, 뉴저지와 뉴욕 및 델라웨어 주에서의 개혁 주도, 그리고 중국과 필리핀 및 타일랜드에서의 전국적인 개혁—에 공을 들였다.

Wiggins는 평가 개혁 작업으로 널리 알려져 있다. 그는 Jossey-Bass에서 출판된 『교육평가(*Educative Assessment*)』와 『학생 수행 평가(*Assessing Student Performance*)』의 저자다. 그는 버몬트 포트폴리오 프로젝트나 뉴저지와 북캐롤라이나의 수행 평가 컨소시엄과 같이 많은 주에서의 평가 개혁 주도에 관한 최고 자문위원이었다.

Wiggins의 글은 *Educational Leadership*과 *Phi Delta Kappan*을 포함하여 몇 개의 저널에 실려 있다. 그의 작업은 14년 동안의 중등학교 교수와 코치 경험에 기초하고 있다. 그는 영어와 철학에서의 선택과목을 가르쳤고 축구와 크로스컨트리 대표팀 및 야구와 육상경기 주니어 대표팀을 지도하였다. 또한 그는 록밴드인 Hazbins에서 활동하고 있다. *Understanding by Design* 및 *Schooling by Design*을 뒷받침하는 자료들은 www.bigideas.org에서 구할 수 있다. 연락처는 grant@authenticeducation.org다.

Jay McTighe는 그의 풍부하고 다양한 교육 경력을 펼치는 동안 우리에게 유익한 여러 경험을 제공해 주었다. 그는 메릴랜드 평가 컨소시엄(Maryland Assessment Consortium)과 형성평가를 개발하고 공유하기 위해 함께 작업하는 주 전체 학교구의 공동 연구(state collaboration of school districts)를 지휘하였다. 이전에는 메릴랜드 주의 교육부에서 학교 발전 프로젝트에 관여하였는데 이때 지도 프레임워크와 교수 관련 멀티미디어 데이터베이스의 개발을 이끌었다. McTighe는 사고 기능과 관련된 작업을 한 것으로 잘 알려져 있는데, 학생의 사고를 향상시키기 위한 지도 전략과 교육과정 모형 및 평가 절차를 주 수준에서 개발하도록 조직화하였다. 그러한 작업 외에도 McTighe는 메릴랜드의 프린스 조지스 카운티(Prince George's County)에서 학교 교사, 자료 전문가 및 프로그램 코디네이터로 경험을 쌓았다. 또한 영재 학생들을 위한 거주 환경 강화 프로그램도 지휘하였다.

McTighe는 역량이 뛰어난 저자로서 10권의 책을 공동 집필하였으며 그중 가장 많이 팔린 것으로 Grant Wiggins와 함께 집필한 *Understanding by Design* 시리즈가 있다. 그는 30편 이상의 논문과 책의 장을 썼고 선두적 저널인 *Educational Leadership*(ASCD)과 *Developing Minds*, *Thinking Skills: Concepts and Technique* 그리고 *The Developer*(National Staff Development Council) 등에 기고하였다.

McTighe는 전문성 개발에 광범위한 배경을 가지고 있으며 국가와 주 그리고 학교구 수준의 컨퍼런스와 워크숍에서 인기가 높은 연사로서 활약 중이다. 그는 미국의 47개 주와 캐나다의 7개 지역 및 각 대륙의 18개국에서 프리젠테이션을 하였다.

McTighe는 윌리엄 앤 메리 대학교(College of William and Mary)에서 학사학위를 받았고 메릴랜드 대학교에서 석사학위를 받았으며 존스홉킨스 대학교에서 대학원 과정을 수료하였다. 그는 워싱턴의 교육리더십 연구소(Institute for Educational Leadership)를 통해 교육정책 연계 프로그램에 참여할 수 있도록 회장으로 선출되었고, 국가와 주 그리고 학교구 수준의 평가 정책과 실행에 있어서 개혁을 옹호하는 교육 및 시민권 단체 연합인 국회 포럼의 회원으로 활동하였다. 연락처는 Jay McTighe, 6581 River Run, Columbia, MD 21044-6066 USA 혹은 전화번호 (410) 531-1610이고, 이메일 주소는 jmctigh@aol.com이다.

역자 소개

강현석(Hyeon-Suk Kang)

경북대학교 교육학과 졸업

경북대학교 대학원 교육학과 석사, 박사(교육과정 전공)

미국 Univ. of Wisconsin-Madison 연구원 역임

현 경북대학교 교육학과 교수

허영식(Young-Sik Huh)

서울대학교 독어교육과 및 동 대학원 사회교육과 졸업

독일 프랑크푸르트 대학교 사회과학부 철학박사(사회과학교육학 전공)

현 청주교육대학교 사회교육과 교수

유제순(Je-Soon Yoo)

청주교육대학교 초등교육과 졸업

청주교육대학교 대학원 석사

경북대학교 대학원 교육학과 박사(교육과정 및 방법 전공)

현 청주교육대학교 초등교육과 교수

온정덕(Jung Duk Ohn)

이화여자대학교 초등교육과 졸업

미국 Univ. of Iowa 박사

미국 James Madison Univ. 조교수 역임

현 경인교육대학교 초등교육과 교수

이지은(Ji-Eun Yi)
공주교육대학교 초등교육과 졸업
대구교육대학교 대학원 석사(교육방법 전공)
경북대학교 대학원 교육학과 박사(교육과정 및 방법 전공)
현 경북대학교, 대구교육대학교 외래 강사
 대구 학남초등학교 교사

정수경(Su-Kyung Jung)
대구교육대학교 초등교육과 졸업
경북대학교 교육대학원 석사(교육과정 전공)
경북대학교 대학원 교육학과 박사과정 수료(교육과정 및 방법 전공)
현 대구 금계초등학교 교사

백워드로 시작하는
창의적인 학교교육과정 설계
Schooling by Design: Mission, Action, and Achievement

2015년 6월 30일 1판 1쇄 발행
2018년 8월 20일 1판 3쇄 발행

지은이 • Grant Wiggins · Jay McTighe
옮긴이 • 강현석 · 허영식 · 유제순 · 온정덕 · 이지은 · 정수경
펴낸이 • 김진환
펴낸곳 • (주) 학지사
04031 서울특별시 마포구 양화로 15길 20 마인드월드빌딩
대표전화 • 02-330-5114 팩스 • 02-324-2345
등록번호 • 제313-2006-000265호

홈페이지 • http://www.hakjisa.co.kr
페이스북 • https://www.facebook.com/hakjisa

ISBN 978-89-997-0710-0 93370

정가 19,000원

역자와의 협약으로 인지는 생략합니다.
파본은 구입처에서 교환해 드립니다.

이 도서의 국립중앙도서관 출판시도서목록(CIP)은 서지정보유통지원시스템 홈페이지(http://seoji.nl.go.kr)와 국가자료공동목록시스템(http://www.nl.go.kr/kolisnet)에서 이용하실 수 있습니다.
(CIP 제어번호: CIP2015015896)